Dokumentation zur XXVII. Holthauser Museumswoche

Bauern
im südwestfälischen
Bergland

Band 2

Bauern
im südwestfälischen Bergland

Band 2

Redaktion:
Rötger Belke-Grobe, Peter Kracht, Bernward Selter, Michael Senger

Herausgeber:
Westfälisches Schieferbergbau- und Heimatmuseum
Schmallenberg-Holthausen e.V.

ARDEY-VERLAG

Bibliografische Information
Der Deutschen Bibliothek
Die Deutsche Bibliothek verzeichnet diese Publikation in der Deutschen Nationalbibliografie; detaillierte bibliografische Daten sind im Internet unter http://dnb.ddb.de abrufbar.

ISBN 10: 3-87023-317-6
ISBN 13: 978-3-87023-317-4 (gültig ab 2007)

Gestaltung und Illustration des Buchtitels:
H. G. Bergenthal

Satz & Layout: zwei x H Werbe-GmbH, Holth.
Druck: Koerdt OHG, Anröchte

Gefördert durch den Hochsauerlandkreis, den Landschaftsverband Westfalen-Lippe, und die Stadt Schmallenberg

Die Museumswochen 2006 wurden wesentlich unterstützt durch die Stiftung Westfälische Landschaft, die Stiftung Westfalen-Initiative, den Landwirtschaftsverlag, Münster und die Provinzial Versicherung, Münster

Der Herausgeber hat sich um alle Bildrechte bemüht. Sollte dies im Einzelfall nicht möglich gewesen sein, bitten wir dies zu entschuldigen.

Mitarbeiter:

Karl Baumhoff, Rölleken
Günter Becker, Altenhundem
Rötger Belke-Grobe, Holthausen
Dr. Alfred Bruns, Münster
Dr. Franz-Josef Budde, Hiltrup
Christiane Cantauw (M.A.), Münster
Hans Claßen, Arnsberg
Frank-Ulrich Cramer
Werner F. Cordes, Attendorn
Alexander Josef Freiherr von Elverfeld, Canstein
Wilhelm Feldmann, Eslohe
Rudolf Franzen, Eslohe
Georg Glade, Hallenberg
Richard Göbel, Niederberndorf
Prof. Dr. Wilhelm Gössmann, Rüthen
Volker Holtkämper, Olsberg
Heinrich Imhof, Bad Berleburg
Reinhard Köhne, Meschede
Dr. Peter Kracht, Unna
Dr. Wilhelm Kuhne, Niedersfeld
Gerhard Kuss, Winkhausen
Dr. Peter Lanser, Münster
Bärbel Michels, Rehsiepen
Dr. Hubertus Michels, Detmold
Hans Mieles †
Franz-Josef Möllers, Münster
Dr. Christian Mohr, Meschede
Dr. Magdalena Padberg, Eslohe
Dr. Peter Sinkwitz, Bad Fredeburg
Pater Reinhald Rickert, Meschede
Edgar Rüther, Meschede
Barbara Scheffran-Pieper
Prof. Dr. Hermann Schlagheck, Swisstal
Franz Schmidt, Berghausen
Dr. Rudolf Schnieders, Bonn
Dr. Christine Schönebeck, Bottrop
Georg Schröder, Bad Fredeburg
Werner Schubert, Bödefeld
Bernd Schulte, Meschede
Gudrun Schulte, Eslohe
Dr. Günter Schulte, Hirschberg
Michael Senger, Herblinghausen
Dr. Bernward Selter, Münster
Peter Senn, Meschede
Dr. Alexander Schink, Düsseldorf
Dr. Fritz Söbbeler, Meschede
Klaus Sternemann, Heiligenhaus
Dr. Wilfried Stichmann, Möhnesee
Gisbert Strotdrees, Münster
Marita Völmicke, Hagen
Martin Vormberg, Kirchhundem
Dr. Carsten Vorwig
Prof. Dr. Ernst Weiß, Bonn

Inhalt

Band 2

III. Tägliches Leben und Dorfgemeinschaft

IV. Land- und Forstwirtschaft – heute – morgen

Zum Geleit

Mit „Kiepe, Pflug und Schraubstock“ hatten die XX. Holthauser Museumswochen 1999 ein Thema, das die Landwirtschaft als Teil des Wirtschaftslebens im Sauerland nur unzureichend abarbeitete.

Es verwundert eigentlich, dass Leben und Arbeiten der Bauern im Sauerland bislang noch nicht in einer eigenen landeskundlichen Ausstellung und Dokumentation gewürdigt wurde. Es mag wohl an der gewohnten und darum unspektakulären Berufswelt des Bauern liegen, dass eine Ausstellung über seine Welt wenig reizvoll erschien.

Dabei ist die Landwirtschaft, wie sie etwa Albert Hömberg in seiner Siedlungsgeschichte des oberen Sauerlandes 1938 beschrieb, durchaus spannend und bemerkenswert. Steinzeitliche Bodenfunde im Ruhrtal und symbolische Waffen, die in den Befestigungsanlagen des Wilzenberges ans Tageslicht kamen, sind frühe Zeugnisse der ersten Bevölkerung des Sauerlandes.

Direkte Verbindungen zur heutigen Zeit schufen die Sachsenkriege Karls des Großen um 800 und die folgende Christianisierung, aber auch die im Königtum begründete Klasseneinteilung, die der bäuerlichen Bevölkerung einen Platz am unteren Ende der gesellschaftlichen Skala anwies. Damit waren die ländlichen Personen zu einer dienenden und vielfach abhängigen Funktion bestimmt, die abgesehen von einer selbstständigen kleinen Klientel von freien Bauern, für den Großteil der ländlichen Bevölkerung erst im 19. Jahrhundert zur sogenannten Bauernbefreiung führte.

Abhängig waren die Bauern neben dem Adel auch von den Klöstern, deren Geschichte im Sauerland mit dem Stift Meschede schon in das 9. Jahrhundert zurückführt und mit dem Kloster Grafschaft seit 1072 einen ersten Höhepunkt erreicht. Die dort lebenden Benediktiner waren z.B. nicht nur als Seelsorger, sondern auch als landwirtschaftliche Lehrer tätig.

Nach der Bauernbefreiung brachte das 19. Jahrhundert neue wirtschaftliche Grundlagen, als staatlicherseits die Ablösung bäuerlicher Lasten durch Kredite gefördert wurde und die Bestrebungen von Raiffeisen, auch unterstützt von Sauerländern, den Weg in das Genossenschaftswesen begründeten.

Mit dem Thema „Bauern im südwestfälischen Bergland“ verlässt das Museum erstmals den Bereich des kurkölnischen Sauerlandes. Spätestens mit der Zuständigkeit der Landwirtschaftskammer NRW in Meschede, auch für den Siegen/Wittgensteiner Bereich, gilt es, die Land- und Forstwirtschaft in der Region Südwestfalen als Einheit zu betrachten. Der Rothaarkamm als Landes-, Glaubens- und Sprachgrenze ist durchlässiger geworden und die wirtschaftlichen Probleme – ungeachtet unterschiedlicher geschichtlicher Entwicklung – sind gleich.

Dank der Mitarbeit vieler Persönlichkeiten ist es gelungen, ein vielschichtiges Bild der Bauern in einem deutschen Mittelgebirge zu zeichnen, das hoffentlich geeignet ist, die Bedeutung einer nachhaltigen Bewirtschaftung des Bodens auch in dieser Region deutlich zu machen.

Allen Mitarbeitern, Freunden und Förderern, die unser ehrgeiziges Vorhaben unterstützt haben, sei an dieser Stelle herzlich gedankt.

Für das Westfälische Schieferbergbau- und Heimatmuseum Holthausen

Rötger Belke-Grobe

GRUSSWORT

Landwirtschaft ist für viele Menschen heute die große Unbekannte. Selbstverständlich ist die Versorgung mit Lebensmitteln; Hungersnöte wegen Missernten kennen die meisten nur noch aus dem Fernsehen oder vielleicht aus fernen Erzählungen. Lebensmittel kauft man im Supermarkt, beim Metzger oder in der Bäckerei. Aber wo kommen die Grundprodukte her? Diese Fragen stellen sich viele nicht mehr oder interessieren sich nicht dafür. Die Kuh ist lila und die Milch kommt aus der Tüte. Das Schnitzel auf dem Teller hat wenig zu tun mit dem niedlichen Schweinchen auf der Wiese. Landwirtschaft kennt man aus dem Bilderbuch oder als ländliche Idylle bzw. wird als Massentierhaltung und Agrarfabrik bezeichnet. Das Bild schwankt zwischen positiven und negativen Klischees. Wo aber steht die Landwirtschaft wirklich, welche romantischen Vorstellungen waren oder sind richtig bzw. falsch?

Ich freue mich, die Schirmherrschaft über eine Ausstellung zu übernehmen, die diese Fragen stellt und beantwortet. Landwirtschaft heute und in vergangenen Tagen war und ist nicht nur romantisch, sondern auch immer harte Arbeit, Arbeit aber, die den Bauern Freude macht und die Existenz sichert bzw. für das Auskommen der Familie sorgt, Landwirtschaft, die das Landschaftsbild prägt und davon Einheimische, Urlauber und Durchreisende profitieren lässt. Der Nutzen für die Allgemeinheit ist kaum zu beziffern. Das Auge freut sich, die Lebenswelt in der Natur gewinnt und damit wir alle. Die Bauern leisten einen bedeutenden gesamtgesellschaftlichen Beitrag. Die agrarpolitischen Rahmenbedingungen in Deutschland und der EU sowie die zunehmende Globalisierung bringen Veränderungen mit sich. Sie eröffnen aber auch ständig neue Lebensperspektiven. Das Bewusstsein für eine nachhaltige Lebensqualität wird geschärft. Die Landwirtschaft ist Teil in diesem Getriebe, wird davon beeinflusst aber verändert auch selbst.

Die Ausstellung und Dokumentation dieses Jahres widmet sich der Landwirtschaft im südwestfälischen Bergland. Sie steht in einer Reihe bedeutender landeskundlicher Präsentationen des Westfälischen Schieferbergbau- und Heimatmuseums in Schmallenberg-Holthausen.

Entgegen aller neueren Entwicklungen in Wirtschaft und Fremdenverkehr ist der Bauernstand immer noch der größte Bevölkerungsteil in diesem Landesgebiet geblieben. Trotz aller eingetretenen Einschränkungen gemeindlicher Selbstständigkeit durch Kommunalreformen ist das dörfliche Leben dank eines blühenden Vereinslebens weithin intakt.

Gerne habe ich die Schirmherrschaft übernommen und wünsche dieser Ausstellung und der begleitenden Dokumentation viel Erfolg, viele interessierte Zuschauer sowie Leser und den Urlaubern schöne Aufenthalte in dieser lebens- und liebenswerten Mittelgebirgslandschaft, deren Pflege hauptsächlich durch die Landwirte gewährleistet wird.

Dr. Alexander Schlink

Staatssekretär im Ministerium für Umwelt und Naturschutz, Landwirtschaft und Verbraucherschutz des Landes Nordrhein-Westfalen

Ernte

Vom Dorfe her wehen
Strohaufzugsklänge
Ins wogende Feld.
Mähdrescher füllen
Mit Staubkadenzen
Die welkenden Flure.
Im Echo der Ähren
Rauscht die Sichel

Hans Claßen

Auf der Lebensbahn

Vom Landleben im Sauerland im Spiegel einer volkskundlichen Quelle

Christiane Cantauw und Christine Schönebeck

Das Leben auf dem Lande wird heute vielfach aus touristischer Perspektive erfahren. Wie war es aber früher, wie sah sie aus, die Lebens- und Arbeitswelt der Sauerländer? Fragt man konkret nach der ländlich-bäuerlichen Lebenswelt im Gebiet des Kurkölnischen Sauerlands vor gut einhundert Jahren, so wird das Material rar. Bekanntes, die Sammlung von literarischen Quellen von Paul Sartori in der „Westfälischen Volkskunde", das „Brauchtum des Sauerlandes" und die „Sauerländische Volkskunde" von Heinrich Schauerte, einige gedruckte Autobiographien begründeten kollektive Vorstellungswelten und Erinnerungsbilder.[1] Gerade die Vielzahl von Regeln und formalisierten Handlungen im Zusammenleben der Menschen, die Bräuche und Brauchtermine waren von Interesse. Dabei ist viel auch in jüngerer Zeit geleistet worden – vom Brauchalphabeth zu regionalen und anlassspezifischen Zusammenstellungen.[2] Im Folgenden wird eine bislang vernachlässigte Quelle genutzt: die Manuskriptberichte der Volkskundlichen Kommission für Westfalen. Selektiert man hier mit modernem wissenschaftlichen Blick, so werden authentische persönliche Erinnerungen aus dem Sauerland sichtbar, Details erscheinen im Kontext von Lebensvollzügen, sinnhaftes alltägliches Tun erschließt sich neu.

1. Die Manuskriptberichte der Volkskundlichen Kommission für Westfalen

Das Archiv für westfälische Volkskunde (AwVk) wurde am 1. April 1951 gegründet. Leiterin dieses Archivs, dessen Bestände eine möglichst umfassende Dokumentation der Kulturgeschichte in Westfalen enthalten sollten, war zunächst Dr. Martha Bringemeier. Neben Bild- und Tondokumenten wurden gezielt auch schriftliche Quellen erhoben, die es den Wissenschaftlern ermöglichen sollten, „Informationen über Kulturerscheinungen in einem Zusammenhang zu erfassen".[3]

Mittel zum Zweck war ein besonderes Korrespondentenverfahren, das in Schweden bereits mit einigem Erfolg angewandt wurde. Anders als bei damals üblichen Umfragen basierte die Erhebungsarbeit der Volkskundlichen Kommission nicht auf Fragebögen mit größtenteils geschlossenen Fragen, sondern auf so genannten ‚Fragelisten', die letztlich ein Konglomerat von aneinandergereihten Fragen zu einem bestimmten Themenkomplex darstellten und die von den Beantwortern in Form eines zusammengehörigen Berichtes bearbeitet werden sollten.

Bei den Beantwortern der Fragelisten handelte es sich um Berichterstatter, die in verschiedenen Orten Westfalens ansässig waren. Sie sollten durch die Fragelisten angeregt werden, aus ihrer individuellen Erfahrung über ein bestimmtes Thema zu berichten und sich an möglichst viele Einzelheiten zu erinnern. Durch Zeitungsaufrufe und gezielte Anfragen bei den Mitarbeitern des „Westfälischen Wörterbuches" und des „Atlas der deutschen

Volkskunde" sowie bei den Heimatvereinen wurden Berichterstatter aus ganz Westfalen für die Mitarbeit an den Umfragen des Archivs für westfälische Volkskunde gewonnen. Gezielt wurde auf eine möglichst große Belegdichte, um die Funktion der Kulturelemente in der Region herausarbeiten zu können. Die Anzahl der Berichterstatter ließ sich bis Ende der 1960er Jahre stetig steigern.(4) Danach wurde keine weitere Mitarbeiterwerbung betrieben.(5) Die Anzahl der im Archiv für westfälische Volkskunde archivierten Berichte beläuft sich auf 6600, wobei nicht ausschließlich Berichte zu den verschiedenen Themen der Fragelisten eingereicht wurden, sondern die Berichterstatter sich auch die Freiheit nahmen, Berichte zu selbst gewählten Themen zu verfassen.

Das gesamte Verfahren beruhte auf einem möglichst engen Kontakt zu den einzelnen Berichterstattern. Ein regelmäßiger Briefverkehr, persönliche Besuche, Einladungen zu so genannten Mitarbeitertreffen sowie jährliche Informationen über die Arbeit des Archivs bestätigten die Berichterstatter in ihrer Tätigkeit und halfen den Wissenschaftlerinnen, die Inhalte der Berichte richtig einzuordnen.

Die so genannten Manuskriptberichte erwiesen und erweisen sich als eine ausgesprochen nützliche Quelle, wenn es um das Alltagsleben der Menschen in Westfalen geht. Trotz aller Vorzüge gilt es, die Probleme, die sich mit dieser speziellen Quellengruppe verbinden, nicht unter den Tisch zu kehren. So steht und fällt die Qualität des einzelnen Berichtes selbstverständlich mit der Person des Berichterstatters respektive der Berichterstatterin. Ihre Zuverlässigkeit und Genauigkeit ist durchaus unterschiedlich zu bewerten. Wenn man die Korrespondenz mit den einzelnen Gewährspersonen in die Analyse miteinbezieht, ergibt sich aber in der Regel ein deutliches Bild des jeweiligen Berichterstatters. Da die Berichte aus ‚eigenem Erleben' geschrieben werden sollten, war es für ein Gesamtbild zu einem bestimmten Thema selbstverständlich nicht unerheblich, dass die soziale Schichtung der Berichterstatter in etwa der der derzeitigen Gesellschaft entsprach. In diesem Punkt liegt im Grunde die größte Schwachstelle der Berichte, die zwar regional weite Teile von Westfalen abdecken, soziale Differenzierungen jedoch nicht deutlich genug widerspiegeln, weil ein Großteil der Gewährspersonen entweder aus dem ländlichen Umfeld stammte oder (Volksschul-) Lehrer war. Auch an eine gewisse Ausgewogenheit der Geschlechter war noch nicht gedacht worden: Der weitaus größte Teil der Berichte ist von männlichen Gewährspersonen verfasst worden.

Trotz der aufgezeigten Mängel bietet die vorgestellte Quellengruppe interessante, dichte und aufschlussreiche Informationen über die Zeit von etwa 1880 bis 1970 und über Themenbereiche, die sich in dieser Form nur selten finden.

2. Die Berichterstatter (Archivmitarbeiter)

Für die hier vorzustellende Region waren mehr als zwanzig Berichterstatter mehr oder weniger regelmäßig tätig, darunter auch Heinrich Schauerte. Bei Durchsicht der Berichte, waren es immer wieder fünf Verfasser, die auffielen durch Kenntnisse aus eigener Anschauung und durch große Konkretion aufgrund des eigenen Erlebens. Sie werden kurz vorgestellt, denn ihre Erfahrungswelten erschließen sich dem Leser leicht durch die Informationen zu ihrer Herkunftsfamilie und zu ihren Tätigkeitsfeldern im weiteren Leben.

• Anton Bauerdick
Anton Bauerdick ist am 13. Februar 1884 in Brumlingsen, Gemeinde Freienohl als neuntes Kind eines Landwirts geboren. Bauerdick ging nach der Volksschule bei einem Stellmacher in die Lehre und arbeitete als Geselle in Freienohl, Arnsberg und Hagen. Nach seiner Meisterprüfung machte er sich in Oeventrop selbstständig. Er verstarb 1961 in Oeventrop.

• Josef Braukhaus
Josef Braukhaus ist am 13. September 1896 in Garbeck im damaligen Kreis Arnsberg geboren. Sein Vater war Huf- und Wagenschmied und betrieb daneben noch eine kleine Landwirtschaft. Josef Braukhaus ergriff den Beruf des Lehrers, den er von 1921 bis zu seiner Pensionierung ausübte. Nebenamtlich war er als Standesbeamter und Kirchenrendant tätig. Mit seiner Frau und seinen vier Kindern lebte er zuletzt in Wengern, wo er 1975 verstarb.

• Heinrich Feldmann
Heinrich Feldmann wurde am 3. März 1896 in Westfeld geboren. Er entstammt nach eigenen Angaben einem „alten Bauern- und Handwerkergeschlecht". Feldmann ergriff den Beruf des Lehrers, den er bis 1958 ausübte. Nebenberuflich war er als Kirchenrendant und als Imker tätig. Mit seiner Frau und seinen fünf Kindern lebte er zuletzt in Wenden, wo er 1986 verstarb.

• Joseph Schmelzer
Joseph Schmelzer wurde am 24. September 1880 in Olpe geboren, wo er nach der Volksschullehrerausbildung auch als Lehrer tätig war. Der Beruf seines Vaters ist nicht dokumentiert. Schmelzer wohnte zuletzt in Cochem an der Mosel, wo er 1974 verstarb.

• Clemens Schnell
Clemens Schnell wurde am 19. August 1903 in Hagen im damaligen Kreis Arnsberg geboren. Der Beruf seines Vaters wurde nicht dokumentiert. Clemens Schnell selbst übte den Beruf des Schacht- und Schießmeisters aus, den er aber wegen Invalidität aufgeben musste. Er verstarb 1972 in seinem Geburtsort.

3. Alltag und Festtag

Im Folgenden soll der Alltag aus dem Blick der Gewährspersonen lebendig werden. Sie erinnern sich an ihre Kindheit vor dem Ersten Weltkrieg, an ihre Jugend und die Zeit ihrer Elternschaft. Sie sind nun, zur Zeit der Abfassung der Berichte Großväter und im Ruhestand. Manchmal lassen sie durchscheinen, dass sie den Wandel der Lebensweise, insbesondere seit den 1950er Jahren bedauern. Vergangenheit verklärt sich dann und gerät unter den Einfluss der schon benannten allgemein gewordenen heimatkundlichen Sauerlandbilder.

Auch die unterschiedliche Antwortbereitschaft auf bestimmte Fragelisten, ob sie nun Bräuche von Erstkommunion, Hochzeit, Weihnachten oder aber den Tagesablauf im Haushalt, das Dreschen mit Maschinen, das Singen und Musizieren und das Fernsehen erfragen, verweist darauf, dass auch die Berichterstatter das Bild vom Leben auf dem Lande in ihrer Heimat durch die Beantwortung der Fragelisten mitkreieren wollten.

Mitgeteilt werden hier Ausschnitte aus dem so entstandenen vielfältigen Material, wenige Feste, einige Festelemente, Aspekte des ländlichen Wirtschaftens, des Zusammenlebens. Dabei soll nachvollziehbar werden, wie zu arbeiten war und wie sich das Leben in der Erinnerung der Berichterstatter leben ließ und wie es erlebt wurde als eingebettet in Systeme der Ordnung und der Geborgenheit.

3.1 Einen Hausstand gründen

Die Berichterstatter schildern vor allem die idealtypischen Hochzeiten, die auf die Situation der Vollerwerbsbauern abgestimmt sind. Heiraten heißt bei ihnen auch, nun über eine wirtschaftliche Grundlage und über einen Arbeitsplatz zu verfügen, sodass das eigene Leben und das der Nachkommen gesichert ist.

• Die Brautwerbung

„Fuhr ein junger Mann mit seinem Erntewagen am Hause des Mädchens, auf welches er ein Auge geworfen hatte vorbei, stand er meist breitbeinig auf seinem mit zwei Pferden bespannten Wagen. Durch den Knall seiner Peitsche aufmerksam gemacht, zeigte sich das junge Mädchen am Fenster, um ihm durch Lächeln, freundliches Zunicken oder Winken ihre Sympathie kund zu tun“.

So beschreibt Clemens Schnell den Einstieg in eine Brautwerbung in Hagen, im Altkreis Arnsberg. ‚Plaudereien' folgten, Mittwoch abends, am Sonntag Nachmittag, die Eltern blieben lieber dabei, bald schon gab es Fragen zu Mitgift und Hochzeit.[6]

Das Sprichwort „Frigge din Nohwers Kind un kop din Nohwers Rind, dann werst de nit bedruahn“ (Freie deines Nachbars Kind und kauf deines Nachbars Rind, dann fällst Du nicht herein), welches aus Olpe überliefert ist,[7] verweist auf die Vorteile einer Partnerwahl in der unmittelbaren Nahwelt. Vielfach kamen Hochzeiten unter den Dorfbewohnern aber aufgrund schlechter Verkehrsanbindungen und mangelnder Gelegenheit zustande, was dann zu einer Norm gerinnen konnte.

Schon eine Brautwerbung im Nachbardorf hatte sich der Freier nach Angaben von Heinrich Feldmann zunächst mit ein paar Litern Schnaps bei den Burschen des Dorfes zu erkaufen, die zuvor brauchgemäß mit „ohrenbetäubendem Lärm“ vor dem Haus kundgetan hatten, dass sie das Vorhaben bemerkt hatten.[8]

Meist kannten sich die Brautleute jedoch bereits aus der Schule. Schützenfeste oder Tierschauen sowie der Weg von Dorf zu Dorf zur Kirche, werden als weitere Gelegenheiten genannt, in der vertrauten Lebenswelt Partner zu finden.[9] „Viehhändler und Kiepenkerls“ fungierten nach Anton Bauerdick häufig als Informanten über mögliche Partner in den Dörfern der Umgebung und halfen, ein Kennenlernen anzubahnen. Die Kontaktaufnahme aus dem Alltag heraus gelang, wenn der junge Mann zum Haus des Mädchens ging und um Feuer für seine Pfeife bat, welches mit dem Fidibus aus ineinander gerolltem Papier am Herdfeuer geholt werden musste. So wurden erste Gespräche, das Freien (Friggen) der jungen Leute möglich. In Brumlingsen bei Freienohl wurde daher vom „Frigge-Tabak“ gesprochen, wenn eine Pfeife so gar nicht recht brennen wollte und nach wiederholtem Anstecken verlangte.[10]

Kam die Verlobung zustande, dann hatte die Werbung bereits eine hochoffizielle Phase erreicht. Die Verlobung wurde auf hohe kirchliche Feiertage gelegt, fand im Haus der Braut statt und beinhaltete – etwa durch eine häusliche Ansprache des Pfarrers – Elemente kirchlicher Partizipation, wie sie für alle Etappen des Lebenslaufs gegeben war.

Vor der Hochzeit erfolgte das Brautexamen durch den katholischen Geistlichen, der nach den „Glaubenswahrheiten“ fragte und über „Rechte und Pflichten der Eheleute“ aufklärte.

Josef Braukhaus erinnert sich, dass er selbst bei der Gelegenheit im Jahr 1924 ein Buch erhalten hat mit dem Titel: „Mann und Frau im Dienste des Schöpfers“.[11]

• Die Aussteuer

Am Tag vor der Hochzeit wurde die Aussteuer öffentlich vorgeführt. Dazu nutzte man den Erntewagen, einen Leiterwagen. Er war nach Angaben von Heinrich Feldmann „hochbeladen mit dem Hochzeitsgut von 2 Pferden gezogen, die mit Blumensträußen geschmückt waren“. Angebunden war eine bekränzte Kuh. Die Mädchen des Dorfes reagierten in der Gegend von Attendorn auf das Schauspiel mit dem „Fangen“ des Wagens mithilfe eines Bandes, welches durch eine angemessene Spende beendet werden konnte.[12] Anton Rammrath[13] erinnert sich an Geräusche aus seiner Kindheit in Grevenstein im Altkreis Arnsberg, an „langgezogene, auf- und abschwellende Töne“, das Jauchzen, das die Aufgabe von ein oder zwei auf dem Brautwagen sitzenden Mädchen war und was ihm noch im Alter unvergesslich in den Ohren lag.[14] Das vollständige Schlafzimmer war nach seiner Erinnerung Teil der Aussteuer, und der Koffer, eine Truhe mit gewölbtem Deckel, die viel Leinen barg. Für seine Mutter blieb die Beilade, ein abgetrenntes verschließbares Fach, innen auf der rechten Seite der Truhe, ein „Heiligtum“, in der sie ihr Leben lang alles Wertvolle, Schmuck, Geld und Urkunden, verwahrt hat.[15]

Das zur Wäscheaussteuer gehörende selbstgesponnene und gewebte Leinen „war der Stolz der jungen Frau“.[16] Die Menge richtete sich nach der Größe des elterlichen Hofes, bei 10 ha waren es 10 bis 12 Rollen, bei 20 ha 20 bis 24 Rollen. „Hatte die Braut mehr wie zwei Dutzend Rollen Leinen“, so erzählten die Mädchen im Dorf nach Angabe von Clemens Schnell, „die Truhe sei geplatzt und vorne ein Brett herausgeflogen. Fremde glaubten das, aber die Einheimischen wußten, was damit gemeint war.“

Die mitzubringende Wäsche war so bemessen, dass sie – etwa bei über 50 Hemden und einem üblichen wöchentlichen Wechsel der Leibwäsche – für ein Jahr reichte. Das Leben war vorhersehbar, Kinderwäsche, das Tauf- und das Wiegenkissen gehörten bereits zur Aussteuer der Braut. Die Standuhr auf dem Aussteuerwagen hat in diesem Sinn Zeichenfunktion: Sie würde die Zeit auch als Lebenszeit begleiten.[17]

Vieh brachten nur die Mädchen wohlhabender Eltern in die Ehe, Arbeitsgeräte, wie Melkeimer, Körbe und Sauerkrautfass[18] waren aber Standard. Dazu brachten Bauerntöchter, die einen Nichtbauern heirateten, Lebensmittel wie Kartoffeln, Gemüse oder ein geschlachtetes Schwein mit.[19]

Hochzeitspaar: Anton Betten mit seiner Ehefrau M. Elisabeth, geb. Neuhaus, 1905, Stockum

• Der Festtag

Die Brautmesse fand Dienstags oder Mittwochs am frühen Vormittag statt. Der Bräutigam erschien in Frack und Zylinder, die Braut bis in die 1930er Jahre in einem schwarzen Kleid, das sie zu den kirchlichen Feiertagen und zur Fronleichnamsprozession weiter trug.[20] Am Hochzeitstag hatte die Braut einen Myrtenkranz im Haar. „Er bildete den Anfang des langen Schleiers, der ebenfalls mit Myrtensträußchen besteckt war". Im Kirchdorf von Josef Braukhaus gingen alle zu Fuß zur Kirche, ein Kind mit der Brautkerze vorne weg. „Nach der kirchlichen Trauung ging der Brautzug geschlossen zum Hochzeitshaus", wo gefrühstückt wurde.[21]

Das Haus war festlich mit Girlanden und Willkommensgrüßen geschmückt, auch hierbei hatten die Nachbarn geholfen, die nun mitfeierten.[22] Nach dem Frühstück inspizierten die Frauen den Brautschatz, Wäscheschrank und Truhe standen offen, „sie musterten und befühlten, sogar zählten sie".[23] Mittagessen und Kaffeetrinken folgten. Die Feier wurde am Nachmittag mit Tanz, bei Musik von Dudelsack und Teufelsgeige fortgesetzt.

„Nachdem alle dem jungen Paar nochmals zugetrunken haben, wird der Brauttanz angekündigt. Der Schleier der Braut wird von der Näherin hochgesteckt und ein Walzer intoniert. Das junge Paar tanzt zunächst einige Runden allein und die Gäste klatschen zum Tanz der Musik in ihre Hände. Jetzt erscheint der Gästebittker mit den Stühlen der Brautleute im Saal. Alles was tanzen kann, nimmt jetzt am Tanz teil und bedrängt das junge Paar, bis es auf die bereitgestellten Stühle sinkt. In dichtem Kreis wird jetzt das junge Paar umringt. Die Näherin tritt von hinten heran und löst den Schleier. Der Gästebittker tritt aus dem Kreise, nimmt die linke Hand der Braut, welche sie zur Faust machen muß und malt mit dem Tuschpinsel einen Kinderkopf darauf. Darauf umwickelt er den linken Arm mit dem langen Zipfel des Schleiers. Sie muß jetzt auf sein Geheiß den linken Arm mit der bemalten Hand in den rechten Arm verschränken und es sieht aus, als schaukle sie ein kleines Kind, welches alle mit Neckerei betrachten. Nachdem nun alle das kleine Wesen genügend bewundert haben, bittet er um Ruhe und singt das Lied von Adam und Eva im Paradies, in dessen Refrain alle Anwesenden einstimmen." (AwVk, Ms. 1068, S. 14)

Der Kopfschmuck der Braut wurde sorgfältig behandelt. Er bestand aus dem Schleier, der das schwarze Kleid bis zum Boden bedeckte und am Kopf mit dem Myrtenkranz festgesteckt war. Die Myrte hatte die Braut nach Angabe zweier Berichterstatter von klein auf selbst gezogen.[24] Der Kranz und ein Stück des Schleiers fanden eine weitere Verwendung bei der Erstellung des Kastenbildes, das als bildliches Andenken an die Hochzeit gefertigt und in der Wohnung aufgehängt wurde. Folgender zukunftsweisender Spruch umrahmt in Freienohl die im Hochzeitsbild verarbeiteten Erinnerungsstücke:

„Aus der Myrte frischem Grün
wird Euch einstens Silber blühn
Aus des Silbers zartem Weiß
wird Euch dann ein goldnes Reis".[25]

Auch das andere Stück des Schleiers wurde in Hinblick auf einen nun vorgezeichneten Lebensweg aufbewahrt. War ein Kind geboren, dann diente es über der Wiege als Schutz gegen Fliegen.[26]

Während die Braut zum ausgelassenen Ende der Hochzeitsfeier eine Nachtmütze auf den

Kopf gesetzt bekam und ihr Hochzeitskleid ablegen konnte, band man dem Bräutigam einen Pantoffel mit einem Bindfaden auf den Kopf, zum Zeichen, dass nun ein neuer Lebensabschnitt mit neuen sozialen Verpflichtungen beginnen würde.[27]

3.2 Den Lebensunterhalt verdienen

Auch wenn das Ideal eines Lebens als Vollerwerbsbäuerin und Vollerwerbsbauer bei den Hochzeitserinnerungen mitschwingt und die Land- und Viehwirtschaft das Selbstbild der Region prägt, ist sie im Arbeitsalltag vielfach nur eine von weiteren Erfahrungswelten.

• Land- und Viehwirtschaft

„Auf den kahlen, kalten Höhen der Stadt Winterberg und der nächsten Nachbardörfer lohnt sich der Ackerbau kaum. Der Winterroggen verwintert, der Sommerroggen liefert spärlichen Ertrag, kurzes mageres Stroh und oft kaum das 3. oder 4. Korn – von Weizen ist keine Rede; von Hafer allerdings desto mehr, denn wir sind ja hier in ‚Hafer-Spanien'." (Grimme 1886, S. 560)[28]

Nicht überall waren die natürlichen Voraussetzungen für die Landwirtschaft so ungünstig, wie sie Friedrich Wilhelm Grimme in Bezug auf die Astengegend beschreibt. Die Böden rund um Meschede, Brilon oder Olpe galten sogar als relativ fruchtbar, wenn man dem Urteil Johann Nepomuk von Schwerz glauben soll. Der landwirtschaftliche Ertrag wird für das 18. und 19. Jahrhundert aber auch in dieser Gegend als nicht ausreichend klassifiziert. Als hauptsächlichen Grund für die geringen Ernteerträge erachteten Außenstehende neben der kalten Witterung und den überwiegend kargen Böden vor allem die unzulängliche Wirtschaftsweise der sauerländischen Landwirte, die entweder nicht genügend düngten, zu viel Fläche brach liegen ließen oder – im Gegenteil – zu wenig Fläche unter den Pflug nahmen oder nehmen konnten. Als hauptsächlichen Grund für die mangelhafte Wirtschaftsweise der Bauern im Hochsauerland gab der Königlich Preußische Kriegs-, Domänen- und Forstrat Christian Friedrich Meyer bereits im 18. Jahrhundert an, dass die meisten Bauern neben der Landwirtschaft noch einem Gewerbe nachgingen:

„Die vielen Fabriken hingegen, womit sich auch der Akkerkultivateur vorzüglich beschäftiget, verursachen daher, daß die Einwohner die Aufmerksamkeit auf ihre Geschäfte zu sehr theilen, solche mehr auf die Fabriken als auf den Ackerbau verwenden, diesen überaus wichtigen Zweig im ganzen vernachlässigen und ihn nur als eine Nebensache betrachten, woher es denn auch kommet, daß nicht der Fünftetheil der Einwohner von ihrer eigenen Kornproduktion gespeiset werden können". (Meyer 1798, S. 48)[29]

Das Bild einer überwiegend im Nebenerwerb betriebenen Landwirtschaft bestätigt auch Josef Braukhaus für den kleinen Ort Garbeck im ehemaligen Kreis Arnsberg vor dem Ersten Weltkrieg:

„Die Bauern hatten durchweg 2 Pferde für ihre Arbeit und kleinere Bauern begnügten sich mit einem Pferd. Kötter und Handwerker, die nebenbei einige Morgen Land hatten und Kühe und Schweine hielten, trieben Zugkühe oder einen Ochsen. Die Feldarbeit besorgte hier vielfach die Hausfrau oder der Mann nach Feierabend. (...) Und so gab es denn am Ort 2 Ochsenbauern, der eine war nebenbei Maurer der andere Steinbrucharbeiter, 6 Kuhbauern, die im Hauptberuf Handwerker wie Schmied, Stellmacher, Müller, Mauerer oder Heimarbeiter waren. Dort mußte die Frau: Mähen, Pflügen, Einfahren, kurz und gut alle Feldarbeit können." (AwVk, Biografische Kartei Braukhaus)

Ohne Kartoffellegemaschinen war die Kartoffelsaat eine zeitaufwendige und anstrengende Tätigkeit. Undatiert, Sauerland.

• Nebengewerbe

Im Winter, der im Hochsauerland durchaus von November bis April andauern konnte, ruhte die Arbeit auf dem Feld. Diese Zeit wurde für die Instandsetzung von Geräten und (soweit vorhanden) Maschinen, zum Schlachten, zum Spinnen und Weben sowie für die zahlreichen Nebenerwerbstätigkeiten wie Strumpfwirken, Holzwarenherstellung (Körbe, Schüsseln) etc. genutzt. Vielfach wurde für den Eigenbedarf gearbeitet, die Strumpf- und Schalwirkerei sowie das Korbflechten und die Holzwarenherstellung konnten aber durchaus auch gewerbsmäßige Züge annehmen wie aus einem Bericht von Anton Bauerdick über das Schüsseldreherhandwerk um 1900 hervorgeht:

„Es gab hier in meiner engeren Heimat, in Freienohl, Oeventrop und Breitenbruch ungefähr zehn Werkstätten, in denen Schüsseln und noch einige andere Gebrauchsgegenstände aus Holz angefertigt wurden. Für die Schüsseln konnte nur Buchenholz aus Stämmen im Durchmesser von 1 Meter aufwärts gebraucht werden, denn die Entfernung von der Rinde bis zur Mitte des Baumes ergab den Durchmesser einer Schüssel. Diese schweren Buchenstämme wurden meistens schon im Walde in 50 - 60cm lange Stücke geschnitten. Diese Stücke wurden dann wieder acht bis zehn mal gespalten. Dann wurden diese Holzbrocken zu den Werkstätten gefahren. Hier begann die Arbeit des Schüsseldrehers. Aus jedem dieser Holzbrocken wurden ungefähr sieben bis acht Schüs-

Wie hier im benachbarten Wittgensteiner Land, wurden auch im Hochsauerland Schüsseln gedreht.

seln gedreht, von denen jede ungefähr vier Zentimeter kleiner wurde. - Die Drehbank war nicht eine Maschine, wie man sie heute kennt, sondern ein ganz primitives Gestell, welches mit dem rechten Fuß getreten wurde. An einer Holzwalze von 40 cm Länge und 8 - 10 cm Durchmesser, an der sich vier scharfe Metallspitzen befanden, wurde der Holzblock befestigt. Vorher war mit einem Beil die äußere Fom eines Napfes grob ausgehauen worden. Durch ein Loch in der Werkstattwand war eine 6 - 8 Meter lange, schlanke, biegsame, junge Buche (Ästling) gesteckt, welche mit dem unteren Ende draußen befestigt war, während die Spitze über der Drehbank ragte. An der Spitze war ein Riemen befestigt, welcher dreimal um die eben erwähnte Walze geschlungen und unten am Tretspan (Trittholz) befestigt war. Beim Auftreten drehte sich die Walze mit dem zu bearbeitenden Holz dem Handwerker entgegen und dieser konnte so mit einem besonderen Messer daran arbeiten. Wenn der Mann den Fuß anhob, zog die junge Buche den Tretspan hoch und die Walze drehte sich zur anderen Seite, so daß die Messer dann nicht angesetzt werden konnten. Durch die Rechts- und Linksdrehung wurden die Späne aus dem schmalen Spalt herausgeworfen und konnten sich somit nicht festsetzen. Nach fast 1/2-stündiger Arbeit war die Außenseite des ersten Napfes fertig. Dann begann die Arbeit von innen. Mit verschiedenen, langen, der Außenform der Schüssel angepaßten Messern, die vorn eine zentimeterbreite, gebogene Schneidefläche hatten, wurde dem Napf die innere Form gegeben. Der Napf wurde von dem Holzblock abgetrennt und dann begann die Arbeit des nächsten Napfes, der dann natürlich etwas kleiner wurde. Die größten Schüsseln wurden von den Bauern gern als Butternäpfe gekauft. (...) Auch zu Kuchenrührschüsseln wurden die Näpfe gebraucht. (...) Als Milchschüsseln wurden die Holznäpfe mittlerer Größe gebraucht. Die kleinsten Näpfe von 10 - 15 cm Durchmesser, sogenannte Katzennäpfe, wurden für allerlei Dinge im ländlichen Haushalt gebraucht. Eine hier im Ort wohnende, ehemalige Krankenschwester erzählte mir, daß sie in ihren ersten Klosterjahren um 1890 diese kleinen Näpfchen als Kaffeetasse gebraucht hätten. In den Schüsseldreherwerkstätten wurden außer Holznäpfen auch Schaufeln und Schöpffüllen hergestellt. Diese wurden aus einem Stück Holz gemacht, der Stiel wurde also gleich mitgearbeitet. Die Schaufeln wurden zum Kartoffeln- und Korn-Einsacken gebraucht (...). Die Füllen wurden hauptsächlich zum Wasserschöpfen gebraucht.(...)

Die Erzeugnisse der Schüsseldreher wurden in hiesiger Gegend von den Gebr. Sim aus Köln und der Firma Leiendecker aus Berleburg aufgekauft. Von diesen Firmen wurde viel nach Holland ausgeführt. Durch die Metall-Industrie, sowie die immer steigenden Holzpreise und das Fehlen der dicken Buchen wurde das Schüsseldreherhandwerk völlig zum Erliegen gebracht". (AwVk, Ms. 1542)

Der Landwirt und Waldarbeiter Mause mit Frau und zehn Kindern, um 1922, Hesborn

3.3 Kinder aufziehen

Kinder erziehen, das heißt im Sauerland um 1900: die Eltern beziehen sie in die eigene Lebenswelt ein und machen sie dafür lebenstüchtig. Im Mittun, in verschiedenen sozialen Gruppen, werden sie mit der Glaubens- und Vorstellungswelt vertraut gemacht, in eine Vielzahl von Brauchterminen mit den dabei erforderlichen Handlungen eingewöhnt und sie lernen alle Unwägbarkeiten des Lebens und den Umgang damit kennen. Von institutioneller Seite kommen der Schulunterricht sowie vielfältige offizielle Ereignisse und formalisierte Gegebenheiten zur Eingewöhnung in den katholischen Glauben hinzu.

Die gewonnenen Erfahrungen geben den Kindern Aufschluss über den zu erwartenden eigenen Lebenslauf, über Pflichten im sozialen und religiösen Leben und sie zeigen Hilfen auf.

• Vom Umgang mit Geburt und Tod

Die Vorgänge um eine Geburt erschließen sich den männlichen Gewährspersonen nicht. Sie berufen sich auf eine „Ehrfurcht vor dem gesegneten Mutterleibe". Schwangere waren vor gewissen Einflüssen und Gedanken in die falsche Richtung – etwa durch den Besuch eines Sterbenden – abzuschotten.(30) Die Berichterstatter wissen ferner, dass zur Geburt eine Hebamme zu holen war, die Kinder beim Nachbarn untergebracht werden mussten, und dass die Wöchnerin zu schonen war.

Für Kinder blieb die Geburt gänzlich mysteriös. So hat man nach Auskunft von Clemens Schnell erzählt,

„daß die Säuglinge aus dem Teich (Dejke) oder Pütte kamen, welches im Keller der Hebamme sei. Dort müsse sie die kleinen Kinder herausfischen, weshalb sie auch den Namen

„Hiew=Amme" habe. In jedem Hause unseres Dorfes war früher ein Brunnen. (Pütte) (...) Als Kinder gingen wir immer zur Hebamme, einer freundlichen Frau, bei der wir uns ein kleines Brüderchen oder Schwesterchen bestellen wollten. Dann nahm sie uns mit in ihren Keller, zeigte uns den Brunnen und fischte mit einem Pütthaken darin herum. Sie stellte sich dann sehr enttäuscht, wenn an dem Haken kein Kind hing, worauf wir allerdings gespannt warteten. Dann vertröstete sie uns, daß sie uns sofort eins bringen würde, wenn wieder eins in dem Teich herum schwimmen würde:" (AwVk, Ms. 1150, S. 10)

Im Gegensatz zum Geheimnis, das um die Vorgänge der Geburt gemacht wurde, hat man Kindern die Allgegenwart des Todes nahegebracht und sie in ein selbstverständliches Erleben des Sterbevorgangs geradezu eingeübt. Clemens Schnell hat als 5-jähriger eine erste intensive Erfahrung mit dem Sterben und Beerdigen gemacht, er begleitete dann im Alter von 10 bis 14 Jahren (ab 1913) als Messdiener den Pfarrer in die Sterbehäuser. Wenn sie losgingen wurde die „Kleppklokke, auch Stiärwe- oder Versaihklocke" geläutet, deren Klang von der Heiligen Wandlung bekannt war.

„Sobald man ihren Klang vernahm, ruhte alle Arbeit in Haus, Hof und Feld. Die Bewohner entblösten ihr Haupt, schlugen an ihre Brust und bekreuzigten sich. Die Arbeit wurde erst wieder aufgenommen, wenn beim zweiten Läuten der letzte Ton verklungen war. Ertönte diese Glocke außerhalb der Zeit, so wußte man, daß der Geistliche zu einem Schwerkranken gerufen worden war. Die Einwohner kamen an die Dorfstraße, knieten dort am Rande nieder und ehrten das hochwürdigste Gut, wenn der Priester an ihnen vorbei ging. Sie passten auf, wohin der Geistliche ging und wußten dann, wer mit dem Tode rang. Dem Geistlichen voran ging der Meßdiener, der in der einen Hand eine Laterne mit einer brennenden Kerze und in der andern Hand ein kleines Glöckchen trug. Dieses Glöcklein ließ er unterwegs, beim Eintritt in das Sterbehaus und zur hl. Kommunion bei dem Kranken ertönen." (AwVk, Ms. 1117, S. 1)

Lediglich zur Waschung der Toten durch Angehörige und Nachbarn wurden Jugendliche herausgeschickt. Zur Einkleidung lag das Totenhemd im Linnenschrank bereit, für Männer konnte auch das Hochzeitshemd genutzt werden. Ein anderer Berichterstatter erwähnt, dass Tote auch angekleidet wurden, und zwar mit ihrem Brautkleid oder ihrem Brautanzug.[31]

Die Beisetzung erfolgte an festen, nach Religion getrennten Orten – Juden hatten einen Friedhof in der Nähe von Stockum, Evangelische wurden nach Pasel an der Lenne gebracht, der Regelfall war die Beisetzung auf dem katholischen Gottesacker im Kirchdorf unter Beteiligung der katholischen Dorfgemeinschaft.

Bis zur Beerdigung vergingen drei Tage, in denen es galt, brauchgemäß formalisierte Handlungen zu vollziehen. Clemens Schnell erinnert sich an die Anbahnung der Beerbung des verstorbenen Haushaltsvorstandes. Dazu musste der Sohn beim Tod seines Vaters die Standuhr anhalten mit den Worten „Diu maß niu ruggen, dejn Herr schlöpet!" und er berichtet weiter,

„Sie wurde erst nach der Beerdigung wieder in Gang gebracht. Dann ging er als jetziger Besitzer in die Ställe, gab jedem Haustier einen leichten Schlag mit der Rute und sprach dabei: ‚Diu maß niu waken, dejn Herr schlöpet!'. Dann ging er in den Hof und Garten, schlug an jeden Baum und sprach dabei dieselben Worte. Zuletzt ging er zum Bienenhaus". (AwVk, Ms. 1117, S. 4f.)

Haarbild als Totenerinnerung an ein 2-jähriges Mädchen 1910, Westfälisches Schieferbergbau- und Heimatmuseum Holthausen

Der Tote wurde geschmückt und zu Hause in seinem Bett mit dem Sterbekreuz in der Hand aufgebahrt. Auf die Nachtkonsole stellte man Kreuz, Heiligenfiguren, Blumen und ein Gefäß mit Weihwasser und einem Buchsbaumsträußchen. Auf der Waschkommode brannte das Totenlicht.

„Besonders viel besuchten Kinder den Toten", berichtet Clemens Schnell. Einerseits glaubte man an heilkräftige Wirkungen des Sterbevorgangs, der bis zur Beerdigung noch nicht als vollständig galt. Für Hautkranke hoffte man, der Tote könne ihre Warzen mit in die Erde nehmen, wenn er damit über ihn strich.[32] Andererseits brachten die Kinder dem Toten kleine Andachtsbildchen mit und bedeckten damit seinen Körper.

Der Tod von Kindern war ausgesprochen häufig, so dass man sich aus heutiger Sicht fragt, wie die Familien das verkraften konnten. Die Berichterstatter erwähnen die emotionalen Leistungen der Hinterbliebenen nicht. Von ihnen erfährt man aber, dass die Särge für Kinderleichen ebenso weiß waren, wie das Grabkreuz und der dazugehörige Kranz. Bei dem Begräbniszug durch das Dorf folgte dem Sarg ein weißgekleidetes Engelchen mit einem Kranz im Haar und einer brennenden Kerze. Alle, auch die Schulkinder und ihr Lehrer waren bei einer Beerdigung dabei. Kindersärge wurden von älteren Schulknaben getragen.[33]

Totgeborene und ungetaufte Säuglinge – heißt es – bestattete der Vater selbst auf einem besonderen Platz, wobei keine Teilnahme von Nachbarn vorkam.[34] Der Vater hat das Kind „in Windeln gedreht und in einen kleinen Holz- oder Pappkarton gepackt „und außerhalb des „geweihten Gottesackers" am Kirchhofsrand eingegraben.[35]

Hier erschließt sich die Bedeutung der Taufe im Kontext einer religiösen Heilserwartung. So taufte man früh, meist am dritten Tag nach der Geburt und behalf sich mit einer Nottaufe, sollte das Neugeborenen nicht vital erscheinen. Kinder wurden nie auf den Namen verstorbener Geschwister getauft und es galt die Regel, nicht zu taufen, solange ein Grab offen stand.[36] Zur feierlichen Taufe wurde die beste Bettwäsche aufgezogen und die Wöchnerin zog ihr Brauthemd an. Da sie erst acht Wochen nach der Geburt zum ersten Kirchgang in der Kirche erscheinen durfte, übernahmen die Paten das Taufestehen. Die Patin brachte nach dem Kirchgang das Kind der Wöchnerin wieder ans Bett und sagte dabei: *„Wir holten dir das Heidenkind fort und bringen dir dafür ein Englein wieder."*[37]

• Ein Katholik werden

Kinder werden ganz selbstverständlich und schon durch einfache Alltagsvollzüge mit der Religion ihrer Umgebung vertraut gemacht. Ihre erste individuelle Würdigung als Person und gläubiger Katholik erfuhren sie mit der Erstkommunion.

Josef Braukhaus ist 1909 mit 13 Jahren in Garbeck gemeinsam mit den Kindern aus Frühlinghausen, Höveringhausen und Leveringhausen zur Erstkommunion gegangen.[38] Am Sonntag um 7 Uhr begann die kirchliche Feier mit dem Abholen der Kinder von der Schule, in der der vorbereitende Unterricht stattgefunden hatte. Die Kleidung hatte der Schneider des Ortes gefertigt.

„Die Jungen trugen lange schwarze Hosen mit einem Myrtensträußchen am Rock, die Mädchen trugen lange schwarze Kleider mit Stehbörtchen und einem Kettchen mit einem Kreuz um den Hals. Das Kleid zierte auch ein Myrtensträußchen."

Außerdem hatten sie einen Kranz im Haar. Die Eltern der Kommunionkinder hatten ihre Hochzeitskleidung angezogen. Alles war festlich geschmückt und vorbereitet. Dazu gehörte die innere Vorbereitung durch die Erstbeichte der Kinder am Samstag morgen und die Beichte der Erwachsenen am Nachmittag sowie weitere Gebete am Abend – es war aber auch an das Äußere gedacht worden.

„Im Hause war alles auf Hochglanz gebracht. Es war geputzt und gescheuert, die Kinder gebadet in einem größeren Waschfaß oder in einer Zinkbadewanne, sofern eine vorhanden war. Auch die Kirche war geschmückt mit Girlanden und Fahnen, desgleichen auch der Abholungsweg von der Schule zur Kirche. Dort standen Wachholdersträucher.(...) Um die Schultür war ebenfalls eine Stechpalmengirlande mit Papierrosen aufgehängt. Vor dem Kirchenportal standen Fahnen, ein Schild trug die Aufschrift: ‚Laßt die Kinder zu mir kommen, denn ihrer ist das Himmelreich.'"
(AwVK, Ms. 3933, S. 3)

Kommunionkind und „Engelchen", um 1914, Niedereimer

Der Zug von der Schule zur Kirche war folgendermaßen organisiert:
„Voran schritt ein Ministrant als Kreuzträger, es folgten Engelchen mit Blumenkörbchen oder Lilien. Alsdann folgten 2 Fahnenträger und 4 Führengel. Vor den Kommunionkindern schritt der Pfarrer im weißen Chormantel. Darauf folgten die Erstkommunikanten (...). In der einen Hand trug man die Kommunionkerze und in der anderen das Gebetbuch, bei den Mädchen mit einem weißen Taschentüchlein und dazu einen Rosenkranz". *(AwVk, Ms. 3933, S. 4)*

Die kirchliche Feier dauerte 1 1/2 Stunden, dann wurde gefrühstückt, wobei die Kinder der Bauerschaften bei den Kindern vor Ort bewirtet wurden. Um 10 Uhr war die zweite Messe angesetzt. Der Berichterstatter betont, dass sich seine Feier von heute üblichen unterschied, „denn die meisten Familien waren Großfamilien, wo oft mehrere Jahre hintereinander Erstkommunionfeier war." Als „vollwertiger Christ" galt man nach der Firmung, die Erstkommuniongeschenke – ein Rosenkranz, das Sterbekreuz, das Sursum Corda, ein silbernes Kreuz an einer Halskette für die Mädchen – dienten aber bereits einer zunehmend selbstständigen Ausübung der Religiosität, zu der sie nun aufgefordert waren.

Kommunionerinnerungsbild, Balve, 1892, Westfälisches Schieferbergbau- und Heimatmuseum Holthausen, Inv. Nr. SB-15

„Geladen waren zur Feier die beiden Paten und die nächsten Verwandten, Schwestern der Mutter, die ihr die Arbeit abnahmen. Als Fleisch gab es bei ‚kleineren Leuten' ein Ziegen- oder Schafslamm, bei den Bauern ein geschlachtetes Kalb (...). Der Tischplatz des Kommunionkindes war entweder neben den Eltern oder zwischen den Paten. Es mußte auch selbst beim Mittagessen die Tischgebete beten." (AwVk, Ms. 3933, S. 5)

„Vom Pfarrer und vom Lehrer erhielt jedes Kind als Kommunionandenken ein Bild, das man einrahmen ließ und ins Schlafzimmer hängte." (AwVk, Ms. 3933, S. 5)

• Heilende Hilfen und helfender Beistand

Bestandteil einer religiösen Erziehung ist die Vermittlung von Heilsvorstellungen und Hilfeangeboten. Was muss man tun, um selig zu werden, was kann man aber auch tun, um sich gesund zu erhalten, um Unheil von Haus und Hof abzuwenden, um der Angst Herr zu werden und um sich den himmlischen Beistand für sein Tun zu sichern. All diese Fragen wurden in der Dorfgemeinschaft im Vollzug sozial gebundener Handlungen nahezu nebenbei beantwortet. Bräuche boten regelmäßig Verhaltenssicherheit, sie antworteten auf dieselbe Weise bei derselben Gelegenheit.

Viele Bräuche waren an kirchliche Kalenderfeste gebunden. Neben verschiedenen formalisierten Handlungen boten sie auch Verdinglichungen des göttlichen Segens. Einige Brauchelemente und die damit im Zusammenhang stehenden Dinge sollen hier beispielhaft vorgestellt werden.

Das Weihwasser ist ein Beispiel dafür, wie man die Lebensvollzüge in Verbindung setzt. Es wurde Ostern feierlich geweiht und in die Häuser gebracht. In Heddinghausen stand es vor der Kirche in Holzbottichen, die eigentlich zum Einpökeln der Schinken benutzt wurden. Eimerweise holte man es von dort Anfang des 20. Jahrhunderts auch für das Vieh nach Hause.(39)

Ebenso wurde das Osterfeuer geweiht, das am Ostermorgen vor der Kirche „auf bloßer Erde“ brannte. Die Weihe begann in Liesen um 5 Uhr, während auf den Höfen noch das Vieh versorgt wurde. Karl Berkenhoff erinnert sich:

„Um 20 Minuten nach 5 Uhr wurde ich, zur Eile ermahnt, losgeschickt, um mit der ‚Fülle‘ Holzkohlen vom Osterfeuer zu holen. Die ‚Fülle‘ war ein eiserner Schöpflöffel mit kurzem Hakenstiele, etwa 23 cm im Durchmesser breit und 10 cm tief. Normal ein Schöpflöffel für das Schweinefutter und ein Maß für das Kraftfutter der Tiere, war es heute zur ‚Gnadenfülle‘ umfunktioniert worden. Als Kind stellte ich mir beim Singen des ‚Komm mit Deiner Gnadenfülle‘ den lieben Gott vor, wie er mit der ‚Fülle‘ in der Hand von einem Trog aus seine Gnaden über die Welt schüttet. Mit den Osterkohlen wurde daheim sogleich das Herdfeuer angezündet. In der Folge wurde versucht, dieses Feuer möglichst viele Tage am Brennen zu erhalten, denn von einem geweihten Osterfeuer konnte kein Schadenfeuer ausgehen.“ (AwVk, Ms. 5965)

Wie eine Brücke zwischen Kirche und Alltag erscheinen die Dinge, die in Berührung mit den rituellen Handlungen der Kirche kommen. Und die Kinder vollziehen diese Brücke sehr konkret und anschaulich nach. Auch lernen sie, Nutzanwendungen zu erproben. „Wann’t nix nützet, so schadet es schon lang nix”, lautete eine erste Regel, die Kinder beispielsweise beim Gebrauch des Osterwassers zum Aussegnen der Viehställe erfuhren, bei der sie durch Mitbeten beim „Vater unser” beteiligt wurden.(40)

Karl Schmidthaus(41) berichtet für Sundern von den Kerzen, die Lichtmess geweiht und im Haushalt verwahrt wurden. Hier galt eine eindeutige Anwendung bei Situationen des Ausge-

Kinder mit geweihtem Krautbund, 1927, Oelinghausen

liefertseins gegenüber Naturgewalten. *„Kam ein Gewitter, so zündete man diese Kerze an. Dabei betete man den Anfang des Johannesevangeliums oder den Wettersegen"*[42].

Zu Mariä Himmelfahrt, einem weiteren Festtag, neben Weihnachten, Ostern und Pfingsten, an dem die Männer im Gehrock, die Frauen in ihrem Hochzeitskleid zur Kirche gingen, fand vor dem Hochamt eine Kräuterweihe statt.

„Das Krautbund bestand aus Beifuß (Maria Bettstroh), Raufarn, Schafgarbe, Tausendgüldenkraut, Kamille und anderen Heilkräutern, die man am Rande des Kornfeldes fand. Außerdem hatte es von jeder Kornart eine Ähre bzw. Rispe. In der Mitte war ein Apfel."[43]

Aus anderen Orten sind andere Zusammensetzungen des Krautbundes bekannt.
„In Assinghausen im Sauerlande müssen soviel Alantköpfe in der Mitte stehen, als Kühe im Stalle sind. […] In Hagen (Kreis Arnsberg) schmücken die Imker das Krautbund mit einem Strauß Heidekraut. Hier wird das Krautbund nach ganz bestimmter Regel geordnet. Zunächst breitet man auf dem Tische je eine Lage Wermuth und Beifuss aus. Dann folgt in buntem Wechsel die Reihe der anderen Kräuter, jedoch so, daß die beiden ersten Lagen über sie hinausragen. In die Mitte legt man dann Alant und Knoblauch, die bei dem Zusammenrollen so die Krone des Straußes bilden." (AwVk, Ms. 281, Hugo Cramer)

Zunächst folgte das Binden regionalspezifischen Regeln, zum Teil hatten sich zum Zeitpunkt der Berichterstattung bereits individuelle Lösungen durchgesetzt, nach denen jeder das einband, was er in Feld und Garten vorgefunden hatte.[44]

Es sind die Kinder, die zur Weihe gehen: In Garbeck beispielsweise brachten die Schulmädchen die Krautpacken mit, eingepackt in einem weißen Tuch.[45]

Bei der Weihe sagte der Priester nach den Angaben für Sundern folgende Worte:
„Möge Gott die verschiedenartigen Kräuter und Früchte in seiner Milde segnen, damit sie, von Mensch und Tier gebraucht, Schutz gewähren gegen alle Krankheiten und Widerwärtigkeiten, gegen Seuchen und Geschwüre, gegen böse Einflüsse und Verwünschungen"[46].

Nach Ansicht des Berichterstatters bietet dieser Segenswunsch schon Erklärung genug für die Art der Ingebrauchnahme, um Unglück abzuwenden und um zu heilen. Auch die Vorstellungen zur Nützlichkeit und die Festlegungen zur Verwendung folgen spezifischen Regeln. Dazu wenige Beispiele:

„Sofort nach der Weihe werden einzelne Zweige von diesem Kräuterbündel an Haus und Stall angebracht, um alles Unglück fern zu halten. Auch das Vieh bekommt einige Zweiglein in das Futter gemengt. Auch bei der Bereitung eines heilenden Trankes oder Tees werden einige Zweiglein zugesetzt".
(AwVk, Ms. 2384, S. 6)

Für Garbeck ist das Aufhängen an der Decke bekannt. Josef Braukhaus schreibt:
„Gebraucht wurde es bei krankem Vieh. Nach dem Melkwerden oder Kalben der Kühe erhielten sie den Sud einer Art Tee von den Kräutern des Bundes, desgleichen bei Erkältungen."

Bei einer Kolik des Pferdes ging man so vor:
„Der Kopf des Pferdes wurde hochgebunden und man goß eine Weinflasche voll Tee oder vorher Leinöl in das Maul."
(AwVk, Ms. 2991, S. 10a und N1)

Außerdem nutzte man das Krautbund im Zusammenhang mit der Herrichtung des Toten im Trauerhaus.

„Um den Leichengeruch zu beseitigen, räucherte man Zimmer und Sarg aus. Man nahm das Krautbund (vom Krautweihfest 15.8.), legte Kräuter auf eine Kehrschaufel und ließ sie verbrennen, verqualmen. Die Fenster blieben geschlossen. Dasselbe geschah nochmals, sobald die Leiche aus dem Hause getragen ward." (AwVk, Ms. 2971, S. 2f.)

Ähnlich weiter verwendet wurden die am Palmsonntag geweihten Palmen. Wieder sind die Kinder zentral in die Handlungen eingebunden. Sie tragen die zu Palmen gebundenen Weidenzweige zur Kirche, die in Wenden der Vater mit geschälter und gesplissener Hasel gebunden und mit Buchsbaum verziert hatte.[47]

Die verschiedenen Lebensvollzüge werden auch mit diesen geweihten Dingen in einen Zusammenhang gebracht. Joseph Schmelzer schreibt über eine Totenkammer: „Neben dem Totenlager steht geweihtes Wasser mit einem Zweig von geweihten ‚Palmen' (Buchsbaum)"[48] und Josef Braukhaus erinnert sich:

„Verwandte, Bekannte und Nachbarn kamen, um den Toten noch einmal zu sehen. Sie sprachen zuerst das Beileid aus, gingen zum Toten, beteten und besprengten ihn mit einem Buchsbaumbüschel mit Weihwasser." (AwVk, Ms. 2971, S.3)

Die Weidenruten wurden im Haus verwahrt, „auf dem Schrank im Schlafzimmer" beispielsweise oder hinter das Kruzifix gesteckt, oder sie wurden über den Stalltüren angebracht.[49] Ein 1895 geborener Gewährsmann eines Archivmitarbeiters berichtet über das Pälmen in seiner Jugend, das am ersten Ostertag stattfand:

„Mein Vater hat mich mehrmals mit auf das Feld genommen, ich durfte mithelfen. Auf die vier Ecken der Felder mit ‚Winterfrucht', das waren die Äcker mit Roggen und Weizen, wurden zwei Palmruten in Form eines Andreaskreuzes in die Erde gesteckt, und es wurde Osterwasser ausgegossen. Dabei wurde jedesmal ein Vaterunser gebetet. Wo dies geschah, ‚do gätt ünse Herrgoätt dänn Sain druff' (da gibt unser Herrgot den Segen drauf)! Unter die Sommersaat wurden später klein geschnittene ‚Palmen' gemischt, die dann manuell ausgesät wurden." (AwVk, Ms. 5965)[50]

Andere Berichterstatter erinnern sich noch an eine beim Pälmen gesprochene Segensformel, wie *„Gott pälme dich am heiligen Ostertag, Gott bewahre dich vor Hagel und Wetterschlag"*.[51]

3.4 Der Jahreslauf

Das Leben untersteht um 1900 bestimmten Rhythmen und Routinen. Die anfallenden Arbeiten sind dem Jahreslauf angepasst. Diesem jahreszeitlichen Rhythmus folgen in der Vorstellung der Menschen auch die kirchlichen Feste des Kirchenjahrs. Sie werden mit den Jahreszeiten synchronisiert. So wird Weihnachten z. B. als untrennbar mit dem Winter wahrgenommen.

• Das Wirtschaftsjahr

Um die Wende zum 20. Jahrhundert begann das bäuerliche Wirtschaftsjahr im Frühjahr mit der Feldbestellung (pflügen, eggen, säen) und endete mit dem Dreschen des Getreides im Spätherbst oder Winter. Zwischen den einzelnen Arbeiten gab es kaum arbeitsärmere Phasen. Nur für wenige Arbeitsgänge konnten in dieser Zeit bereits Maschinen eingesetzt werden. Welch große Erleichterung beispielsweise die Einführung von Dreschkästen, Wannemühlen und besonders von Dreschmaschinen (anfangs noch durch Lokomobilen angetrieben) brachte, zeigt der Bericht von Karl Schmidthaus über das Dreschen mit Dreschflegeln in Sundern um 1860:

„Nach der Kornernte wurde das auf den Feldern getrocknete Getreide, also die gebundenen Garben, unter Dach gebracht. (...) Es kam zunächst darauf an, das Korn ungedroschen zu bergen. Zum Dreschen hatten man in den Wintermonaten noch genügend Zeit. (...) Erst nach Martini begann man mit dem Drusch. Schon vor 4 Uhr früh mußten die Knechte aufstehen. Sie versammelten sich auch schon sehr bald auf der Deele. Zunächst wurden viele Garben durch die Luke hinunter geworfen. Die legten die Knechte dann so aneinander, daß sie in zwei langen Reihen mit Ähren aneinander lagen und den Deelenboden mit einer dicken Schicht bedeckten. Dann schlugen die Knechte mit den Dreschflegeln im Takt auf die Ähren, bis daß alle Körner herausgesprungen waren. War eine Lage ausgedroschen bündelte man das Stroh wieder und fegte die Körner mit dem Spreu zusammen. Meistens wurde sofort das Korn von der Spreu gesondert. Das war meist eine mühselige Arbeit, denn es mußte von Hand gemacht werden. Man warf mit hölzernen Schaufeln das Getreide bei recht starkem Wind in die Luft und ließ so die Spreu aussondern. Um die Mitte des vorigen Jahrhunderts (gemeint ist die Zeit um 1850, d.V.) sollen die ersten Wannemühlen aufgekommen sein. Das war natürlich eine große Erleichterung, doch soll es (das Korn, d.V.) auch später noch von vereinzelten Bauern mit der Hand ausgesichtet worden sein. Es braucht nicht ausdrücklich erwähnt zu werden, daß das Dreschen mit dem Flegel eine recht anstrengende körperliche Arbeit war, die ermüdete und eine recht gute Ausdauer erforderte. (...) Wochenlang erklang das helle Geklapper der Dreschflegel durch die Ortschaft. Es dauerte mit kurzen Unterbrechun-

Das Mähen mit der Sense war Männerarbeit. Undatiert, Oeventrop, Foto: Nückel

gen für die Mahlzeiten vom frühen Morgen bis zum späten Abend". (AwVk, Ms. 2383)

Obwohl im ausgehenden 19. Jahrhunderts kaum noch per Hand gedroschen wurde, erforderte diese Arbeit lange Zeit immer noch zahlreiche Arbeitskräfte und verhältnismäßig viel Zeit wie aus dem Bericht von Josef Braukhaus für die Zeit vor 1914 hervorgeht:

„Wurde gedroschen, so mußten wenigstens 6 Hilfskräfte dabei sein. Einer trieb die Pferde im Göpelhaus, einer stand auf dem Dreschkasten, einer schnitt die Garben los und reichte an, ein weiterer oder auch 2 waren auf dem Stollen und warfen die Garben vor und 2 mußten binden und einer war bei den Säcken und der Wannemühle. Im Vergleich zu heute? Da macht einer, höchstens 2 das Ganze mit dem Mähdrescher. (...) Hatte man keinen eigenen Dreschkasten, so kam der Lohndrescher mit der großen Lokomobile als Antriebsmaschine. Sie arbeitete mit Wasserdampf". (AwVk, Ms. 3214)

Auch die Erntezeit war eine Phase ununterbrochener anstrengender Arbeit, bei der jede Hand gebraucht wurde, wie aus dem Bericht von Rudolf Kröger über die Heuernte in Eslohe im Kreis Meschede deutlich hervorgeht:

„Das Grasschneiden begann vor Tag und Tau. Tau bedeutet hier das Abtrocknen des Taus, da die Mäharbeit im Tau wesentlich leichter war, als bei trockenem Grase. Mit dem Abtrocknen des Taus wurde das Mähen eingestellt. Der beste Mäher ging der Gruppe voraus und gab den Takt an. In den Takt verfiel man unwillkürlich. Das Gras wurde durch die Bügel auf der Sense in das Schwad gezogen. Es mußte drauf geachtet werden, daß auch unter dem Schwad das Gras abgemäht war. War das nicht der Fall, dann band der Mäher an. Ein guter Mäher nahm nicht zu breit vor (Schnittbreite das Sensenschlages), band nicht an, bewegte den Oberkörper möglichst wenig, konnte die Sense lange scharf halten. Ein schlechter Mäher nahm zu breit oder zu schmal vor,

Bei der Heuarbeit wurde jede Hand gebraucht. Die Frauen hatten hier voll mitzuarbeiten. Undatiert, Oeventrop, Foto: Nückel

band an, bewegte den Oberkörper zu stark (drehte sich das Kreuz ab), wetzte und dengelte sich tot. Das gemähte Gras wurde mit der Harke, oder war das Schwad zu dick, mit der Forke auseinandergestreut. Mähen war im Sauerland Männerarbeit.

Das auseinandergestreute Gras wurde mit der Harke gewendet, wobei es auf möglichst gleichmäßiges Verteilen ankam. Bei dieser Arbeit ging der älteste als letzter, um die Arbeit der vorausgehenden Leute zu korrigieren, was meist mit dem Munde laut und deutlich geschah. (Sprichwort: „Heu muß auf der Harke trocknen.") Am Abend wurde das angewelkte oder angetrocknete Gras auf Haufen gesetzt. Am ersten Tag in kleinere, am zweiten Tag in größere Haufen. Bei sehr günstigem Heuwetter war das Heu am Ende des dritten Tages zum Einfahren trocken. Bei der Heuarbeit hatten die Frauen voll mitzuarbeiten. Die Heuwendemaschinen kamen in den Jahren von 1895-1914 in das Sauerland. Zuerst auf die Gutsbetriebe und dann in die bäuerlichen Betriebe." (AwVk, Ms. 3362)[52]

• Die Feste

Im Dorfleben sind Feste öffentlich oder haben eine öffentliche Seite. Den Jahreslauf begleiten die kirchlichen Feste des Kirchenjahrs. Um 1900 haben einige von ihnen einen Wandel erfahren, indem sie neben der öffentlichen Darstellung von Religiosität und der Übung sozialer Zusammengehörigkeiten im Dorf - von der Altersgruppe bis zum Verein – eine familienstabilisierende Funktion erhalten. Das ausgeprägteste Beispiel dafür ist Weihnachten.

Die Weihnachtszeit bietet um 1900 die traditionellen Brauchtermine, die von bestimmten sozialen Gruppen oder der Dorfgemeinschaft getragen werden. Daneben erscheint Weihnachten als Familienfest mit den heute selbstverständlichen Utensilien und Abläufen. Zu diesem Wandel gehört, dass die Kinder in ihrem Kindsein mehr Aufmerksamkeit erhalten. In den Berichten des AwVk wird dies am Wechsel der Erzählhaltung deutlich: Die Männer nehmen eine Vaterperspektive ein, die ihnen offenbar bei anderen Themen gar nicht in den Sinn kommt.

Das Weihnachtsfest ist im Bewusstsein der Berichterstatter um 1920, zum Zeitpunkt ihrer beginnenden Elternschaft, ein deutlich verändertes Fest, sofern sie Kinder haben, und die Festgestaltung richtet sich nach deren Alter.

Das Weihnachtsfest steht für die Sauerländer Berichterstatter des Weiteren im Kontext von sinnlichen Erfahrungen und im Zusammenhang mit Natureindrücken und dem Gefühl von Beheimatung. Hans Cordes, der im Rheinland in Stellung gegangen war, schreibt, es hätte ihn in der Zeit um 1900 „nichts abhalten können", Weihnachten mit der Eisenbahn nach Hause, in die Umgebung von Arnsberg zu reisen:

„Im Vergleich zur Stadt war hier eine ganz andere Welt. Tiefer Schnee knirschte unter den Füßen. Die mit dickem Rauhreif überzogenen Bäume boten einen herrlichen Anblick. Über der Landschaft lag eine feierliche und geheimnisvolle Stille. Der klare Vollmond machte alles taghell. Was machte es schon, daß ich zur elterlichen Wohnung noch einen Weg von 5 Kilometern vor mir hatte. Ich war ja in der Heimat! Frohen Mutes kam ich am Ziele an. Auf mein Klopfen wurde gleich geöffnet. Die liebe Mutter hatte mich erwartet. Ich war wieder zu Hause. Gerade schlug vom Turm die erste Stunde der ‚Weihnacht'. Dann ging es zur Ruh. Aber bereits um 4 Uhr begannen die Glocken zu läuten. Sie sangen ihr uraltes Lied und riefen die Bewohner zur Christmesse." (AwVk, Ms. 1223)[53]

In der „Winterdunkelheit", um 5 Uhr morgens, ist Josef Schmelzer vor 1907 zur Christmette in die Martinskirche in Olpe gegangen. Ihm ist die Musik und das warme schwache Licht in Erinnerung geblieben. Es gab nur Petroleumlampen an den Säulen und Kerzen auf dem Altar und an den Christbäumen und das Licht der mitgebrachten Wachsstöcke, die man vor sich auf der Betbank ansteckte, um im „Sursum corda" überhaupt etwas entziffern zu können.(54) Nach der Messe war Bescherung. Hier setzen die Erinnerungen an die Elternfunktionen ein, die Teller mussten gefüllt werden, alles musste pünktlich fertig sein und der Christbaum angezündet.(55)

Zu den Geschenken heißt es außerdem – und daran wird erneut deutlich, wie sich Verbindungen der Lebensvollzüge ganz selbstverständlich aufbauen:
„In dieser Beziehung dachte man im Sauerland sehr nüchtern und praktisch. Die älteste

Faltkrippe, um 1930. Aus dem Bestand des Buchbindergeschäfts Streiter in Balve (Westfälisches Schieferbergbau- und Heimatmuseum Holthausen Inv. Nr. SB-41)

Schwester erhielt aus Mutters Truhe von ihrem gut behütetem Brautschatz eine Rolle selbstgesponnenes Leinen als Grundstock für die spätere Ausstattung. (...) Aus eigenem gegerbtem Leder hatte der Dorfschuster bereits Wochen vor dem Fest für jeden in Hausarbeit ein Paar derbe Schuhe gemacht. Die drei kleineren Schwestern erhielten aus einem gleichen Stoff und nach gleichem Schnitt gearbeitete Kleider. Die Brüder erhielten Kerbschnitz- und Laubsägematerial, ferner Holz- und Steinbaukasten."
(AwVk, Ms. 1223, Umgebung von Arnsberg[56])

Vielfach hat sich die Festgestaltung parallel mit dem Übergang der Berichterstatter von der Kindheit zum Erwachsensein zum Familienfest gewandelt. Dazu zwei Beispiele aus dem Bereich der Sachkultur.
Auswärts waren Weihnachtsbäume aus dem Sauerland schon länger gefragt,[57] im Sauerland selbst wurden sie erst nach und nach zum stimmungsvollen Brauchrequisit einer Familienfeier. Heinrich Feldmann berichtet von seiner ersten Begegnung mit einem Weihnachtsbaum in Wenden über Olpe. Der Schmied des Dorfes, angeregt durch eine ihm verwandte Ordensschwester, hatte ihn aufgestellt. Erst nach dem Ersten Weltkrieg hatten die Familien in seiner Umgebung nach und nach zu Hause einen Baum. Der Vater holte ihn aus dem Genossenschaftswald, wo er ihn sich „im Laufe des Jahres auf seinen Sonntagsspaziergängen schon ausgesucht" hatte.[58]

Josef Braukhaus führt aus, dass die Eltern seiner Ehefrau bereits vor 1900 in Wengern einen Baum hatten, er kannte ihn von Garbeck nicht und stellte den ersten Baum 1925 mit seiner Familiengründung auf. Er schmückte ihn gemeinsam mit seiner Frau mit „weißen Kugeln, Lametta", einer „Spitze mit Silberhaar", weißen Kerzen und Wunderkerzen sowie „Spekulatius, Printen" und anderen Süßigkeiten. „Als die Kinder größer waren, halfen sie mit."

In vergleichbarer Weise berichten die Familienväter von der Einführung der häuslichen Krippe. „Krippen gibt es in vielen Familien", schreibt Josef Braukhaus 1967. „Unsere Krippe ist von uns selbst gebastelt und ungefähr 30 Jahre alt". Er beschreibt dann, wie aus Zigarettenkistenbrettern der Stall entstand, wie die Grundplatte mit gelöstem Gips und Moosflöckchen präpariert und das Hirtenfeuer mit rotem Krepppapier gestaltet wurde. Kleine gekaufte Gipsfiguren wurden hineingestellt. Er schreibt weiter:
„Als wir noch keine Krippe hatten, stand im Baum eine Papierkrippe, die man ausziehen und wieder zusammenschieben konnte."[59]

Heinrich Feldmann beschreibt, wie sich in seiner Familie die Krippe etablierte, angefangen von Ausschneidefiguren eines Bilderbogens bis hin zu einem festen Ausstattungsstück:
„Unsere erste Krippe haben wir in den zwanziger Jahren selbst gebastelt. Wir klebten Bilder von Krippenfiguren auf Holz und schnitten sie mit der Laubsäge aus. Der Stall war aus Haselnußstöcken hergestellt (Form eines Blockhauses in Miniatur) und mit Stroh gedeckt. In der zweiten Generation genügte diese Krippe nicht mehr. Jetzt wurden kunstvoll aus Holz geschnitzte Figuren angeschafft und elektrisches Licht hineingelegt"
(AwVk, Ms. 2036, S. 5)

Der Rückzug in den Kreis der Familie zu Weihnachten ist am 26. Dezember, am Stephanstag, vorbei. Die kirchlichen Vereine führen ein Theaterstück auf, die Dorfkapelle spielt zum Tanz auf, die jungen Männer treffen sich in der Dorfwirtschaft.[60]

Sechs Jungen vertreiben sich mit einem Kartoffelfeuer die Zeit beim Kühehüten. Das gemeinsame Hüten war jedoch eher die Ausnahme, um 1930, Fredeburg, Foto: Grobbel/GLS

3.4 Den Alltag gestalten

Die alltäglichen Arbeitsabläufe in der Landwirtschaft verändern sich. Wie, das ist von ökonomischen und technischen Bedingungen der Arbeit abhängig, aber auch vom Wandel der Geschlechterrollen sowie einer wachsenden Zuerkennung von Kindheit als arbeitsfreiem Raum.

• Arbeitsteilung

Eine Arbeitsteilung nach dem herkömmlichen Muster, das den Frauen den Bereich Haus, Milchvieh, Garten und Kindererziehung vorbehielt, während die Männer für den Ackerbau, die landwirtschaftlichen Maschinen und die Zugtiere zuständig waren, war unter den Bedingungen einer Nebenerwerbslandwirtschaft oft nicht möglich. Soweit es jedoch möglich war, verrichteten die Männer diejenigen Arbeiten, bei denen es auf große Körperkraft ankam, während die Frauen auf dem Feld eher zuarbeiteten. Arbeiten wie häusliche Vorratswirtschaft, Wäsche waschen, die Milchverarbeitung oder die Bewirtschaftung des häuslichen Gemüsegartens mussten die Frauen neben der Arbeit auf dem Feld oder im Stall noch zusätzlich bewerkstelligen. Auch die Kinder arbeiteten selbstverständlich mit. Je nach Alter konnten sie für schwerere oder leichtere Arbeiten im Haus oder auf dem Feld herangezogen werden. Eine Tätigkeit, für die auch weniger kräftige Kinder eingesetzt werden konnten, war das Viehhüten, soweit dies nicht vom Gemeindehirten versehen wurde. Karl Schmidthaus schreibt zu diesem Thema für die Zeit um 1900:

„Der Boden in Sundern war nicht sehr gut. Er war wie im ganzen Sauerland steinig und karg. Deshalb konnte sich in früheren Jahren keine

Franz Ermes beim Pflügen mit einem Pferdegespann, 1938, Hagen (Hochsauerlandkreis), Foto: Schnell

gewinnbringende Landwirtschaft entwickeln. Man baute das an, was man zum eigenen Bedarf gebrauchte, mehr nicht. Dafür betrieb man mehr Viehzucht, die auch den Gewinn abwarf, den man zur Existenz und zur Erhaltung seiner Familie bedurfte. (...) Die Gemeinde hatte selbstverständlich einen fest angestellten Hirten, denn die Tiere wurden auf die Gemeinschaftsweide getrieben. Bemerkenswert dabei ist es, daß bei diesem Geschäft in den meisten Fällen nur von einem Schweinehirten die Rede ist. Die Kühe ließ man wild, d.h. ohne Aufsicht in den Bergen weiden. Besonders beliebt soll zu diesem Zweck die Settmecke gewesen ein. Oft mußten aber die Schulkinder Kühe und Ziegen hüten. Dadurch bedingt blieben sie nur viel zu oft dem Schulunterricht fern."

(AwVk, Ms. 2383)

Clemens Schnell aus Hagen im Altkreis Arnsberg berichtet über das Viehhüten um 1900:
„Als noch in der hiesigen Mark die Hude bestand, hatten auch einige Landwirte einen Kuhjungen oder ein Kuhmädchen, die das Vieh auf die Hude trieben und bewachten, falls die eigenen Kinder noch nicht alt genug dazu waren. Es bestand hier noch die Hude und damit auch die sogenannte Hüteschule im Jahre 1905. Die Kinder mußten morgens sofort nach dem Melken die Kühe auf die Hude treiben und kamen erst kurz vor 10 Uhr zurück, um dann zur Schule zu gehen. Nachmittags, nachdem der Unterricht um 15 Uhr beendet war, mußten sie dann wieder mit dem Vieh auf die Hude bis um 19 Uhr. Laut einem Gemeindeprotokoll von 1905 stellte man den Antrag, die Hüteschule erst um 10 1/2 Uhr beginnen zu lassen, damit die Kin-

der mehr Zeit zum Umkleiden hätten und nicht mit ihren nassen Kleidern zur Schule brauchten, wodurch viele Krankheiten unter den Kindern verhütet werden konnten".
(AwVk, Ms. 2670)

Weil selbst steilere Landstücke, die sich für den Anbau von Feldfrüchten kaum eigneten, auf diese Weise noch genutzt werden konnten, spielte die Haltung von Kühen, Schafen, Ziegen und Schweinen gerade in den höher gelegenen Regionen des Sauerlandes eine wesentliche Rolle. Ein großes Problem in dieser Beziehung war bis ins 19. Jahrhundert hinein die Stallfütterung, die im Winter nicht zu vermeiden war. Neue Futtermittel, Kunstdünger und die Einführung neuer Rassen führten hier jedoch zu wesentlichen Verbesserungen.

Die Haltung von Pferden erfolgte bis weit in das 20. Jahrhundert hinein nicht zu Zuchtzwecken wie Clemens Schnell in Bezug auf Hagen im ehemaligen Kreis Arnsberg für 1960 ausführt:
„Heute bearbeitet der Sohn (des Ortslandwirtes Friedrich Ermes) das eigene Feld, sowie die Ländereien einiger Kötter mit dem Trecker. Nebenbei aber hält er noch ein Pferd, weil hier in den sauerländischen Bergen die Abhänge wegen ihrer schiefen Lage nur teilweise mit dem Trecker bearbeitet werden können. Deshalb ist man auch seit einigen Jahren dazu übergegangen, die Abhänge mit Gras und Futterbau einzusäen und zu Weiden oder Wiesen zu machen. Aufgrund der schiefgelegenen Felder besitzt der Ortslandwirt Cramer auch noch zwei Pferde und dessen Bruder einen Trecker. Beide Höfe sind etwa 40 ha groß und beide helfen sich gegenseitig aus. Ganz ohne Pferde aber wird es hier auch in Zukunft nicht gehen, da auch das Holz aus den steilen Wäldern mit Pferden bis an die Anfahrtswege geschleppt werden muß". (AwVk, Ms. 1790)

Neben dem oben genannten Vieh hielten sich einige Landwirte auch ein paar Bienenvölker. Heinrich Feldmann schreibt zu diesem Thema über Wenden im Kreis Olpe um 1900:

„Im Gebiet der Gemeinde Wenden befinden sich keine alten Bienenhütten mehr. Früher hatte Herr Kl. selbst eine. Die ‚Ummenhötte' stand frei im Garten, Flugrichtung nach Südosten. Die Ummenhötte hatte Platz für 8 Völker, die in zwei Reihen untereinander gestapelt waren. Vor 1900 gab es im Dorf vier weitere Imker, heute (d.i. 1960, d.V.) nur noch einen. (...) Gegen Kälte wurden die Bicken (d.s. Bienenkörbe, d.V.) mit Säcken umhüllt. Vor dem Reinigungsflug im Februar bei geeigneter Witterung wurden die Säcke entfernt. Zusätzlich wurden die Ummen im Herbst mit einer starken Zuckerlösung gefüttert (...). Herr Kl. ist häufig Zeuge des Ausfliegens eines Schwarms gewesen. Das merkte man schon vorher. Er hörte das ‚Tuten' der Königin, das ‚Blosen'. Dann paßte er besonders gut auf oder seine Frau. Hatte der Schwarm das Bicken verlassen, setzte er sich meistens in den schwarzen Johannisbeerstrauch. Kl. zündete sich eine (Imker-, d.V.) Pfeife an und ohne Haube schüttelte er die Ummen in das umgekehrt gehaltene Bicken. Das stellte er dann daneben in den Schatten und am Abend, wenn alle Ummen im Korb waren, wurde er in der Bienenhütte an seinen Platz gestellt. (...)

Der Honig wurde im September geerntet und zwar vom Imker selbst. Zu diesem Zweck mußten die Bienen getötet werden. ‚Afschiäweln' nannte man das Verfahren. Wollte der Imker aber die Bienen am Leben erhalten, so mußte er die Bienen ‚Aftrummeln'. Das ging so vor sich. Der Imker entfernte aus der oberen Öffnung des Bickens den Holzstopfen. Darauf stellte er ein leeres Bicken so, daß sein unterer Rand fest auf dem vollen Bicken mit den Bienen auflag. Mundlöker (die Fluglöcher, d.V.) waren zugestopft. Mit zwei Stöcken trommelte er nun an den Seitenwänden des unteren besetzten Bickens. Die Bienen, stark beunruhigt, verließen das Bicken durch die obere Öffnung und zogen in den oberen ruhigeren Korb. Dieser enthielt nicht eine einzige Wabe. Deshalb bedurfte das Volk in dem neuen leeren Bicken besonderer Pflege und Fütterung. (...) Der Honig wurde nicht verkauft, sondern in der Familie selbst verzehrt. Wenn in der Nachbarschaft Kinder an Halsentzündung, Braune usw. litten, kamen die Eltern zum Imker, der ihnen für diesen Zweck bereitwilligst Honig abließ. Er wurde meistens in heißer Milch eingenommen. Bei Eiterungen ebenso bei Augenentzündung wurden die krankhaften Stellen mit einem Honigpflaster belegt. Die ‚Honnigesdunge' ein Butterbrot mit Honig, war besonders bei Kindern sehr beliebt. In dieser Form, also aufs Brot gestrichen, wurde der Honig meistens genossen. Lebkuchen, hier ‚Johrkuchen' wurde auch gebacken und mit Honig gesüßt".

(AwVk, Ms. 1727)

• Frauenarbeit

Die Winterruhe in Feld und Flur brachte auch für die Frauen eine gewisse Erholung, weil die Arbeiten auf dem Feld und im heimischen Gemüsegarten fortfielen. Obst und Gemüse waren bereits im Herbst geerntet und eingekocht oder gedörrt worden. Außerdem fiel die zeitaufwändige und kräftezehrende Arbeit des Waschens den Winter über fort, weil man keine Möglichkeit hatte, die Wäsche zu trocknen oder zu bleichen.

Über die gefürchteten Waschtage berichtet Karl Schmidthaus für Sundern am Ende des 19. Jahrhunderts:

„Bis zur Jahrhundertwende war es in einem bäuerlichen Haushalt üblich, nur dreimal im Jahr zu waschen. Das erscheint uns heute sehr wenig, doch man muß bedenken, daß jede Braut soviel Hemden, Bettücher, Tischtücher usw. mitbrachte, daß sie damit ein halbes Jahr zumindest auskam. (...) Das Waschen dauerte in der Regel zwei ganze Tage. Zum Waschen hatte man das „Buikefatt", ein mächtiges Holzfaß, das gewöhnlich mit Holzreifen zusammenhalten war. Am Boden hatte dieses Faß ein Zapfloch, das mit einem Holzpflock verschlossen werden konnte. Auf den Boden dieses Fasses legte man zuunterst zwei Holzscheite und darüber einen Sack mit Buchenasche. Der Sack mußte möglichst flach gedrückt werden. Darauf kam dann die schmutzige Wäsche, bis daß der Bottich voll war. Die Mägde mußten nun Wasser tragen und über die Wäsche schütten. Das Wasser wurde dann unten am Spundloch wieder abgezapft und in einen Kessel geschüttet, der auf dem Feuer stand. Leicht angewärmt wurde dasselbe Wasser dann wieder über die Wäsche geschüttet und wieder abgezapft. Dann wurde es um wenige Grade mehr erwärmt noch einmal über die Wäsche geschüttet und wieder abgezapft. Das geschah so lange, bis daß zuletzt Wäsche und Asche mit kochendem Wasser überschüttet wurden. Dabei wurde aber streng darauf geachtet, daß das Wasser immer nur um wenige Grade erwärmt war. Das Auslaugen der Buchenasche bis zum Schäumen soll in der Regel einen ganzen Tag gedauert haben. Der eigentliche Waschtag begann erst am anderen Morgen in aller Frühe. Schon um 2 Uhr standen die Mägde am Waschbottich. Sie rieben mit den Händen die Wäschestücke in der seifenartigen Buchenlauge. Später kamen dann die Waschbretter auf. Sehr schmutzige Wäschestücke wurden zusätzlich mit Schmierseife behandelt. Davon hatte jede Wäscherin etwas neben sich in einem alten Strumpf liegen, doch ging man damit recht sparsam um.

Schon um 6 Uhr am Morgen war die schwere Wascharbeit getan. Zur Belohnung gab es in den meisten Fällen große Berge von Waffeln, die die Hausfrau am Vortage mit zwei Eisen über dem Feuer gebacken hatte. (...) Die gewaschene und nun wieder saubere Wäsche kam anschließend sofort auf die Bleiche. Dort bleib sie in der Regel zwei ganze Tage und Nächte. Natürlich mußte eine der Mägde dabei bleiben und aufpassen. Außerdem mußte die Wäsche fleißig mit den Gützen, kleinen, länglichen Holzwannen, die an langem Stiel gefestigt waren, gesprengt werden. (...) Am dritten Tag spülte man die Wäsche im klaren Bachwasser und hängte sie zum Trocknen auf. (AwVk, Ms. 2383)

Soweit zur ‚großen Wäsche' in einem verhältnismäßig großen landwirtschaftlichen Betrieb mit mehreren Mägden. Auf kleineren (Nebenerwerbs-)Höfen ohne zusätzliche Arbeitskräfte mußte diese Arbeit von der Hausfrau und ihren Töchtern allein bewältigt werden. Auch war hier oft nicht soviel Wäsche vorhanden, so daß man mit drei Waschtagen im Jahr nicht auskam.

• Der Tagesablauf der Frau

Winters wie Sommers begann der Tag der Hausfrau zwischen 4.30 Uhr und 5 Uhr in der Frühe. Als erstes wurde das Vieh versorgt, d.h. die Frauen gingen in den Stall, um die Kühe zu

Frauen beim Spülen der Wäsche in der Bigge. Hinter ihnen ist die Bigger Bleiche zu sehen. Undatiert, Olsberg.

melken, während die Männer sich um die Pferde kümmerten. Nach dem Melken wurden die Milchkannen zur Straße gebracht und man konnte sich um das Kleinvieh kümmern (Füttern der Hühner, Enten und Gänse). Bis 7 Uhr mußte das erste Frühstück gerichtet sein. Bei Fabrikarbeitern, die die Landwirtschaft nur im Nebenerwerb betrieben, wurde entsprechend früher gefrühstückt, weil die Schicht bereits um 6 Uhr begann. Um 10 Uhr gab es in landwirtschaftlichen Betrieben ein zweites Frühstück und um 12 Uhr wurde meist zu Mittag gegessen. Sofern die Männer auf dem Feld beschäftigt waren, wurde ihnen das Essen dorthin gebracht. Arbeiten wie Spülen, Putzen, Milchverarbeitung (Butter, Quark, Dickmilch), Brot backen, Flicken, Stopfen und Nähen, das Dörren von Obst und überhaupt die gesamte Vorratswirtschaft mußten mit der Zubreitung der fünf Mahlzeiten (1. und 2. Frühstück, Mittagessen, Nachmittagskaffee und Abendessen), die unbedingt Vorrang hatte, zeitlich irgendwie in Einklang gebracht werden. Clemens Schnell berichtet über den Anbau und die Verarbeitung von Gemüse vor 1914:

„Die Erbsen wurden durchweg im Garten gezogen, wo man sie in Reihen legte und Buchenreisig dazusteckte, an welchem sie ranken konnten. Sie wurden in Körben gesammelt und von den Frauen gedöppt. (...) Die Frauen besorgten auch das Schnippeln der Stangenbohnen. Diese wurden abgekocht und in Steintöpfe gepresst, wo man sie mit einem Tuch bedeckte, mit einem Brett und Steinen beschwerte. Im Winter aß man gern den Grünkohl, den man im Herbst aus Feld und Garten holte und im Hausgarten wieder eingrub, denn je mehr er durchfroren war, desto besser schmeckte er, besonders wenn er, wie es hier Mode war, mit frischer oder geräucherter Mettwurst gekocht wurde. Salat, Weißkohl, Rotkohl, Wurzeln und Steckrüben aß man als Gemüse wie es gerade anfiel und da war. Weißkohl wurde zu Sauerkraut im Herbst eingeschabt. Dafür gab es im Dorf eine Schabe, die man für 20 Pfg. leihen konnte. Das Einschaben besorgte der Bauer meistens selbst. Er nahm dazu einen Holzstößer, tat eine Lage Weißkohl in das Faß und streute Salz und einige Wachholderbeeren darüber. Dann stampfte er solange, bis die Lake obenauf kam, ehe er eine neue Schicht wieder einfüllte. Die Füllung wurde dann mit einigen ganzen Blättern und zuletzt mit einem Tuch abgedeckt. Obenauf kam dann eine Holzscheibe, die mit einem schweren Stein beschwert wurde. (...) Marmelade stellte man selbst her. Besonders beliebt war Johannesbeermarmelade. Die Kinder sammelten im Sommer fleißig Waldbeeren, die man in Flaschen einmachte (...) Auch Himbeeren und Brombeeren wurden viel gesucht und zu Saft verarbeitet, der über den Griesmehlpudding kam, oder auch an heißen Tagen gern getrunken wurde. Obst, besonders Birnen und Pflaumen, wurden in Steintöpfen eingemacht, doch kochte man mit Vorliebe auch „Priumenkruit" (Pflaumenmus) als Brotaufstrich. Äpfel wurden auf der Kornkammer ausgebreitet und hielten sich meist bis zum Frühjahr". (AwVk, Ms. 2670)

Nach dem Abendessen, das zwischen 19 und 20 Uhr aufgetischt wurde und häufig aus Bratkartoffeln bestand, und dem nachfolgenden Spülen und Aufräumen endete der Arbeitstag auch für die Frauen, sofern es nicht noch etwas zu flicken oder zu stopfen gab. Heinrich Feldmann schreibt über Wenden vor dem Ersten Weltkrieg:

„Um 9 Uhr (gemeint ist 21 Uhr, d.V.) war es Zeit zu Bett zu gehen. Der Vater zog die alte Kasten- oder Standuhr auf. Die Mutter machte noch einmal einen Rundgang durch alle Räume

des Hauses, besonders auch durch die Stallungen, um zu sehen, ob alles in Ordnung sei. Das Haus wurde verriegelt." *(AwVk, Ms. 4639)*

• Ausblick

Aus den Berichten der Archivmitarbeiter tritt die Dominanz der Arbeit deutlich hervor: Sein Leben leben, das bedeutete im Sauerland vor allem: arbeiten. Die Arbeit in den Fabriken, Handwerksbetrieben, Steinbrüchen, mit der Kinderbetreuung, auf dem Feld, im Haus oder im heimischen Nutzgarten war jedoch eingebettet in ein reges Brauchleben und begleitet von einer gemeinschaftlich und sinnstiftend erlebten Frömmigkeit. Darin wird eine Kunst deutlich, alles miteinander zu verweben, die Lebensbezüge in einen Zusammenhang zu bringen, geweihte Dinge in alle Lebensbereiche zu tragen und sich Hilfen und Lebensdeutung ständig bereit zu halten. So waren die verschiedenen Stationen im Lebenslauf, die jahreszeitlichen Feste und die Sonn- und Feiertage mit einbezogen in die Wahrnehung des Alltags. Das Leben wurde vorhersehbar und beherrschbar. Erst die Zusammenschau aller Lebensbereiche ermöglicht einen tieferen Einblick in die Vergangenheit.

Arbeit und Brauchleben gaben dem Leben der Zeitgenossen eine nahezu unumstößliche Struktur, schafften Sicherheit und Beheimatung. Das Leben verlief in festen Bahnen, die von einigen Wenigen vielleicht als einengend, von vielen Anderen aber als sinnstiftend begriffen wurden.

Quellen:

(1) Sartori; Paul: Westfälische Volkskunde. Heidelberg 1922; Schauerte, Heinrich: Brauchtum des Sauerlandes. Meschede 1937 sowie Schauerte, Heinrich: Sauerländische Volkskunde. Bigge/Ruhr 1923, vgl. ferner als autobiographischen Text Kathol, Wilhelm: „Bassmes" Hof. Sauerländisches Bauernleben vor hundert Jahren. Meschede 1938.

(2) Strothmann, Karl-Heinz: Brauchtum im Sauerland von A - Z kurzgefaßt. In: Jahrbuch Hochsauerlandkreis 1986, S. 10 - 19; Schulz, Heribert: Brauchtum in der Region Eslohe - Entwicklung, Pflege und Wandel. In: Franzen, Rudolf (Hg): Esloher Forschungen. Band IV: Kunst und Kultur im Esloher Raum. Eslohe 2005. S. 13 - 75. Michels, Bärbel: Weihnachten in Sauerland und Wittgensteiner Land in früherer Zeit. Brilon 1999.

(3) Sauermann, Dietmar: Volkskundliche Forschung in Westfalen 1770 - 1970. Geschichte der Volkskundlichen Kommission und ihrer Vorläufer. Band 1: Historische Entwicklung. Münster 1986, S. 115.

(4) Von 53 (1952) über 62 (1955) stieg sich die Anzahl der Gewährspersonen auf 166 (1961) und durch eine verstärkte Mitarbeiterwerbung vor allen bei denjenigen Personen, die sich bereits an den Umfragen des Atlas der deutschen Volkskunde beteiligten, auf 266 (1967/68).

(5) 1970 bis 1984 kamen nur 40 neue Berichterstatter hinzu während im selben Zeitraum 83 Berichterstatter verstarben. Bis 1990 waren 98 % der Berichterstatter aus Altersgründen oder durch Tod nicht mehr aktiv.

(6) AwVk, Ms. 1068, S. 1.

(7) AwVk, Ms. 323, S. 1.

(8) AwVk, Ms. 2206, S. 1, vgl. ferner AwVk, Ms. 3589.

(9) AwVk, Ms. 3589, S. 1f. und AwVk, Ms. 1507, S. 2.

(11) AwVk, Ms. 1738, S. 1f.

(12) AwVk, Ms. 3589, S. 3.

(13) AwVk, Ms. 2206, S. 8.

(14) Für Anton Rammrath bietet die biographische Kartei des AwVk kaum Angaben. Er war Lehrer von Beruf und Berichterstatter für Altenhundem.

(15) AwVk, Ms. 887, S. 2f., vgl ferner AwVk, Ms. 4033, S. 2, Josef Braukhaus.

(16) AwVk, Ms. 3589, S. 6.

(17) AwVk, Ms. 1068, S. 5 und 8.

(18) AwVk, Ms. 202, S. 2.

(19) Vgl. AwVk, Ms. 3589, S. 7.

(20) Vgl. AwVk, Ms. 1738 S. 5 und AwVk, Ms. 1068, S.10.

(21) AwVk, Ms. 3589, S. 9ff.

(22) Vgl. AwVk, Ms. 1068, S. 4.

(23) AwVk, Ms. 3589, S. 6 und 11.

(24) Vgl. AwVk, Ms. 2206, S. 9 sowie AwVk, Ms. 322, S. 2.

(25) AwVk, Ms. 1738.

(26) Vgl. AwVk, Ms. 1068.

(27) Vgl. AwVk, Ms. 1068, vgl. ferner AwVk, Ms. 202, S. 5, Josef Hüttemann für Attendorn.

(28) Grimme, Friedrich Wilhelm: Das Sauerland und seine Bewohner. Nachdruck der 2ten erw. Ausg. von 1886, in: Friedrich Wilhelm Grimme, Ausgewählte

Werke, herausgegeben von Gisela Grimme-Welsch, Münster 1983, S. 560.

[29] *Meyer, Christian Friedrich: Versuch einiger Naturbeobachtungen des gebürtigen Süderlandes der Grafschaft Mark Westphalens, Heft 2 Düsseldorf 1798, S, 48.*

[30] *AwVk, Ms. 1150. S. 1.*

[31] *AwVk, Ms. 2971, S. 3.*

[32] *AwVk, Ms. 1117, S. 3, vgl. auch AwVk, Ms. 188, S. 1.*

[33] *Vgl. AwVk, Ms. 1117, S. 3 - 8 und AwVk, Ms. 2971, S. 5.*

[34] *AwVk, Ms. 188, S. 6.*

[35] *AwVk, Ms. 1117, S. 11.*

[36] *AwVk, Ms. 156, S. 1.*

[37] *AwVk, Ms. 1117, S. 6ff.*

[38] *Vgl. für die folgenden Schilderung AwVk, Ms. 3933.*

[39] *AwVk, Ms. 1283.*

[40] *AwVk, Ms. 5965.*

[41] *Karl Schmidthaus war einer derjenigen Archivmitarbeiter, die nicht nur aus eigenem Erleben schrieben, sondern ihrerseits wieder Personen, die ihnen kundig erschienen, zu einem Thema befragten, So ist es zu erklären, dass der alteingesessene Bochumer Schmidthaus auch einige Berichte zu den Lebens- und Arbeitsverhältnissen im Hochsauerlandkreis einreichte, Schmidthaus ist 1924 in Bochum-Laer geboren und verstarb daselbst 1968.*

[42] *AwVk, Ms. 2384, S. 5.*

[43] *AwVK, Ms. 2991, S. 10a.*

[44] *Vgl. AwVk, Ms. 2384, S. 5.*

[45] *Vgl. AwVk, Ms. 2991, S. 10a.*

[46] *AwVk, Ms. 2384, S. 5.*

[47] *AwVk, Ms. 1509.*

[48] *AwVk, Ms. 156, S. 1.*

[49] *AwVk, Ms. 1283.*

[50] *Zitiert nach: Sauermann, Dietmar (Hg): Ostern in Westfalen. Materialien zur Geschichte eines volkstümlichen Kirchenfestes. Münster 1986, S. 156f.*

[51] *AwVk, Ms. 2384, S. 2.*

[52] *Berichterstatter ist Rudolf Kröger, der als Sohn eines Landwirtes am 14. Juni 1907 in Alme, Kreis Brilon geboren wurde. Nach dem Besuch der Volksschule und des Gymnasiums in Brilon studierte er Landwirtschaft in Münster, Halle und Leipzig. Eine anschließende pädagogische Ausbildung befähigte ihn zum Landwirtschaftslehrer, einem Beruf, den er zunächst in Thüringen, später in Olpe ausübte. 1955 übernahm Kröger die Leitung der Landwirtschaftsschule in Eslohe. Kröger war verheiratet und hatte einen Sohn. Er verstarb 1976. Als Berichtszeit gibt er 1890 bis 1940 an.*

[53] *Zititert nach: Sauermann, Dietmar (Hg): Weihnachten in Westfalen um 1900. 2. Auflage, Münster 1979, S. 234.*

[54] *AwVk, Ms. 815 N1, S. 3f sowie Schmelzer, Josef: Christtag in Olpe. In: Heimatstimmen aus dem Kreise Olpe 1/1953, S. 627 - 629.*

[55] *Vgl. z. B. AwVk, Ms. 2991, S. 8.*

[56] *Vgl. Anm. 53, S. 235.*

[57] *Vgl. z. B. die Suchanzeige für einen größeren Weihnachtsbaumankauf durch einen Düsseldorfer Händler in der Mescheder Zeitung von 1888 bei: Michels, Bärbel: Weihnachten im Sauerland und Wittgensteiner Land in früherer Zeit. Brilon 1999, S. 91.*

[58] *AwVk, Ms. 2036, S. 5.*

[59] *AwVk, Ms. 2991, S. 8f.*

[60] *Vgl. AwVk, Ms. 2991, S. 11.*

Fotos:
Sofern nicht anders vermerkt: Bildarchiv der Volkskundlichen Kommission für Westfalen, Münster

Hius in der Sunne

Huis in der Sunne,
Räousen am Tiun,
Fierowendstunne -
Peypken, swuatbriun.

Schattege Boime,
ne kaulen Drank -
Summernachtsdroime
op ner hülten Bank.

Hius in der Sunne
Immengesumm;
Glück in der Tunne -
Diogens kumm!

Christine Koch

Ideen zur Verbesserung landwirtschaftlicher Wohnverhältnisse im Kreis Olpe 1848

Martin Vormberg

Der Landrat des Kreises Meschede, Friedrich Leopold Hubert Heinrich Boese (1780 - 1853), wohnhaft zu Haus Berge, erhielt 1847 von der Landeskultur-Gesellschaft in Arnsberg den Auftrag, einen Vortrag auszuarbeiten zu der Frage ob es für den Betrieb einer westphälischen Bauern-Wirtschaft in Beziehung auf die Einrichtung der Hofes-Gebäulichkeiten mit Rücksicht auf die gehörige Beaufsichtigung über das Gesinde und die Vieh-Wartung, sowie auf den Kostenpunkt zweckmäßiger sei, daß Menschen und Vieh, wie hier in den Gebirgsgegenden üblich, unter einem Dache Raum finden, oder Vieh und Haupt-Futter-Gelasse in besonderen Gebäuden untergebracht werden.

Um das Thema behandeln zu können, erarbeitete Boese vier Fragen, die er verschiedenen Landwirten, die Mitglieder der Landeskultur-Gesellschaft waren, zukommen ließ. Am 16. Januar 1848 wandte er sich damit auch an Engelbert Brüning, den Gutsbesitzer von Haus Vasbach bei Kirchhundem.

Engelbert Brüning wurde am 19. Februar 1807 in Erwitte geboren. Nach zweijährigem Besuch des Gymnasiums in Arnsberg, das er am 7. September 1826 verließ, nahm er an der Universität Bonn vom 7. Mai 1827 bis 1. September 1828 an naturwissenschaftlichen Vorlesungen teil. In Uslar und Zellerfeld erwarb er 1829 praktische Kenntnisse im Berg- und Hüttenwesen. An der Universität Göttingen setzte er im Sommersemester 1829 seine Studien fort. Praktische Erfahrungen im Eisenhüttengewerbe konnte er 1830 bei der Sayner Hütte und danach zu Lohe im Siegerland sammeln. Hierauf folgte seine Anstellung als Hüttenverwalter der Rüblinghauser Hütte bei Olpe, deren Eigentümer Friedrich Harkort war. Als Harkort 1835 den Verkauf der Hütte beabsichtigte, wechselte Engelbert Brüning als Hüttenverwalter zur Kuhlenberger Hütte bei Würdinghausen. Am 4. Mai 1836 verlobte er sich mit Franziska Höynck von Gut Vasbach bei Kirchhundem;

*Engelbert Brüning (*1807 +1872), Hüttenverwalter und Landwirt, Amtmann des Amtes Kirchhundem von 1858 bis 1872*

die Eheschließung erfolgte am 30. Oktober desselben Jahres. Engelbert Brüning gab 1840 seine Funktion als Hüttenverwalter auf und widmete sich nach dem Tod seines Schwiegervaters fortan der Bewirtschaftung des Gutes Vasbach. Nachdem er bereits lange Zeit als stellvertretender Amtmann des Amtes Kirchhundem gewirkt hatte, wurde er 1859 Nachfolger des Amtmanns Carl Haverkamp. In dieser Funktion war er bis zu seinem Tod am 22. Mai 1872. Engelbert Brüning bekleidete noch verschiedene andere Ämter. Unter anderem war er Grunderwerbskommissar beim Bau der Ruhr-Sieg-Eisenbahn, die 1861 eröffnet wurde, sowie Protokollführer bei den Versammlungen des Landwirtschaftlichen Gewerbe-Vereins des Kreises Olpe.

Die ihm gestellten Fragen beantwortete Engelbert Brüning umfangreich. Dabei ging er auf die Verhältnisse im Kreis Olpe ein, betrachtete darüber hinaus aber auch die Gegebenheiten in den Kreisen Siegen und Wittgenstein. Aus seinen Antworten ergibt sich einerseits ein interessantes Bild der Landwirtschaft im Kreis Olpe des Jahres 1848. Er entwickelte andererseits Vorstellungen von den baulichen Voraussetzungen eines „idealen" Gehöftes. Der nachfolgend abgedruckten Beschreibung lag offenbar eine Grundrisszeichnung zugrunde, die leider nicht mehr vorliegt.

Beantwortung einiger von H(err)n p.p. Boese zu Haus Berge gestellten Fragen.

1. Wie viel Morgen Acker hier im Gebirge von 2, höchstens 3 Pferden bewirthschaftet werden können?

Dort, wo schwerer Lehmboden vorkommt, wie an einigen Orten im Gericht Attendorn, werden zu 40 Morgen 2 Pferde erforderlich. Wird ein drittes gehalten, so geschiehts aus anderen Ursachen, z(um) B(eispiel) der Zucht oder des Fuhrwerks wegen.

Für den leichten sandigen Thonboden, der an den Abhängen des Thonschiefergebirges vorkommt, welche die Bodenart die bei weitem die größte Fläche der Ackerländer im Kreis Olpe, Siegen und Wittgenstein ausmacht, genügt 1 Pferd für 30 Morgen.

Es werden aber bei solchen Gutscomplexen meistens 2 Pferde gehalten, die dann in mäßiger Zeit zu anderen Zwecken, z(um) B(eispiel) zu Holz- und Kohlen- und sonstigen Fuhren gebraucht werden.

Bei den leichten Boden des Thonschiefergebirges kann mit einem Pferde viel gethan werden. Der Landwirt Schneider g(enann)t Fecker zu Hachen bei Elspe hat etwa 70 Morgen Acker u(nd) bestellt das(s)elbe nur mit einem, aber großen u(nd) starken Pferde. Sein Fruchtwechsel ist jedoch so, daß jahrlich ungefähr 18 Morgen Dreesch zu Hude liegen, ohne Hinzurechnung des Klees.

Seine Wirtschaft ist sehr gut eingerichtet und einträglich.

Von dem hiesigen Gut habe ich nur die zunächst liegenden Äcker 40 Morgen unterm Pflug, ohne Dreschwirtschaft. Ich halte 2 Pferde, benutze aber diese wohl 8 bis 10 Wochen lang im Sommer und in der Köhlerei. Bei größerer Ausdehnung des Kleebaus würde ich mit 1 Pferde sämmtliche 40 Morgen bestellen können.

Man kann aber eigentlich aus der Zahl der Pferde nicht auf die Größe des Gutes schließen. Indess kann man annehmen, daß in den Kreisen Olpe, Siegen und Wittgenstein auf ein Ackergut, welches bis zu 30 Morgen Acker erhält, 1 Pferd, und welches zwischen 30 und 50 Morgen erhält, 2 Pferde gehalten werden.

2. Wie viele Morgen Wiesen dazu zweckmäßig gehören?

Zu einem Ackergut von 30 Morgen ist 10 Morgen ein richtiges Verhältniß der Wiesen; ferner: 16 Morgen Ackerland u(nd) 7 Morgen Wiesen, 10 Morgen Ackerland u(nd) 5 Morgen Wiesen.

3. Wie viel Getreide der verschiedenen Art, auch Heu und sonstige Futterkräuter, Knollengewächse pp produziert und eingescheuert werden müssen?

Ein Ackergut v(on) 32 Morgen Acker und 10 Morgen Wiesen produzirt, wenn es im vollen Culturzustande sich befindet:
a. v(on) 4 Morg(en) Kartoffeln a 100 Sch(e)ff(e)l = 400 Schffl. = 40.000 Pf(und)
b. 4 d(it)o Wintersaat/Rubsen a 700 Pf. Stroh 2.800 Pf.
c. 4 do. Klee a 20 C(en)t(ne)r 8.800 Pf.
der Klee wird jedoch meistens grün verfüttert.
d. 4 do. Gerste á 11 Schffl. = 44 Schffl. á 840 Pf. Stroh = 3.360 Pf.
e. 8 do. Roggen á 10 Schff. = 80 Schffl. á 1900 Pf. Stroh = 15.200 Pf.
f. 4 do. Hafer á 14 Schff pro Morgen = 56 Schff. á 1120 Pf. Stroh = 4.480 Pf.
g. Morgen Brache, davon ist jedoch 2 Morgen zu Rüben benutzt = 4.000 Pf.
h: 10 M(orgen) Wiesen a 15 C(en)t(ne)r pro Morg(en) = 150 Ctr. = 16.500 Pf.
i. die Wurzelgewächse der Gärten etwa 3.000 Pf. 98.140 (Pfund)

Wirme, Hof Hermes gt. Kusen um 1900. Mensch und Vieh lebten hier noch unter einem Dach. In der rechten jüngeren Gebäudeerweiterung war eine Gastwirtschaft untergebracht. Das Haus brannte 1904 ab. (Foto: Josef Grobbel, Fredeburg)

4. Wie viel Rind- und Jung-Vieh angemessen gehalten werden kann und muß?

Auf einem Gute von 32 M(orgen) Acker und 10 Morgen Wiesen können außer 2 Pferden 6 Stück Rindvieh von 500 Pf. Gewicht während 200 Wintertage(n) durchgefüttert werden.
Erfahrungsmäßig werden aber an Alt- und Jung-Vieh 10 Stück durchgefüttert.
Bei einem Viehstande von 2 Pferden und 6 bis 10 Stück Rindviehe welche in günstigen Jahren in ganzer und in minder günstigen Jahren in halber Stallfütterung durchsommert werden können, wird so viel Dünger gewonnen, um jährlich wenigstens 6 Morgen mit gutem Strohmist bedüngen zu können. Bei sorgfältiger Zusammenhaltung, durch Composthaufen und dadurch, daß man gute Erde, namentlich Wiesenerde, mit dem Mist aus der Dungstätte durchschichtet, erhält man hinreichenden Mist für 8 Morgen.
Es werden zwar gewöhnlich auf einem Ackergut von vorbezeichneter Größe mehr Vieh gehalten, welche große Anzahl jedoch, wie zu gut bekannt, die Miststätte und den Milchkeller weit weniger füllen als die gehörige Zahl bei Sommerstallfütterung.

Über landwirtschaftliche Gebäude

Ist ein Ackergut von der Größe, daß es seinen Mann nährt, so muß um so größere Sorgfalt auf die Anordnung und die Einrichtung der zum Betriebe nöthigen Gebäude genommen werden. Es ist kein Zweifel, daß die Landwirtschaft in unseren Bergen noch in mannigfaltiger Weise zurück ist, weil die Gebäude nicht zweckmäßig sind. So sind die Wohnungen besonders in Rücksicht zweckmäßiger Keller sowohl zur Aufbewahrung der Wurzel- und Kellergewächse als wie für die Milchwirtschaft äußerst dürftig eingerichtet und die Wohnungsräume selbst in ihren verschiedenen Lagen bald an der Tenne bald oberhalb der Ställe oder an der rauchigen Küche unangenehm, unbequem und dabei ungesund. Dergleichen Unbequemlichkeiten und mangelnde Räume verleiden und hemmen meistens eine zweckmäßige Bewirthschaftung und sind Schuld daran, daß Menschen und Vieh erkranken und kränkeln und daß die Unbehaglichkeit der Wohnung gar häufig die Männer, vorzüglich in den Wintermonaten, in die Wirthshäuser oder anderwärts hinaustreibt, von woher sie nicht selten eine Unbehaglichkeit ins Familienleben mit zurückbringen.

An zweckmäßigen Gebäulichkeiten ist also sehr viel daran gelegen und es ist kein Zweifel daran, daß sie den Werth eines Ackergutes, auf dem vorzüglich Viehzucht betrieben wird, wie dieses in den Gebirgen der Fall ist, weit mehr erhöhen, als das Baukapital beträgt.

Dem Landmanne, dessen Wirkungskreis sich auf seine Bodenfläche und sein Haus beschränkt, wo er sich tagtäglich abmühet um den Bedürfnissen seiner Familien und allen Anforderungen zu genügen, die man von allen Seiten an ihn stellt, ist es vorzugsweise zu wünschen, daß die Räume, die er bewohnt, gesund und bequem seyn und daß überhaupt die Gelasse, worin er die Früchte seines Fleißes aufgespeichert hat und worin er sein Vieh gestallet hat, so eingerichtet sind, daß sie allen Anforderungen genügen, sowohl für die Geräumigkeit, für die Gesundheit, für Ersparung von Arbeit, für Beaufsichtigung als auch für Feuersgefahr.

Soll diesen Bedingungen vollkommen entsprochen werden, so man kann man die erforderlichen Räume für Menschen, Vieh und Früchte unter einem Dache nicht vereinigen, man kann aber die verschiedenen so gruppiren, daß sie vollkommen genügen. In dieser Beziehung theile ich nachfolgenden Plan mit, der für ein Ackergut von 32 Morgen Acker und 10 M(orgen) Wiesen berechnet ist.

I. Wohnhaus

A. Entree 8 F(uß) breit in welcher die Treppe h liegt unter welcher eine Treppe zum Souterrain führt,

B. ist die Wohnstube in welcher man den Hofraum übersehen kann, eine Thür führt in die Küche.

C. ist ein Schlafzimmer, ein Fenster geht zum Hof, ein anderes nächst dem Bette zum Gange, der vor den Viehställen herführt, so daß dadurch selbst des Nachts eine Aufsicht möglich wird.

D. ist ein Gang, der von der Küche zum Viehstall führt.

E. Ist die Küche.

F. Eine Speise- und Vorrathskammer.

G. Ein Zimmer zum beliebigen Gebrauch.

Die Kellerräume sind im Souterrain.

N(ota)B(ene): Von der oberen Etage hab ich keinen Riß beigefügt, weil derselbe leicht sich von selbst ergibt. Der Boden ist für die ausgedroschene Frucht bestimmt.

II. Stallungen

Zu den Stallungen führt ein Gang aus dem Wohnhaus, der 5' breit ist in den Gang E., der vor den Stallungen herführt und an 9' breit ist.

A. Ist ein Schweinstall die Schweine in a. und b. werden vom Gange E. aus gefüttert, die in C. von dem kleinen Gange. z.B. ist der Rinder- und Kälberstall, die von dem schmalen Gange g, 3' breit, aus gefüttert werden, er ist für 4 – 5 Stück groß.

C.C.C sind Kuhställe. Jede Kuh hat einen Stand von 4' breit u(nd) 11' länge, und jede Abtheilung 3 Stück, also zusammen 9 Stück.

N.B.: für ein vorbezeichnetes Ackergut ist zwar nur auf 6 Stück á 500 Pf. zu rechnen, ich indeß, da häufig kleineres Vieh gehalten wird, noch Stallung für 3 Stück hinzugefügt.

Die in der Abth(ei)l(ung) C1 und C2 stehen mit ihren Köpfen gegeneinander u(nd) werden vom Gange Z. aus gefüttert. Die in der Abthl. C3 werden vom Gang W. aus gefüttert.

D. Ist der Pferdestall, der für 2 auch für 3 Pferde allenfalls Raum hat.

E. ist die Schlafkammer des Pferdeknechts, so eingerichtet, daß er während der Nacht eine Aufsicht über die Pferde und auch das Rindvieh haben kann.

F. Ist ein Gang, der vor den Stallungen herführt und 9' breit (ist).

G.G. sind Abthei(lungen) in welche während des Sommers das Grünfutter u(nd) im Winter, das Wurzelgewächs, auch das Trockenfutter aufbewahrt werden.

Die Stallungen sind 8' hoch. Sie sind gemauert bis unter das Dach; auf beiden Seiten sind Fenster, um für die Ställe und auch für den Gang Licht zu haben. Der Dachboden ist mit Lehm ? - 1' stark übertragen, um ihn gegen Feuersgefahr sicher zu stellen. Der Boden der Ställe liegt so hoch, daß die Jauche rasch zu der im Hofe liegenden Miststätte IV abfließen kann. Ich habe die Dungstätte in den Hof projectirt. Sie liegt dort schattiger und man spart an Raum. Dahin gegen ist der Abfluß der Jauche unter dem Gange her etwas unbequemer, als wenn die Dungstätte außerhalb des Hofes hinter den Stallungen liegt.

In der Mitte des Gebäudes nach dem Hofe zu ist die Thür zum aus- und einlassen des Rindviehs, zum Austragen des Mistes und Hereinbringung des Grünfutters.

Gegen die Schweineställe aber ist ebenfalls eine kleine Thür nach dem Hofe zu und ebenfalls dem Pferdestalle gegenüber.

III.

Die Scheune ist leicht und so wohlfeil als möglich aufgeführt. Sie ist im Lichte 38' lang und 30' breit, die Höhe von der Schwelle bis zum Dach 14', die senkrechte Höhe des Daches 15'.

J. Ist ein Gang der zur Tenne führt und mit den Ställen in Verbindung steht.

N. Ist ein Raum 14 x 24 und 8' hoch, der allenfalls zum Schafstall benutzt werden kann, wenn, wie hier der Fall, die Schafe dem gemeinschaftlich(en) Dorfshirten vorgetrieben werden u(nd) täglich in ihre Ställe zurückkehren.

K. Ist die Tenne. 14 x 30 u(nd) 14' hoch.

L. et. M. sind Gelasse 15 x 00 [sic!] u(nd) 7' hoch für Holz u(nd) Gesch(...)

Oberhalb von J. N. L. u(nd) M. sind Bühnen. Die über J. u(nd) th(ei)ls über N. wird zum Heckselscheiden benutzt. Auf die übrigen wird Heu gepackt. Die beiden Bühnen M. und N. u(nd) der Bodenraum enthalten 10.650 Cubikfuß u(nd) wenn man für 7 Pf. Heu und Stroh 1 Cub(ik)fuß annimmt, so hat man Platz für 74.550 Pf.

V.

Ist eine Mauer oder eine Fachwand, welche den Hof einschließt. Sie ist durch ein Kaltdach beschützt, welches so weit hervorragt, daß Egge und Pflüge u(nd) sonstige kleinere Ackergeräthschaften darunter regenfrei stehen können. Auch kann Holz darunter gepackt werden.

Auf dem Hofe, dort wo das Haus u(nd) die Stallunge aneinander stoßen, kann noch ein besonderer Raum für das freie Herumlaufen der Ferkel abgezäunt werden.

Die Abtritte werden so angelegt, daß sie den Abfluß in die Dungstätte erhalten. Sie können am Gange der durch die Stallung führt bequem angebracht werden.

Durch eine derartige Gruppierung der Gebäude wird bezweckt, daß das Wohnhaus von der mit feuergefährlichen Materialien angefüllten Scheune weit entfernt steht. Das Menschenleben ist somit wenn dort nächtlich Feuer ausbricht gesicherter. Die Stallungen sind ebenfalls so feuersicher als möglich aufgeführt. Es kann wenigstens das Viehe ohne Gefahr der Rettenden vorkommenden Falles herausgelassen werden. Auch die Scheune ist einer Feuersgefahr weniger ausgesetzt, weil sie vom Herde und Kamin entfernt steht. Bei allem diesen ist die bequemste Verbindung zwischen Wohnhaus, Stallung und Scheune, trockenen Fußes kann man die Wanderung aus dem Hause vor dem Vieh her bis zur Dreschtenne machen. Es ist dieses nicht allein für die Bequemlichkeit für die Beaufsichtigung, sondern auch für die Gesundheit besonders der schwitzenden Drescher usw.

Auch ohne Grundrißzeichnungen lassen die Erläuterungen Brünings erkennen, dass er sich innovativ mit der Problematik der landwirtschaftlichen Wohnverhältnisse und Möglichkeiten ihrer Verbesserung auseinanderzusetzen wusste. Inwieweit seine Vorstellungen tatsächlich zu einer Veränderung beigetragen haben, wäre durch die Bauforschung mit Untersuchungen über die landwirtschaftliche Bautätigkeit der nachfolgenden Jahrzehnte zu zeigen. Zweifelsfrei kann allerdings festgestellt werden, dass zumindest seit Anfang des 20. Jahrhunderts beim Neubau landwirtschaftlicher Anlagen getrennte Gebäude für Mensch und Vieh bevorzugt wurden. In der Gemeinde Kirchhundem zeugt hiervon beispielsweise die Hofanlage Hermes genannt Kusen in Wirme, die 1904 nach dem Brand des Vorgängerbaus entstanden ist. Wegweisend für den neuen Baustil waren möglicherweise auch der Vortrag des Mescheder Landrats Boese und die darin ein-

Wirme, Hof Hermes gt. Kusen nach den Wiederaufbau 1905. Stall- und Wohngebäude sind voneinander getrennt errichtet. (Foto: Josef Grobbel, Fredeburg)

geflossenen Erkenntnisse verschiedener sauerländischer Landwirte.

Wann Landrat Boese seinen Vortrag hielt, war nicht zu ermitteln. Denkbarer Anlass könnte die Generalversammlung der Landeskultur-Gesellschaft für den Regierungsbezirk Arnsberg im Jahre 1848 gewesen sein, die laut Protokoll der Generalversammlung vom 9. und 10. August 1847 in Dortmund stattfinden sollte. Bedauerlicherweise ist der Jahrgang 1848 der Landwirthschaftlichen Mittheilungen der Landeskultur-Gesellschaft in öffentlichen Archiven und Bibliotheken nicht zu ermitteln gewesen. Es ist davon auszugehen, dass sowohl das Programm als auch das Protokoll der Generalversammlung von 1848 in dieser Zeitschrift mitgeteilt worden ist. Möglicherweise ist dort auch der Vortrag Boeses zumindest auszugsweise veröffentlicht worden.

Quellen:
Gemeindearchiv Kirchhundem, Archiv Vasbach, 892.
Paula Best-Vasbach: Die Vasbachs auf der Vasbach. Münster o.J. (1949)
Erika Richter: Von der Kreisstube zum Dienstleistungszentrum. Landräte und Oberkreisdirektoren im Hochsauerland von 1817 – 1988. Fredeburg 1988. S. 72.
Staatsbibliothek zu Berlin. Preußischer Kulturbesitz. Abteilung Historische Drucke. Signatur 4" OU 13208.
Landwirthschaftliche Mittheilungen der Landeskultur-Gesellschaft für den Regierungsbezirk Arnsberg. Jge. 1849 – 1852. In diesen Jahrgängen konnte der Vortrag des Landrats Boese nicht nachgewiesen werden. Der Jahrgang 1848 ist nicht vorhanden.

Hofgeschichten

Gisbert Strotdrees

Hof Höwer-Lönzen, Grafschaft

Der Wilzenberg im Sauerland trägt bis heute den Beinamen „Heiliger Berg“. Er verdankt ihn einer vorzeitlichen Kultstätte und auch dem Kloster Grafschaft, das am Fuß des Berges im 11. Jahrhundert gegründet worden ist. In der Nähe dieses Klosters – und mit seiner Geschichte eng verknüpft – liegt einer der ältesten Höfe des Ortes Grafschaft. Er wird heute von den Eheleuten Alfons und Renate Höwer bewirtschaftet. Wald, Milchwirtschaft und Ferienwohnungen bilden die wichtigsten Zweige des landwirtschaftlichen Betriebes. Doch das war nicht immer so. Nicht einmal der Wald, die Stütze des Betriebes und viel zitierte „Sparbüchse des Landwirtes“, gehörte immer zum Bauernhof. Das zeigt ein Blick in die Geschichte des Hofes, der in den historischen Urkunden und Akten des Dorfes stets unter dem alten Hofnamen „Lönze“ zu finden ist – noch heute tragen Hof und Familie den Doppelnamen Höwer-Lönze.

Als die Mönche kamen

Die Gegend um Grafschaft war dünn besiedelt, als dort anno 1072 Benediktinermönche aus Siegburg ein Kloster gründeten – „in einem Ort, der in Sachsen Grascaft genannt wird“, so heißt es in der ältesten Urkunde. Drei oder vier Höfe sollen die Mönche vorgefunden haben. Doch wo diese „Ursprungshöfe“ lagen und ob sie sich später geteilt haben, weiß niemand zu sagen. Der Name und der Hof Lönze sind erst für das 16. Jahrhundert sicher belegt. Anno 1508 taucht erstmals ein „Anthonius Lonsche“ in der urkundlichen Überlieferung auf. Einige Jahre später, 1536, wurde im Herzogtum Westfalen ein Schatzregister angelegt, also eine Art Steuerverzeichnis. Darin finden sich unter den neun Höfen des Dorfes der Hof Lönze. Als Besitzer wird wiederum Antonius Lönze genannt – bzw. „Thoneß Lonte“, wie die Mönche diesmal seinen Namen schrieben.

Vier Pferde im Stall

Der Hof wird in den Güterverzeichnissen des Klosters als „halber Hof“ geführt. Ein „ganzer Hof“ aber taucht in den Güterlisten des Klosters nicht auf. Stattdessen sind für Grafschaft fünf weitere „halbe Höfe“ und vier „Viertelhöfe“ genannt. Es liegt nahe, dass sie aus verschiedenen Hofteilungen hervorgegangen sind. Schriftliche Belege freilich gibt es dafür nicht. Die Einordnung als „halber Hof“ darf nicht darüber hinwegtäuschen, dass der Hof Lönze seit eh und je zu den großen im Dorf gehörte. Darauf deutet vieles hin. So hatte Antonius Lönze anno 1536 mit zwei anderen Bauern im Ort die meisten Steuern zu zahlen. Auch der Blick in die Ställe zeigt die Größe des Hofes. Im Jahr 1777, als in Grafschaft 17 Höfe und Kotten gezählt wurden, gab es nur sieben Höfe, die mindestens vier Pferde besaßen – der Hof Lönze gehörte dazu. Weiter standen in den Stallungen elf Rinder und Kühe, eine Ziege, ein Schwein und 33 Schafe.

Hof Höwer-Lönzen um 1950

Wie alle anderen Höfe, so gehörte auch der Bauernhof Lönze zum Kloster Grafschaft. Die jeweiligen Hofbesitzer mussten regelmäßig ein „Gewinngeld" zahlen und sich damit sozusagen auf ihrem Besitz neu einkaufen. Dieses Geld war alle sieben Jahre fällig – und zusätzlich immer dann, wenn der Abt des Klosters starb. Die Bauern konnten den Hof aber an ihre Kinder weitervererben. Das war ein ungeschriebenes Recht der Gewohnheit, wie es auch andere Grundherren in Westfalen den Bauern einräumten. Neben dem Gewinngeld mussten Lönze und die anderen Bauern dem Kloster Abgaben und Dienste leisten. Anno 1612 wurde für den damaligen Besitzer Röttger Lönze festgehalten: „2 Tage mähen, 3 1/2 Tage ackern, in der Roggensaat 1 Tag schneiden, 1 Tag in der Ernte und 1 Tag in der Heuzeit einfahren, 1 Tag Holz hauen, 1 Tag Hopfen pflücken, 1 Tag hacken, 12 Fuder Holz fahren, 1 Tag Heide hacken und auf die Jagd gehen, wenn immer und so oft er dazu gefordert wird."

Was die Bauern schuldig waren

Diese Abgaben wandelten sich im Laufe der Zeit. Zum einen wurden die Geldabgaben an Veränderungen der Währung angepasst, die es auch damals schon gab; zum anderen wurden die Hand- und Spanndienste entsprechend den landschaftlichen und landwirtschaftlichen Bedingungen verändert. Das zeigte sich, als 1803 das Kloster aufgehoben und in eine Domäne umgewandelt wurde. Wenig später wurde in einem „Kassensturz" festgehalten, was die Bauern in Grafschaft dem Kloster alljährlich schuldig waren. Der Hof Lönze musste demnach jährlich 2 Reichstaler und 18 Silbergroschen zahlen und außerdem 1 Malter Roggen, 1 Malter Gerste, 4 Malter Hafer sowie 3 Hühner und 50 Eier entrichten. Außerdem mussten ein dutzend Tage Handdienste, 4 „gemeine Pferdedienste" und 12 Holzfuhren geleistet werden. Überdies musste der jeweilige Besitzer, so war es tatsächlich schriftlich festgelegt, „einen Jagdhund erziehen und 6 junge Eichen pflanzen".

Von all diesen Pflichten und Abgaben konnte sich der Hof Lönze im Zuge der preußischen Agrarreformen freikaufen. Eine weitere Weichenstellung jener Zeit veränderte das wirtschaftliche Fundament des Hofes und all der anderen Grafschafter Bauern: Die einstigen Waldungen des Klosters wurden um 1820 aufgeteilt und den Bauern zugeschlagen. Wie dies geschah, hat Ortsheimatpfleger Johannes Vollmer für die Forstbetriebsgemeinschaft Grafschaft erforscht. Der Hof Lönze, so fand er heraus, besaß vor den Aufteilungen rund 20 Morgen Ackerland und 7 Morgen Grünland. Als die Waldflächen unter den anteilsberechtigten Bauern aufgeteilt wurden, erhielt der Hof Lönze 120 Morgen Wald zugeschlagen. Der Wald wurde zu einer der Haupteinnahmequellen des Hofes. Auch am „heiligen" Wilzenberg besitzt die Familie Höwer-Lönze einige Parzellen Wald – doch das sieht der Grafschafter Landwirt Alfons Höwer durchaus „weltlich". Denn, so sagt er: „Mit dem Holz kann man nicht viel anfangen." Granatensplitter und Gewehrkugeln sitzen so tief im Holz, dass jedes Sägewerk ablehnt, wenn es erfährt, woher das Holz stammt. „Die Splitter stammen aus den Gefechten, die sich die Nazis am Wilzenberg mit den Alliierten in den letzten Kriegstagen 1945 geliefert haben", erzählt Höwer.

Der Hof heute

Heute gehören zum Hof 82 ha landwirtschaftliche Nutzfläche: davon sind 45 ha Wald, 34 ha Grünland und 3 ha Ackerland, das je zur Hälfte mit Mais und Getreide bestellt wird. Im Stall stehen 20 Milchkühe mit Nachzucht sowie „ein paar Mastschweine für den eigenen Gebrauch", so Alfons Höwer. Seit den 1960er Jahren ist auf dem Hof ein weiterer Betriebszweig hinzugekommen: Die Ferienpension. „Meine Mutter hat das damals angefangen – 16 Betten mit Vollpension", erinnert sich der Grafschafter Landwirt. Die einfachen Zimmer wurden später zu zwei Ferienwohnungen ausgebaut. „Wir sind anfangs ein wenig belächelt worden", erzählt der Landwirt. „Dafür hättest du besser einen Schweinestall gebaut", habe sein Vater damals von Berufskollegen zu hören bekommen. „Doch das hat sich gelegt", sagt er gelassen.

Hof Krämer in Girkhausen

Auswärtige Besucher können leicht durcheinander kommen. Wer in Girkhausen nach dem Weg zum Hof des Pferdezüchters Karl Heinrich Krämer fragt, der hört als Antwort schon mal die Gegenfrage: „Ach, Sie meinen den Jeide-Hof?" Das wäre nicht weiter verwirrend, stünde nicht im Telefonbuch der Name „Hof Repprighausen". Vollends vernebelt wird das Bild durch die „Gründungsurkunde" des Hofes von 1587. Dort nämlich sind wiederum andere Namen zu entziffern: „Weinkaufsbrief für Gerlach Dickel und Else, Georg Lückels Tochter" heißt es in dem Schriftstück, das bis heute auf dem Hof aufbewahrt wird und die Namen der Gründer und ersten Hofbesitzer nennt.

Vor 400 Jahren entstand die Hofstätte

Der Hof liegt heute am Ortsrand von Girkhausen, doch das auch erst seit 1961. Damals wurde er im Zuge der Flurbereinigung ausgesiedelt. Zuvor lag der Hof jahrhundertelang mitten im Dorf – seit seiner Gründung anno 1587, von der das erhaltene Schriftstück erzählt. Der „Weinkaufsbrief" diente nicht etwa dem Kauf von Wein, sondern war ein Vertrag zwischen zwei jungen Leuten, die zu heiraten beabsichtigten. Damit die beiden sich eine Existenz aufbauen konnten, erhielten sie von ihren Eltern einige Parzellen: Äcker, Wiesen und einen Garten. Der Vater der Braut stellte als Wohnung sein Vorrats- und Gerätehaus zur Verfügung, bis eine neue Hofstätte errichtet war. Die Väter der Eheleute versprachen außerdem, beim Bau der neuen Hofgebäude nach Kräften mitzuhelfen.

Diese Hofstätte wurde wenig später errichtet. Sie war eine von 20 Hofstätten in Girkhausen, wie ein Güterverzeichnis 1616 nachweist. Hinter die Eintragung zum Hof der Eheleute Gerlach und Else Dickel hat jemand nachträglich auf's Pergament gekritzelt: „itzo Jeuden genannt". Durch Erbgang war der Hof um 1620 an eine Familie Jeudt aus dem benachbarten Wemlighausen gelangt. So erhielt der Hof den Beinamen „Jeude-" bzw. „Jeide-Hof", den er bis heute trägt. Der Name der Besitzerfamilie freilich wechselte durch Erbgang bzw. Einheirat mehrfach – von Dickel über Kroh, Jeude, Spies und Fuchs bis hin zu Krämer. Der Familie dieses Namens gehört der Hof seit dem 10. Dezember 1799, als laut Hofchronik „Georg Andreas Krämer aus Schmiedshaus und Elisabeth Magdalene Fuchs aus Geudenhaus, beide zu Girkhausen", einen Ehevertrag schlossen. Wie viele Flächen ursprünglich zum Hof gehörten, lässt sich nicht mehr ermitteln. Das Güterverzeichnis von 1616 und auch spätere Dokumente weisen ihn als Hof mittlerer Größe aus. Er wird kaum mehr als zwei Pferde und etwa drei bis vier Milchkühe gehalten haben. Sicher ist nur, dass Ackerflächen und Viehhaltung allein nicht genügten, um ein ausreichendes Einkommen zu erzielen.

Schüsseldrehen und Bierausschank

Der Hof in Girkhausen lag am Nordrand der einstigen Grafschaft Wittgenstein – einem kargen, von Boden und Klima nicht gerade verwöhnten Landstrich. Hier war es zu allen Zeiten ein Kunststück, ein ausreichendes Einkommen einzig aus Landwirtschaft zu erzielen. Der reine Vollerwerbsbetrieb war hier in früheren Jahrhunderten nur selten zu finden. So verdiente man sich ein Zubrot – etwa durch die „Schüsseldreherei". Die Herstellung von Holzschüsseln in so genannten Drehkoiten war in und um Girkhausen weit verbreitet. Im Winter ging fast jeder diesem Handwerk nach – auch der Bauer des Jeide-Hofes. Er lebte aber außerdem noch von der Gastwirtschaft. Aus dem 18. Jahrhundert stammt eine Brau- und Ausschankkonzession der Wittgensteiner Grafen.

Bier wurde aber auf dem Jeide-Hof nachweislich bereits anno 1616 ausgeschenkt. Anlass war eine Siegesfeier. Die Girkhausener Bauern hatten – wie es in einem Bericht heißt – „den Winterbergern die Rohr genommen", ihnen also die Gewehre abgenommen. Ein Kleinkrieg tobte damals zwischen den katholischen Winterbergern und den lutherischen Wittgensteinern, denn in den Wäldern hinter Girkhausen verlief die Territorialgrenze. Der Kleinkrieg entzündete sich aber weniger an der rechten Konfession als vielmehr an Nutzungsrechten der wenigen ergiebigen Weiden und der Ahornbäume an der Grenze. Die Grenzlage machte sich auch in den „großen" Kriegen deutlich bemerkbar – so etwa im Dreißigjährigen Krieg, als Landsknechte das Land verwüsteten. In Girkhausen hatte dieser Krieg sieben von 23 Häusern und Hofstätten unbewohnbar gemacht oder wüst fallen lassen. Der Jeide-Hof hatte zwar den Krieg überstanden, dennoch bat der damalige Besitzer Johann Kroh beim Wittgensteiner Grafen um eine Minderung der Steuer- und Abgabenlast. Er habe „nit so viel tüchtiges Ackerwerk, dass ich meine Mistbesserung darin zu Nutz bringen möge; dahero geschieht es, dass ich desto öfter das Hessenland besuchen und meine Notdurft zum täglichen Brot daselbsten holen muss". Mit anderen Worten: Der Bauer musste sich als „Gastarbeiter" im hessischen Ausland ein Zubrot verdienen.

Streit um die Abgaben

Zwischen den Bauern und dem Grafen gab es oft Streit um Steuern und Abgaben. 1733 weigerten sich die Bauern sogar, ihrer Pflicht zum Frondienst beim Grafen nachzukommen: „Weil heute die Girkhäuser Fronleute sich sehr übel gehalten und meistens ihren Geschäften nachgegangen, mithin zu gehöriger Zeit an der Arbeit sich nicht eingefunden, sind folgende zur Verwarnung in Strafe gesetzt …" Als erster der zehn „streikenden" Bauern ist Johann Dickel, damals der Eigentümer des Jeide-Hofes, eingetragen. Ob er Anführer des Protestes war, lässt sich nicht mehr ermitteln.

Solche Streitigkeiten um die Frondienste fanden mit der „Bauernbefreiung" im 19. Jahrhundert ihr Ende. Damals besaß der Hof eine Gesamtfläche von rund 39 ha. Der Hof kaufte sich von seinen Abgabelasten frei. Vierzig Jahre lang mussten die Krämers jährlich rund 20 Reichstaler an die Wittgensteinische Tilgungskasse zahlen. Diese Summe entsprach dem Wert einer Kuh. Das zu zahlen scheint den damaligen Besitzern Georg Andreas und Elisabeth Magdalena Krämer nicht schwer gefallen zu sein. Denn immerhin erwarben sie gleichzeitig eine Reihe von Grundstücken.

Wirtschaftlich ruhte der Hof nach wie vor auf mehreren Fundamenten: Ackerbau, Viehhaltung und vor allem Forstwirtschaft, hinzu kamen der Bierausschank und die Schüsseldreherei. Dieser Zweig wurde auf dem Hof gegen Ende des 19. Jahrhunderts aufgegeben. Auch der Ausschank in der Hof-Gaststätte wurde zeitweilig aufgegeben, ehe sie nach der Aussiedlung des Betriebes 1961 neu auflebten. Damals wurde der Hof auf einem Acker mit dem Flurnamen „Repprighausen“ neu errichtet. Neben dem Waldbau und der Milchviehhaltung mit rund 25 Milchkühen suchten die Krämers nach neuen Einkommensquellen. Sie wandten sich – nach einem wenig erfolgreichen Einstiegsversuch in der Ferkelerzeugung – einem damals völlig neuen Betriebszweig zu: Ferien auf dem Bauernhof.

Die Urlaubsgäste, so erinnert sich Karl Heinrich Krämer, wurden von seiner Mutter bekoch. An die Tische setzten sich aber auch oft die Bewohner der Feriensiedlung, die sein Vater damals auf eigenem Grund angelegt hatte. „Durch diese Gäste herrschte reger Betrieb, und irgendwann haben wir eine Gaststätte eingerichtet.“ Karl Heinrich Krämer arbeitete einige Jahre als Besamungstechniker für die Station in Wünnenberg. Eine Allergie zwang ihn dazu, diesen Beruf aufzugeben und auch die eigenen Milchkühe zu verkaufen. Eher durch Zufall gelangte er an die Haflingerzucht, die er inzwischen mit rund 55 Pferden, davon etwa 6 Zuchtstuten, betreibt. Hinzu kommt die Arbeit im Wald und in der Gaststätte – und seit einigen Jahren auch der regelmäßige Fahrdienst, mit dem Krämer die Kinder von den entlegenen Bauernhöfen in den Kindergarten und in die Grundschule fährt. Wenn man so will, ist Krämer „Vielerwerbslandwirt“ – genau so, wie es seine Vorfahren auf dem Hof auch waren.

(aus: Gisbert Strotdrees: Hofgeschichten. Westfälische Bauernhöfe in historischen Portraits, Münster-Hitrup 2003. Nachdruck mit freundlicher Genehmigung des Landwirtschaftlichen Wochenblattes Westfalen-Lippe und des Landwirtschaftsverlages Münster-Hiltrup.)

Entwicklung der Viehzucht im Kreise Meschede

Jahr	1818	1861	1909	1930	1939	1948
Pferde	1 798	2 371	2 141	2 632	3 124	3 227
Milchkühe	6 663	10 063	11 200	11 700	rd. 11 600	10 674
Schafe	17 851	22 600	9 100	6 234	8 603	6 364
Ziegen	824	1 920	2 100	2 991	2 191	1 756
Schweine	2 555	5 527	17 177	21 488	23 103	15 923
Hühner				91 313	80 535	39 999
Bienenvölker				2 768	4 062	2 959

Abbildung aus: Der Kreis Meschede im Spiegel der Zahlen

Ein Bauernhof im Wandel der Zeiten

Erinnerungen aus Belecke 1900 - 2000

Barbara Scheffran-Pieper

Die hier aufgeschriebenen Lebenserinnerungen stammen aus dem Belecker Raum. Sie wurden von mir in den Jahren 2005/2006 aufgezeichnet und sind Teile von Vorarbeiten für ein umfangreiches Projekt über kulturellen Wandel. Das vorliegende Material zeigt typische Merkmale des Wandels, den das Leben auf dem Lande aufgrund der technischen und gesellschaftlichen Veränderungen erfahren hat. Neben diesem exemplarischen Wert tritt die ganz individuelle Note. So danke ich Herrn Franz-Josef Kroll-Fiedler für das mir entgegen gebrachte Vertrauen und seine Offenheit. Es war für mich persönlich sehr bereichernd, an seinen Erinnerungen über die Arbeit in früheren Zeiten teilnehmen zu dürfen und zu sehen, wie heute der Alltag in Kooperation zwischen Vater und Sohn bewältigt wird.

Anhand eines Leitfadens erfragte ich die wichtigsten Lebensdaten und ließ den Tagesablauf aus früheren Lebensjahren erzählen. Im Vordergrund stand dabei nicht das außergewöhnliche Ereignis, sondern der gleichförmige Rhythmus des täglichen Lebens. Wichtig waren die möglichst genauen Beschreibungen der wiederkehrenden, gliedernden Elemente im Fluss der Zeit. Die Hochfeste des menschlichen Lebens wie Geburt, Taufe, Kommunion, Konfirmation, Verlobung, Hochzeit, Tod dienten dazu, sich in der Zeit zu orientieren und den vergangenen Jahren eine Struktur und auch eine Jahreszahl zu geben. Sie halfen die relative Chronologie in eine tatsächliche zu überführen.

Mein ausgesprochener Wunsch ist es, den Alltag auf dem Lande im Warsteiner Raum jenseits aller Romantizismen und Dönnekes kennen zu lernen und die dadurch geprägten Lebensläufe und Schicksale besser verstehen zu können. Im Mittelpunkt stehen Leben und Arbeit von Franz-Josef Kroll-Fiedler. Er und sein Sohn betreiben auf dem Haarstrang eine Landwirtschaft, die auf Milch und Viehzucht spezialisiert ist. Das Wohnhaus ist ein moderner Bau, flankiert von zwei Stallgebäuden, dem Flachsilo, den Hochsilos und den Maschinenräumen. Gegen Süden fällt der Blick ins Tal – auf die Dächer des Ortes Belecke. Dort lag die Hofstelle Kroll-Fiedler sechs Generationen lang.

Franz-Josef Kroll-Fiedler in Stall bei der Fütterung 2006, Foto: BSP

Belecke

Belecke wird häufig als das „Tor zum Sauerland“ bezeichnet. Es liegt im Zusammenfluss von Möhne und Wester auf einem schmalen Bergrücken im Schnittpunkt zweier Landschaften: Der Haar und dem Rand des Sauerlandes. Die Haar oder der Haarstrang ist ein niedriger Höhenzug (230-389 Meter über NN), der steil ins Möhnetal abfällt. Er war ursprünglich von einem Buchen-Mischwald bedeckt und ist heute eine Kultursteppe mit Äckern und Feldern. Im Süden Beleckes liegt der sanft abfallende Rand des Sauerlandes mit den flachwelligen Tälern des Arnsberger Waldes.

Im 11. Jahrhundert siedelten erstmals Mönche des Klosters Grafschaft dort und im 13. Jahrhundert bekam es vom Kölner Erzbischof die Stadtrechte verliehen, zusammen mit einer Landschenkung von 13 Morgen Land. Dieses Land wurde 60 Hausstellen in der neuen Stadt zur Nutzung überlassen. Die Ländereien der Kirche dehnten sich an den höher gelegenen Landstrichen zur Haar hinauf aus. Die Bewohner betrieben Jahrhunderte lang die Fünffelderwirtschaft und lebten fast ausschließlich von Ackerbau und Viehzucht. Die Menschen hatten bescheidenen Grundbesitz, es gab wenige Handwerker oder Händler.

Bis zur Mitte des 19. Jahrhundert blieb Belecke ein Ackerbürgerstädtchen mit 1.000 Einwohnern. Handwerk und Ackerbau bildeten nach wie vor die Lebensgrundlage der Familien.

Das Leben in Belecke im 19. Jahrhundert

Der Beginn des 19. Jahrhunderts brachte radikale Veränderungen: Die bedeutsamen waren die Säkularisierung, das heißt die Aufhebung des Kirchenbesitzes und der Wechsel der Grundherren vom Kurkölnischen Erzbischof zur Hessisch-Darmstädtischen Regierung, dann, ab 1816 die Zugehörigkeit zu Preußen. 1805 verwüstete ein verheerender Brand die Stadt. Der Wiederaufbau, der noch das heutige Stadtbild prägt, erfolgte wie im nahe gelegenen Warstein unter hessisch-darmstädtischem Einfluss. Die neuen Häuser wurden entlang einer geraden Ost- und Westachse gebaut. Sie waren nur über die steil ansteigende Straße zu erreichen. Größe und Art der Häuser wurden von der Hessischen Regierung vorgegeben. Die klassizistischen Ackerbürgerhäuser waren in Fachwerkbauweise mit den Giebeln abwechselnd zur Traufseite und zur Straßenseite zu erbauen. Die Anordnung mit dem rückwärts liegenden Wirtschaftsteil und der seitlicher Deeleneinfahrt stieß auf heftigen Widerstand der Bevölkerung, weil man in den engen Straßen und bei dichter Bebauung am Berg langfristig die Schwierigkeiten mit den Fuhrwerken vorhersah. Üblicherweise hatte jedes Haus eine Wohnbereich mit eigenem Eingang, eine Deele und einen Stall, dazu einen kleinen Nutzgarten hinterm Haus. Wer sich ein Haus mit Scheune und Stall nicht leisten konnte, baute den Stall später an und verzichtete auf die Scheune. Wer kein Land hinter seinem Haus hatte, pachtete im Westertal einen Nutzgarten.

Die Kirche und das Rathaus waren der Mittelpunkt des Ortes. Bis zur Ansiedlung von Industrie, Ende des 19. Jahrhunderts, war die Bevölkerung katholisch. Die Kirche spielte eine wichtige Rolle im täglichen Leben. Das Rathaus stand an der heutigen Wilkestraße und beherbergte neben der Amtsstube auch das Gefängnis, Petz genannt. Auch Landstreicher wurden über Nacht festgehalten, damit sie nicht im Schutz der Dunkelheit Einbrüche und

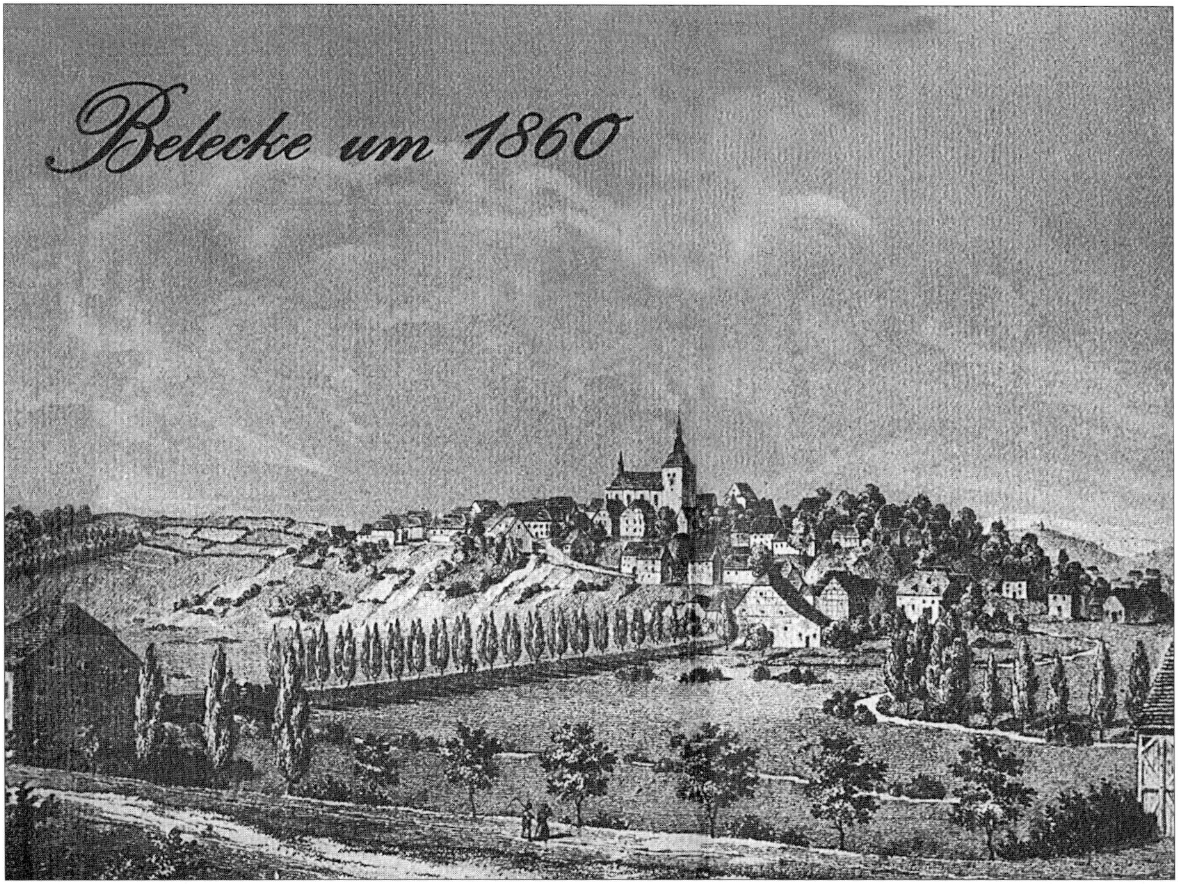

Belecke um 1860 – ein Ackerbürgerstädtchen, Reproduktion aus: Praesidium Baduliki, Belecke 1970

Diebstähle begingen. Der Nachtwächter hütete von dort die Stadtruhe und schlug Alarm, falls sich Feinde der Stadt nähern sollten. Auch die ledernen Feuereimer wurden hier aufbewahrt, um schnell ein ausbrechendes Feuer löschen zu können. Stadtbrände sind eine leidvolle Erfahrung, die fast jede sauerländische Stadt im 18. und 19. Jahrhundert machen musste. Sie entstanden durch die offenen Feuerstellen in Verbindung mit den natürlichen Baumaterialien wie Holz, Reisig und Lehm für die Gefache, die leicht entflammbar sind.

1823 hatte Belecke 611 Einwohner. 36 Familien lebten ausschließlich von der Landwirtschaft, vier besaßen eine Gastwirtschaft, drei waren Händler. Es gab zwei Gerber, einen Blaufärber und fünf Weber, fünf Schuhmacher, sieben Zimmerleute und Tischler, zwei Böttcher, einen Wagner, einen Seiler, drei Grobschmiede, zwei Mauerer, zwei Bäcker. Auch Schlosser, Glaser, Bierbrauer und Hirten sind erwähnt (Wie war das, S. 17). Doch alle betrieben nebenbei eine kleine Landwirtschaft, weil sie von ihrem Handwerk allein nicht leben konnten. Nicht jeder besaß eine eigene Werkstatt, sondern viele kamen mit ihrem Handwerkzeug ins Haus der Auftraggeber. Der Bau der Köln-Mindener Chaussee, der heutigen Bundesstraße 55, in den Jahren 1823 bis 1826 öffnete die Stadt für Neues, die Einwohnerzahl stieg 1846 auf 1.000 an und

Die Hofstelle Fiedler-Kroll in Alt-Belecke 1957. Eine Hoferweiterung war hier nicht möglich.

hielt sich bis 1900 recht konstant auf dieser Höhe. Im Jahre 1860 siedelte sich die erste Industrie an: Es begann mit einem Drahtwalzenwerk (Firma Linnhoff) und einer Stiftfabrik, die später zur Westfälischen Union fusionierten, eine Sägemühle und ein Hartsteinwerk folgten.

Der Hof Kroll-Fiedler lag an der Mittelstraße 59, der heutigen Wilkestraße, an einem Kreuzpunkt zwischen Ost- und Weststraße. Zum Hof gehörten 13 Morgen Land. Die Felder des Hofes lagen wie bei den meisten Belecker Ackerbürgern auf der Haar. Das ursprüngliche Hofgebäude der Familie in der Belecker Altstadt stammt von 1805 und wurde nach dem verheerenden Stadtbrand erbaut. 1880, zum Zeitpunkt der Hochzeit des Großvaters, erhielt das Haus einen Anbau. Eine gute Heirat und gute Ernten, nicht zuletzt die Verteilung der Allgemeinhuden an die Bürger, ließen den Wunsch nach Vergrößerung entstehen. Ein Grundstein bezeugt noch heute das Datum an Ort und Stelle. Das Ackerbürgerdasein war schwer und es war kein leichtes Auskommen für die Familie mit den drei Töchtern und dem Sohn. Die Lage in der Belecker Oberstadt war zwar sehr sicher und war gut in der Zeit der Kriege und Fehden. Für das Leben als Ackerbürger barg sie aber große Hindernisse: Besonders die Entfernung vom Hof und die Parzellierung der Felder machten den Betrieb der Landwirtschaft sehr arbeitsaufwendig. Jeden Tag musste mehrmals ein etwa drei Kilometer langer Weg bergauf und bergab zurückgelegt werden. Zudem waren die Felder klein und lagen verstreut. Man unterschied drei verschiedene Bodenqualitäten: Den Stadtboden auf Schiefer, gut für Kartoffel- und Gemüseanbau, den fruchtbaren Boden im Westertal, ideal für Grünfutter und den Boden auf der Haar, zum Getreideanbau geeignet.

Wegen der Unwirtschaftlichkeit der Streulagen war im Jahre 1860/1880 eine Flurbereinigung durchgeführt worden. Dabei hatte man versucht, die Felder innerhalb der drei definierten Qualitäten und der bisherigen Größe gerecht zusammen zu legen. Zusätzlich waren die städtischen Weiden und Wälder von 774 Hektar Land an die Bevölkerung verteilt worden. Aber dies war nicht zu aller Zufriedenheit gelaufen und noch heute glaubt manche Belecker Familie, damals übervorteilt worden zu sein. Die geringe Größe der eigenen Grundstücke kompensierten die Bauern seit dem 16. Jahrhundert regelmäßig durch Pachtland, das sie von der Kirche und vom „Baron" in Erbpacht übernahmen. Baron steht hier im Volksmund für die wechselnden Eigentümer des westfälischen Adelssitzes „Haus Welschenbeck".

„Wer einem anderen Boden wegnimmt, gilt als treulos und ehrlos, er muss Strafe zahlen und wird aus der Bürgerschaft ausgeschlossen". Dieser Satz stammt aus dem Belecker Stadtbuch von 1055, hatte aber bis weit in das 20. Jahrhundert gerade wegen der Erfahrungen mit der 1. Flurbereinigung im 19. Jahrhundert seine Gültigkeit bewahrt (Kroll-Fiedler, S.3). Der

Grundbesitz war und ist Lebensgrundlage und Familiengut. Es wurde alles daran gesetzt, den Hof für die Familie zu erhalten. Er war etwas Bleibendes, das alle Nachkommen in die Pflicht nahm. Für die Existenz des Hofes und seiner Bewohner war und ist das Erbrecht bedeutsam. Erst nach dem 11. Jahrhundert erhielten die Bauern ihr Land mit Erbrecht, vorher wurde es rechtlich wie ein Lehen des Landesherrn behandelt, der auch den Hofnachfolger bestimmen konnte. Die Grundherren hatten durchgesetzt, dass ein Hof eine unteilbare Einheit darstellte. Nur der älteste oder jüngste Sohn konnte den Hof erben. Dieses Anerbentum bewahrte den Hof vor der Zerstückelung. Die anderen Geschwister hatten das Nachsehen. Sie wurden mit einer gewissen Summe ausgezahlt, die aber nie dem realen Wert des Erbteils entsprach. Durch das Anerbenrecht wurde ein Kind zum Hofbesitzer und, wenn der Hof florierte, zum reichen Mann; das andere Kind zum armen Schlucker. Dort, wo das Anerbenrecht nicht üblich war, wurde das Familiengut an die Geschwister aufgeteilt. Der Hofnachfolger hatte es schwer: „Viele Brüder machen schmale Güter".

Die hessische Erbregelung von 1802 bis 1815 ermöglichte eine Zeit die Realteilung der Güter, und die Folge waren eine Reihe von unwirtschaftlichen Kleinsthöfen, die die Familien nicht mehr ernähren konnten. Sie führte letztendlich zu einer so starken Zersplitterung in Belecke und der Flurbereinigung von 1860/80, um sie wieder auszugleichen. Das Anerbentum ist inzwischen auch im Bürgerlichen Gesetzbuch verankert und entspricht der Gesetzesnorm, wenn der Erblasser dies testamentarisch so verfügt. Es gehört zum Landwirtschaftlichen Sonderrecht, das der Erhaltung eines landwirtschaftlichen Betriebs als Ganzem dient. Es gilt in NRW, Niedersachsen und Hamburg. Die jeweils gültigen Anerbengesetze bestimmen abweichend vom allgemeinen Erbrecht, dass ein Hof einem der Erben allein zufällt (§ 4 HöfeO). Der Hof gehört damit nicht zum Gesamteigentum der Erbengemeinschaft. Er muss sich stets im Alleineigentum einer Person befinden. Bei der Bestimmung des Hoferben ist der Hofeigentümer grundsätzlich frei; der Erbe muss jedoch in der Lage sein, den Hof zu bewirtschaften. Der Hof ist die Konstante im dauernden Wechsel der Generationen. Wenn der Hofbesitzer in zweiter Ehe verheiratet war, so erbte der Sohn aus der zweiten Ehe. Dies führte natürlich zu Feindschaften, die sich bis in die heutige Zeit gehalten haben.

Hof und Hausnamen sind meist älter als die Familiennamen und wurden häufiger als diese verwendet. Der einheiratende Besitzer musste den Hofnamen annehmen, gegen den eigenen tauschen oder ihn zusätzlich anhängen (Sartori, S.18). Im vorliegenden Fall ist der Familienname Kroll und der Hofname Fiedler. Bis zum Zweiten Weltkrieg war es üblich, immer den Familien- und Hofnamen zusammen zu benutzen. Der Hofname gab dann an, wo die genannte Familie ihren Sitz hatte – er fungierte wie eine Adresse. Dies muss man berück-

Pflügen mit dem Pferd auf dem Acker 1957

Hochzeit in Belecke 1930, Eheleute Löbbecke, die Schwiegereltern

Hochzeit Franz-Josef und Regina Kroll-Fiedler am Hochzeitstag 1956. Die Familien und Hochzeitsgesllschaften werden kleiner.

sichtigen, wenn man hört, ein Hof sei Jahrhunderte lang immer in derselben Familie geblieben. Geblieben sind streng genommen der Hof und sein Name, die Besitzerfamilien wechselten, im Fall einer Aussiedlung veränderte sich sogar der Standort. Im 20. Jahrhundert musste Franz-Josef Kroll-Fiedler sich den deutschen Gesetzen fügen und nahm in den 1950er Jahren den Familien- und den Hofnamen als Doppelnamen an.

Generell war es im 19. Jahrhundert im Belecker Raum so, dass der Bauer und seine Frau auf dem Altenteil lebten, nachdem sie den Hof an die Jüngeren übergeben hatten. Die Alten hatten lebenslanges Wohnrecht im Hause oder sogar in einem separaten, dafür vorgesehenen Anbau. Der Begriff Altenteil umfasst neben dem Wohnrecht auch die gesamte Altersversorgung der Eltern mit Lebensmitteln, Brennholz und Kleidung. Diese Art der Hofübergabe funktioniert bis heute. Der Vater von Kroll-Fiedler starb 1944, als Franz-Josef erst 17 Jahre alt war. Die zweite Ehefrau des Vaters erbte den Hof allein und zog Franz-Josef und seine Schwester auf. Franz-Josef übernahm den Hof nach dem Tod der Mutter. Nun lebt er selbst nun auf dem Altenteil, seitdem er 1991 den Hof an seinen Sohn Christian übergeben hat. Die vollständige Übergabe des Hofes, entweder durch Erblassen oder Verpachtung, war auch die Voraussetzung für den Bezug der kleinen staatlichen Bauernrente, die es seit den 1960ern in der Bundesrepublik Deutschland gibt.

Gut Nachbar ist ein edles Kleinod

Das Ackerbürgerdasein ist schwer. Bis zum Beginn des 20. Jahrhunderts gab es in Belecke wie vielerorts kein Leitungsnetz für Wasser und Strom. Aufgrund des felsigen Schieferbodens und der geografischen Lage der Kleinstadt hatte fast jeder Haushalt einen eigenen Brunnen. Doch es gab auch den öffentlichen Brunnen in der Oberstadt. Gewaschen wurde im Bach, an der Wester und an der Selbke. Bei Dunkelheit lieferten Kerzen und Öllämpchen Licht. Das erste Stromaggregat angetrieben mit Wasserkraft lief an Stütings Mühle, der heutigen öffentlichen Bücherei, und versorgte bis 1920 die Belecker mit Strom. Danach übernahmen, wie überall in Westfalen, die Vereinigten Elektrizitätswerke Westfalen (VEW) die Stromversorgung. Das Leben vollzog sich im Rhythmus der Natur, die Jahreszeiten bestimmten den Arbeitsablauf. Trecker, Mähdrescher und mineralischen Dünger gab es noch nicht. Der Boden und die Felder wurden mit Hilfe mechanischer Geräte, mit Pflug, Sense, Egge und Harke bearbeitet. Ein Pferd als Zugtier erleichterte die schwere Arbeit ungemein, zudem war es ein wichtiges Fortbewegungsmittel, solange sich Autos nur die Reichen leisten konnten.

Der Lebensstandard war bescheiden. Man lebte von dem, was man mit dem kleinen Stück Land und dem wenigen Vieh, erwirtschaften konnte. Zwei bis drei Kühe und ein paar Schweine, Schafe oder Ziegen waren üblich. Gegenseitige Hilfe war von immenser Bedeutung. Wechselseitiges Nehmen und Geben war an der Tagesordnung. Wollte man einen guten Nachbarn haben, musste man selbst ein solcher sein. Nachbarschaftliche Hilfe bei den größeren Arbeiten an Haus und Hof, in der Erntezeit und im Krankheitsfall waren üblich. In Notzeiten entstanden regelrechte Arbeitsgemeinschaften, die bei Krankheits- und Todesfällen einsprangen, wo es nötig war. Familie und Dorfgemeinschaft leisteten das, was heute die Sozialkassen aufbringen. Wichtig waren für die Ortsgemeinschaft die Freiwillige Feuerwehr und die Bürgerschützen.

Die Bürgerschützengesellschaft besaß früher ganz konkrete, den Bürgerwehren entlehnte, ordnungs- und militärpolitische Funktionen. Es war eine Selbstverständlichkeit, dass jeder erwachsene Mann im Notfall mithalf seine Heimatstadt zu verteidigen. Erstmals erwähnt werden die Belecker Schützen 1448, als sie gemeinsam mit dem Bürgern in der Soester Fehde die angreifenden Soester siegreich in die Flucht schlugen. Zur Erinnerung an diese wehrhafte Haltung wird bis heute jährlich vor Pfingsten von allen Beleckern der Sturmtag gefeiert. In Gedenken an die Wehreigenschaften entstand generell das Brauchtum der Schützengilden: das Fahnenschwenken, die besonderen Uniformen, die gestickten Fahnen, die Wappen, die Chronik, die Schützenkette, Statuten und Regularien. Im Sauerland ist das Vogelschießen, im Gegensatz zum Schießen auf die Scheibe, üblich. Es fand auf dem Vogelbruch statt, an der Stelle der Apotheke gegenüber dem Bahnhof. Wenn der Vogel fällt und der Schützenkönig gefunden ist, muss der Hofstaat zusammengestellt werden und ein umfangreiches, dem Militär entstammendes Zeremoniell nimmt seinen Lauf.

Die Hierarchie ist ebenfalls dem Militär entlehnt. Es gibt einen Schützenkönig, Fähnrich, Leutnant und einen Säbel tragenden Redanten und weitere offizielle Ämter, deren Ausübung Prestige und Anerkennung bringen. Wer in die Gilde aufgenommen werden wollte, musste im 19. Jahrhundert einen guten Leumund haben und von Paten empfohlen werden. Nach einer längeren Probezeit wurde man zum Schützeneid zugelassen. Mit diesem Eid schwor man Gehorsam und Treue. Glaube, Sitte und Vaterland war Motto und Programm zugleich. Das Schützenwesen vermittelte im letzten Jahrhundert dem Einzelnen und seiner Familie Schutz und Beistand, zum Beispiel Hilfe bei Todesfällen, aber auch Zugehörigkeit, Freizeitgestaltung und Geselligkeit. Ab 1900 wurden die Vereinssatzungen neu formuliert, die bis heute gelten: „...bei einem alljährlich zu begehenden Fest werden alle Gesellschaftsklassen ohne Unterschied des Ranges, des Standes oder Vermögens zu einer Schießübung und froher Gesellschaft vereinigt, um auf diese Weise Eintracht und Gemeinsinn zu heben und zu fördern" (Statuten des Schützenvereins, 1903).

Die tägliche Arbeit und das tägliche Brot

Um 1900 war die Küche auf dem Hof Kroll-Fiedler bereits mit einem Herd mit Abdeckung und Rauchrohrabzug ausgestattet. Die Hausfrau musste nicht mehr am offenen Feuer, im rußgeschwärzten Raum das Essen zubereiten. Es gab ab 1907 einen Wasseranschluss an einer zentralen Stelle und es war Aufgabe der Kinder, die benötigten Wassereimer und das Holz in die Küche zu tragen. Zur weiteren Kücheneinrichtung gehörten der Tisch mit der Bank, das Schüsselbrett mit dem Geschirr, Vorratsschränke, eiserne Töpfe und Pfannen. Alles, was mit der Nahrungszubereitung und mit Vorratshaltung zu tun hatte, lag in der Hand der Hausfrau. Brotbacken, Milchverarbeitung, Reinigung der Wäsche und des Hauses oblag ihr. Hinzu kamen der Nutzgarten und Hilfe bei der Feld- und Stallarbeit. Grundnahrungsmittel bildeten bis Ende des 19. Jahrhunderts die Getreideprodukte. Brot und Breie und Suppen aus Dinkel, Hafer, Gerste, Roggen und Hirse sowie Milchsuppe waren morgens und abends üblich. Sommers besonders beliebt war „Hotten", eine Milchsuppe aus Molke und Käseteilen. Diese nahrhafte, durstlöschende Speise wurde außer sonntags als erster Gang beim Mittagessen gereicht wurde und aus abgerahmter süßer Milch mit Lab und Salzwasser gekocht (Heimatkalender 1923, S.111).

Fleisch war Sonntagsspeise und den Festtagen vorbehalten. Geräucherter Speck bereicherte die Kartoffel- und Kohlgerichte, die zu den Hauptnahrungsmitteln gehörten. Das Gemüse kam aus dem eigenen Garten. Bohnen, Zuckerrüben und Runkelrüben, Rübstiel, Stielmus und Möhren wurden zu dem beliebten „gemaise" und „düormaus" mit Kartoffeln verarbeitet. Auch Durchgemüse aus verschiedenem Gemüse mit Fleisch oder Speck und Kartoffeln war beliebt. Im Winter kamen Sauerkraut und die anderen Kohlsorten häufig auf den Tisch. Der Weißkohl wurde selbst gemacht, indem Kohl klein geschabt und mit Salz in große Tongefäße eingelegt wurde. Butter wurde weniger zum Eigenverbrauch, als zum Verkauf hergestellt. Der Erlös aus Butter, Milch und Eiern ging in die Haushaltkasse der Hausfrau. Das Brot aß man trocken zu den Mahlzeiten. Erst gegen Ende des Jahrhunderts wurden belegte Brote und Kaffee als Morgentrank Gewohnheit. Da meist nur alle zwei Wochen, selten jede Woche gebacken wurde, gehörte hartes, manchmal schimmeliges Brot zum Alltag.

Es war immer ganz wichtig, die Vorräte an Getreide, Hülsenfrüchten, Kartoffeln, Äpfel, Kraut und Rüben vor Mäusen zu schützen. Die sichersten Orte waren Tontöpfe mit Deckel und Holztruhen. Nach dem Schlachten wurde das frische Fleisch durch Räuchern oder Pökeln haltbar gemacht. Zum Pökeln wurde das Fleisch im Wechsel mit Salz in ein Gefäß geschichtet, das dicht geschlossen wurde. Von Zeit zu Zeit wurde die Salzlake abgewaschen und erneuert. Frische Blut- und Leberwurst gab es immer nach dem Schlachten. Durch Dörren von Äpfeln, Birnen und Pflaumen schaffte sich die Bäuerin einen Wintervorrat an. Äpfel wurden in Ringen über dem Herd getrocknet, Birnen und Pflaumen in der Resthitze des Ofens nach dem Brotbacken. Dörrobst wurde zu Kompott und im Brot verarbeitet und war beliebtes Naschwerk bei den Kindern. Zu den Vorräten zählten auch getrocknete Kräuter und Tees aus Brennnessel, Zitronenmelisse und Pfefferminz und Heilkräuter z.B. Johanniskraut, Brombeerblätter, Wiesensalbei, Wermut, Beifuss.

Sommerarbeit

Die Arbeit war bestimmt durch die tägliche Versorgung der Tiere: Morgens und abends wurde gemolken, möglichst immer zur gleichen Tageszeit, täglich musste gefüttert und gemistet werden. Im Sommer wurden die Kühe auf die Weide getrieben, was besonders in Belecke durch die Distanz zwischen Hof und Weide eine nicht zu unterschätzende Arbeit war. Am meisten Kraft im Arbeitsjahr erforderte die Heu- und Getreideernte. Von ihr hing die Existenz ab. Die Abhängigkeit vom Wetter war bei dieser Arbeit besonders groß. Ein verregneter Sommer bedeutete für viele Familien Hunger im Winter. Oft musste in größter Eile das Korn geschnitten, in Garben gebunden, zum Trocknen aufgestellt und in die Scheune eingebracht werden, jede Hand wurde gebraucht. Es waren harte Wochen, bis der letzte Wagen in die Scheune einfuhr. Die uns heute bekannten Hilfsmittel gab es noch nicht. Bis zum Ende des 19. Jahrhunderts erfolgte das Mähen des Getreides in Handarbeit mit der Sense. Zum besseren Aufnehmen des Getreides wurde der Sense meistens ein Reff oder Korb angesetzt.

Die Mähleistung der Schnitter war stark von der Schnittfähigkeit der Sense abhängig. Sie musste deshalb täglich vor ihrem Einsatz gedengelt werden. Das erfolgte durch dünn klopfen der Schnittkante mit einer Hammerspitze auf einem speziellen Dengelamboss. Wenn sie trotzdem auf dem Felde stumpfer wurde, konn-

Die Ernte auf den Feldern bei der Feldscheune 1952. Die Feldscheune ist später Teil der Hofanlage auf der Haar.

te mit einem Wetzstein nachgeschärft werden. Mit einer gut gedengelten scharfen Sense konnte ein Schnitter täglich ungefähr 2.500 Quadratmeter (einen Morgen) Getreide mähen. Noch am Tag der Mahd sollte dann möglichst das gebundene Getreide zum Trocknen in „ Hocken", Stiegen oder Richten aufgestellt werden. Mit Aufkommen des gezogenen Mähbinders in der ersten Hälfte des 20. Jahrhunderts wurde die schwere Handarbeit des Mähens und Garbenbindens durch Maschinen ersetzt.

Lediglich das Anmähen der Getreide vor dem Einsatz des Mähbinders musste noch mit einer Sense erfolgen. Erst der Mähdrescher, der nach dem Zweiten Weltkrieg Einzug hielt, schaffte die Vollmechanisierung der Getreideernte und machte die Sense überflüssig. Nach der Getreide- und Heuernte war die gesamte Hofgemeinschaft erleichtert und beging den Ernteabschluss mit einem kleinen Umtrunk.

„Wenn Wetter ist, muss man was tun"

Bestimmte Arbeiten im Jahreslauf hatten ihre festen Termine. Der Beginn von Saat und Ernte richtete sich nach altem Erfahrungswissen. Anfang und Ende der Herbst- und Winterarbeiten waren ebenfalls geregelt.

Man hielt sich nicht sklavisch an die Termine, sondern nahm sie als Orientierung. Immer war das Wetter der ausschlaggebende Faktor. „Wenn Wetter ist, muss man was tun", ist nach wie vor die Devise auf dem Hof, und die sprichwörtlichen Bauernregeln sind nur wenige: Fabian un Sebastian (20. Januar) loatet diän Saap int Holt gaohn. Fabian und Sebastian lassen den Saft im Holz gehen, Lechtmiss (2. Februar) is ne schoine Tuit: da kakelt en Hoihneken un bläddert en Lämmken, an Georgi (27. April) wurden die Kartoffeln gesteckt, Mitte Mai ist der Winter vorbei. An Johanni (24. Juni) beginnt die Heuernte, an Jakobi (25. Juli) die Getreideernte, an Martini (11. November) soll die Erntearbeit beendet sein.

Winterarbeiten

Die Vorratshaltung für das Tierfutter war problematisch, denn die zerstreuten Felder und Weiden brachten wenig ein. Nicht jeder erzeugte genug Rüben, Heu und Häcksel, um im Winter Stallfütterung machen zu können. Silofutter als Wintervorrat gab es erst seit den 1960er Jahren, als die Plastikplanen aufkamen. Im 19. Jahrhundert und bis in die 2. Hälfte des 20. Jahrhunderts hinein waren Herbst und Winter die Schlachtzeit. Schweine und Rinder wurden teils selbst verwurstet und gepökelt, aber auch zum Kauf angeboten.

Die niedrigen Temperaturen, manchmal sogar schon Frostperioden im November eigneten sich besonders gut, frisches Fleisch über einen längeren Zeitraum für die Küche bereit zu halten. Herbst und Winter waren also die Zeit des Schlachtens und Wurstens, denn zu Weihnachten musste Fleisch im Topf sein.

Generell war Frischfleisch weit bis ins 20. Jahrhundert die Ausnahme auf dem bäuerlichen und kleinstädtischen Speisezettel. Vielmehr waren die Tiere oft die einzige Möglichkeit, um Bargeld durch den Fleischverkauf in die Haushaltkasse zu bekommen. Schließlich musste ja nicht nur gegessen, sondern auch Strom und Wasser bezahlt und Schuhe gekauft werden. In den Wintermonaten war das Holzmachen ein wichtiges Thema. Man brauchte viel Buschholz (Reisig) zum Feueranzünden. Die jungen Burschen und Kinder zogen in den Wald, an die Wegesränder und Gräben, um dort dünnes Holz von Birken, Erlen, Eichen und Faulbeersträuchern in etwa 10 cm Dicke, zu schlagen. Das Schlagholz wurde immer in die gleiche Richtung an den Wegesrand gelegt. Der nächste band sie zu Bündeln zusammen. Hatte man mehrere Bündel beieinander, begann das Zerkleinern mit Beil oder Buschmesser auf Stücke von cirka 80 Zentimetern. Die Seitenästchen wurden abgeschnitten, damit die Herd- oder Backflächen nicht durch abstehende Zweige und Äste beschädigt wurden. Diese Holzbündel brachten um 1910 etwa 2 oder 3 Pfennig Arbeitslohn. Fertige Bündel kosteten 15 bis 20 Pfennig im Handel.

Neben der täglichen Viehversorgung war im Winter die Zeit der Ausbesserungsarbeiten an Stall und Scheune; auch die Arbeitsgeräte wurden in Ordnung gebracht. Auf vielen Höfen wurde täglich vor dem Frühstück gedroschen. „Allmorgentlich vor der dem Frühstück um 6 Uhr packte man eine Lage Getreide vom Dachboden so auf die Deele, dass die Ähren in der Mitte zusammen lagen. Danach wurden in einem festgelegten Rhythmus mit dem Dreschflegel die Körner ausgeschlagen. Nachdem die Ähren ausgedroschen waren, wurde Stroh mit einer hölzernen Forke aufgeschüttelt, damit alle Körner zurückblieben, und das Stroh wurde wieder zum späteren Futterschneiden verstaut. Die Körner wurden zusammengefegt und mit der Kornfege von Strohteilen und Schmutz gereinigt“. Die Frauen nutzen die Winterabende, um den Wäscheschrank auf Vordermann zu bringen. Die Kleidung wurde geprüft, gesichtet und geflickt. Strümpfe und warme Pullover, die man zu Weihnachten verschenken wollte, wurden gestrickt.

Sonntag und Feiertag

Nach der nötigen Stall- und Hausarbeit schlüpfte man sonntags in frische Kleider und rüstete sich für den Kirchgang, dort hatte man einen Stammplatz. Ob man zur Kirche ging, darüber wachten die Nachbarn und andere Dorfbewohner. Der Kirchgang diente nicht immer nur der geistigen Erbauung, sondern war auch für viele eine gute Gelegenheit, Neuigkeiten auszutauschen und entfernte Freunde und Verwandte zu treffen, unter Leute zu kommen und sich von seiner besten Seite zu zeigen. Höchstens zur Erntezeiten, wenn die Witterung es erzwang, wurde auch sonntags gearbeitet. Auch im Alltag war die Kirche allgegenwärtig, denn die Kirchglocken strukturierten den Tag und funktionierten als öffentliche Uhr. Um 5 oder 6 Uhr früh weckten sie das Ackerbürgerstädtchen und läuteten um sechs oder sieben Uhr abends den Feierabend ein. Vormittags zeigte das Elfergeläut an, dass Zeit zum Kochen ist und um 12.00 Uhr riefen die Glocken zu Tisch. Sie verkündeten, wenn jemand gestorben war und meldeten einen Brand und riefen die Helfer herbei. Sonntags war der Tag der Geselligkeit, man besuchte Verwandte, ging ins Gasthaus, traf sich auf dem Dorfplatz und machte Spaziergänge.

Das 20. Jahrhundert: Belecke im Wandel

Inzwischen hatte Belecke Industrieansiedlung und eine größere Bevölkerungsschicht, die nur noch von der Lohnarbeit lebte und keine Landwirtschaft mehr betrieb. Mit Heirat der Eltern von Franz-Josef Kroll-Fiedler ging die Hofstelle 1926 an die Eheleute, Josef Kroll-Fiedler, geb.18. Juli 1883 und seine Frau Maria geb. Jesse, geb. 30. Januar 1899, über. Die Landwirtschaft umfasste damals 12 Hektar Eigenland und 8 Hektar Pachtland. Im Tal waren die Weiden und auf der Haar das Ackerland. Dort hatte man auch eine Feldscheune errichtet, die Unterstand und Vorratsraum für das Winterfutter war. Der eigene Brunnen, flie-ßend Wasser aus der Leitung, ein Plumpsklo im Gang zum Schweinestall gehörten zur Ausstattung des Wohnhauses. Maria Jesse, verheiratete Kroll-Fiedler, war ebenfalls eine Beleckerin und brachte die Möbel der Stube als Aussteuer mit in ihren neuen Hausstand. Die Möbel, entsprachen dem damaligen dunklen Wohnstil der Zeit und lassen eigentlich keinen Unterschied zwischen Stadt und Land erkennen. Sie stehen heute als Antiquitäten auf dem Hofe Kroll-Fiedler und werden in Ehren gehalten. Die Ehefrau hat auch Bett- und Tischwäsche sowie Geschirr und Kochgeräte in den Haushalt eingebracht.

Im Dezember 1926 wird Franz-Josef als erstes Kind geboren. Ihm folgt zwei Jahre später eine Schwester. Der Hof ist für die Kinder in erster Linie ein Platz des Arbeitens, auch des Erlebens und des Spielens. Da, wo heute Maschinen gefährliche Gefahrenquellen sind, bewegten sich Kühe, Pferde, Schweine, Hühner und Gänse. 1933 geht Franz-Josef in die Belecker Volksschule. Die Schulzeiten sind täglich von 7.30 bis 11.30, damit die Kinder den Vätern, während der Erntezeit auch den Müttern, das Essen aufs Feld bringen können. Zum Ausgleich haben sie zweimal in der Woche auch nachmittags Unterricht. Als Kind muss Franz-Josef dem Vater bei der täglichen Arbeit helfen und selbstständig Pflichten übernehmen. Der Alltag ist geprägt von der Arbeit auf dem Feld, der Viehhaltung und der Hauswirtschaft. Schweinefutter sammeln aus Brenn-nesseln, Löwenzahn und jungen Disteln ge-hört zu den typischen Kinderarbeiten im Frühjahr, ebenso wie kleine Besorgungen und Reisig holen, Nachrichtendienste leisten und abends die Kühe von der Weide holen.

Die Nahrungsmittel werden immer noch überwiegend selbst erzeugt. Die Mutter kocht jeden Tag frisch und Franz-Josef erinnert sich an Milchsuppe, leckere Pfannkuchen oder Reis mit Zimt und Zucker und Kompott als Lieblingsessen der Kinder. Es gibt bereits zwei Läden in Belecke, einen Tante-Emma-Laden für Kleinigkeiten (Streichhölzer, Schnüre, Süßigkeiten, Mehl und Zucker) und einen Konsumladen, der genossenschaftlich geführt wird und ein breites Angebot an Lebensmitteln, Putzmittel, Süßigkeiten und Haushaltswaren hat. Im Tante-Emma-Laden kann man anschreiben lassen und einmal im Monat wird die Rechnung beglichen. Beim Konsum musste man Genossenschaftsmitglied sein. Die Läden sind sechs Tagen in der Woche geöffnet, nur sonntags geschlossen. Im Herbst nach der Kohlernte kommt jemand aus dem Dorf ins Haus, um die Kohlköpfe zu zerkleinern. Er tut dies mit gutem Werkzeug im Bruchteil der früher benötigten Zeit und erhält einen Stundenlohn.

Der Hof hatte um 1930 etwa zwanzig Schweine, vier bis fünf Rinder, sechs Kühe und zwei Kaltblüter. Die Pferde waren ein wichtiges Kapital, da damit der beschwerliche Weg zur Arbeit auf den Feldern zu bewältigt ist und wichtige Spann- und Zieharbeiten erledigt werden konnten. Die Pferde brachten aber auch richtiges Geld in die Haushaltskasse, da sie für Lohnarbeiten im Wald eingesetzt wurden. Zwischen 1930 und 1950 kam jährlich ein Vertreter der Holzhandlung Schnepper und Isfording. Er führte die Vorgespräche über Art und Umfang der Holzarbeiten (Lang- oder Grubenholz) und rechnete nach der Lieferung ab.

Kindheitserinnerungen aus den 1930er und 1940er Jahren

Erinnerungen verklären frühere Zeiten in der Regel. Im Gedächtnis bleiben stärker die Feststunden, statt Arbeit und Alltag. Lebendig geblieben sind Kroll-Fiedler besonders die Scheunenfeste zum Erntedank, die sonntäglichen Spaziergänge mal mit mal ohne Ziel, Himmelsfahrtausflüge und Wanderungen, Theaterspiele und Singabende in Kreis der Familie. Zwar arbeitet der Vater zehn bis vierzehn Stunden, trotzdem ist sommers ein gemütliches Plauderstündchen auf der Bank vor dem Hause nach Feierabend an der Tagesordnung. Dabei wird selbst aufgesetzter Schnaps probiert oder ein, auch zwei Biere getrunken, hier und da ist eine längere Mittagspause fällig und der fehlende Urlaub wird durch die häufigeren kirchlichen Feiertage und die Schützenfest- und Karnevalsfeiertage etwas ausgeglichen. Das Herumsitzen in Gastwirtschaften ist generell nicht sehr verbreitet und die Geselligkeit spielte sich innerhalb der erweiterten Familie und den heimischen Vereinen ab, und da wird sehr darauf geachtet, dass keiner über die Stränge schlägt. Natürlich passiert es trotzdem.

Weihnachten

Das schönste Fest der Kindheit ist das Weihnachtsfest. Schon die Vorweihnachtszeit ist geheimnisvoll und voller guter Vorahnungen und Düfte. Der grüne Adventskranz mit seinen vier roten Kerzen leitet von Woche zu Woche auf Weihnachten zu. Ein papierener Adventskalender ist noch die Ausnahme. Am 4. Dezember werden Kirsch- oder Pflaumenzweige geschnitten und ins Glas gestellt, sie blühen dann zu Weihnachten und bringen einen Hauch Frühling in den langen Winter. Am 6. Dezember kommt St. Nikolaus mit Knecht Ruprecht. Die Kinder stellen ihre Stiefel hinaus und finden am nächsten Morgen Äpfel, Nüsse und Selbstgebackenes darin. Zu Weihnachten wird die Tanne selbst im Wald geschlagen. Bis zur Zimmerdecke muss sie reichen, der Christbaumschmuck unterliegt keiner Mode, sondern regelmäßig werden die gleichen silbernen Kugel und das Lametta vom letzten Jahr aufgehangen. Am Heiligen Abend gibt es nur ein einfaches Essen, eine Fleischsuppe oder Gemüsesuppe zum Beispiel. Die ganze Familie macht sich gegen 23 Uhr auf zur Kirche und die Bescherung findet erst nach Besuch der Uchte, der feierlichen Mitternachtsmesse, statt. Die Kinder haben ein Gedichte und ein Stück auf der Blockflöte für den Weihnachtsmorgen eingeübt, erst nach dem Vortrag erhalten sie ihre Geschenke. Das sind in erster Linie warme Kleidungsstücke, gestrickte Strümpfe, Handschuhe, Bücher und Spielzeug. Oft erhält die vorhandene Ritterburg neue Soldaten und die Puppe neue Kleider, oder der Kaufladen wird aufgefüllt, das Puppenhaus neu tapeziert. Am Weihnachtsmorgen erhalten auch die Tiere im Stall ihr Weihnachtsfutter: Heu und Rüben oder Äpfel. Der 1. Weihnachtstag wird im engen Familienkreis verbracht. Bis auf die Hausfrau, die ein leckeres Festessen und wunderbare Kuchen bereitet, ist jeder mit seinen Geschenken und dem Naschwerk auf den bunten Tellern beschäftigt. Am 2. Weihnachtstag stattet man sich gegenseitig im Verwandtenkreis Besuche ab.

Silvester

Den letzten Abend des Jahres verbringt man bei Spiel und Unterhaltung im eigenen Heim. Die Kinder dürfen bis zum Läuten mit den Großen aufbleiben. Zu Essen gibt es Kartoffelsalat mit Würstchen oder Bismarckhering. Die Erwachsenen trinken Punsch und Glühwein oder Glühmost und die Kinder erhalten noch etwas vom Weihnachtsgebäck. Die Zeit bis zwölf Uhr vertreibt man sich mit Orakelspielen wie Wachs- oder Bleigießen, Zukunftlesen aus Apfelschalen, Schuhwerfen und Kartenlegen. Das Neue Jahr wird mit dem Läuten der Neujahrsglocken eingeleitet. Nur einige Familien begrüßen das neue Jahr mit einem Feuerwerk, und nach den allgemeinen Glückwünschen begibt man sich zur Ruhe. Es wird nicht wie heute übergangslos ins neue Jahr hineingefeiert. In der Silvesternacht ziehen die jungen Burschen durch die Straßen und begrüßen mit ihrem Gesang das Neue Jahr: „Heißa, Viktoria, ein glückseliges neues Jahr! Wir wünschen der Frau einen jungen Sohn und den Herrn wohl auf den Thron! Heißa Viktoria, ein glückseliges neues Jahr!“ Begleitet wird der Zug um die Gemeinde von einigen, meist harmlosen Scherzen. Da werden Räder von den Wagen montiert, Gartentore ausgehangen, Gruben abgedeckt und Milchkannen geklaut, die Arbeitsgeräte im Stall vertauscht oder Kleidungsstücke zusammen gebunden. Am 6. Januar ziehen die Sternsinger, verkleidet als die drei Könige aus dem Morgenland, von Tür zu Tür und sammeln wie heute für einen guten Zweck. Das Lied, das sie als Bittspruch vortragen, ist bis in die 1950er Jahre auf Platt, heute auf Hochdeutsch.

Harte Arbeit ohne Maschinen

Die tägliche Arbeit beginnt in der Früh zwischen fünf und sechs Uhr. Die Kühe werden gemolken, täglich kommt der Milchwagen pünktlich um 7 Uhr, um die Milch abzuholen. Erst danach geht es zur Schule. Der Vater treibt das Vieh auf die Weide und mistet den Stall aus, beginnt sein Tagewerk auf den Wiesen und Feldern, während Franz-Josef in der Schule ist. Ab 1933 besucht er acht Jahre die Volksschule, danach wechselt er an die Gewerbliche Schule in Warstein. Dann überschattete der Nationalsozialismus den Alltag. Mit 17 Jahren wird Franz-Josef Kroll-Fiedler zum Militärdienst eingezogen, bleibt dort bis Kriegsende und kommt, an einem Lungenleiden erkrankt, im August 1945 nach Belecke zurück. Der Vater ist 1944 an Herzversagen gestorben und die Mutter hatte unterdessen den Hof bewirtschaftet, unterstützt von einem Lehrling und einem französischen Kriegsgefangenen.

Franz-Josef erinnert sich genau an den verregneten Sommer 1945. Die Ernte ist schwierig, weil zu wenig Helfer da sind, viele Männer sind im Krieg gefallen. Der Hafer ist durch die Nässe ganz verdorben, so dass die Pferde kaum Futter haben. Allein die Schweine und Ziegen sind genügsam genug, um mit dem Grünfutter vom Wegesrand und Küchenabfällen gefüttert auszukommen. Wie jedes Jahr haben sie auch in den Nachkriegsjahren genug Fleisch angesetzt, dass sie zu Allerheiligen geschlachtet werden können und Weihnachten Fleisch im Topf ist. Täglich kommen hungernde Menschen aus dem nahe gelegenen Ruhrgebiet zum Betteln an die Tür. Ein reger Tauschmarkt mit Naturalien floriert, beliebt war der Tausch von Eisenwaren (Nägeln, Messer, Werkzeug, Zaummaterial) gegen Brennholz und Nahrungsmittel.

„Der Arbeitgeber ist das Wetter – immer unberechenbar“

Auf den Äckern betreibt man weiterhin die Fünffelderwirtschaft in der Reihenfolge: im 1. Jahr Weizen, im 2. Jahr Roggen, im 3. Jahr Gerste und im 4. Jahr Hafer. Im 5. Jahr bleibt das Land nicht mehr brach, sondern es werden jetzt Klee, Kartoffeln, Weizen, Wintergerste angebaut. Gemüse und Obst gehören auch in den Kanon. Die Zahl der Bauern nimmt stetig ab. Jedoch bearbeiten viele Familien ihr Land im Nebenerwerb weiter und das ist gut so, denn in den Städten herrscht Hunger. Auch nach dem Krieg bleibt die Mutter verantwortlich für den Hof, ihr hilft die jüngere Schwester. Für Franz-Josef will sie eine vernünftige Ausbildung und schickt ihn für vier Jahre auf die Landwirtschaftschule nach Arnsberg. Die Wahl fällt auf die dortige Schule, weil es in der Nähe ist und dort Kost und Logis, schließlich auch Aufsicht für den jungen Mann garantiert sind. Zunächst betreiben Mutter und Sohn die Landwirtschaft genau wie vor dem Krieg. Das tägliche Leben verläuft in den bekannten Bahnen. Das Wetter bestimmt ganz wesentlich den Tageslauf, die Ernten bleiben eine große Herausforderung, doch das Netz der gegenseitigen Hilfeleistungen funktioniert. Die ganze Familie muss ran, die Kinder sowieso, wenn Regen droht auch die Nachbarschaft. Alles andere muss erst mal liegen bleiben.

Die Kornernte erfordert noch viel Handarbeit, bis 1949 der erste Bindemäher angeschafft wird. Das Aufrichten der Garben geschieht weiterhin von Hand und die „Frauleut“ haben tüchtig zu tun. In aufgerichteten Korngaben spielen die Kinder Verstecken, dürften sich dabei aber nicht vom Bauern erwischen lassen. Die Fuder wurden mit dicken Seilen gehalten, die man hinten mit dem Knüppel festzog. Der Wagen zur Fahrt auf die Haar ist mit Gummireifen bestückt, was die Fahrten wesentlich angenehmer gestaltet. Jede dieser Investition überlegen Mutter und Sohn lange, denn Bargeld ist äußerst knapp. Da haben es die Familien schon einfacher, in denen es bereits einen Erwerbsarbeiter unter den Söhnen gibt. Erst im Winter wird auf dem Hof gedroschen. Der Dreschkasten gehört einem Lohnunternehmer und geht reihum. In den Jahren 1952/53 hält die Familie das Geld zusammen und beschließt einen Trecker an- und die Pferde abzuschaffen. „Pferdefuhrwerke waren morgens, mittags, und abends ein täglich gewohntes Bild, zur Winterzeit gehörten Pferdeschlitten dazu und eine Hochzeitsgesellschaft fuhr mit bespannter Kutsche zur Kirche. All das ist nun verschwunden“, erinnert sich Franz-Josef Kroll-Fiedler etwas wehmütig. Doch die Pferde kommen den steilen Weg zur Oberstadt kaum mehr herauf, wenn Ernte oder Futtervorräte einzufahren sind. Es gibt keine Nachbarn mehr, die mit schieben, denn die Männer arbeiten in der Fabrik. Parkende Autos stehen im Wege und der Verkehr auf den Durchgangsstraßen nimmt so zu, dass da keine Rücksicht auf ein Pferdegespann mit seinen 2 PS genommen wird. Mit den Pferden verschwindet auch der Handwagen und die Schiebkarre, mit der man das Futter für Schweine und Ziegen vom Felde oder das gemahlene Korn von Stütingsmühle holte.

Die Mechanisierung und Motorisierung der Landwirtschaft hat nun auch Belecke und den Hof Kroll-Fiedler erreicht. Die nächste Investition war 1953/1954 die Melkmaschine.

Die Schweine wurden weiterhin zur Selbstversorgung und zum Verkauf groß gezogen. Sie hatten einen Stall hinten im Garten. Um Fastnacht wurden die Ferkelchen geboren und dann zu Allerheiligen geschlachtet. Sie erhielten Essensreste, Bohnen, Kartoffelschalen und Steckrüben. Vor dem Krieg gab es in Belecke noch einen Schweinehirten, der die Schweine der Leute auf dem Gemeindewiesen hütete und versorgte. Auch ein Schäfer kümmerte sich in Lohnarbeit um die Schafe der Kleinbauern. Beide Berufe sind inzwischen ausgestorben.

Schützenverein

1950 tritt Franz Josef in den Schützenverein ein. Der hatte inzwischen ein herbes Schicksal erlitten, weil er sich 1940 in den Reichsbund für Leibesübungen hatte eingliedern müssen. Sein Eigentum, die Schützenhalle war 1945, wahrscheinlich aus Unvorsichtigkeit, beim Hantieren mit Feuer, abgebrannt und der Schützenplatz beschlagnahmt worden. Schießübungen aus Brauchtumspflege waren den amerikanischen, dann britischen Besatzern sowieso suspekt. Der Verein musste die Örtlichkeiten pachten und konnte sie 1949 zurückkaufen. (Rubarth, S.259) Die Voraussetzung war allerdings, dass er sich als Sebastianus-Bruderschaft neu gründete, und damit eine katholisch-kirchliche Orientierung annahm und jeden Zusammenhang mit der NS-Zeit aufgab. Erst mit der Gründung des Bürgerschützenvereins durch den Bürgermeister Löbbecke, den künftigen Schwiegervater von Franz-Josef Kroll-Fiedler, wird mit allem Elan eine neue Schützenhalle in Eigenregie gebaut, die einen schönen Rahmen für Schützenfeste, aber auch Theateraufführungen, Bürger- und Schulversammlungen, Polterabende und Hochzeiten gibt. Das Schützenfest findet dann in den 1960er Jahren seine heutige Form. Es bleibt mit wenigen Veränderungen bis zum Jahr 2000, dem 50. Jahrestag der Einweihung der Neuen Schützenhalle, recht konstant im Ablauf.

1950: Endlich darf wieder Schützenfest in Belecke gefeiert werden

Franz-Josef Kroll erinnert sich gerne an seine Zeit als Kinderschützenkönig und glaubt auch, dass die vielen Geselligkeiten der Schützen dazu beigetragen haben, dass er in Belecke nunmer gute, und freundschaftliche Verbindungen hatte. Das Vorschlagswesen und die Prüfung des Leumunds gehören heute der Vergangenheit an. Mitglied kann jeder Bürger unabhängig von Rang, Gesellschaftsklasse und Vermögen werden. Die alten Standesunterschiede haben sich überlebt. Wichtig ist einzig und allein das Engagement für die Gemeinschaft und das heimatliche Brauchtum sowie Freude an Geselligkeit und Gemeinsamkeit. Um Alte und Junge im Schützenverein zu halten, ringt man ständig zwischen Innovation und Tradition. Regelmäßig findet das Schützenfest am zweiten oder dritten Sonntag im Juli statt. Samstags wird der hölzerne Vogel vom Rathaus zum Schießplatz geholt und auf die Vogelstange gesetzt. Es folgt das Ständchen für die verdienten Vereinsmitglieder, den amtierenden König, den Geistlichen und den Bürgermeister, anschließend findet das Konzert in der Schützenhalle statt. Am Sonntag ist der Festumzug mit dem alten und neuen Hofstaat Höhepunkt. Abends findet ein festlicher Ball statt. Am Montagmorgen beginnt

König Franz-Josef beim Kinderschützenfest 1938

das Vogelschießen. Der erste Schuss gebührt dem Bürgermeister, der zweite dem amtierenden Schützenkönig. Und dann beginnt der spannende Wettkampf. In einem feierlichen Zeremoniell erhält der neue König die Insignien seines Amtes und präsentiert sich mit dem eilig zusammengestellten Hofstaat der Öffentlichkeit. Noch immer nimmt ganz Belecke regen Anteil, doch von Jahr zu Jahr wird es schwieriger, einen Hofstaat zusammen zu bekommen, denn viele fürchten nicht nur die Geldausgabe für Kleidung und folgende Festivitäten, sondern haben in Zeiten zunehmender Arbeitsbelastung schlicht keine Zeit für ein so aufwendiges Amt.

Familiengründung

1956 heiratet Franz-Josef seine Ehefrau Regina, geb.Löbbecke, ebenfalls Beleckerin, Tochter des langjährigen Bürgermeisters und mit der Landwirtschaft vertraut. Vor der offiziellen Trauung wird im großen Kreis der Vereinsgefährten und Freunden der Polterabend von Braut und Bräutigam gefeiert. Jeder schlägt mit seinen wichtigsten Freunden und Bekannten vor der Hochzeit noch einmal tüchtig über die Stränge. Schabernack wird getrieben und der Alkohol fließt reichlich. Geschwister und enge Freunde, Gefährten aus den Vereinen sind bei der kirchlichen Trauung zugegen, natürlich bringt der Schützenverein ein Ständchen. Im gleichen Jahr wird Sohn Ulrich geboren, es folgen die Kinder Christian (1960) und Verena (1963). Auch die Taufen der Kinder sind reine Familienfeiern, zu denen sich alle Verwandten aus Nah und Fern einfinden. Die Teilnahme der Nachbarn und Mitbewohner nimmt im Laufe der Zeit ab, denn die Nachbarschaft hat sich gewandelt und über Generationen gewachsene Verbindungen werden seltener.

1957 übernimmt Franz-Josef den Hof. Die Mutter unterstützt die junge Familie tatkräftig bis zu ihem Tode 1982. Schon bald wird Franz-Josef klar, dass es er nicht in gewohnter Weise weitermachen kann. Denn er erzielt nicht genug an Erträgen, um eine mehrköpfige Familie ernähren zu können. Es gibt zu wenige Hände, die helfen; auch wenn seine Frau von Anfang an tatkräftig arbeitet. Viele Nachbarn haben die Landwirtschaft aufgegeben, weil sie in den Siepmann-Werken, der AEG und der PERSTA gutes Geld verdienen. Schwere körperliche Arbeit ist nicht mehr gefragt. Auch haben zahlreiche Pendler, Flüchtlinge, Aussiedler und Zuwanderer die Sozialstruktur gewaltig verändert. Das notwendige

Netz der gegenseitigen Hilfe, das vorher in Belecke geherrscht hat, bröckelt, neue Netze entstehen. Die Lage des Hofes in der Oberstadt und die Lage der Felder auf der Haar in gestreuten Parzellen sind ein großes Problem. Bis zu viermal täglich muss der Anfahrtsweg von drei Kilometern je Weg mit einer halben Stunde kostbarer Zeit einkalkuliert werden. Erschwerend hinzu kommt der dichter werdende Verkehr. Bedingt durch das hohe Lohnniveau in der Industrie ist Franz-Josef Kroll-Fiedler wie seine Kollegen gezwungen, den Hof als Ein- oder Zweimannbetrieb zu führen.

Die Lösung sieht er in zwei Schritten: Aussiedlung und Spezialisierung. Er bleibt nicht allein mit seinem Anliegen. Auch die anderen Landwirte in der Oberstadt teilen die Probleme. Belecke hatte sich inzwischen vom Ackerbürgerstädtchen zum Industriestandort gewandelt. Dies zeigt sich deutlich in der Beschäftigungszahl in der Landwirtschaft: 1939 waren 368 Personen bei 1.880 Einwohnern, also 19,5 % als Landwirte tätig. 1961 sind es nur noch 105 Landwirte bei 4.805 Einwohnern. Von den 105 waren aber nur 18 Vollerwerbsbetriebe auf Familienbasis. Die Nebenerwerbsbetriebe werden von Arbeitern, Handwerkern und Gewerbetreibenden mit einer Betriebsgröße von 10-12,5 Hektar beackert. Die Vollerwerbsbetriebe benötigen eine Mindest-Nutzfläche von 20 ha, um wirtschaftlich zu sein. Alle litten unter den gleichen Schwierigkeiten:

- Große Entfernung zwischen Hof und Feldern
- Zunehmender Verkehr auf der B55
- Mangelnde Flächen und fehlende Erweiterungsmöglichkeit
- Kleinen Stallungen mit mangelhafter Hygiene
- Schwierigkeit des Rangierens mit Maschinen und Nutzfahrzeugen sowie Gebäuden, die den modernen Wohnanforderungen nicht mehr entsprachen.

Es ist offensichtlich, dass dies keine optimalen Bedingungen für eine gesicherte Existenz waren. Schon 1955 hatte sich die Bundesregierung zur Landwirtschaft geäußert. Trotz der boomenden Wirtschaft wollte man sie attraktiv erhalten: Eine gute Agrarstruktur ist dann gegeben, wenn die Verhältnisse eine ordnungsgemäße Bewirtschaftung des Grund und Bodens zur Sicherung der Volksernährung gestatten, und wenn die haupt- und nebenberufliche Landbewirtschaftung den Menschen ohne Arbeitsüberlastung ein angemessenes Einkommen und ideelle Befriedigung bietet, so dass ihnen diese Tätigkeit auch auf Dauer erstrebenswert bleibt.

Die folgenden Voraussetzungen zur Sanierung der Höfe durch Aussiedlung wurden festgelegt: Gemarkungen mit weiten Entfernungen und beträchtlichem Höhenunterschied. Unzureichende Gebäude, bedingt durch enge Hoflage oder schlechten Bauzustand Verstädterte, verkehrsreiche Gemeinden mit einer sich auflösenden Landwirtschaft.

Geschichte der Aussiedlung

Die Lage der Belecker Landwirte in der Oberstadt war sehr nachteilig und verursachte zusätzliche Kosten und Arbeit und gefährdete die wirtschaftliche Existenz. Als Ausweg bot sich in dieser Situation die Sanierung der Betriebe durch Aussiedlung an. Bereits seit 1956 gab es inoffizielle Gespräche, am 27. Februar 1956 wurde der erste offizielle Antrag gestellt. Schon eine Woche später wurde die erste Versammlung in der Gastwirtschaft des Ortslandwirts einberufen, an der die sieben aussiedlungswilligen Familien teilnahmen. Es wurde amtlich festgestellt, dass zuerst eine Flurbereinigung stattfinden müsse, bevor eine Aussiedlung erfolgen könne. Hier lag zunächst der

Stein des Anstoßes, denn viele Belecker befürchteten, dass sich die aussiedlungswilligen Bauern bereichern wollten. Die Flurbereinigung ging dann doch relativ unproblematisch vonstatten: Alle Besitzungen wurden nach Punkten bewertet und jeder Aussiedler hat eine Punktzahl entsprechend der landwirtschaftlichen Fläche und ihrer Qualität wiederbekommen.

Nach der Ernte 1962 erfolgte erst der endgültige Landtausch. Und seitdem hat es keine Beschwerden mehr gegeben, trotz des ursprünglichen Argwohns in der Gruppe. Von Seiten des Bundesministeriums für Ernährung, Landwirtschaft und Forsten wurden folgende Kriterien formuliert: Der Wald wird nicht in das Verfahren miteinbezogen, Dauerpachtverträge werden berücksichtigt, die staatlichen Fördermittel sind stark eingeschränkt, es muss preiswert gebaut werden, die durch Zupacht entstehende Belastung wird beim Baudarlehen berücksichtigt und das eigene Haus musste zuvor verkauft sein. Trotzdem waren die Bauvorhaben der Landwirte lange nicht mit dem vorhandenen Mitteln zu finanzieren. Es mussten noch viele Abstriche und Veränderungen gemacht und viele bürokratische Hürden im behördlichen Genehmigungsverfahren wie auch in der bautechnischen Planung überwunden werden. Endlich im Oktober 1959 kam die langersehnte Nachricht, dass alle sieben Bauern mit dem Bau ihrer neuen Häuser und Hofstellen auf der Haar beginnen konnten. Es war ein trockener Herbst und bereits im Dezember konnte Kroll-Fiedler Richtfest feiern.

Huisbüörn - Richtfest

Beim Hausbau ist die nachbarschaftliche Hilfe noch stark präsent. So haben sich die Aussiedler gegenseitig tatkräftig unterstützt. Das Richtfest ist ein auch heute geübter Brauch, wenn auch der Spruch der Zimmerleute nicht mehr ganz so ausführlich vorgetragen wird wie beim Hoffest 1959. Das Fest ist der Dank an Nachbarn, Freunde und Handwerker für ihre Mithilfe und die Bitte um Schutz und Segen für das Haus und seine Bewohner. Der Tag des Richtfests beginnt mit einem Dankgottesdienst, der Huisbüörmisse. Wenn die letzten Sparren des Dachs gerichtet sind, steigt ein Zimmergesell hinauf und fängt an mit einem Hammer auf ein Eisen zu schlagen, sodass es in die Runde schallt. Vor dem Bauherrn mit seiner Familie, den Nachbarn, Freunden und Handwerkern hält er seine Richtrede:

„Nachdem wir den Bau gerichtet haben,
Hochverehrter Herr Bauherr, frage ich an,
Ob dieser Bau gut passet auf den Plan
Und ob er auch gut stehet in Waage und Blei
Und zur Zufriedenheit geraten sei.
Ich frag den Bauherrn mit frohem Mut,
wie ihm der Bau gefallen tut."
Der Bauherr drückt seine Zufriedenheit aus, und der Geselle redet weiter:
„Der Bauherr hat gesprochen,
Alle haben es vernommen,
Dass ihm der Bau gefällt.
Also sei der Richtkranz willkommen."

Der Kranz wird nun von einem Kind gebracht und von dem Gesellen oben am Giebel befestigt. Der Geselle fährt fort:

„Hier stecke ich den Richtkranz auf,
Gott schütze für und für diesen Bau
Dem Bauherrn zur Ehr und
dem Hause zur Zier".

Er kommt zum Schluss:

„Nun muss ich noch inmitten
den Bauherrn um ein Trinkgeld bitten.
Ein Taler ist wohl nicht zuviel,
Zwei Taler wär'n das richtige Ziel!
Doch wären wir Zimmerleute hienieden

Das Richtfest 1959 wird heftig gefeiert

Auch, wenn es ging, mit dreien zufrieden.
Dann auch noch ein Essen mit Braten fein
Und obendrein noch ein Tänzelein."

Nach diesen launigen Sprüchen wird dem Hausherrn ein Stall voll Rinder und der Frau des Hauses eine Stube mit Kindern gewünscht. Und dann beginnt die Musik zu spielen und gutes Essen und Trinken steht für alle Anwesenden bereit. (Rubarth, S. 346)

Zu den sieben Aussiedlern kamen später noch drei hinzu, so dass insgesamt zehn Familien aus Alt-Belecke ausgesiedelt sind. „Für mich persönlich war die Planung und Durchführung der Aussiedlung der Belecker Bauern eine der schwersten Aufgaben in meinem Leben", so Kroll-Fiedler im Rückblick. Doch der Erfolg hat im Recht gegeben und ihn für die vielen Mühen und sein Durchhaltvermögen belohnt.

„Wir können unseren Tageslauf nicht selbst bestimmen"

Die Aussiedlung brachte den Bauern die notwendige Wirtschaftlichkeit nicht ohne weiteres. Vieh- und Milchwirtschaft zu betreiben, bedeutet weiterhin eine extrem hohe Arbeitsbelastung und ein sehr niedriges Einkommen. Der Hof hat nach der Umsiedlung zunächst auch Schulden, stärker als je müssen Pläne und Investitionen überdacht werden. Die Wirtschaftsgebäude sind modern, der Landbesitz aber nicht groß: 15 Hektar sind Eigenland, 40 Hektar angrenzende Flur sind zugepachtet. Zunächst macht Kroll-Fiedler mit Milchvieh und der Dreifelderwirtschaft weiter, mit der Fruchtfolge Weizen, Gerste und Sommerung. Das ist Hafer und Mais. Gerste und Hafer werden gemahlen und im eigenen Betrieb für das Vieh verbraucht. Der Mais wird zu Silomais verarbeitet. Der Weizen wird verkauft. Mit dem Geld wird Sojaschrot und Fertigfutter für das Vieh gekauft. Gemeinsam versorgen er und seine Frau die Tiere. Auch Hühner und Schweine gehören bis 1970 dazu. „Wir konnten unseren Tageslauf nicht selbst bestimmen. Wenn der Tankwagen die Milch abholen kommt, alle zwei Tage um Viertel vor sieben, mussten wir zum Melken um halb sechs aufstehen. Anschließend brauchten meine Frau und ich zwei Stunden für die Stallarbeit. Dann kam das Frühstück und die Außenarbeit. Mittags wurde zwischen zwölf und eins gegessen. Danach gab es eine Stunde Mittagspause. Und wieder die Außenarbeiten. Abends um fünf Uhr wurde wieder gemolken. Man musste genau auf die Uhrzeit achten. Die Tiere gewöhnen sich an die Zeiten. Mit Füttern waren wir um sieben fertig. Im Sommer ging es dann wieder aufs Feld. Da wurde es schon manchmal auch zehn." (FJKF) Das Melken war Schwerarbeit: In den Eimer melken, den Eimer zur Kanne tragen, durchsieben, die Kannen mit Wasser kühlen, jeden Tag auswaschen war notwendig.

„Wir rufen jede Kuh beim Namen"

„Wer in den Stall geht, muss eine Beziehung zum Vieh haben. Dann sieht man an den Augen und am Verhalten, ob alles in Ordnung ist", so Franz-Josef Kroll-Fiedler. Tagsüber sind die Kühe auf der Weide, nachts im Stall. Frau Kroll-Fiedler bringt sich ganz in die Arbeit ein und hilft bei allen Feldarbeiten tatkräftig mit, obwohl das eigentlich eine Männerdomäne ist.

„Es geht nur in Teamarbeit. Weil wir wenig Trockentage in Belecke haben, machen wir seit einigen Jahren kein Heu mehr. Das Gras wurde jung geschnitten, angewelkt und in den Silo gefahren. Meine Frau raffte dann das angetrocknete Gras mit dem kleinen Trecker in Reihen zusammen. Mein Sohn lud es auf und fuhr es mit dem großen Trecker zum Silo. Ich musste das Futter, wenn es abgeschnitten ist, mit dem dritten Trecker plattfahren – der Sauerstoff muss raus, damit es vergärt. Man musste das Gras in einem Zug in den Silo füllen und sofort mit der Plane abdichten, dann wurde es hinterher besser. Bei dieser Arbeit gab es keinen Mittag, keinen Feierabend. Das sind die dicksten Tage, die wir haben: Ende Mai ist der erste Schnitt, Anfang Juli der zweite und im August der dritte."

Die Kinder wachsen nach und nach in die Arbeit herein und helfen. Das Land wird konventionell bearbeitet, organische und chemische Dünger kommen zum Einsatz. „Es heißt oft, wir Bauern treiben Raubbau. Aber in einem Familienbetrieb kann man den Boden nicht auspowern. Es darf doch mit dieser Generation nicht zu Ende sein! Wir haben den Betrieb geerbt, haben ihn gut geführt und wollen ihn weitervererben", beteuert der Landwirt.

Lebendige Vergangenheit

Während Franz-Josef Kroll die Aussiedlung erfolgreich betreibt und der Hof neu aufgebaut wird, wachsen seine drei Kinder Ulrich (1956), Christian (1960) und Verena (1963) heran und erleben mit den Kindern der umliegenden Aussiedlerhöfe ihre Kindheit. „Die Aussiedlung bedeutete eine neue wirtschaftliche Basis für uns, es bedeutete auch neue Wurzeln schlagen. Es verlangt bei allem Neuanfang zugleich in der Kontinuität des alten Hofes zu bleiben und die Tradition lebendig zu halten". Die Zeit, die mit Geselligkeit und Gemeinschaft verbracht wird, ist deutlich durch Advent, Weihnacht, Neujahr, Dreikönig,

Richten der Garben 1955

Beim Melken 1943

Rast auf den Feldern 1955

Der Mähbinder 1956

Karneval, Ostern, Sturmtag, Pfingsten, Schützenfest, Sommerzeit, Erntedank und die Soester Allerheiligen-Kirmes gegliedert.

Weihnachten bleibt das wichtigste Fest für die Kinder, doch die Uchte wird nicht mehr abgehalten, stattdessen gibt es einen Familienfreundlichen Gottesdienst um 16.00 Uhr am Heiligen Abend. Der Christbaum wird wie immer selbst geschlagen. Die Bescherung hat sich vom 1. Weihnachtsmorgen, wie sie der Vater noch erlebte, auf den Heiligen Abend verlagert. Das Silvestersingen der jungen Burschen, ein Brauch, der zu den Übergangsriten zum neuen Jahr gerechnet werden kann, ist ganz verschwunden. Gebastelte Weihnachtsgeschenke und Gedichte gehören dazu, sowie ein üppiges Festmahl. Am 6. Januar klopfen die Drei Heiligen Könige an die Tür.

Karneval

Der Karneval, in der katholischen-kurkölnischen Tradition, ist ein wichtiges Datum und nimmt seit den 1980er Jahren sogar an Bedeutung zu. Die Karnevalsgesellschaft wurde 1905 gegründet und anfangs gab es einen Umzug am Fastnachtsdienstag. Zum Belecker Karneval gehören seitdem der Prinzenwagen, als großes Narrenschiff ausstaffiert, die Fastnachtszeitung „Belecker Generalanzeiger", das humoristische Organ für Belecke und Umgebung, früher auf rotem Papier gedruckt, und bis 1950 die Kapelle „Kurz und Klein". So genannt, weil nach ihrem Auftritt heftige Raufereien an der Tagesordnung waren. Bis in die 1930er Jahre hatte der Belecker Karnevalsverein immer mal wieder Probleme mit der Warsteiner Polizei, die Zeitung und Umzüge verbot, weil die Belecker Narren es allzu sehr übertrieben. Das Karnevalstreiben war immer eng mit der Schützen-

Schützenfest 1950 – Schießen war nur mit der Armbrust erlaubt.

gesellschaft verbunden. Sie war es auch, die den Karneval in den 1950er Jahren neu belebte und die Karnevalsgesellschaft 1961 zur Unterabteilung der Schützengesellschaft machte. Heute findet jährlich ein großer Rosenmontagszug mit prächtigen Wagen statt. Alle Belecker Vereine beteiligen sich an der Ausgestaltung und viele Fußgruppen begleiten ihn mit treffenden Themen und in phantasievollen Kostümen, die sie in monatelanger liebevoller Kleinarbeit genäht haben. Tausende von Schaulustige stehen am Straßenrand, jubeln und halten die Hände offen, um Süßigkeiten zu ergattern. Die Zeit von Februar bis Rosenmontag ist mit Gala- und Kappensitzungen gefüllt, für Elferrat, Prinzengarde, Büttenredner, Sänger und Tanzmariechen ist es Schwerstarbeit, da auch die Sitzungen und Veranstaltungen der benachbarten Orte besucht werden wollen.

Schon am Donnerstag vor Rosenmontag feiern die Kinder ihre „Lüttke Fastenacht". Mit Körben und Tüten bewaffnet ziehen sie in ihrer Verkleidung von Haus zu Haus. Sie sammeln Süßes und Geld, früher waren es auch Würste und Eier, und singen dafür als Dank ihr Fastnachtslied:

„Lüttke. Lüttke Fastenacht
Vui hewwet hoart, ui härren schlacht,
Härren seo fette Wörste makt,
Gieft ues oine, gieft ues oine,
Ower nit seone ganze Kloine.
Stuiget op de Wuime,
Snuiet in de Struime,
Laot dat Mess`ken sinken,
Bis mirren in nen Schinken,
Laot das Mess`ken gluien,
Bis mirren in de Suien.
Laot ues nit seo lange staohn,
Vui möt neo`n Huisseken födder gaohn.
In nen Oikenkreonen
Sall uch Goatt beleohnen".
(Oikenkreonen= Eicheln für die Schweinemast)
Auf Hochdeutsch heißt es: Lüttge, lüttge Fastnacht, wir haben gehört, ihr habt geschlacht, habt so fette Wurst gemacht. Gibt uns eine, gibt uns eine, aber nicht so eine ganz kleine. Lasst das Messer sinken, mitten in den Schinken; lass das Messer gleiten bis mitten in die Seiten; lass uns nicht so lange stehn, wir müssen noch ein Häuschen weitergehen. Eins, zwei, drei, `ne Mettwurst oder ein Ei". Natürlich sind im Jahre 2006 Süßigkeiten und Geldgeschenke erwünscht, wenn die Kinder vor der Tür auf Hochdeutsch ihr Lied anstimmen.

Ostern

Am Palmsonntag bringen die Kinder einen Palmbund aus Weideruten in die Kirche. Doch erreicht dieser Brauch nur noch die Kirchgänger und die sind wie allenorten im Schwinden begriffen. Das Klappern in der Karwoche ist seit den 1960er nicht mehr üblich. Es war ein Ersatz für die Glocken, die an den Kartagen verstummen. „Die Glocken sind nach Rom geflogen", sagten die Kinder, und riefen die Gläubigen mit den Klappern zur Kirche.

Noch immer brennen am Rabenknapp, an der Külbe und der Lanfer die drei großen Osterfeuer. Doch der Reisig dazu wird nicht mehr von allen Schuljungen in wochenlanger Arbeit geschleppt, sondern heute machen die Pfadfinder und andere Gruppierungen die Arbeit. Früher gab es einen regelrechten Wettstreit, wer das größte Feuer hat, und Franz-Josef Kroll-Fiedler erinnnert sich, wie er als Junge mit dem Pferdewagen unermüdlich Reisig zum Feuerplatz gebracht hat, in der Hoffnung das größte „Poaskefuir" aufzubauen, dass am Osterabend am längsten brannte. Beim Abbrennen des Feuers wurden, nicht ganz ungefährlich, Rörkelpötte oder Fackeln geschwungen. Die Pötte waren durchlöcherte Konservendosen und die Fackeln ausgefranste, getrocknete Fichtenspitzen.

Himmelfahrt führt eine gemeinsame Prozession durch die Straßen der Altstadt, die von beiden katholischen Kirchengemeinden begleitet wird. Die beiden großen Feldprozessionen über den Haarweg auf die Felder sind mangels Beteiligung aufgegeben worden. Auch die Fronleichnamsprozessionen wurden zusammengelegt. Der Schmuck mit Maigrün, bunten Fahnen und Blumenteppichen ist weniger geworden. Deutlich wird hier, dass der katholische Glaube und das Brauchtum in kurkölnischen Westfalen eng zusammen hängen, und dass, bei mangelnder Verankerung im Glauben, auch die äußere Form langsam zum Aussterben verurteilt ist.

Gelebte Geschichte: Der Sturmtag

Der Sturmtag wird heute an jedem Mittwoch vor Pfingsten begangen. Wieder belebt wurde die Tradition 1990 von einer Reihe von heimatverbundenen Beleckern. Wie erwähnt, erinnert man dabei an den Sturmangriff der Soester im Jahr 1448, den die Belecker siegreich abwehrten. Dem Angriff fiel allerdings der damalige Belecke Bürgermeister Wilke zum Opfer. Der Sage nach gelobte seine Gefolgschaft, jedes Jahr am Tag der Schlacht an sein heldenhaftes Opfer für die Stadt zu denken. Nun wacht jährlich ein harter Kern von Beleckern als Verteidiger, teils in historische Gewänder gehüllt, an der Stadtmauer und donnert im Morgengrauen zwischen fünf Uhr morgens und acht Uhr viertelstündlich Böllerschüsse über das Möhnetal. Am Abend folgt ein ökumenischer Gottesdienst und eine Feierstunde mit Verleihung des Bürgermeister-Wilke-Preis an verdiente Mitbürger. Der anschließende Heimatabend in der „Halle" wird von allen Belecker Vereinen ausgerichtet. Für Belecker ist die Teilnahme am Sturmtag nach wie vor ein wichtiges Anliegen und ein gesellschaftliches Ereignis zugleich. Politiker, Kirchenvertreter, Vertreter der Vereine und politischen Gremien der Stadt nehmen an der Feierstunde teil und gedenken des Siegs über die Soester. Zum Festprogramm gehören immer mal wieder Teile des Festspiels „Bis in den Tod getreu" des Heimatdichters Franz Kersting. Und unter den Akteuren und Zuschauer sitzen die Nachfahren der tapferen Belecker, die nicht zuließen „dass die Soester das Rabennestchen Belecke als ein Frühstück mitnahmen".

Mariä Himmelfahrt wird mit der Kräuterweihe begannen. Der Legende nach sollen die Apostel nach dem Tod Marias ihr Grab, gefüllt mit Kräutern und Blumen, gefunden haben. Am Sonntag nach dem 15. August findet die Kräuterweihe statt. Die Kinder sammeln möglichst vierundzwanzig verschiedene Kräuter, darunter Wermut, Salbei, Baldrian, Königskerze, Pfefferminz, Schafgarbe, Kamille, Liebstöckel, Dost, Johanniskraut, Thymian und Blumen, besonders Dahlien und Astern, schmücken die Bunde. Nach der Weihe in der

Sturmtag Mai 2005 – Die Kanone wird mit Schwarzpulver gezündet. Foto: Michael Sprenger, Belecke

Kirche werden die Bunde mit nach Hause genommen. Dort hängen sie zum Schutz gegen Blitz und Hagel am Hauseingang oder in der Scheune. Früher dienten geweihte Kräuter auch als Hausapotheke. Denn mit ihnen konnte ein Teeaufguss für Kranke zubereitet werden und krankem Vieh wurden die getrockneten Kräuter unters Futter gemischt. Doch dieses Heilwissen ist inzwischen weitgehend verloren gegangen. Wer kennt noch die Wirkung der meisten Kräuter?

Harkemai

Franz-Josef Kroll Fiedler erinnert mit etwas Wehmut an die Erntedankfeste früherer Zeiten. „Das letzte Fuder Korn, meist der Hafer, wurde bekränzt durch das Dorf gefahren. Die Kinder brachten einen gewundenen Kranz auf das Feld und durften anschließend hoch oben auf dem Wagen mit nach Hause fahren. Da herrschte Freude und Übermut, dass es geschafft war für dieses Jahr, dass die Scheune voll war. Die Jugendlichen zogen mit Dreschflegeln durch den Ort und schleuderten in ihrem Übermut Spreu (Kaff) auf die Zuschauer und Zuschauerinnen. Auf dem Hofe war das

Essen an diesem Tage besonders üppig und jeder durfte sich richtig satt essen, man war dankbar für die eingefahrene Ernte und wollte sich und alle Helfer nach getaner Arbeit mit gutem Essen und Trinken belohnen." Heute gibt es Erntedankfeiern, aber einen richtigen Harkemei mit dem Erntekranz auf dem letzten Fuder, das eingebracht wird, gibt es nicht mehr. Denn das Getreide wird mit dem Mähdrescher geerntet und das gedroschene Korn gleich zum Verkauf gebracht. Für die Heimfahrt in die Scheune bleibt nur noch leeres Stroh. Jetzt fehlt im Herbst das Brummen der Dreschmaschine. Auch das abendliche Dengeln der Sense ist nicht mehr zu hören. Das gleichmäßige Klipp-Klapp der Dreschflegel fehlt ebenso. Sense und Flegel hängen als Dekoration in der Deele, ihre Aufgaben haben Maschinen übernommen.

Der Schnadzug

Schnade heißt Grenze. Als es noch keine Katasterämter gab, wurden zur Pfingstzeit die Eigentumsgrenzen abgegangen oder umritten. Man lud die benachbarten Gemeinden ein, um eine beiderseitig anerkannte Gemarkungsgrenze festzulegen. Bäche, Steine und Bäume bildeten für gewöhnlich die sichtbaren Grenzzeichen. Die Grenzbäume wurden durch eingehauene Kerben gekennzeichnet. Dies geschah in mehrjährigen Abständen. Kinder und Jugendliche sollten von jung an die Grenzverläufe kennen, um vom richtigen Verlauf Zeugnis geben zu können. Es bürgerte sich ein, Kinder an Grenzmarkierungen zu malträtieren, damit sie sich die Stellen besonders gut einprägten. Das Stützäsen, das Aufsetzen des Hinterns auf den Grenzstein und der kräftige Schluck aus der Flasche waren unvermeidlich. Oft kam es zu Streitigkeiten, weil angeblich ein Baum versetzt oder eingegangen war. Mitunter prügelten sich

Harkemai 1937 – Das letzte Fuder Heu wird eingefahren.

die Jugendlichen auch recht derbe an den Grenzpunkten. Im Allgemeinen ging es aber recht froh und ausgelassen dabei zu. Überliefert sind die Originalakten aus dem 17. Jahrhundert über die Schnadzüge zwischen Belecke und Mühlheim, zwischen Belecke, Ülde, Drewer, Rüthen und Körtlinghausen und zwischen Warstein und Belecke, die alle 1653 stattfanden. Als dann Flurkarten und Grundbücher eingeführt waren, hielt man dennoch an den Grenzumgängen fest und ließ sie zu Gemeindefesten mit Flurumgängen werden. Tausende begeben sich heute in althergebrachter Weise über Feld und Flur zu den Punkten, die die Gemeindegrenzen markieren. Neubürger der Stadt werden beim sogenannten Pohläsen auf den Grenzstein gehoben, damit ihnen ähnlich wie den Kindern auf eindringliche Art und Weise das Territorium ihrer neuen Heimatstadt bewusst werde. Der Belecker Schnadezug wird weiterhin in unregelmäßigen Abständen durchgeführt und der kräftige Schluck gehört auch mit dazu.

Der Schritt ins Jahr 2000

Sohn Christian brachte natürlich einige neue Vorstellungen mit in den Betrieb. Er hat nach dem Abitur in Soest den Abschluss als Agra-

Schnadegänger beim Stutzäsen 2005
Foto: Michael Sprenger, Belecke

ringenieur gemacht und 1985 sein dreijähriges Studium erfolgreich abgeschlossen. Inzwischen arbeitete der Vater darauf hin, die Ausbildungsbefugnis zu erlangen und machte als Voraussetzung dafür nach dreijähriger Vorbereitung mit 55 Jahren seinen Abschluss als Landwirtschaftsmeister in der anerkannten Lehr- und Versuchsanstalt von Haus Düsse (Kreis Soest). Denn er wollte in der Lage sein, den Hof weiter bewirtschaften zu können, während sein Sohn Christian noch überlegte, ob er in die Fußstapfen seines Vater treten wolle. Christian hätte mit seiner Ausbildung auch andere Berufe ergreifen können. Die Landwirtschaft hat im Kreis Soest traditionell eine besondere Bedeutung und ist ein bedeutender Wirtschaftsfaktor. Unternehmen im vor- und nachgelagerten Bereich sind hier konzentriert ansässig, denn sie wissen, Landwirte kaufen Futtermittel, Stalleinrichtungen oder Landmaschinen und sie verkaufen Rohstoffe, die zu 90 Prozent von Handwerks- oder Industriebetrieben weiterverarbeitet werden. Im Dienstleistungsbereich sind Lohnunternehmen, Beratungsorganisationen und andere tätig. So hängt jeder achte Arbeitsplatz im Kreis Soest direkt oder indirekt mit der Landwirtschaft zusammen.

„Anderswo ist alles anders, aber auch nicht besser“

Es gab für Christian Kroll-Fiedler also Alternativen. Doch der Plan, nach Australien oder Neuseeland zu gehen, wurde nach ausgiebigen Reisen verworfen. Sohn Christian merkte, dass es anderswo alles anders ist, aber auch nicht unbedingt besser. Als er von der Weltreise wiederkam, erklärte er dem Vater, dass er den Hof nur übernähme, wenn er auf biologische Landwirtschaft umstellten dürfe, ansonsten sei nicht mit ihm zu rechnen. Das fand Vater Kroll-Fiedler zunächst nicht richtig: „Wir haben nur wenig gespritzt. Man düngte, da wuchsen danach auch die Unkräuter – die musste man wegspritzen. Man hatte dichte Bestände, da wuchsen Pilze. Ohne Chemie kommen doch mehr und mehr Schädlinge. Seit 1989 spritzen wir keine Unkrautvernichter mehr, weil Christian den Hof biologisch weiterführen wollte. Aber meine Frau und ich hatte doch schon Angst. Wir hatten uns doch so geplagt und eine gute Milchleistung erreicht und gutes Zuchtvieh hinbekommen.“ Was, wenn es Christian nicht geschafft hätte? Zwei Jahre verzichteten sie auf chemisches Spritzen und Düngen. Und es hat geklappt! Seit 1992 vermarktet der Hof Kroll-Fiedler seine Produkte erfolgreich über die Bioland-Molkerei.

Bis 1989 stehen vierunddreißig Kühe im Stall und zweimal soviel Jungvieh. Angebaut wird ausschließlich Futter für das Vieh. Kroll-Fiedlers möchten den Bestand aber gern auf 60 Tiere erweitern. Ein moderner Boxenlaufstall soll her. Er bringt Vorteile für Mensch und Tier. Die Tiere sollen nicht mehr wie früher mit hochgebundenem Schwanz in der Box stehen. Die Kühe können sich bei der Futteraufnahme frei bewegen und ihren Impulsen folgen. Das Raufutter wird in den hohen Futterwagen gefüllt, mit dem

Trecker bis vor die Tiertraufen gezogen und dort verteilt. Für den Mensch entfallen unendlich viele Anfahrtswege mit der Karre und der damit verbundenen Belastung für den Rücken, um jedem Tiere einzeln sein Raufutter an die Krippe zu bringen. Auch der Melkstand ist modernisiert und tiefer gelegt worden, so dass ein ergonomisches Arbeiten auf Hüfthöhe für den Melker möglich ist. In dem Tandem-Melkstand stehen drei Kühe auf jeder Seite. Der Melker in der vertieften Mitte.

Er braucht sich nicht mehr zu bücken, wenn er der Kuh das Melkzeug anlegt. Alles andere geht automatisch: Wenn der Milchfluss beendet ist, zieht sich das Melkzeug hoch, die Tür geht auf, die Kuh kann abgehen. Wenn sie weg ist, geht die Eingangstür auf, die nächste Kuh kommt herein. Das geht im 20-Sekunden-Takt. Die Kühe haben das schnell gelernt. Sie laufen schnell durch, weil sie anschließend im Stall Grundfutter bekommen: Mais und Grassilage. Aus dem Grundfutter bekommt man etwa 15 bis 20 Liter Milch pro Tier und Tag. Mit Kraftfutter sind es 30 bis 40 Liter. Der Bauer dosiert das Kraftfutter individuell. Jede Kuh hat einen Transponder, früher Magnetband, um den Hals. Wenn sie mit dem Maul zum Fressstand kommt, wird die Dosis automatisch vom Magnetband eingelesen und genau die Menge Futter abgegeben, die das Tier braucht. Die Tiere laufen auf einem Spaltboden. Da fällt der Mist nach unten durch. So bleiben die Tiere sauber, die Liegeplätze sind mit einer weichen Matte warm gehalten. Der Nachwuchs wird verkauft. Die weiblichen Tiere werden als Zuchtvieh exportiert nach Russland, Spanien und Afrika. Das vermittelt der Zuchtverband. Die Bullen gehen an hiesige Händler.

Mit der Erweiterung der Bestände musste natürlich auch die Milchabsatzquote erhöht werden. Seit 1984 wird die Milchmenge aufdiktiert. Wenn man mehr abliefert, wird Geld abgezogen. Die Kontingentierung ist notwendig, weil Überschüsse produziert werden. Diese Quoten werden inzwischen, bedingt durch EG-Richtlinien wie zum Beispiel auch Emissionsrechte, streng reglementiert und kommerziell gehandelt. Sie mussten folgerichtig auch erhöht werden.

Seit 1991 ist Christian Hofnachfolger und sein Vater offiziell Rentner. „Ich bin 1991 in Rente gegangen, das steht jetzt offiziell in allen meinen Papieren. In Wirklichkeit ist weiterhin alles so, wie es war, und das ist gut so“, resümiert Franz-Josef Kroll-Fiedler. Er ist mit seinen fast 80 Jahren täglich voll im Einsatz, aus Liebe zum Beruf, aus Verantwortung und aus Notwendigkeit. Viele Entscheidungen und Investitionen sind seitdem gemeinsam zwischen Vater und Sohn beschlossen und umgesetzt worden. Viel Wissen, das sich gut ergänzt, mündet dann in der Erkenntnis, dass der Hof nur durch Investition und fortlaufende Spezialisierung eine gesunde Basis hat.

„Zurück zur Natur – diese romantische Vorstellung ist unehrlich“

„Man muss die Technik nutzen, sonst wird man ein Sklave der Arbeit“, meint Kroll-Fiedler und ist stolz auf das, was er geschaffen hat. Dabei steht aber nicht Gewinnmaximierung an erster Stelle, sondern der Wunsch die Erzeugung von Lebensmitteln als Kooperation zwischen Mensch, Tier und Umwelt zu leben. Allerdings sind unternehmerisches Know-how, Mut und Geschick, Kenntnisse im Umgang mit Banken und Durchblick durch die Vielfalt der Paragraphen und EU-Richtlinien unabdingbar. Und das alles gekoppelt mit unermüdlichem Arbeitswillen und Arbeitsbegeisterung.

Franz-Josef Kroll-Fiedler, fast 80-jährig, in seinem Stall, der nach Bio-Richtlinien geführt wird. Foto: BSP

Ein Stück westfälische Gelassenheit gehört dazu und ein Ehepartner und eine Familie, die diese Werte teilen. Inzwischen stehen einhundertsechzig Tiere im Stall – 80 Milchkühe, 80 Stück Jungvieh und der notwendige Deckbulle. Es werden 100 Hektar Land bearbeitet, immer noch nicht ganz zusammenhängend, aber dennoch im Vergleich zu den Parzellen der Großeltern stark vergrößert und weniger zergliedert. Eine eigene Biogas-Anlage speist Strom in das öffentliche Netzt ein. Der Raps wird an eine Bioland-Mühle verkauft. Gemüse wird zur Selbstversorgung für beide Familien und feste Abonnenten angebaut. Es leben nun der Sohn mit seiner fünfköpfigen Familie und die Eltern sowie zwei Lehrlinge von den Erträgen des Hofs. Welchen Beruf die drei Töchter von Christian Kroll-Fiedler wählen, steht noch nicht fest. Wer weiß, vielleicht übernimmt eine den Hof.

Sicher ist nur, dass die Landwirtschaft keinen leichten Stand hat. Jährlich schließen drei Prozent der Höfe für immer ihre Tore. Um weiter in der Landwirtschaft bleiben zu können, wird es auch in Zukunft nötig sein, neue Wege zu gehen, so wie es auch die Vorfahren von Kroll-Fiedler aus Alt-Belecke kontinuierlich getan haben.

Quellen/Literatur:

Mündliche Informationen von Herrn Kroll-Fiedler

Arbeitskreis „ Neue Geschichte Belecke“, Wie war das ? Belecke 1923 – 1948

Bender, Josef: Geschichte der Stadt Warstein, Nachdruck Werl 1973

Heimat- und Verkehrsverein Belecke (Hrsg.): Haus und Hofnamen in Belecke, Brilon 1989

Kroll-Fiedler, Franz-Josef, Theo Büchter: 40 Jahre Aussiedlung in Belecke, Maschinenmanuskript, Belecke 2000

Rubarth, Josef: Praesidium Baduliki - Belecke, Monographie der Stadt Belecke, Belecke 1970

Satori, Paul: Westfälische Volkskunde, 1922, Reprint Frankfurt/M. 1980

Stadt Warstein, Schriften des Verkehrsvereins, 1998

Wiemeyer, Bernd: Das Amt Warstein im Bild, Iserlohn 1968

Fotos ohne Bildnachweis: Album Kroll-Fiedler

Vom Kötter zum Öko

Die Geschichte einer Hofstelle und ihrer Bewohner

Michael Senger

Wenn ein Sauerländer von einer „Kötterei" spricht, mit der er nichts zu tun haben möchte, meint er einen primitiven Streit oder ein Ärgernis weit unter seinem eigenen Niveau. Im gleichen Sinne werden einzelne Personen als „Kötte" oder, wenn es ganz hart kommt, gleich mehrere als „Kötten" beschimpft. Auf diese Weise wird anderen zu verstehen gegeben, dass man nicht viel von ihnen hält. Wo kommt diese Bezeichnung Kötter bzw. Kötte her, die hierzulande einen solch negativen Beigeschmack hat?

Die Geschichte und der persönliche Lebensweg der Kleinbauern und Kötter vom Mittelalter bis in das 19. Jh. sind für das Sauerland in nur wenigen Fällen dokumentiert. Urkunden, die ihr Schicksal beleuchten könnten, fehlen naturgemäß. Zu bedeutungslos waren ihr Besitz, ihr gesellschaftlicher Status und ihre rechtliche Lage. Persönliche Aufzeichnungen sind äußerst selten, da die meisten dieser „kleinen Leute" weder lesen noch schreiben konnten. Im 19. Jh. begegnet uns die kleinbäuerliche Schicht vor allem in behördlichen Statistiken und Protokollen. Die Ziegenkötter, Brinksitzer und Straßenlieger, erscheinen uns nahezu emotionslos, wenn ihre Anliegen in der Niederschrift eines preußischen Gemeindebeamten zur Sprache kommen.

Der folgende Beitrag informiert zunächst über die Geschichte der Kötter allgemein und zeigt dann beispielhaft, wie sich ein Kötter um 1840 abseits eines Dorfes ansiedelte und unter welchen Bedingungen er hier mit seiner Familie lebte. 150 Jahre nach der Urbarmachung dieser wilden Gegend wird diese Kleinbauernstelle noch einmal neu belebt.

Durch Bevölkerungswachstum, Gewerbedifferenzierung und zunehmenden Bedarf an Neusiedlungen ließen sich seit dem 15. Jh. in Westfalen mit Unterstützung der Landes- und Grundherren innerhalb und außerhalb der Dörfer sog. Kötter nieder. Diese Kleinbauern mit wenig Eigenbesitz führten ihre bäuerliche Wirtschaft häufig in Verbindung mit einem Gewerbe. Der Kötterstand war je nach Besitzgröße nochmals in sich differenziert.(1)

Die Kötterschicht gliederte sich im 17. u. 18. Jh. weiter auf. Kleine und kleinste Kötter waren u.a. die sog. Brinksitzer mit ca 4 Morgen (= ca. ein Hektar) landwirtschaftlicher Nutzfläche. Sie siedelten auf dem Brink(2) im oder am Dorf und bauten auf ihrer Fläche Obst, Gemüse, Kartoffeln, Getreide und Flachs für den Eigenbedarf an. Zur Sicherung des Lebensunterhaltes kam hier zumeist eine heimgewerbliche Beschäftigung hinzu. Zu dieser Gruppe gehörten auch die Straßenlieger, die die freien Räume längs der Dorfstraße zwischen den Altanlagen einnahmen und so den Dörfern vielfach erst eine Straßenordnung gaben.

Die sog. Bauernbefreiung in Westfalen zu Beginn des 19. Jh., brachte eine deutliche Zunahme der Erwerbswirtschaft mit sich. Die Bauern verloren nichts mehr an den Grundherrn, ob

Adel oder Kirche, und investierten in ihr Eigentum. Handwerk und Handel und damit auch Verdienstmöglichkeiten wuchsen. Die Zahl der kleinen Leute stieg gerade in den Gebieten mit gewerblichen Zuwächsen deutlich an.

Adolph Henke, der aus Dorlar stammte, lebte im Jahre 1840 als Tagelöhner auf dem Hof des Joseph Gördes in Herblinghausen im Kirchspiel Hellefeld. Er gehörte zu den einfachen genügsamen Leuten, die von der neuen Zeit und ihren Möglichkeiten mitgerissen wurden. Als er im Jahre 1841 bei der Amtsverwaltung Hellefeld einen Antrag auf Neuansiedlung im Herblinghauser Hülsebrink (heute Stadt Sundern) stellte, stand er ganz in der Siedlungstradition der Kötter. Um möglichst wenig Ärger mit den Altsiedlern zu haben und eventuell Flächen hinzubekommen zu können, siedelte er dort, „wo Fuchs und Has sich gute Nacht sagen" und nicht dort, „wo die achtsamen Altbauern über den neuen Zaun jederzeit die Frage werfen konnten: Wat mäckest Du dao?".[3]

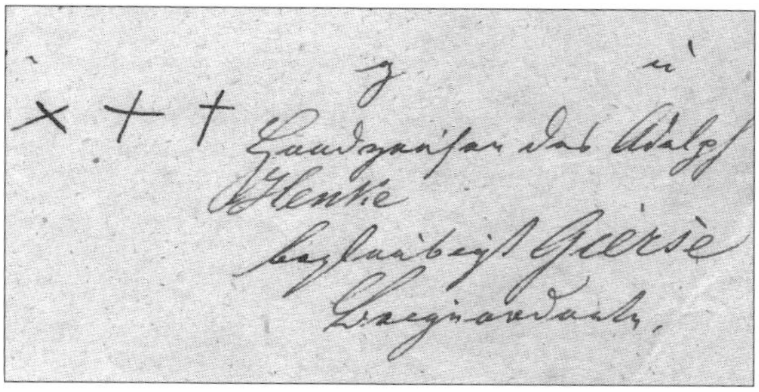

Die ‚kleinen Leute' konnten bis weit ins 19. Jh. hinein oft weder lesen noch schreiben. Der Kötter Adolph Henke unterschrieb 1842 ein behördliches Protokoll mit drei Kreuzen.

Als Neusiedler verhielt sich Henke ganz so, wie es bereits die Kötter ausgangs des 15. Jh. getan hatten. Sie siedelten in feuchten Gründen, auf Heiden und Sandhügeln. Daß die Henkes ihrem Wohnplatz in einer von Bächen und Siepen durchzogenen Gegend die Bezeichnung ‚Op en Philippinen' gaben, war also durchaus bezeichnend.[4]

Bauer beim Walzen. Im Hintergrund rechts Hof Dunker, links in der Mitte die Brinkkote von Familie Henke und oben Villa ‚Odin', zeitweise im Besitz der Gewerkschaft Helene, Siegen, die hier ursprünglich Bergbau betrieb. Aufnahme ca. 1935, Foto: Chronik Herblinghausen

Am 24. Juni 1841 wurde in Herblinghausen dem versammelten Gemeindevorstand der Antrag des Adolph Henke auf „Ertheilung der polizeilichen Erlaubniß zur Ansiedelung im sogenannten Hülsebrink zur Prüfung und Erklärung vorgelegt". Da Henke einen guten Leumund hatte und demnach von seiner Ansiedlung „keine Gefahr für die Gemeinde" zu erwarten sei, gab es seitens der Gemeindeverantwortlichen keine grundsätzlichen Einwände. Die Anwesenden stellten darüber hinaus fest, dass Henke „den Bauplatz eigenthümlich erworben und bezahlt" habe und das nötige Vermögen zur Ausführung des Neubaus besitze.(5)

Im März 1842 wird er nochmals beim Bürgermeisteramt in Hellefeld vorstellig und bekräftigt seine Bauabsicht. Das von ihm erworbene Stück Land stammt aus dem Eigentum des Bauern Goersmann (später Wortmann) und hat die Größe von einem Morgen. Da bereits vor drei Jahren, so Henke, ca 150 Fuß entfernt, ein anderes Wohnhaus errichtet worden sei, werde wohl nichts gegen seinen Neubau hier sprechen. Zum erforderlichen Bauholz erklärt sich Henke wie folgt: „Das Holz zu diesem Gebäude habe ich von dem Eingesessen Immelmann zu Altenhellefeld im vorigen Jahr gekauft." (6) Die handschriftlich vorliegende Herblinghauser Chronik aus den 1930er Jahren berichtet dazu, dass Henke von Immelmann (heute Kaiser) ein „Backes", also das Fachwerk eines Nebengebäudes, erworben und dieses im Hülsebrink wieder aufgebaut habe.(7)

Der Erwerb eines Stück Landes in der Gemarkung Herblinghausen dürfte für Henke deshalb leichter möglich gewesen sein, da die sog. „Markgenossen" oder „-beerbten" in den Ortschaften Visbeck, Herblinghausen und Frenkhausen die ortsnahen Nutzflächen, die „Binnermark" seit 1818 bereits unter sich aufgeteilt hatten. Diese Vorgehensweise wurde dann im Jahre 1831 von der Königlichen Regierung zu Berlin nachträglich gestattet.(8) Die Herblinghauser Erbbauern, so auch Goer[de]smann (später Wortmann) waren im Hülsebrink im Besitz nebeneinander liegender Streifen Land. Durch die Inbesitznahme der Parzelle 113/2 im Hülsebrink wurde Henke über den ursprünglichen Besitzer Goer[de]smann der Hellefelder Vikarie zehntpflichtig und der Hellefelder Kirche abgabe- und pachtpflichtig, Lasten, die seit dem Mittelalter am Besitz der abhängigen Bauern hafteten und im Verlaufe der 2. Hälfte des 19. Jh. durch eine Geldzahlung abgelöst werden konnten.(9)

Henke hofft weiterhin auf baldige Erteilung des Baukonsenses. Nachdem er seinen Schwiegervater eingeschaltet hat, der bei Landrat von Lilien in Arnsberg eine Beschleunigung des Verfahrens anmahnt, wird seitens des Bürgermeisteramtes erklärt, dass man baupolizeilich wohl keine Einwände habe, der Henke sich aber „zur Einrichtung der Wirtschaft (...) zur Zeit mit dem dazu erforderlichen Vermögen nicht ausweisen kann". Man befürchtet also, dass Henke zur Ausstattung und Führung seines Hausstandes nicht genügend Einkommen hat, um unabhängig überleben zu können. Er würde möglicherweise der Gemeinde zur Last fallen. Adolph Henke war zu diesem Zeitpunkt bereits verheiratet, wohnte auf dem Hof des Goer[de]smann in Herblinghausen und half als Tagelöhner auf dem Fusthof und auf dem Wengeler Hof.(10)

Nochmals erklärt sich Henke am 23. Juli 1842 vor dem Amtsbeigeordneten Gierse in Hellefeld, berichtet, dass er über eine Milch gebende Kuh und ein Rind verfüge, das nötige Hausinventar bereits angeschafft habe und zu seiner Wirtschaft durch Gemüseanbau im eigenen Garten beisteuern wolle. Im Übrigen habe er

Die Geschwister Anton und Maria Henke in ihrem Gemüsegarten im Hülsebrink, um 1915, Foto privat

noch finanzielle Forderungen bei einigen Bauern offen und schließlich würde zur Not sein Schwiegervater Siperjahn (Cyprian) zu Visbeck noch fehlende Mittel bereitstellen. Diese Bereitschaft wird von Heinrich Cyprian bei gleicher Gelegenheit bestätigt.

Nach nochmaliger, nun wohlwollender Prüfung durch das Bürgermeisteramt zu Hellefeld und entsprechender Mitteilung an Landrat von Lilien, erteilt dieser Adolph Henke mit Verfügung vom 23. August 1842 die Bauerlaubnis. Das Amt Freienohl teilt Henke das Ergebnis am 3. Februar 1843 mit und nennt ihm dazu die einzuhaltenden baupolizeilichen Bedingungen. So muß u.a., um zukünftig die Gefahr eines Brandes gering zu halten, „das Haus (…) mit Ziegel-Schiefer oder Lehmschindeln in keinem Falle aber mit Stroh gedeckt werden".[11]

Adolph Henke richtete sich nun mit seiner Frau Maria an seinem neuen Wohnplatz im Hülsebrink ein. Das Wohnhaus umfasste auf der Ostseite gegenüber der ursprünglichen Gebäudestruktur nun auch noch eine Tenne. Daran schloß sich ein Stallanbau an.

Die Familie wuchs. Im Laufe der Jahre wurden dem Ehepaar sieben Kinder geboren. Zur Exi-

Ausschnitt Urkarte Gemarkung Herblinghausen, 1829, mit bereits eingezeichneten Kötterstellen im Hülsebrink, Katasteramt des Hochsauerlandkreises Arnsberg

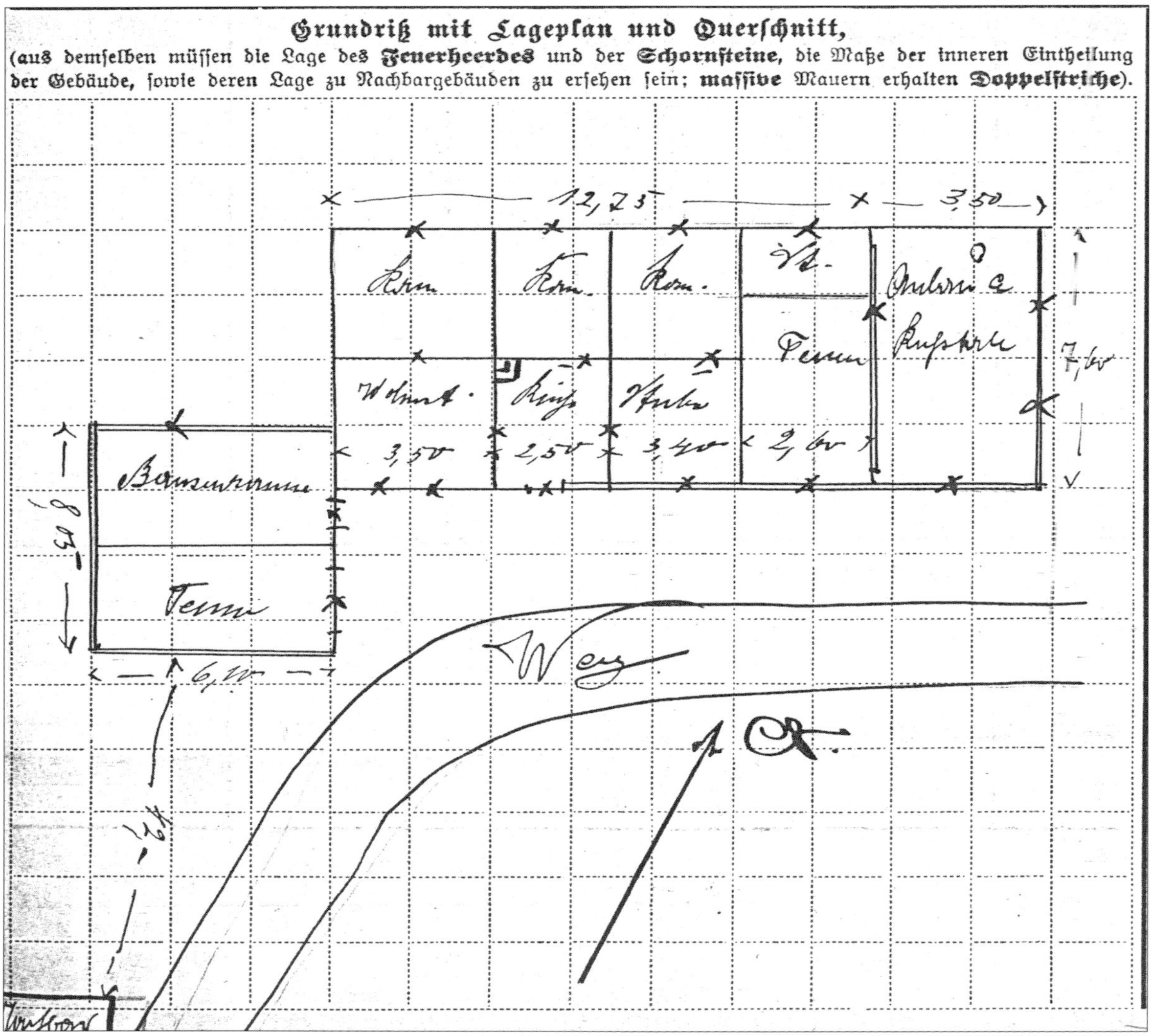

Grundriss von Wohnhaus und Scheune des Tagelöhners Heinrich Henke im Hülsebrink im Jahre 1904

stenzsicherung hielt man zumeist eine Kuh, zeitweise dazu auch eine Ziege und Schweine.(12)

Weitere Neusiedler kamen in den Hülsebrink. Die neue Landstraße, die seit Mitte des 19. Jh. das Gebiet durchquerte und mit der die Wegeführung, ursprünglich entlang der Gründerparzelle von Adolph Henke, tiefer in die Siepenlandschaft hineinverlagert worden war, ermöglichte jetzt auch dort die Ansiedlung von einigen Familien.

Um die Haus- und Hofparzelle herum, aber auch in der weiteren Gemarkung Herblinghausen, wurde durch Henke nach und nach Grund- und Boden hinzugekauft, z.T. Wald, im Wesentlichen aber Ackerland. Die nächste Generation besaß um 1900 bereits ca 12 Morgen Acker, Wald und Weide. Im Jahre 1904 bauten die Henkes eine Scheune an das Wohnhaus an. Inzwischen bewirtschaftete der älteste, verheiratete Sohn Heinrich mit seinen beiden jüngsten Geschwistern Maria Anna und Anton – Maria arbeitete auch als Näherin, Anton war Schuster – die kleine Hofstelle.

Die Beschreibung der 8,03 Meter auf 6,10 Meter messenden, 1904 errichteten Scheune, zeigt noch deutlich den landwirtschaflichen Charakter der Brinkkötterstelle:
„Die Scheune soll an das alte Wohnhaus auf Flur No. 113/2 zu stehen kommen. Die Umfassung soll massiv, die Ostseite soll aus Ziegelfachwerk (sein). Drei Seiten des Drempels sollen massiv, eine Seite des Drempels aus Ziegelfachwerk (sein). Das Gebäude erhält Schieferdach. Die Wand zwischen Tenne und Pakasten (= Packkasten/Packraum) soll von Ziegelfachwerk (sein). Die Tenne erhält Zick-zack-Pflaster. Die Scheune soll außer der Tenne, zum

Siedlerstelle Henke im Hülsebrink, um 1952, Foto privat

Aufbewahren von Erntefrüchten drinnen über Tenne und Pakasten (= Packraum) eine Balkendecke (erhalten). Auf dieselben (gemeint ist die Tenne, Anm. d. Verf.) Tennenabort."[13]

Später erzählte man sich, in der Wohnstube Henkes, zugleich Schusterstube, sei es ganz normal gewesen, dass die Hühner nach Lust und Laune herumstolzierten. In Erinnerung ist auch geblieben, dass an Wohnhaus und Scheune auffällig viele Spinnenweben zu sehen waren.

Die jüngsten Nachfahren des Gründerehepaares Henke, Maria Anna und Anton, lebten spätestens seit 1915 nicht mehr dauerhaft im Hülsebrink. Mit zunehmendem Alter zog es sie, unverheiratet und kinderlos, zu Verwandten nach Bainghausen (ehemalige Gemeinde Westenfeld, Stadt Sundern). Anton Henke starb im Jahre 1938, Maria Anna Henke ein Jahr später.

Jahrzehnte vergingen. Das Haus im Hülsebrink sah viele unterschiedliche Bewohner kommen und gehen. Einige blieben nur für wenige Monate, andere lebten hier mehrere Jahre. Am Ende des Zweiten Weltkrieges wurde nach Wohnraum für Flüchtlingsfamilien gesucht. Das Wohnhaus Nr. 16 nahm nun, ebenso wie die eigens im Jahre 1952 umgebaute Scheune, für längere Zeit zwei kinderreiche Familien auf. Im Jahre 1970 erwarb Familie Senger das Anwesen. Eine neue Zeit begann für das Haus am Rande des Hülsbergsiepen. Die kleine Landwirtschaft wurde wieder aufgenommen, nun aber unter ganz anderen Vorzeichen.

Michael Senger erinnert sich:
Als ich mich irgendwann Ende 1977, Anfang 1978 zusammen mit Marga entschloss, von Berlin in ein kleines Dörfchen ins Sauerland zu ziehen, hatte das verschiedene Gründe. Marga hatte als Kind ihre Ferien häufig auf dem Land bei Mosbach im Badischen verbracht und noch gute Erinnerungen daran. Ich selbst war in einem Dorf im unterfränkischen Odenwald aufgewachsen. Zu Hause hielten wir Hasen, Enten und bewirtschafteten einen ansehnlichen Garten. Für den Eigenbedarf wurden Kartoffeln und Hafer angebaut. Die Kuhställe der Nachbarn im Dorf waren mir nicht fremd, ich wusste wie Heu gemacht wurde, kannte die meisten einheimischen Obstsorten und konnte fast alle bei uns vorkommenden Blumen, Gräser und sonstige

Gewächse unterscheiden. Überhaupt war ich von klein an der Natur sehr zugetan.

Doch neben diesen positiven persönlichen Erinnerungen gab es auch noch andere Gründe, die für uns einen Umzug von der Großstadt aufs Land fast zu einem Muss werden ließen. In der ersten Hälfte der 1970er Jahre hatte sich in Berlin und in anderen deutschen Universitätsstädten aus der ‚68er'- Bewegung eine neue Protestqualität entwickelt, die zwar immer noch Autoritäten und herrschende bürgerliche Politik bekämpfte, inzwischen aber erheblich kreativer und offener in unterschiedlichen gesellschaftlichen Bereichen agierte. Vor allem war diese neue Bewegung in ihrem Kern ideologiefeindlich. Da waren die eher unpolitischen „Spontis", daneben die wachsende Emanzipationsbewegung der Frauen und mit ihr hochgeschwemmt, softe Männergruppen, allerdings ohne großen Zusammenhalt. Über allem stand die immer stärker werdende Umweltbewegung, in der sich verschiedenste politische Strömungen sammelten, darunter bekennende ‚Gesundheitsapostel', die eine Einstellung vorwegnahmen, die heute für viele zum Glaubensbekenntnis geworden ist. Von der ursprünglich revolutionären Bewegung blieb nicht viel übrig. Sie gipfelte in einer bewaffneten Stadtguerilla, verlief sich aber größtenteils in den Diskussionszirkeln akademischer Seminare. Der lange propagierte „Marsch durch die Institutionen" bahnte sich an.

Die so genannten Alternativen, dem Umweltschutz zugewandt, mit ihren Visionen vom ökologischen Landbau, von giftfreien Werkstoffen, umweltfreundlichen Energieformen, vom Leben im Einklang mit der Natur, selbstbestimmt, draußen auf dem Lande, das war ganz nach unserem Geschmack. Berlin war uns lange leid. Von der Sympathie für Che Guevara und Hoh Tschi Minh konnte man sich nichts kaufen, eine Referendarstelle für das Lehramt war auch anderswo zu bekommen und im Sauerland wartete eine kleine Bauernstelle, die meinem Bruder und mir gehörte und die es zu bewohnen und zu bewirtschaften galt.

Am 19. Januar 1979 war es soweit. Einen Teil unseres Mobiliars und sonstige Besitztümer hatten wir verkauft, den Rest in einen Möbelwagen verfrachtet und schließlich den alten Simca voll gepackt. Auf dem Rücksitz saß Marga, zu ihren Füßen stand die Nähmaschine, in einer Tragetasche neben ihr lag die kleine Hannah und eingekeilt zwischen Tragetasche und Katzenkorb, verteilte David seine geliebten Kekse. Neben mir auf dem Beifahrersitz, Josef, unser Hund, der nun ein Leben voller Freiheit vor sich hatte und nie mehr auf den Spreewaldplatz angewiesen war, den er mit irgendwelchen Pinschern und arroganten Kötern hatte teilen müssen. Und los ging es in Richtung Westen. Ein letzter Blick auf den Wohnblock Skalitzer Straße 46b, der einige Jahre unser zu Hause gewesen war. Bald hatten wir Kreuzberg und West-Berlin verlassen, unser Traum lag vor uns. Derweil erfroren unterwegs die Zimmerblumen im Kofferraum und die Sommerreifen des alten Simca waren auch nicht gerade geeignet, angesichts drohenden Schneefalls unsere Landnahme im Westen ohne Zwischenfall in Angriff nehmen zu können. Doch wir kamen unversehrt am Ziel an, ein Tag später der Möbelwagen mit unserem Hab und Gut – aus Sicht der Berliner Möbelpacker: „Schrottis jesammelte Werke" – und richteten uns ein.

Nun lebten wir also auf einer kleinen Hofstelle, abseits des nächsten Dorfes, im Kirchspiel Hellefeld, südlich von Arnsberg, im so genannten „Alten Testament". Wir begannen das Haus zu renovieren, legten einen Garten an, kauften die ersten Schafe und Hühner. Berlin lag weit hin-

Marga S. bei der Neuanlage des ursprünglich seit 1843 bestehenden Gemüsegartens im März 1979, Foto privat

Lämmeraufzucht ist nicht immer einfach. Michael S. mit Lamm „Bockig", ca. 1988, Foto privat

ter uns. Arbeit fand ich auch und so schien alles nach Plan zu verlaufen. Das dritte Kind, Theresa, kam zur Welt und schon wurden die Tage wieder kürzer. Der Winter ließ nicht mehr lange auf sich warten. Das erste Jahr im Sauerland war schnell vergangen.

Ich glaube, es war im späten Winter Anfang 1980, als Marga und mir zum ersten Mal Zweifel kamen, ob wir hier richtig aufgehoben waren. Wir lebten zwar inmitten der Natur, hatten unser Auskommen, würden bald aus dem eigenen Garten ernten, frische Hühnereier aus dem Nest holen, und Fleisch aus eigener Schlachtung verzehren können. Die Kinder konnten in freier Natur spielen und die Spaziergänge durch Wald und Flur gehörten, so oft es ging, zu unserem täglichen Programm.

Doch mit wem sollten wir über Umweltschutz, über notwendige gesellschaftliche Veränderungen, über Kindererziehung und über die Frauen- oder Männerrolle diskutieren, nur immer mit uns selbst? Uns fehlten die Trödlerläden und der ‚second hand'(14). Die lustigen Feten früherer Jahre konnten wir vergessen, die Cafeteria an der Uni, in der man jederzeit Bekannte treffen konnte, sie war weit weg. Gab es denn keine

Kunstmuseen hier in der Gegend und wo konnte man Blues-Konzerte besuchen? Der mühsame Job, den ich in Berlin bei Fa. Grauding, einem Kaffeefahrtenunternehmer für Gesundheitsdecken zum Broterwerb zwischen den Seminaren verrichtet und dabei en passant das Berliner Zille-Milieu kennen gelernt hatte, verklärte sich im Nachhinein fast zu einer Sozial-Studie. Das Quietschen der Hochbahn[15] fehlte uns, stattdessen war es hier mit Beginn der Dunkelheit, vor allem im Winter, still, unheimlich still.

Doch wir blieben. Unsere Familie wurde größer. Benjamin und Jonas gesellten sich hinzu. Die Zeit der Einschulung begann und damit eine neue Erfahrung für uns. Jetzt mussten wir uns deutlich mehr als früher mit den Menschen, die hier wohnten, auseinandersetzen. Das hatten wir bislang nur sehr sparsam getan. Die Unterschiede waren groß. Das örtliche Schützenfest interessierte uns nicht, ebenso wenig die Vereine oder das gerade beliebt gewordene Kartoffelbraten.

Den berühmten Sack Salz oder gar zwei davon, die man hier erst mal essen musste, um ‚dazwischen' zu kommen, schob ich nach wie vor beiseite. Die Arbeit zu Hause ließ mir vorerst keine Zeit dazu. Und die Dorfgemeinschaft, von der man immer so viel Positives hörte, war anders. Sie öffnete sich nur denen, die die Verhältnisse unkompliziert annahmen, so wie sie waren. Wir waren Zugezogene, die zwar wie die Nachbarn Kinder hatten, einen Garten bearbeiteten und Tiere hielten, doch das Stadtleben hatte uns geformt. Das einfache Leben auf dem Lande war offenkundig deutlich komplizierter, als wir es uns vorgestellt hatten.

Der jüngste Sohn Philipp kam im Jahre 1984 zur Welt. Wir waren nun zu acht, freuten uns über die große Kinderschar und hatten unseren eigenen Lebensstil gefunden. Mit den vorgefundenen Bedingungen konnten wir uns mehr und mehr arrangieren. Trotz der großen Schwierigkeit, mit einem philologischen Studium im ländlichen Raum eine halbwegs befriedigende Arbeit zu finden, – im Lehramt war kein Unterkommen mehr möglich – klappte auch dies nach einigen Umwegen.

Unsere kleinbäuerliche Tierhaltung war über Jahre eine einzige Versuchsreihe. Schafe wollten wir von Anfang an halten. Nach Schwarzkopfschafen, weißen Milchschafen, schwarzen Milchschafen und braunen Bergschafen kamen wir schließlich zur Parallelhaltung von Milchschafen und Bergschafen sowie ihren Kreuzungen. Eine Zeitlang wurden die Milchschafe gemolken, so dass Marga auch Schafskäse herstellen konnte. Ich eignete mir durch wiederkehrende Erfahrung alle notwendigen Kenntnisse bei der Geburtshilfe und der Nachversorgung an. Sobald sich eine Geburt bei einem der tragenden Muttertiere ankündigte, hieß es vor allem Geduld haben, heißes Wasser bereitstellen und ein Handtuch zurechtlegen. Nach erfolgreicher Geburt galt meine Sorge zuallererst den Lämmern. Sie mussten möglichst schnell die nährstoffhaltige erste Milch des Muttertieres trinken, um die kommenden Wochen gesund überstehen zu können. Bei der Lämmeraufzucht zeigte sich nun deutlich, dass der Verzicht auf eine Zufütterung, insbesondere Kraftfutter, der Milchleistung der Muttertiere und dem Wachstum der Lämmer, nicht immer zuträglich war. Die Lämmer gediehen langsamer und je nach Veranlagung unterschiedlich schnell. Vor allem wurden sie – und das war ein Vorteil – nicht fett.

Zwischenzeitlich ergänzten wird den Schafbestand durch Ziegen, anspruchsvolle Wiederkäuer, die vor allem beim Fressen wenig Rücksicht nehmen. Im Schafstall waren die Ziegen die ersten an der Raufe und ließen die Schafe erst dann ans Heu, wenn sie selbst satt waren. Die Geburt von Vierlingen im Jahre 1985 und die Tatsache, dass sich alle Ziegenlämmer gut entwickelten, war sicher der Höhepunkt unserer Ziegenhaltung. Vor allem die Kinder hatten großen Spaß an den aufmerksamen Tieren und führten Mutter und Lämmer tagein tagaus zur Futtersuche über die Feldwege.

Der schon vor 100 Jahren benutzte Kuhstall beherbergte eines Tages auch eine Haflinger Stute, mit der ich im Wald einige Male Stangenholz rückte und im Garten Baumstuppen zog. Der alte Stall, in dem ich anfangs in einem Verschlag auch Hühner hielt, in dem Küken groß wurden, Flugenten brüteten, in dem unsere ersten Lämmer zur Welt kamen, schließlich auch ein Esel mit Fohlen stand, er war eines Tages zu klein. Abseits des Hauses wurde nun ein neuer Stall mit Heuboden und zusätzlichem Stauraum errichtet. Dieser Neubau diente als Schafstall, Banse und Holzschuppen zugleich. Hier fanden sich später immer wieder versteckte Nester, in denen Hühner über einen längeren Zeitraum unentdeckt Dutzende von Eiern gelegt hatten. Einige Male kam es vor, dass eine Henne mit ihrer gerade geschlüpften Nachzucht hinter einem Heuballen hervorstolzierte. Wir hatten in solchen Fällen vom Brutgeschäft nichts mitbekommen.

So sehr wir bestrebt waren, die Nutztierhaltung möglichst nach ökologischen Gesichtspunkten zu praktizieren, ging doch ohne Einsatz zeitgemäßer landwirtschaftlicher Techniken gar nichts. Das Mähen mit der Sense war zu zeitaufwendig und lohnte sich im Allgemeinen nur zur Brennnesselbekämpfung. Das Trocknen des Heus auf Holzböcken war wenig praktisch und so wurde das Gras doch mit Traktor und Mähwerk geschnitten, Heu und Grummet schließlich maschinell zu Ballen gepresst. Nur das Wenden mit Rechen und Heugabel blieb bis zum heutigen Tage. Dafür arbeiteten wir manchmal zu viert, wo sonst ein ‚Mann' hinter dem Lenkrad des Traktors ausreicht.

Die Schafe brachten uns Fleisch, die Hühner ausreichend Eier. Wir verkauften Lämmer, Hühner- und Entenküken, Lammfleisch und Eier. Im Garten wurden Kartoffeln, Möhren, Salat, Spinat, Radieschen, Gurken, Bohnen und vieles mehr geerntet. Die Himbeer-, Brombeer-, Stachelbeer- und Johannisbeerbüsche trugen Jahr für Jahr reichlich Früchte für Nachtisch, Saft und Eingemachtes. Kunstdünger und Unkrautvernichtungsmittel kamen in all den Jahren nicht zum Einsatz. Alle geeigneten Abfälle wurden kompostiert. Unser Garten mag manchem Nachbarn wie ein wild wucherndes Stück Erde vorgekommen sein, doch er war in Anbetracht des rauen Klimas bei leichter Nordhanglage immer recht ertragreich und vor allem bis zum heutigen Tage giftfrei.

Trotz großer Bemühungen, einen Teil des täglichen Bedarfs durch eine Art Selbstversorgung zu sichern, wurde schon nach wenigen Jahren klar, dass dies durch Feierabendtätigkeit bei nur geringer eigener Fläche nicht möglich war. Ein Teil des Futters für die Tiere musste zugekauft werden, Arbeitslöhne für Grasmähen und Heupressen waren zu zahlen. Der gelegentlich benötigte Tierarzt war nicht billig und nur mit Handarbeit kam man nicht mehr weit. Schließlich konnte man mit dem Kopf mehr verdienen, als 10 Hektar Acker und Wiese hergaben. Das war eine bittere Erkenntnis, doch das 20. Jh. war nicht mehr das 19. Jh. von Kosten und Preisen im 21. Jh. ganz zu schweigen. Eine kleine Bauernstelle wie die unsere war gerade mal geeignet, einige Ergänzungen zum alltägli-

Sauerländer Almabtrieb, Foto: privat

chen Bedarf beizusteuern und dies bei hohem Arbeits- und Zeitaufwand.

Wir mußten uns eingestehen, daß eine Lebensweise mit der Pflege alter Anbau- und Erntetechniken, mit ihrer Hinwendung zu Natur- und Umweltschutz zwar vielerorts Anerkennung findet, sich schließlich doch unter materiellen Gesichtspunkten im übermächtigen Angebot der Massenproduktion verliert. Zwei Welten mit ihren unterschiedlichen Zeitfaktoren, Kosten und Preisen prallen hier aufeinander. Statt einer überlebensfähigen kleinbäuerlichen Existenz bleiben romantische Bilder aus einer alten Zeit, ein wenig Ablenkung und Ausgleich am Feierabend.

Gelegentlich fuhren wir – wenn die Arbeit es zuließ – nach Frankfurt, Köln und Mannheim zu Verwandten, erledigten kleine Einkäufe und schauten uns ein wenig in der Stadt um. Unsere Sichtweise aber hatte sich unmerklich geändert. Wir erlebten die Stadt völlig anders als früher. Der Autolärm, die vorüberhastenden Menschen, das massierte Warenangebot in den Schaufenstern und Geschäften, man wusste gar nicht, wo man zuerst hinschauen sollte. Dies könnte man brauchen, das müsste man haben. Zuerst war es wie ein Rausch. Fachliteratur, Figuren für die häusliche Krippe, wunderbare Stoffe, Spielsachen für die Kinder, ach ja, Indianerschmuck, verschiedenste Teesorten. Es war alles zu haben. Doch nach einigen Stunden waren wir wie erschlagen, so, als hätten wir noch nie Erfahrungen mit dem Großstadtrummel gemacht. Das anfängliche Interesse an den vielen schönen Dingen wich einer aufkommenden Unruhe.

Als spätestens am nächsten Tag die Rückkehr erfolgte und die Kinder auf den Rücksitzen immer häufiger fragten: „Wie lange noch? Wann sind wir endlich da?" und prompt kurz vor der Ankunft alle einschliefen, als schließlich unser alter Josef freudig von seiner Hütte her bellte, waren wir wie befreit. Hier war unser Zuhause und hier hielten wir es nun wieder für einige Monate klaglos inmitten der ruhigen Natur aus.

Inzwischen sind wieder viele Jahre vergangen. Hofhund Josef und seine Nachfolger Otto und Tobi haben insgesamt 24 Jahre ihre Pflicht getan. Nun wacht Schäferhund Rolli über Haus, Hof und seine Herde.

Auch der Hülsebrink hat sich verändert. Fernsehschüsseln zieren mittlerweile die Häuser. Das Brummen von Rasenmähern und Motorsensen signalisiert eine neue Reinlichkeit im Naturraum. ‚Appelhöfe' verwandeln sich in

Zierrasenflächen, Nutzgärten verschwinden und auch das Hühnervolk hat sich längst aus dem Staube gemacht.

Doch käme der alte Henke in einer mondhellen Nacht noch einmal zurück, könnte er wie vor 150 Jahren tief aus den Siepen das trockene Bellen der Füchse hören und die vorbei gleitende Eule würde er heute wie damals eher ahnen als sehen. Und nach Mitternacht wäre es dann still, ganz still.

Quellen:

[1] Durch die unregelmäßigen Kleinblöcke der Köttersiedlungen und -gehöfte änderte sich das Erscheinungsbild der Siedlungslandschaft deutlich. Zwischen den Altsiedlungen und Einzelhöfen im nördlichen Westfalen und einzelnen sog. Erbköttern – jüngere Bauernsöhne mit etwas eigenem Grundbesitz – siedelten nun verstreut die Markkötter oder Kuhkötter mit wenigen Morgen Ackerfläche. Ihnen entsprachen im Südosten Westfalens die sog. Brinkkötter, Siedler, die sich in den Brinkzonen der Gemarkung, also in freien Bereichen der Dörfer niederließen. Sie nutzten dabei bislang unerschlossene und unbebaute Gebiete in den bergwärts geschobenen Außenfluren. Teilweise errichteten sie ihre Hausstätte direkt in diesen Außenbereichen. Mit äußerst geringem Eigentum ausgestattet oder gänzlich ohne Haus- und Grundbesitz waren die Ein- oder Beilieger, die in entbehrlichen Nebengebäuden des Hofes zur Miete wohnten, einem Handwerk nachgingen, in Hammerwerken und Manufakturen arbeiteten oder bei einem Vollbauern zur Hand gingen. Heutige sauerländische Familiennamen wie Backes, Spiekermann oder Althuiser weisen auf diese Zusammenhänge hin. Brinksitzer, Ein- und Beilieger waren in den Augen ihrer reicheren Nachbarn Ziegenkötter. Auf den großen Höfen dagegen blieben die Bewohner noch bis ins 19. Jh. relativ marktunabhängig. Die wichtigsten Handwerke wurden in häuslicher Umgebung betrieben. Man verstand von den meisten praktischen Dingen wie Spinnen, Weben, Stricken, Gerben, Färben, Backen und Brauen so viel, dass man sich immer selbst helfen konnte. In den ärmeren Gebieten, gerade in den Gebirgsregionen, mußten die Handwerker aus Not über den örtlichen Bedarf hinaus arbeiten, verkauften selbst angefertigte Waren oder zogen als Lohnwerker über die Höfe. Vgl. Schepers, Josef, Haus und Hof westfälischer Bauern, Münster 1973, S.91.

[2] Schepers, Josef, a.a.O., S.91 f.

[3] Ebd.

[4] In der Bezeichnung "Op en Philippinen" spiegelt sich die Auffassung wider, die von Wasserläufen und Bächen durchzogene Gegend wie der Hülsebrink, sei im Kleinen vergleichbar mit der Insellandschaft der Philippinen. Auch in Sundern gibt es im Settmecketal eine Stelle, ebenfalls wasserdurchzogen, die im Volksmund „Philippin" genannt wird. Der im Flurnamen Hülsebrink enthaltene Begriff „Hülse", weist auf die heute in der Gegend noch wachsenden Ilexbüsche (=Hülsen oder Stechpalmen) hin, die hier in älterer Zeit stark verbreitet waren.

[5] Die Neubauten in der Gemeinde Herblinghausen, 1837 – 1897, Amtsarchiv Freienohl, Nr. 1588.

[6] Die Neubauten in der Gemeinde Herblinghausen, a.a.O.

[7] Chronik der Gemeinde Herblinghausen, geschrieben von Johannes Niklas, o.O. o.J. (z.T. handschriftlich).

[8] Liedhegener, Clemens, Das Kirchspiel Hellefeld. Ein Beitrag zur Kenntnis der historischen, wirtschaftlichen und sozialen Verhältnisse des sauerländischen Bauernstandes, Münster 1933, S.98 f.

[9] Die Abgaben fielen mit der Säkularisation im Jahre 1803 dem Staat zu, der dann später die Geldablösung betrieb. Vgl. dazu auch Clemens Liedhegener, a.a.O., S.60.

[10] Chronik der Gemeinde Heblinghausen, a.a.O.

[11] Die Neubauten in der Gemeinde Herblinghausen, a.a.O.

[12] Die Aufstellung der Urlisten 1840 – 1865, Amtsarchiv Freienohl, Nr.2168.

[13] Bauakte Wengeler Höhe 2, Archiv Bauordnungsamt Stadt Sundern.

[14] In Berlin war und ist es auch heute noch möglich, Dinge des täglichen Bedarfs, u.a. Möbel, aber auch Kinderkleidung gebraucht (second hand shop) für wenig Geld zu erwerben.

[15] Die Berliner U-Bahn fährt in einigen Bezirken, so auch in Kreuzberg, größtenteils auf einer brückenartigen Hochtrasse aus Metallträgern. Schon von weitem hört man das Herannahen der Bahn mit ihrem unverwechselbaren Quietschen der Radreifen.

Die „Ökonomie“: Zur Geschichte des Cannsteiner Gutshofes

Erinnerung an die Landwirtschaft in den Jahren vor dem Zweiten Weltkrieg

Alexander Josef Freiherr von Elverfeldt

Die „Ökonomie“ war zu meiner Kinderzeit der in der Familie gebräuchliche Begriff für die Gesamtheit des Gutshofes. Insbesondere unsere Großmutter Marietta benutzte ihn ausschließlich, daher vermute ich, dass er schlesischer Herkunft war. Bei den Cansteinern war es “der Hof“ oder „auf’m Gute“. Die Ökonomie in Canstein war einer von vier etwa gleich großen Höfen, die alle als „Ökonomien“ bezeichnet wurden. Neben Canstein gab es Udorf, Forst und Borntosten. Alle waren nach der Übernahme der Betriebsleitung durch unseren Vater Hubertus 1928 gleichartig organisiert worden. Die Verwendung der Gebäude und der Arbeitsablauf auf dem Hofe, so wie sie hier geschildert werden, entsprechen etwa dem Zustand zwischen 1935 und 1945.

Zu dieser Zeit gab es seit langem erarbeitete Grundsätze für die erfolgreiche Bewirtschaftung von Landgütern, die auch ich 1952 noch erlernt habe. In der Folgezeit änderten neue Erkenntnisse und die Mechanisierung den Landbau erheblich. Heute wirtschaften in Europa nur noch die „Öko-Betriebe“ teilweise nach diesen Grundsätzen. Oberstes Prinzip war die Erhaltung der Bodenfruchtbarkeit durch Mist. Zwar wurde bereits seit langem Mineraldünger angewandt, aber zur Bildung von Humus galt gut verrotteter Mist noch immer als das einzig anwendbare Mittel. Den Zukauf von Mineraldünger versuchte man zu vermeiden, denn Geld war immer knapp.

Dann begann man zu rechnen: Wie viel Boden ist vorhanden? Wie viel Mist braucht er zur

Der Gutshof Canstein um 1950. Foto: Bildarchiv v. Elverfeldt

Humuserhaltung? Wie viel Mist produziert ein Rind, ein Pferd, ein Schwein, ein Schaf, ein Huhn? Was ist an Gebäuden vorhanden und was kann darin gehalten werden? Da die Preise für Milch, Fleisch, Wolle und Eier schwankten, war man der Ansicht, dass man zum Risikoausgleich alle Tierarten züchten müsse. Der Viehbestand wurde dann dem Mistbedarf des Ackers angepasst, der nach der Aussonderung des für das Vieh notwendigen Grünlandes verblieb.

Der Gutshaushalt

„Nervenzentrum" des Cansteiner Hofes war das Gutshaus. Hier wohnte der Verwalter Herr Lödige, seinerzeit noch Junggeselle und ein liebenswürdiger, sehr fleißiger Mann. Er plante und überwachte den gesamten Arbeitsablauf des Betriebes. Dabei standen ihm meist ein so genannter zweiter oder Lehrverwalter und ein bis zwei Lehrlinge zur Seite, die „Eleven" genannt wurden und meistens Bauernsöhne oder Söhne von Gutsbesitzern waren. Der Gutshaushalt wurde von einer tüchtigen Wirtschafterin verwaltet, die über einen gar nicht so unbedeutenden Nebenbetrieb der Ökonomie herrschte. Mit zwei bis drei Hausgehilfinnen oder weiblichen Lehrlingen versorgte sie ihre Familie sowie die Zweitverwalter und Eleven mit Essen und Wäsche. Oft kamen auch noch unverheiratete Landarbeiter oder Saisonarbeitskräfte dazu, die verpflegt und untergebracht werden mussten. Dies erforderte eine umfangreiche Produktion und Vorratshaltung von Lebensmitteln.

Ein großer Garten musste bestellt, gepflegt und beerntet werden. Er lag neben der neuen Scheune am Weg zur Eulenkirche. Das auf der rechten Seite des Eulenkirchenweges darüber liegende Feld war der „Leutegarten". Dort hatten die Landarbeiter und die Familien vom Schloss ihre Gärten. Die geernteten Gemüsesorten und Früchte wurden in Dosen und Gläsern eingekocht, der Weißkohl in großen Fässern zu Sauerkraut verarbeitet und die Kartoffeln in einem Felsenkeller gegenüber dem Gutshaus sorgfältig eingelagert. Den Überschuss an Äpfeln verarbeitete man zu Most. Im Herbst wurden mehrere Schweine und manchmal auch ein Rind geschlachtet und zu Wurst, Schinken und Fleischkonserven verarbeitet. Auf dem Dachboden des Gutshauses befand sich die Räucherkammer.

Um den großen Esstisch in der so genannten „Leutestube" gleich rechts neben der Eingangstür zum Gutshaus saßen dann zur Mittags- und Abendmahlzeit viele hungrige Menschen, denen große Mengen an Kartoffeln und fettem Fleisch aufgetischt wurden, denn sie brauchten Kalorien für täglich 9 bis 10 Stunden körperliche Arbeit. Es gab damals zweimal Frühstück. Das erste rasch nach dem Aufstehen zwischen 4 und 6 Uhr, je nach Aufgaben und Pflichten. Das zweite zur eigentlichen „Frühstückszeit" von 10 bis 10.15 Uhr. Die für das 10 Uhr-Frühstück und für die nachmittägliche Kaffeepause notwendigen Butterbrote schmierte das Küchenpersonal und legte es für die Lehrverwalter und Eleven abholbereit verpackt ins „Leutezimmer".

Ein eigener nicht unbedeutender Betriebszweig in der Hauswirtschaft war die Geflügelhaltung. Es gab einen großen Hühnerstall mit bis zu 100 Hennen, deren Legeleistung damals nur bei 180-200 Eiern pro Jahr und Henne lag. Zusätzlich zum Eigenbedarf mussten auch Eier ans Schloss geliefert werden. Die Verluste durch Habichte und Raubzeug wie Marder, Iltisse und Füchse waren erheblich. Bis zur Verfügbarkeit von billigen Junghennen aus spezialisierten Hühnerfarmen wurden Glucken gesetzt und die Hühnerküken selbst aufgezogen. Als

Glucken eigneten sich besonders gut Puten, die auf Grund ihrer Größe und wegen Ihres starken Bruttriebes erhebliche Eiermengen ausbrüten konnten.

Hinter dem Gutshaus lag ein Teich, dessen Umrisse jetzt noch sichtbar sind. Hier quakten, flatterten und kreischten große Mengen von Enten und Gänsen, die in den kleinen angebauten Ställen am Kornboden untergebracht waren. Sie gingen gern auf Wanderschaft zum Schwemmeteich, die Gänse auch auf die Felder an der Eulenkirche, von wo wir sie mit Vergnügen verjagten. Mit den Enten und Gänsen zusammen liefen Puten zwischen Teich und Gutshaus spazieren. Es gab auch immer einige Perlhühner, die ihr lautes Geschrei erschallen ließen. Man hielt sie, weil man meinte, ihre Rufe würden die Ratten vertreiben. Das war jedoch keineswegs der Fall, denn Ratten waren überall. Die Futtervorräte befanden sich noch in Holzkisten, in die die Ratten leicht eindrangen. Zur Abwehr hielt man einige Hunde und viele Katzen. Es war die Aufgabe des Melkers, die Katzen im Kuhstall aufzuziehen und mit Milch zu versorgen.

Eine weitere wichtige Geflügelart, die der Obhut der Gutsfrau in Canstein unterstand, waren die Tauben. Oben im Taubenhaus waren rundum Nester angebracht, die auch heute noch vorhanden sind. Es brüteten dort immer etwa 30 bis 40 Tauben, die überall auf dem Hof auf den Dächern saßen und gurrten. Es wurde keine besondere Taubenrasse gehalten, sondern nur die so genannten „Feldkrätzer“, die ab und zu von durchreisenden Brieftauben veredelt wurden. Während der Brutperiode nahm man die jungen Tauben, sobald sie Federn hatten und kurz vor dem Ausflug standen, aus den Nestern und schlachtete sie.

Ablauf und Regelung der Arbeit

Die Arbeitswoche ging von Montag bis Samstag. Der Arbeitstag hatte im Winter acht und im Sommer bis zu zehn Stunden. Er wurde von drei Pausen unterbrochen. Die Arbeit begann von Frühjahr bis Herbst um 6.30 Uhr früh und endete um 18.30 Uhr abends. Eine halbe Stunde Frühstückspause unterbrach die Arbeit gegen 10 Uhr vormittags, die Mittagsruhe wurde von 12 bis 1 Uhr gehalten, die Kaffeepause dauerte von 16 bis 16.30 Uhr. Im Winter ging es ruhiger zu, aber wenn mit der ausgeliehenen Dämpfkolonne Kartoffeln einsiliert wurden oder die Schafscherer kamen, war der Neunstundentag auch zu dieser Jahreszeit möglich.

Unter den Mitarbeitern herrschte eine gewisse Hierarchie. An der Spitze standen der erste und zweite Verwalter. Zwar kamen danach eigentlich direkt die Eleven, aber die „alten Hasen“ unter den Mitarbeitern – wie der Schafmeister, der Schweinemeister, der Melkermeister und die Handwerker – sahen auf sie herab, weil sie ja nun auch meist wirklich keine Ahnung hatten. Diese Fachleute waren auch den übrigen Landarbeitern übergeordnet, weil ihr Wort auf Grund ihrer Kenntnisse und Erfahrungen viel galt. Sie besaßen das Vertrauen des Verwalters und konnten in manchen Teilen ihres Verantwortungsbereiches frei entscheiden.

Unter diesen Meistern rangierten auch die Gespannführer, denen je vier Pferde anvertraut waren. Vor der Anschaffung des ersten Traktors hatten wir in Canstein sechs, danach vier Gespanne. Es gab auch immer einige jüngere Landarbeiter, die als Gespannführer ausgebildet wurden. Unter diesen herausgehobenen Personen rangierten alle übrigen Mitarbeiter. Dies waren die so genannten „Stundenlöhner“, die mit Gabel, Hacke und Schaufel arbeiteten,

Die Gespanne in Canstein 1938, Foto: Bildarchiv v. Elverfeldt

also die Stallgehilfen vom Melker, Schweinemeister und Schäfer und die Saisonarbeiter und Aushilfskräfte.

Der damals in Geld ausgezahlte Stundenlohn war daher niedrig, er dürfte um 1935 bei etwa 50 Pfennig pro Stunde und auch darunter gelegen haben. Der größte Anteil des Lohns bestand aus Naturalien, dem „Deputat". Es war vielseitig zusammengesetzt und reichte von Milch und Butter bis zum Ferkel für die Mast des Hausschlachtschweins. Auf Grund der unzureichenden Entlohnung war die Versuchung groß, das Deputat durch Diebstahl aufzubessern. Alle Tore und Türen wurden ständig mit riesigen Schlüsselbunden auf- und zugeschlossen. Jedes Stück Handwerkszeug wurde morgens ausgegeben und abends abgezählt wieder weggeschlossen.

Der Arbeitstag verlief für einen Eleven etwa folgendermaßen ab: Um halb sechs klingelte der Wecker. Anziehen, im Büro das Schlüsselbund holen und raus auf den Hof. Am Kornboden standen dann spätestens um 6 Uhr der Melkermeister, der Schweinemeister und manchmal auch der Schafmeister und der Futtermeister der Pferde mit ihren Schiebkarren zur Kraftfutterausgabe. Es war die Aufgabe der Eleven, das Kraftfutter auszuteilen, das sie nach vorgegebenen Rezepten aus Getreide und Zuschlagstoffen auf dem Kornboden gemahlen und gemischt hatten. Diese Futtermischungen mussten sie, wenn sie umschichtig „Dienstwoche" hatten, außerhalb der Arbeitszeit herstellen. Nach der Futterausgabe hieß es noch rasch, den Regenmesser abzulesen, und dann ging's ins Haus zurück, um ein kurzes erstes Frühstück einzunehmen. Meist saßen dann der Verwalter und die übrigen Eleven schon am Tisch. Das Wetter und die Arbeitseinteilung für den Tag waren für gewöhnlich das einzige Gesprächsthema der eifrig kauenden Runde. Das Essen hatte schnell zu geschehen. Zwanzig Minuten nach sechs musste der Dienst habende Eleve dann schon wieder raus, um die Werkzeugkammer am Kornboden aufzuschließen.

Inzwischen versammelten sich die Mitarbeiter vor der Tür des Pferdestalles auf einer langen Bank. Je nach Jahreszeit und anfallenden Arbeiten waren das zwischen 15 und 20 Personen. Die Männer trugen als Arbeitskleidung meist alte Hemden ohne Kragen und Manschetten, die man ja damals abknöpfen konnte, abgetragene Hosen aus grobem Cordstoff, die man „Manchesterhosen" nannte, und abgewetzte Anzugjacken darüber. Alle kamen immer mit einer Kopfbedeckung, meist abgetragene Sonntagshüte oder Schirmmützen („Schlägermützen"). Die Frauen waren in verblichene bunte Baumwollkleider mit Schürzen gewandet und hatten ein Kopftuch umgebunden. Viele dieser Kleidungsstücke wurden auf dem Arolser Viehmarkt Anfang August eingekauft. Der erste Donnerstag im August, der Vorabend des Markttages, „Heiligabend" genannt, war immer arbeitsfrei.

Erster Gespannführer war der alte Rehfeld, dem aufgrund seiner Erfahrung später auch der erste Ackerschlepper anvertraut wurde, der Lanz-Bulldog. Zweiter Gespannführer in der Altersreihenfolge war Kümmels Willem. Er hatte die Tochter eines Melkermeisters aus der Schweiz geheiratet. Im vorigen Jahrhundert gingen viele nachgeborene Bauernsöhne aus den Bergen als Melker auf die Gutsbetriebe in Deutschland. Sie pachteten dort Kuhställe, wobei dann meist die Molkereiarbeit samt Butter- und Käseproduktion mit zum Vertrag gehörte. Deshalb war es vielerorts Sprachgebrauch, die Melker als „Schweizer" oder „Kuhschweizer" zu bezeichnen.

Weitere Gespannführer waren "Ladagen" Karl und „Kaspers" (Bieker) Adolf. Dessen jüngster Bruder Karl war nach dem Kriege erster Schlepperfahrer auf dem Gut und ist heute unser Ortsvorsteher. Der Vater all dieser Brüder

Gespannführer Rehfeld auf dem ersten Ackerschlepper, einem Lanz-Bulldog. Foto: Bildarchiv v. Elverfeldt

Bieker-Kasper war bis kurz nach Ende des Zweiten Weltkriegs auf dem Hof in Canstein als Maschinenmeister tätig. Er hieß der „Maschinenbieker" und war der technische Chef des Betriebes und für die Dreschmaschine und die von Pferden gezogenen Grasmäher und Garbenbinder zuständig. Ein weiterer Gespannführer um 1935 hieß mit Nachnamen Menne. Er hatte eine unerwiderte Liebe zu einem von den Hausmädchen auf dem Schloss und zündete in Kompensation seiner Gefühle 1938 die Zehntscheune an, deren gutes Dach und freitragende Innenkonstruktion wir ihm verdanken.

Von den Landarbeitern, die lange Zeit in Canstein tätig waren, möchte ich besonders Anton Nowacki und Heinrich Augustinowitz erwähnen. Sie waren Schwäger und kamen aus Polen. Fast alle Gutsbetriebe in Deutschland beschäftigten vor der Einführung der von Pferden gezogenen Mähbinder für die Getreideernte Wanderarbeiter, die als Schnitter mit der Sense im Akkord Getreide mähten. Meist arbeiteten Mann und Frau zusammen. Er mähte und sie

Ein typischer Arbeitstag im Spätsommer

An einem typischen Spätsommertag mit trockenem Wetter hieß es nicht selten: „Wir wollen heute Hafer von der Mönchsbreite einfahren. Rehfeld, Kümmel, Adolf und Karl spannen an die Leiterwagen. Stitz und Bieker stellen den Höhenförderer in der neuen Scheune auf. Drei Mann gehen mit in die Banse (die aufgepackten Garben in der Scheune). Alle Anderen holen sich auch ihre Forken und fahren mit ins Feld zum Aufstaken.“

Alle Arbeiter bis auf die Gespannführer gingen nun zur Gerätekammer, wo ihnen die Forken ausgegeben wurden. Für die Arbeit in der Banse waren die zweizinkigen Forken mit kurzem Stiel versehen, für das Laden der Erntewagen mit langem.

Die hölzernen Erntewagen, mit je zwei Pferden bespannt, waren mit Ernteleitern auf beiden Seiten bestückt, die sich mit Streben rechts und links auf die eisernen Achsen abstützten. An Kopf- und Fußende des Leiterwagens hingen Seile zum Befestigen des Leiterbaums, einer langen geschälten Fichtenstange, die auf dem Wagen lag.

Die Pferde waren angespannt, alle Arbeitskräfte nahmen ihre Forken und stiegen auf. Dann fuhren die Wagen über den Kies des Hofes Richtung Bruchsweg. Der Weg zur Feldscheune war ein von tiefen Furchen durchzogener reiner Erdweg, den jeder Regen ausspülte. Man rumpelte auf den ungefederten hölzernen Wagen dort derart hart entlang, dass man sich auf den Wagen stellen musste, weil man angelehnt oder sitzend zu harte Schläge ins Kreuz bekam. Die Wagen bogen dann auf die Stoppeln der Mönchsbreite ein und jeder Wagen fuhr eine Reihe von Haferhocken an, die nach dem Schnitt mit dem „Binder“ sauber in gleichem Abstand aufgestellt worden waren. Man griff noch einmal in die Ähren, um festzustellen, ob der Tau abgetrocknet war, und dann begannen je zwei Männer mit ihren langen Forken, Garben einzeln oder paarweise aus den Hocken zu holen, sie über den Kopf zu schwingen, damit zum Wagen zu gehen und sie darauf abzulegen. Auf dem Wagen stand der jeweilige Gespannführer und eine zweite Person, meist eine Frau, um die Garben meist per Hand zu verladen. Die Garben wurden gepackt und mit dem Fußende nach außen in einer Reihe erst auf die Leitern und, wenn das Innere des Wagens voll war, ein wenig überhängend auf die Oberkante der Leitern gelegt. Es war im Inneren der Ladung wichtig, dass die Garben wie Fischschuppen aufeinander gepackt wurden, damit das Gewicht jeder Garbe die darunter liegende festhielt. Bei dem Aufbau der Packung oberhalb der Leitern musste nämlich dafür gesorgt sein, dass die Ladung nicht auseinanderrutschen konnte.

Wenn dann der Wagen schön gerade geladen war, wurde der Leiterbaum, der an einem Strick angebunden hinterher gezogen worden war, auf den Wagen gehievt. In der Mitte der Ladung wurde er längs aufgelegt und vorn und hinten mit Seilen nach unten verzurrt. Meist hing sich der Gespannführer dann an das hintere Ende des Leiterbaums und wippte, während unten einer stand und das Seil festzog und verknotete. Dann sprang er aus der Höhe auf den Boden ab.

Der Staker konnte dabei dem Lader viel Arbeit abnehmen, wenn er die Garben mit der richtigen Seite voran an die passende Stelle legte. Die Fuder mussten fest und gerade geladen sein. Am Hang war letzteres schwer abzuschätzen. Es kam oft vor, dass Fuder auseinanderrutschten oder umkippten. Auf den schlechten Wegen lockerten sich die Ladungen leicht und es verging bei der Ernte kaum ein Tag ohne Pannen.

Die Erntewagen fuhren bei dieser Arbeit von Hocke zu Hocke und hielten dort jedesmal solange an, bis die Garben aufgeladen waren. Nicht alle Pferde hielten auf Zuruf an oder zogen den Wagen auf Kommando voran. Deshalb setzte man Kinder zum „Voranfahren" auf das Handpferd. Zum Anfahren schrieen sie „Hüh" und traten das Pferd in die Seite und zum Anhalten „Brrr" und zogen am Zügel.

War ein Wagen voll und die hoch gepackte Ladung sorgfältig mit dem Leiterbaum gesichert, so fuhr ihn der jeweilige Gespannführer vorsichtig zum Hof oder zur Feldscheune. Der volle Wagen wurde auf dem Hof längsseits an den Höhenförderer gefahren. Dieser war ein schwerer, aus Holz und Eisen gebauter Kettenförderer, der in der Länge mittels einer Winde verstellt werden konnte und auf Rädern bewegt wurde. Ein Elektromotor mit langem, dickem Starkstromkabel diente als Antriebsquelle. Da es an der Feldscheune noch keine Steckdose gab, dort aber die Hochspannungsleitung unserer eigenen Stromversorgung aus Udorf verlief, wurde der Anschluss einfach dort vorgenommen. Der „Maschinenbieker" hatte drei lange Bambusstangen, an deren Enden er an einem eisernen Haken eine Ader des Kabels anbrachte. Dann nahm er je eine Stange und hängte sie an eine Leitung am Hochspannungsmast. Der Strom wurde eingeschaltet und der Motor lief. Dasselbe Verfahren wurde auch beim Dreschen an der Feldscheune im Winter praktiziert.

Der Leiterbaum wurde abmontiert, der Gespannführer stieg mit einer Forke auf den Wagen und lud Garbe für Garbe in den Förderer, der die Garben oben in die Banse spuckte. Dort standen je nach Größe der Scheune drei bis vier Mann, die mit Forken die Garben weiterbeförderten. Das Einbansen war eine schweißtreibende, nur im Team zu bewältigende Arbeit in Hitze und Staub, neun bis zehn Stunden am Tag. Über Mangel an Appetit klagte keiner und Butterbrote blieben eigentlich nie übrig. Den Durst stillte man mit lauwarmem Kornkaffee aus der Feldflasche. Im Sommer brachten die Mädchen aus dem Gutshaus bei heißem Wetter zur Frühstücks- und Kaffeepause kalte Buttermilch oder Apfelmost ins Feld.

Wenn wir nach zehn Stunden Arbeit in Hitze und Staub oder Kälte und Matsch endlich Feierabend hatten, dann wartete damals noch keine Dusche auf uns. Das Waschen fand im Normalfall vor dem Waschbecken im Zimmer oder in der Waschküche statt. Badezimmer wurden nur am Samstag angeheizt, sonst wusch man sich mit kaltem Wasser.

Die Zeit nach dem Abendessen war für Eleven auch weiterhin mit Pflichten gefüllt. Wer Dienst hatte, musste alle Türen auf dem Hof verschließen und vor dem Zubettgehen noch einen Stalldurchgang machen, bei dem er auf kranke Tiere und die ordentliche Erledigung der Stallarbeiten zu achten hatte.

Erntewagen 1938, Foto: Bildarchiv v. Elverf.

Adolf Bieker und seine Schimmel. Foto: Bildarchiv v. Elverfeldt

band die Garben. Dann stellten sie die Garben in Hocken zum Trocknen auf. Beide Männer hatten noch als Schnitter gearbeitet und waren dann in Canstein geblieben. Sie wohnten in der ehemaligen Schnitterkaserne, die 1935 abbrannte. Anton Nowacki, der alle landwirtschaftlichen Handarbeiten perfekt beherrschte, war der Einzige auf dem Hof, der exakt mit der Hand Klee säen konnte. Er konnte natürlich ebenso geschickt mit allen Handwerkszeugen, seien es Gabeln, Schaufeln, Äxte, Rübenhacken oder Köpfschippen, umgehen. Ich habe in meiner Zeit als zweiter Verwalter in Canstein viel bei ihm gelernt. Heinrich Augustinowitz hat während des Krieges selbständig den Kuhstall betreut, nachdem alle Melker eingezogen worden waren.

Ein Original aus Canstein, das noch bis etwa 1956 auf dem Hof als Landarbeiter tätig war, war Alois Gruß, genannt „Alwis". Im Pferdestall wirkte als Futtermeister „der alte Völker". Er gehörte zu den Gespannführern, die die ganz alte Zeit noch miterlebt hatten. Als ich klein war, wohnte er im Pferdestall oben auf der Bühne. Früher hatten dort oben alle Pferdeknechte gewohnt. Völker war nach meinem Wissen der letzte Cansteiner, der kein Hochdeutsch sprach, sondern nur Sauerländer Platt. Von seinem Wohnplatz über den Pferden hatte er stets einen guten Überblick. Er sah sofort, wenn ein Pferd sich nicht wohl fühlte oder wenn eine Stute ans Fohlen kam. Seiner besonderen Verantwortung unterstand der Hafer, der in einer verschlossenen Kiste gelagert wurde.

Adolf Bieker legt den Heubaum auf die Ladung. Foto: Bildarchiv v. Elverfeldt

Die Arbeit mit den Feldfrüchten

Das im Sommer in die Scheunen eingefahrene Getreide wurde im Winter mit dem „Dreschkasten“, einer auf Rädern beweglichen Dreschmaschine, gedroschen. Wo immer es sich machen ließ, fuhr man mit der Dreschmaschine an oder in die Scheune, um die Garben von Hand zu Hand weitergereicht in die Maschine einzulegen. Das ließ sich aber nur dort machen, wo ein Stromanschluss vorhanden war. Überstieg die Getreidemenge den Bergeraum, dann mussten Feldmieten angelegt werden, die im Winter neu aufgeladen und zur Dreschmaschine gefahren werden mussten. Die Bauern im Dorf lagerten alle zwischen, da es für sie nur eine Dreschscheune – die heutige Dorfhalle – gab, zu der sie das Getreide aus ihrer eigenen Scheune fahren mussten. Wenn man einmal alles zusammenrechnet, was an Transportarbeiten nötig war, um das Getreide zu ernten, dann ging eine Getreidegarbe vom Binden bis zum Dreschen 13-mal durch die Hände der Arbeiter.

War das Getreide im Sack, blieb das Stroh als wertvoller Grundstoff für Einstreu und Mist übrig. Das Stroh wurde von einer Strohpresse am Dreschkasten gebunden, auf Erntewagen geladen und mittels Förderer auf den Heuböden der Ställe eingebanst. Dort entnahmen es die Tierpfleger und streuten es in die Ställe. Der entstehende Mist wurde auf die Dungstätte gebracht und von dort aufs Feld. Rechnet man diesen Arbeitsaufwand hinzu und bezieht ihn

Kartoffeldämpfen 1939, Foto: Bildarchiv v. Elverfeldt

nun auf den Strohhalm, so wurde dieser im Laufe seiner Nutzung durch den Betrieb 24-mal von Menschenhand bewegt.

Neben dem Getreide gab es Klee, Futter- und Zuckerrüben sowie Kartoffeln in der Fruchtfolge. Der Klee wurde zwei- bis dreimal im Jahr mit einer von Pferden gezogenen Mähmaschine gemäht, mit Handrechen und Gabel gewendet, geschwadet und, wenn er trocken genug war, auf Dreibeingestelle „aufgereutert". Dort blieb er, bis er trocken genug zum Einfahren war. Das Einfahren verlief dann ähnlich wie beim Getreide, nur gestaltete sich das Packen der Wagen schwieriger, weil das Heu lose aufgeladen wurde.

Die Rüben wurden im Frühjahr mit der Sämaschine in Reihen ausgesät. Wenn sie aufgelaufen waren, begann die mühsame Arbeit des Hackens und Verziehens. Das Unkraut zwischen den Reihen wurde mit einer ebenfalls von Pferden gezogenen Hackmaschine beseitigt, die von zwei Mann bedient wurde. Nach Beendigung der ersten Maschinenhacke hackte eine Kolonne von Männern und Frauen mit langstieligen Hacken zuerst das Unkraut zwischen den Rübenreihen weg und beim gleichen Durchgang aus den Reihen jeweils so viele Rüben, dass alle 10 cm ein Grüppchen stehen blieb. Nach diesem „Pösten" der Rüben begann das mühsame und anstrengende Verziehen. War dies geschafft, folgte eine weitere Maschinenhacke zwischen den Reihen und danach die „Rundhacke" erneut mit der Hand. Da diese Arbeiten viel Sorgfalt erforderten, wurden sie gern im Akkord vergeben. Dann bekam jede Familie oder Person einen Teil des Rübenackers zugeteilt und wurde nach der fehlerfrei gepflegten Fläche bezahlt.

Die Rübenernte erfolgte im Spätherbst. Die flach wurzelnden Futterrüben wurden mit der Hand herausgezogen und zum Abschlagen der Blätter in Reihen gelegt. Die Zuckerrüben köpften die Arbeiter mit der „Köpfschippe“, legten das Blatt in Reihen ab oder luden es gleich auf den Wagen. Die Rübenkörper hebelten Männer mit einer leierförmig gebogenen zweizinkigen kurzen Gabel aus dem Boden und warfen sie in Reihen zusammen. Die Rüben und das Rübenblatt wurden mit Spezialgabeln, die an den Zinkenenden verdickt waren, auf die Ackerwagen geladen und abgefahren. Die Zuckerrüben transportierte man direkt in die Zuckerfabrik oder in eine offene Miete am Feldrand. Die Futterrüben wurden für die Winterlagerung sorgfältig eingemietet. Dazu schichtete man sie dachförmig auf und deckte sie mit Stroh und Erde ab. Oben in der Miete steckten senkrechte Strohbündel zur Belüftung. Das Rübenblatt wurde in einer Fahrmiete einsiliert und im Winter an Kühe und Jungvieh verfüttert. Wegen der damals noch ungenügenden Möglichkeit, das Material im Silo festzufahren, wurde meistens ein übel riechender Haufen matschiger Silage daraus. Die Milch roch dann immer nach Rübenblatt.

Wenn Anfang Mai die Gefahr der Fröste vorbei war, wurden die Kartoffeln gelegt. Mit einem Pferd, das eine zweireihige Lochsternmaschine zog, wurden die Pflanzlöcher hergestellt. Dann gingen die Arbeiter mit umgehängtem Kartoffelsack oder einer Pflanzwanne voller Kartoffeln die Reihen der Pflanzlöcher entlang und warfen in jedes Loch eine Kartoffel. Wenn es sich um teueres Saatgut handelte, wurden die Kartoffeln meist vorher mit einem Messer so geteilt, dass mindestens ein “Auge“ (eine Keimstelle) am Stück verblieb. Sobald die Kartoffeln in den Pflanzlöchern lagen, wurden sie mit einem Häufelpflug zugedeckt. Wenn sie dann keimten und die Erde noch nicht durchstoßen hatten, konnte man durch Glattstreichen und wieder neu Aufhäufeln der Dammerde mit der Maschine die Unkrautbekämpfung vornehmen. Später allerdings, wenn die Kartoffelpflanzen ausgetrieben hatten, musste von Hand gehackt werden.

Die Kartoffelernte war ein großes Ereignis, weil sich alle auf das Kartoffelfeuer freuten, das am Abend des Erntetages stattfand. Die Kartoffeln wurden entweder mit einer von Pferden gezogenen Rodemaschine angehoben und zur Seite geschleudert oder mit der Gabel von Hand ausgegraben. Man las sie in Körbe und kippte diese auf Wagen aus. Solche Arbeiten wurden ebenfalls oft im Akkord vergeben. Jeder bekam einen Streifen zum Lesen zugeteilt und die abgezählten Körbe vergütet.

Der Wintervorrat an Kartoffeln wurde entweder eingekellert oder in Mieten wie Rüben gelagert. Für die Schweinemast wurden die Kartoffeln aus der Miete dann im Winter gedämpft und einsiliert. Dazu kam eine so genannte „Dämpfkolonne“ auf den Hof gefahren. Sie bestand aus einem Dampferzeuger, der mit Holz oder Kohle befeuert wurde. Er war mit drehbaren Behältern versehen, in denen die Kartoffeln mit dem Dampf gekocht wurden.

Die Pferde

Die Pferde trugen neben den Menschen die Hauptlast der Arbeit auf dem Hofe. Es gab auch Betriebe, die zu bestimmten Arbeiten Ochsen einsetzten, doch war das in Canstein zu meiner Zeit nicht mehr üblich. Bei uns waren schwere Kaltblüter im Gebrauch, die meist selbst herangezogen wurden. Sie hatten viel belgisches Blut. Die Belgier waren schon immer Experten im Züchten besonders schwerer, fleischiger Tiere.

Auf Gut Forst war eine Hengststation, auf der ein bis zwei Hengste des Landgestüts Warendorf im Sommer stationiert waren. Zeitweilig kauften wir auch selber Hengste auf den Auktionen in Münster. Die trächtigen Mutterstuten gingen bis kurz vor der Geburt im Frühjahr im Geschirr. Danach verbrachten sie einige Wochen mit den Fohlen auf der Weide. Sobald die Fohlen selber schon ein wenig fressen konnten, mussten die Muttertiere wieder aufs Feld und wurden während den Arbeitspausen zu ihren Fohlen in den Stall gebracht.

Die Fohlen wurden nach dem Absetzen mit den Jungrindern auf der Weide gehalten und im Winter bis zum dritten Lebensjahr im Jungviehstall. Solche Jungpferde nannte man „Stubben". Wenn sie das nötige Alter erreicht hatten, ließ man sie erst einmal am Halfter angebunden mit einem Gespann mitlaufen und gewöhnte sie dann nach und nach ans Geschirr, die Zugarbeit und den Zügel. Sie mussten außerdem lernen, auf die Zurufe und auf ihren Namen zu reagieren. „Hüa" für vorwärts, „Haa" für rechts „Hott" für links und „Brr" fürs Stehenbleiben. Diese Kommandos waren für alle die Tätigkeiten, bei denen sich der Gespannführer auf Arbeiten wie das Führen des Pfluges konzentrieren musste und die Leine liegenließ, als Arbeitshilfe von großer Bedeutung. Auch das Voranfahren und Anhalten der Wagen beim Beladen und Entladen konnte auf diese Weise quasi automatisiert werden. Dabei hatte jedes Pferd seinen eigenen Charakter, den die Gespannführer genau kannten.

Bei den meisten Ackerarbeiten in Canstein gingen die Pferde dreispännig. Sie waren mit Blattgeschirren ausgerüstet, die für die Anspannung am Wagen zusätzlich ein „Hintergeschirr" aufwiesen. Mit dieser Art der Anspannung war das Pferd in der Lage, mit seinem Hinterteil den Wagen durch Zug an der Deichsel beim Bergabfahren zu bremsen. Zusätzlich

Verwalter Lödige mit Fohlen
Foto: Bildarchiv v. Elverfeldt

besaßen alle Wagen hölzerne Handbremsen, die mittels einer Kurbel Holzklötze auf die eisernen Radreifen drückten. Bei der dreispännigen Anspannung vor Ackergeräten wie Pflug, Eggen oder Walze gab es eine Zugwaage, bei der ein langer und ein kurzer Arm den Ausgleich für den Zug der Stränge von zwei auf der einen und einem Pferd auf der anderen Seite sorgte.

Der Gespannführer betreute und führte vier Pferde, drei für die Ackerarbeit und ein junges Pferd als Ersatz und zur Ausbildung. Er begann um 6 Uhr, eine halbe Stunde vor Arbeitsbeginn mit dem Füttern der Pferde. Das Tränken war nicht mehr nötig, weil es zu meiner Zeit schon Selbsttränken für jedes Pferd im Stall gab. Früher wurden die Pferde zu einer Tränke geführt, die als langer Steinbottich vor dem Stalle stand. Gefüttert wurde mit der „Schwinge", einem flachen Korb. In diesem wurde gehäckseltes Stroh mit gequetschtem Hafer gemischt und den Pferden in die Krippe geschüttet. Die Pferde standen in langer Reihe angebunden im Stall mit dem Kopf zur Wand. Wenn man an die Futterkrippe wollte, musste man von hinten zwischen zwei Pferden hindurch. Auch das Heu wurde mit einer Forke zwischen den Pferden hindurch in die Raufen getragen.

Nach dem Füttern wurden die Pferde mit Kardätsche und Striegel sorgfältig geputzt. Dann zeigte es sich, wer sein Pferd gut mit Stroh versorgt hatte, denn die Pferde legten sich bei Nacht oft und waren sehr verdreckt, wenn sie schlecht eingestreut wurden. Nach diesen Vorbereitungen kam das Anschirren und Anspannen. Am Abend nach der Arbeit wurden die Pferde im Sommer in den Schwemmeteich geritten, um die Beine zu säubern und zu kühlen. In der kälteren Jahreszeit wurden die Beine vor dem Stall abgewaschen und die Hufe ausgekratzt.

Sonntags wurde verhaltener gefüttert, weil die Pferde keine Bewegung hatten und dann leicht Verdauungsstörungen bekamen. Ganz schlecht bekamen ihnen oft die Feiertage, wo an zwei Tagen hintereinander nicht gearbeitet wurde. Dann war es nötig, sie zu bewegen. Geschah dies nicht, so drohte der „Kreuzschlag", eine Nierenerkrankung, die leicht zum Tod des Pferdes führen konnte

Außer den 24 Anbindeplätzen für die Arbeitspferde gab es mehrere Boxen für fohlende Stuten, kranke Pferde und das Reitpferd des Verwalters.

Das Rindvieh

Der Kuhstall war das Reich des Melkermeisters, der mit zahlreichen Lehrlingen, Gesellen und Hilfskräften 50 Kühe mit dem dazugehörigen Jungvieh zu betreuen hatte. Die Kühe wurden von Hand täglich zweimal, Hochleistungskühe manchmal auch dreimal gemolken. Jede Arbeitskraft musste acht bis zehn Kühe melken. Gemolken wurde im Winter im Stall und im Sommer im Weidemelkschuppen, dessen Ruine noch am Waldrand am Buchholz steht. Die Milch wurde in 20-Liter-Kannen aufbewahrt, die in der Milchkammer mit kaltem Wasser gekühlt wurden. Auf diese Kannen wurde ein Trichter aufgesetzt, der ein Sieb und ein Seihtuch zum Filtern der Milch enthielt. Die Ausschüttung des Milchhormons dauert nur fünf bis zehn Minuten, dann muss die Kuh leer sein, wenn man eine gute Milchleistung erzielen will.

Im Sommer war das Klappern der leeren Milchkannen das erste Geräusch des anbrechenden Tages, wenn die Melker früh um 4 Uhr auf die Weide hinausfuhren. Gegen 7 Uhr schepperte es dann noch einmal bei der Anfuhr der Milch an der Molkerei. Dort standen dann die Pferdefuhrwerke aus den umliegenden Dörfern Westfalens und Waldecks Schlange, um ihre Kannen in die Waage zu entleeren. Am anderen Ende des Gebäudes erhielten sie diese dann gespült zurück.

Unsere Eltern hatten von ihrer Hochzeitsreise ein Geläute echter Schweizer Kuhglocken mitgebracht. Die Kuhweiden lagen am Buchholz von der Mönchsbreite bis zur Fuchswarte und so konnte man die gut aufeinander abgestimmten Glocken bei Tag und Nacht hören. Es war ein eindrucksvolles Bild, wenn man durch den Kuhstall ging und rechts und links in langer Reihe je 25 bis 30 Kühe mit dem Kopf zur Wand angekettet standen. Ein Fressgitter vor der Futterkrippe sorgte dafür, dass die Kühe nach dem Füttern zurücktreten mussten, um sich in die Kotrinne zu entleeren.

Gefüttert wurde auf einem Futtertisch vor der Krippe mittelst Schiebkarren. Den Mist luden die Melker auf eine „Schleppe", einen flachen Schlitten, und fuhren ihn mit einem Pferd oder

Kuhlstallmisten mit dem Bullen, rechts Melkermeister Emil Pokorski, Foto: Bildarchiv v. Elverfeldt

mit dem Bullen vorgespannt auf die Miststätte. Der Bulle war am Ende der Reihe im Kuhstall neben den Kühen angebunden. Hatte er einen schwierigen Charakter, hielt man ihn auch in einer Box im Pferdestall.

In dem angebauten Gebäudeteil am Ende des Kuhstalles befand sich der Kälberstall. Die Kälber standen in Boxen und wurden einzeln aus dem Eimer getränkt. Das mussten die Neugeborenen erst lernen, in dem man die Hand in den Eimer hielt und sie am Finger saugen ließ. Da ihnen durch das schnelle Trinken die Abreaktion ihres Saugtriebes fehlte, mussten sie in Boxen gehalten werden, weil sie sich sonst gegenseitig besaugten und Haarbälle in den Magen bekamen. Eine Attraktion für uns Kinder war ein riesiger Ziegenbock mit langen Haaren und mächtigem Bart, der im Kälberstall gehalten wurde. Er war gekört und wurde von den Ziegenhaltern im Dorf zum Decken benutzt. Man war der Meinung, dass der intensive Gestank des Bockes Krankheitskeime im Kälberstall abtötete.

Bei der allabendlichen Stallkontrolle durch die Eleven oder den Verwalter musste jedes Tier auf Krankheitssymptome und Zeichen des Geburtsbeginns beobachtet werden. War das der Fall, dann musste oft noch der Tierarzt angerufen werden.

Die Schweine

Im Sauenstall standen 15 bis 20 Mutterschweine, die nach hinten heraus auf die „Schweinewiese" mit ihren Ferkeln einen Auslauf hatten. Sie waren in Buchten mit hüfthohen Trennwänden untergebracht: die güsten und die tragenden Sauen in einem gemeinsamen Laufstall und die Sauen mit Ferkeln in Einzelbuchten. Die Buchten lagen rechts und links von Futtergängen. Von diesen Gängen aus konnte das Futter direkt in die Tröge verteilt werden, die mit einem Schlitz in der Buchtwand erreichbar waren.

Wenn die Ferkel von der Sau abgesetzt waren, wurden sie nicht wie heute gleich im Schnellverfahren durchgemästet und mit 90 bis 100 kg geschlachtet, sondern einer „Läuferzeit" unterzogen. In dieser Periode wurden sie verhalten gefüttert und bekamen Weidegang. Sie sollten dabei ein Knochenwachstum durchmachen und einen „Rahmen" für die Endmast auf 150 bis 200, ja sogar 250 kg bekommen. Das Ziel war nicht unser heutiges fettarmes Fleischschwein, sondern ein möglichst schweres Schwein mit viel kernigem Speck.

Der Schweinemeister war als einzige Arbeitskraft für die Sauen und die Mastschweine zuständig. Die Mastschweine befanden sich gegenüber dem Sauenstall in der alten Brennerei. Auch sie waren gruppenweise in Buchten untergebracht und wurden vom Stallgang aus per Karre gefüttert. Der Schweinemeister war für Aufsicht, Füttern und Stroheinstreuen verantwortlich. Zum Misten teilte man Landarbeiter ein, die den Mist dann mit der Schleppe aus dem Kuhstall auf die Dungstätte fuhren.

Die ausgemästeten Schweine wurden möglichst an örtliche Metzger lebend verkauft. Diese kamen aus Arolsen oder Marsberg mit ihren Wagen auf den Hof. Die Schweine wurden von ihnen ausgesucht und dann auf der Waage verwogen. Danach ging das Feilschen um den Preis los. Bei dieser Art des Handels blieben oft schlechtere Schweine unverkauft. Deshalb wurde bei größeren Mengen von Mastschweinen der Verkauf geschlossener Gruppen an die Viehverwertungsgenossenschaft bevorzugt.

Zehn bis zwölf schwere Mastschweine wurden für den Gutshaushalt, das Schloss und die Deputate der Mitarbeiter benötigt und im Winter auf dem Hof in der Futterküche neben dem Maststall geschlachtet. Ein Hausschlächter aus dem Dorf, von denen es zahlreiche gab, z.B. der „Metscher-Gruß", kamen dann mit ihrer Ausrüstung auf den Hof. Der Metzger hatte neben Messern und Wetzstein auch ein Spezialwerkzeug dabei. Ferner brachte der Hausschlachter die „Molle" mit, ein flacher, etwa 1 m langer Holztrog, in dem die Därme gereinigt und die Würste angemengt wurden. Ein langer Holztrog zum Abbrühen der Schweine war auch vorhanden.

Das Schwein wurde betäubt, abgestochen und das Blut für die Blutwurst aufgefangen. Dann wurde es in dem Holztrog mit kochendheißem Wasser abgebrüht und enthaart. Zum Auskühlen legte man den Schlachtkörper auf eine kurze Leiter, an dem er oben mit einem Querholz durch die Hinterbeine befestigt wurde. Die Leiter wurde im Freien in der kalten Luft aufgestellt. Das Schwein ließ man zum Auskühlen über Nacht hängen. Übrigens war es im ganzen Sauerland ein beliebter Sport, dem Nachbarn des Nachts die „Lümmerkes", die Filetstreifen, aus dem Schwein zu schneiden. Deshalb mussten die Schweine des Nachts oft bewacht werden.

Zum Wursten wurde das Schwein zerteilt und das Fleisch und der Speck bis auf die Kotelettstücke und Schinken im großen Waschbottich gekocht. Aus den roh belassenen Fleischteilen wurde Schinken und Dauerwurst hergestellt, aus den gekochten Blutwurst, Leberwurst und Sülze. Die Wurstmaschine brachte im Übrigen der Hausschlachter mit. Die Schinken wurden in Steinbottichen eingesalzen und mit den Würsten zusammen im Räucherschrank geräuchert.

Der Mist wird vom Wagen gezogen. Foto: Bildarchiv v. Elverfeldt

Sauen und der Eber wurden natürlich auch geschlachtet, wenn sie zur Zucht nicht mehr tauglich waren. Das waren dann besonders schwere und große Schlachttiere.

Der Dünger

Der Mist von den Pferden, Rindern und Schweinen wurde auf der Miststätte sorgfältig aufgeschichtet und von Zeit zu Zeit durch Jungrinder oder Pferde festgetreten. Dazu gab es einen Zaun rings um die Miste. Der festgetretene Mist gärte und wurde immer fauliger und matschiger. Im Herbst wurde der Mist dann vor dem Pflügen auf die Stoppelfelder ausgefahren – eine stinkige und Kräfte zehrende Dreckarbeit. Mit mindestens vier Pferden wurden die eisenbereiften Wagen auf die Miststätte gezogen. Je vier Mann auf jeder Seite rissen mit vierzinkigen Mistgabeln den festgetretenen Mist los und luden ihn dachförmig aufgeschichtet auf die Wagen.

Wenn der Wagen voll war, wurde der Mist mit einem Brett festgeklopft, damit unterwegs nichts herunterfiel. Der Gespannführer zog den Mist auf dem Felde dann mit einem Misthaken, einer im Winkel gebogenen Mistgabel, in langen Reihen vom Wagen ab. Dieser Mist wurde nach dem Ausfahren in tagelanger Handarbeit mit der Mistgabel auf das Feld verteilt und dann untergepflügt.

Die Schafhaltung

Weniger Arbeit mit dem Mist machten die Schafe. Sie waren nur von Ende November bis Ende März im Stall. Der dabei entstehende feste Mist wurde nur einmal ausgefahren. Der Schafstall lag als letztes Gebäude quer zu den

Die Cansteiner Schafherde mit Schafmeister Weskamp. Foto: Bildarchiv v. Elverfeldt

Übrigen auf der Dorfseite des Hofes. 90 bis 100 Mutterschafe wurden gehalten und von einem „Schafmeister" betreut, der hin und wieder auch einen Lehrling zur Seite stand.

Zu allen Gütern gehörten Grundstücke, die so flachgründig oder steil waren, dass sie nur mit Schafen genutzt werden konnten. Die Schafhaltung in Canstein besaß eine lange Tradition, denn schon Franz-Wilhelm Spiegel hatte Ende des 18. Jahrhunderts Zuchtschafe englischer Abstammung aus Erpernburg gekauft. Die Wolle brachte zu der Zeit viel Geld ein und der Schafsmist war als Dünger außerordentlich wertvoll, weil man noch keinen Mineraldünger kannte. Mit Schafsmist gedüngte Felder ergaben besonders gute Rüben und Kartoffelernten.

Auch in der Zeit vor dem Krieg war das noch so. Die Wolle war wertvoll, weil das Autarkieprogramm der Nationalsozialisten die Unabhängigkeit von Wollimporten vorsah. Das Fleisch konnte auch abgesetzt werden, doch waren die Deutschen zu der Zeit noch weniger Freunde des abfällig „Hammelfleisch" genannten Produktes als heute.

Der Schäfer zog das ganze Jahr mit seiner Herde über die Grundstücke des Betriebes. Neben den eigentlichen Schafweiden wurden alle Wegränder, Feldraine und Unlandflächen abgehütet. Im Herbst suchten die Schafe die Stoppelfelder ab, abgeerntete Kleeschläge und Rübenflächen wurden von Ihnen gesäubert. Wenn der Weizen im Frühjahr zu üppig bestockt war, ließ man den Schäfer die Fläche kurz überhüten, um die Pflanzen auszudünnen. Auch zur Unkrautbekämpfung auf Forstkulturen wurden die Schafe eingesetzt.

In der Nacht kamen die Schafe in einen Pferch, ein versetzbarer Zaun aus Holzrahmen, den „Hürden“. Die Hürden wurden an Pfählen befestigt, die der Schäfer jeweils zwischen ihnen in den Boden schlug. Am jedem Tag wurde der Pferch umgesetzt, bis das ganze Feld abgedüngt war. Neben dem Pferch stand der Schäferkarren, ein zweirädriger Wagen mit einem Häuschen darauf. Innen gab es eine Sitzbank und ein Bett. Unten am Wagen war eine Hundehütte angebracht. In diesem Karren übernachtete der Schäfer immer dann, wenn Schafe außer der Zeit ablammten, Krankheiten auftraten oder die Gefahr des Viehdiebstahls besonders groß war. Um die Verluste an Lämmern möglichst gering zu halten wurde die Ablammzeit der Herde in den Winter gelegt. Sie dauerte fast einen ganzen Monat und war eine harte Arbeit für den Schäfer. Er schlief dann im Stall bei den Schafen. Trotz allem Einsatz ging es nie ohne Verluste an Lämmern und Muttern ab.

Wenn die Schafscherer kamen, half ein Teil der Belegschaft im Stall mit. Die Schafe wurden sortiert und einzeln den Scherern zugeführt. In wenigen Minuten war das Wollvlies mit einer elektrischen Schere abgeschoren. Es wurde sorgfältig zusammengerollt und in große Jutesäcke gestopft. Verdreckte Teile und die Beinwolle wurden abgezupft und extra verpackt.

Die Schafe hatten viele Krankheiten. Am Auffälligsten war die Moderhinke, bei der die sich die Klauen entzünden und vereitern. In nassen Jahren sah man immer viele hinkende Schafe in der Herde. Der Schäfer war dann dauernd damit beschäftigt, die Klauen auszuschneiden und zu desinfizieren. Die Schafe wurden auch regelmäßig gebadet, um Ungeziefer im Fell zu bekämpfen und Verunreinigungen aus der Wolle zu entfernen.

Die Wolle wurde nach Paderborn zur „Wollverwertung“ geliefert, dort bewertet und sortiert. Unser Vater war ein Experte für Schafhaltung und Wollbeurteilung und deshalb dann auch Vorsitzender des Westfälischen Schafzüchterverbandes. Er reiste als Wollprüfer viel in Deutschland herum.

Nach dem Krieg wurde die Schafhaltung rasch unrentabel, weil die Wollqualität unserer Schafe viel schlechter als die aus Übersee ist. So wurde sehr zu unserem Leidwesen die Schafhaltung als erste aufgegeben.

Bullenbesichtigung, Foto: Wilhelm Feldmann

Mühlsal, Pflichten, Arbeitsstolz: Kindheit auf dem Lande

Bärbel Michels

Die Arbeit von Kindern, sei es in Fabriken, in der ‚Hausindustrie' oder in der Landwirtschaft, war früher selbstverständlich. Zur Zeit der Aufklärung, im 18. Jahrhundert, wurde Kinderarbeit geradezu ideologisch legitimiert, denn Unternehmer wie auch Bauern brauchten Arbeitskräfte. Der Staat sah Kinderbeschäftigung als ein bewährtes Mittel an, um der Verarmung entgegenzuwirken, und die Pädagogik sah in der Arbeit der Kinder ein geeignetes Erziehungsmittel.(1)

Für kleine landwirtschaftliche Betriebe wäre es früher unmöglich gewesen, mit fremden Arbeitskräften statt der eigenen Kinder lohnend zu wirtschaften. In jener Zeit wird die Schule als Ausbildungsstätte zwar nicht in Frage gestellt, doch glaubte man, dass dort durch: „...das gedankenlose und anhaltende Stillsitzen... auch ein früher Hang zur Untätigkeit und Trägheit erzeugt wird". Ja, man betrachtete Lehranstalten gar als „Pflanzschulen des Müßiggangs und der Faulheit".(2) In der Verbindung von praktischer Arbeit und Schulbesuch sah man dagegen die idealen Voraussetzungen für das spätere Leben.

Um 1810 wurde erstmals auf gesundheitliche Schäden als Folge von Kinderarbeit hingewiesen. So kam es 1839 zum ersten einschränkenden Gesetz für die Arbeit in Fabriken, wonach Kinder erst ab dem 10. Lebensjahr und dann weniger als 11 Stunden dort arbeiten durften. Bei dieser Regelung hatte man aber nicht allein das Wohl der Kinder im Auge, sondern es mangelte auch an körperlich tauglichem Nachwuchs für das Militär.

Die vielfach geächtete Fabrikarbeit schien zeitweise sogar noch als ein „geradezu erstrebenswertes Ideal" im Vergleich zur beklagenswerten Heimarbeit, in die zuweilen schon vier- bis sechsjährige Kinder eingespannt waren. In mancher dumpfen Stube wurde von den frühen Morgenstunden bis zum späten Abend von allen Familienmitgliedern monotone Arbeit verrichtet für einen oft jämmerlichen Lohn.

Auch die zahlreichen Schüsseldreher und Löffelschnitzer aus den Höhendörfern des Rothaarkammes setzten bereits ihre acht- bis zehnjährigen Kinder ein, die ihnen nicht selten schon vor dem Unterrichtsbeginn am Drehreck beim Treten des Trittbretts oder beim Schnitzen halfen. Nur so war es möglich, größere Stückzahlen zu fertigen und dadurch den kargen Verdienst ein wenig zu erhöhen. Viele Kinder erfüllten tagtäglich in der ‚Holzhausindustrie' die ihnen übertragenen Aufgaben und Pflichten. Ein Neuastenberger Notgeldschein von 1921 zeigt Friedrich Beitzel mit seinem 13-jährigen Sohn Willi bei der Fertigung von Holzlöffeln.

Verglichen mit der eintönigen Heimarbeit scheint Kinderarbeit in der Landwirtschaft – oberflächlich betrachtet – noch die angenehmste Pflicht gewesen zu sein. Und die Tätigkeit

Neuastenberger Notgeldschein von 1921

der Kinder in der Landwirtschaft galt im Bewusstsein der ländlichen Bevölkerung bis in die 50er Jahre des 20. Jahrhunderts auch gar nicht als Kinderarbeit. Dass Kinder im Haus, Hof und Garten mithalfen, galt als selbstverständlich. Niemand hätte diese Mithilfe in Frage gestellt; sie zählte seit Jahrhunderten zur Ordnung im Alltagsleben auf dem Lande.

Schule und Kinderarbeit

Die kindliche Lohnarbeit in Fabriken wurde schon länger kritisch betrachtet, denn sie kollidierte nicht selten mit der Schulpflicht, führte zu gesundheitlichen Schäden und auch eine geistig-sittliche Gefährdung der Kinder war nicht auszuschließen. 1898 griff die Diskussion erstmals über auf Schulkinder, die für Lohn in der Landwirtschaft arbeiteten. Allen voran war es die Deutsche Lehrerversammlung, die in Breslau forderte, die staatliche Aufsicht auch auf diese Kinder auszudehnen.[3]

Ein Artikel in der Mescheder Zeitung vom 13.5.1902 weist auf die problematische Lernsituation der Landkinder hin: „... Wann sollen dann die Kinder ihre Sachen lernen? ‚Hinter den Kühen haben sie Zeit genug dazu', sagt man. Aber das Kind muss die Tiere stets im Auge behalten, wenn die Weideflächen blank sind und zu allen Seiten Gras und Getreide lockt. Je besser es hinter den Kühen lernt, desto schlechter hütet es. Welches Kind lernt dazu draußen gern, wo die Vögel singen, die Forellen springen, die ‚Sonnenvögel' fliegen, die Käfer kriechen, und die anderen Hütekinder in der Nähe rufen und locken? In der Schule gibt das Lernen auch nicht viel. Wenn sie erhitzt und todmüde in die Schule kommen, ruhen sie sich aus oder schlafen ein. Die Natur fordert ihr Recht."[4]

Reichsweit werden 1904 statistische Daten zur Kinderarbeit auf dem Lande erhoben und Schulinspektoren, Bezirksärzte und Verwaltungsbeamte aufgefordert, Stellung zu „Vorzügen" und „Gefahren" der Kinderarbeit zu nehmen.

Aus Sicht dieser Gutachter war Kinderarbeit in der Landwirtschaft im Großen und Ganzen von Vorteil, da die Kleinen so frühzeitig an geordnete Tätigkeit und Pflichterfüllung gewöhnt und in ihrer Liebe zum heimatlichen Boden gefördert würden. Die Arbeit im Freien härte sie ab, wirke sich günstig auf die körperliche Entwicklung aus und halte die Kinder obendrein von leichtsinnigen Streichen, nachteiligem Herumstreunen und sittlichen Verirrungen ab.[5]

Hütekinder mit ihren Ziegen am Waldrand. Wegen ‚sittlicher Gefahren' sah man nicht gerne, dass Jungen und Mädchen gemeinsam hüteten. Radlinghausen, um 1932

Kinderarbeit ‚in Maßen' galt als nützlich, da sie den Kindern die erforderlichen Kenntnisse für ihren späteren Alltag vermittelte. Radlinghausen 1937

Eltern gewöhnten ihre Kinder schon früh an geordnete Tägigkeit und Pflichterfüllung, wie hier bei der Runkelernte. Kickenbach, um 1930

Als Nachteil wurden die schon im Mescheder Zeitungsartikel erwähnte Müdigkeit, Stumpfheit und Interesselosigkeit im Unterricht genannt, was man einerseits auf zu frühes Wecken zurückführte und andererseits mit dem „dumpfen Hinbrüten und müßigen Herumstehen oder –liegen beim Viehhüten“ erklärte. Die Betreuung der kleineren Geschwister führe bei Mädchen nicht selten zu Verkrümmungen der Wirbelsäule, da kleine Kinder zu schwer für 10 bis 12-jährige Mädchen seien. Der zu frühe Umgang mit Pferden oder landwirtschaftlichen Maschinen verursache oft schwere Verletzungen. Sittlichen Gefahren wären die Kinder ausgesetzt, wenn Jungen und Mädchen beim Viehhüten alleine zusammen wären oder sie engen Verkehr mit ungebildeten Erwachsenen hätten, von denen sie womöglich anstößige, schamlosverletzende Redensarten aufschnappten oder gar solche Gesellen sich zum Vorbild nähmen.(6)

Obwohl 1907 in Deutschland 277.052 Kinder unter 14 Jahren in Land- und Forstwirtschaft, Industrie- und Handwerk, Handel und Verkehr oder in häuslichen Diensten angestellt waren, gab es noch keine gesetzliche Regelung für sie.(7)

Zur Zeit des 1. Weltkrieges kam es zu großen Versorgungsengpässen. Das staatliche Interesse galt in jener Zeit weniger der Schulpflicht als vielmehr einer einigermaßen gesicherten Volksernährung, die gegebenenfalls auch mit kindlicher Arbeitskraft erreicht werden sollte. So ermöglichte ein entsprechender Erlass von 1917, Kinder der 5. bis 7. Klasse wohlwollend vom Schulunterricht zu befreien, damit sie landwirtschaftliche Arbeiten verrichten konnten. Lehrer klagten damals jedoch, dass viele Eltern diese Bestimmung weidlich ausnutzten, und zwar weniger aus Vaterlandsliebe, sondern

Wegen der Verletzungsgefahr lehnte man zu frühen Umgang mit Pferd oder Maschinen ab. Altenbüren, um 1943

zum persönlichen Vorteil und aus Desinteresse an schulischer Wissensvermittlung.[8]

Auch 25 Jahre später war die Schule für viele sauerländische Dorfbewohner und ihre Kinder mehr oder weniger nebensächlich. Diese Erfahrung machte H.J. Strieder aus dem Ruhrgebiet, der während des 2. Weltkrieges als ‚Kuhjunge' in Rehsiepen lebte und später in sein Tagebuch eintrug: „Die Bauern, denen Schule und geistige Arbeit ohnehin suspekt sind, kümmern sich um unsere Ausbildung wenig, dies gilt weitgehend auch für ihre eigenen Kinder. Wer will ihnen das verdenken, da der Kampf ums tägliche Brot alle Kräfte in Anspruch nimmt?"[9]

1922 befasste sich eine Umfrage des Deutschen Kinderschutz-Verbandes mit der Kinderarbeit in der Landwirtschaft. Dabei wurde auch die Arbeit der ‚eigenen' Kinder berücksichtigt. Kaum jemand lehnte dabei Kinderarbeit generell ab. Einige Arbeiten sollten allerdings verboten bzw. eingeschränkt werden, wie z. B. der Umgang mit unfallträchtigen Maschinen oder das Viehhüten wegen ‚Müßiggang' und ‚sittlicher Gefahren'. Insgesamt sah man Kinderarbeit ‚in Maßen' aber als nützlich an. Bäuerliche Arbeit galt als ‚natürliche' Arbeit, die eigentlich nur förderlich sein konnte. Abgesehen von materiellen Notwendigkeiten vermittele sie Kindern die erforderlichen Kenntnisse für ihren späteren Alltag und erzöge sie frühzeitig zu Arbeitsdisziplin und Gewissenhaftigkeit. Die Kinder wüchsen ganz selbstverständlich in ihren Aufgabenbereich hinein, und gehorsame Pflichterfüllung werde durch Anerkennung belohnt.

Damit die Kinder nicht unbeaufsichtigt zu Hause bleiben, werden sie schon früh mit aufs Feld genommen. Dabei lernen sie spielerisch einfachste Handreichungen, so klein sie auch

Diese Kinder helfen die Runkeln für den Winter einzumieten. Wenholthausen 1954

sind. Später geht es um Mithilfe und Zuarbeit, um Tätigkeiten, die noch ohne große Kraftanstrengung von Hand, ohne größere Geräte erledigt werden können. Aus Sicht der Erwachsenen sind dies ‚leichte" Arbeiten, die zwar flinke Hände und Füße verlangen, auch mit Sorgfalt ausgeführt werden sollen, aber doch immerhin noch ein wenig Zeit zum Spielen lassen.

Kinderarbeit im Laufe des Jahres

Der Jahreszeit entsprechend teilte man den Kindern immer wieder andere Aufgaben zu. Jungen halfen vorwiegend in der Landwirtschaft, Mädchen bei allen anfallenden Arbeiten in Haus und Garten. Fehlte jedoch ein Sohn im entsprechenden Alter, mussten auch Mädchen ihren Eltern auf dem Feld oder im Wald behilflich sein.

Kinder aus Waldarbeiterdörfern mussten ihren Vätern öfter bei Waldarbeiten helfen. Fehlte ein Sohn im entsprechenden Alter, mussten auch Mädchen einspringen. Rüppershausen, um 1910

Im ausgehenden Winter, wenn Schnee und Eis die Felder noch bedeckten, wurden Kuh oder Pferd eingespannt, um den Mistschlitten auf die Äcker zu ziehen. Der elfjährige H.J. Strieder half nicht nur die Kühe vor den Schlitten zu spannen, sondern musste den Mist auch mit aufladen, ihn auf dem Feld wieder vom Schlitten ziehen und später mit der Mistgabel gleichmäßig verteilen. Im Nachhinein vertraut er seinem Tagebuch an: „Gerade dies ist eine besonders harte und ungewohnte Arbeit für ein Stadtkind. Ich bekomme die ersten blutigen Schwielen in den Händen und manchmal kann ich die Tränen nicht unterdrücken.“[10] Das Mistfahren im Winter war mühsam und nicht ungefährlich, aber wegen der fehlenden Feldwege nur bei Schnee und Frost möglich.

Nach der Schneeschmelze, im zeitigen Frühjahr, mussten auf den Heuwiesen die Wühlmaus- und Maulwurfshaufen eingeebnet und in flacheren Lagen musste das Treibgut von den Überschwemmungswiesen gesammelt werden.

Vor der Aussaat wurde der Boden umgebrochen. Die Kühe oder Ochsen vor dem Pflug zu leiten und träge Tiere anzutreiben, war meist Aufgabe der Kinder. Dabei mussten sie ständig Obacht geben, von den Tieren nicht aus der Furche gedrängt zu werden und keinen Tritt abzubekommen.

Nach dem Pflügen wurde den Kindern aufgetragen, die Steine vom Acker zu lesen. „Kinder hätten einen kurzen Rücken, sie seien mit den Händen näher an der Erde als die großen Leute“, sagte man.[11] Hierbei halfen schon die Kleinsten, ein Eimerchen oder Körbchen in der Hand, das sie eifrig füllten, dankbar für ein anerkennendes Lob. Die Größeren schleppten viele schwere Eimer, dass ihnen „abends fast die Arme abfielen“.[12] Das Steinelesen war eine unbeliebte, weil unendliche Aufgabe. Die Kinder konnten soviel Steine auflesen, wie sie wollten, der Acker schien trotzdem noch wie von Steinen übersät zu sein.

Große, harte Erdklumpen des umgebrochenen Bodens mussten von den Kindern immer wieder mit Mistgabeln zerschlagen werden, „mit wenig Lust, mit großem Frust – oft auch in Angst vor Strafe“.[13]

Marschierte später der Bauer mit gleichmäßigen Schritten über den Acker und warf das Saatgut, brauchte er jemanden, der einige Meter vor ihm an der Nahtstelle von übersätem und noch nicht übersätem Acker ging. Dieses Voranschreiten war ebenfalls eine Tätigkeit für Kinder, die durchaus das Bewusstsein für die Wichtigkeit der Aufgabe hatten.

Beim anschließenden Eggen leiteten wieder Kinder die Kühe und achteten darauf, dass die geeggten Ackerstreifen sich leicht überlappten, damit alle Körner mit Erde bedeckt waren.

Das Zapfen- oder Reisigsuchen zum Feuermachen war einerseits eine Aufgabenerfüllung, konnte aber andererseits mit abenteuerlichem Spiel im Wald verbunden werden. Wie das Suchen des Anmachholzes gehörten auch das Spalten, Sägen und Ins-Haus-tragen der Scheite für den täglichen Hausbrand zu den selbstverständlichen Aufgaben der Kinder. Beim Holzhacken und ‚Aufbansen' kam es öfter zu Verletzungen. Unserem ‚Kuhjungen‘ H.J. Strieder rutschte einmal die Axt so kraftvoll ab, dass sie das Schuhleder durchschlug und eine tiefe Wunde im Fuß verursachte. Er wagte aber nicht, im Kreise seiner sauerländischen Pflegefamilie dies Missgeschick zu bekennen, merkte auch nicht, dass sich sein Schuh allmählich mit Blut füllte. Beim Essen macht man ihn darauf aufmerksam, dass Blut aus dem Schuh quillt, hält es aber nicht für erforderlich, einen Arzt aufzusuchen oder zu holen, sondern versorgt die Wunde lediglich mit Streifen von zerrissenen Bettlaken und macht ansonsten nicht viel Aufhebens von der Sache.

Sollte ein zum Ackern unbrauchbarer Hang mit jungen Fichten aufgeforstet werden, halfen die Jungen auch beim Hacken der Pflanzlöcher.

Die Sommerferien hießen früher „Heumachferien“ und die Herbstferien „Kartoffelferien“. Schulferien sollten also nicht in erster Linie der Erholung dienen, sondern den Kindern mehr Zeit zum Arbeiten lassen. Zu den Heuferien bemerkt Adolf Claudi: „...wenn das Wetter lange Zeit gut war, hatte man Glück gehabt. Bei unbeständigem Wetter in der Heuernte wuchs die Arbeit für uns (Kinder) um das Mehrfache, und man fiel abends zerschlagen ins Bett.“[14]

Das Heuen lernen die Kinder beizeiten. Mit leichten Kinderrechen können sie sich spielerisch die Arbeitstechniken aneignen: zusammenharken, Kegel häufeln, wieder auseinander werfen, wenden und ‚Walen trecken', also das Heu auf Reihe ziehen. Beim Auf- und Abladen des Heus können die Kinder zunächst noch nicht helfen, aber sie sind dafür verantwortlich, die Zugtiere gefühlvoll und ohne Rucken weiterzuführen. Selbst Vierjährige stellte man schon beim Heuaufladen neben das vorgespannte Pferd, um vorsichtig mit einem belaubten Zweig die Fliegen vom Kopf des Tieres abzuwehren. Fahriges Herumfuchteln hätte das Tier nervös gemacht. Der Kleine musste die ganze Zeit neben dem Pferd stehen und den Zweig ständig in die Höhe halten. Wie viel Disziplin und Ausdauer wurde von dem kleinen Kind verlangt!

Die Sommerferien hießen früher ‚Heumachferien'. Das ‚Heuen' lernten die Kinder beizeiten. Beddelhausen, um 1930

Später durften Kinder das aufgebanste Heu auf dem Heuboden eintreten, was zunächst spielerisch anmutet, aber doch ordentlich in die Beine geht.

Bei der Fruchternte im Hochsommer nahmen Frauen und Kinder das gemähte Getreide auf, banden es zu Garben und stellten diese zu ‚Hocken' bzw. ‚Puppen' auf. Dabei durften sie die Bunde nicht ungestüm herumschleppen, damit sie nicht zu viele Körner ausbeutelten. Zwischen den aufgestellten Garben sammelten die Kinder noch liegen gebliebene Halme und lose Ähren auf.

Hatten die Kinder im Frühjahr geholfen, die Pflanzkartoffeln mit dem ausgestreuten Mist zu bedecken, bevor sie zugeackert wurden, so waren sie im Herbst natürlich ebenfalls im Einsatz. Erst wurde das abgestorbene Kartoffelkraut herausgerupft, dann leiteten sie die Kühe beim Umpflügen und lasen schließlich die frei-

Ob beim Eggen, Heu- oder Kornaufladen, meist waren Kinder dafür verantwortlich, die Zugtiere gefühlvoll und ohne Rucken weiterzuführen. Altenbüren 1942

...wie sehnsüchtig wartete man auf eine Tasse warmen Kaffee, wenn es bei der Kartoffelernte eiskalt und nass war. Radlinghausen, um 1940

gelegten Erdäpfel auf und brachten sie „zur Verlesestelle in der Mitte des Ackers. War das scheußlich, wenn es eiskalt und nass war, und man elend fror, und wie sehnsüchtig wartete man auf eine Tasse warmen Kaffee...!" An die Kartoffelernte schloss sich das Rübenausmachen an. „Die Tage wurden kürzer, und der Rücken schmerzte immer stärker vom Rupfen der Rüben, dem Krautabschneiden und Auf-den-Wagen-Laden. Die Zahl der Kartoffel- und Rübenwagen kam uns endlos vor."[(15)]

„Allerseelen (2. November) war immer der Laubtag", wurde mir erklärt. Dann zog Groß und Klein in den Wald, um Laub als Einstreu fürs Vieh zu holen, was die Förster gar nicht gerne sahen, da es einer nutzbringenden Forstwirtschaft schadete. Deshalb wurde dieses Vergehen immer wieder geahndet. Eine Tragelast Laub auf dem Kopf bedeutete 1892, eine Geldstrafe von 1 Mark zu entrichten oder ersatzweise für einen Tag ins Gefängnis zu gehen und obendrein 0,12 Mark als Wertersatz zu zahlen. Doch ungeachtet der hohen Strafen wurde das Laub bis in die 1930er Jahre immer wieder aus dem Wald geholt; die Not ließ keine andere Wahl.[(16)]

Im November fand auch die Herbstdrusch statt. Um das Futtergetreide für den Herbst zu sichern, drosch man kurz nach der Ernte; das war der Sommerdrusch. Im November war Hauptdreschzeit, um für den Wintervorrat zu sorgen; der Winterdrusch im Februar/März beendete das Erntejahr. Beim Dreschen konnten jüngere Kinder nur helfen, indem sie die Getreidegarben vom Gebälk hinunterwarfen, die Garbenseile durchschnitten und die geöffneten Garben auf den Anlegetisch des Dreschkastens warfen. Auch das anschließende Wegschleppen und Aufstapeln der dicken, von den Frauen wieder zusammengeschnürten Strohbündel war Sache der Kinder. Zwischendurch spielten sie im Stroh, bauten Höhlen und Gänge, durften ihre Aufgaben aber nicht ganz vernachlässigen.[(17)]

Die dreizehnjährige Katharina Krähling aus dem Sorpetal, ein kleines und zierliches Mädchen, musste 1903/1904 als Schülerin morgens vor Unterrichtsbeginn schon beim Dreschen helfen. Dabei verrichtete sie keineswegs nur Handlangerdienste, sondern arbeitete mit dem Dreschflegel in den Händen, was eine ausdauernde Kraft der Arme und Hüftmuskeln voraussetzte, denn sie musste unentwegt mit den anderen Dreschern im vorgegebenen Takt auf die am Boden ausgebreiteten Ähren schlagen. Das Mädchen vollbrachte also eine den Männern ebenbürtige Arbeitsleistung!

Melken, Ausmisten und Füttern gehörten zu den täglichen Aufgaben der Kinder. Das ‚Heustoppen' blieb einigen in unangenehmer Erinnerung. Täglich musste der Junge für die Ziegen einen Sack voll Heu stopfen. Die fünf bis zehn Minuten, die das Stopfen dauerte, empfand Rudolf Gierse als Qual, so dass er oft jammerte: „Luiter und luiter Heustoppen, wann iek endlich däut wär". (Immer und immer Heustopfen, wenn ich endlich tot wär.)

Das Heurupfen war wohl noch anstrengender. Mit dem Heurupfer (ein geglätteter Ast mit einem Eisenhaken) rupfte man das Raufutter aus dem Heustock, der immer ‚schön strack' gehalten wurde, von dem niemals mit der Gabel von oben abgenommen werden durfte. Das mühevolle Herausreißen des Heues schonte den Futtervorrat, weil Kinder froh waren, die Arbeit erledigt zu haben.(18)

Der Heurupfer erzog zur Ordnung und auch zur genauen, sparsamen Einteilung des Futters. Ries kritisierte den Heurupfer so: „ Wenn der erste Hersteller dieses Marterinstrumentes die Absicht gehabt hat, seinen Kindern oder Knechten das Heranschaffen der täglichen Futterration möglichst schwer, zeitraubend und unangenehm zu machen, damit mit dem Heu sparsam umgegangen wird, dann muss man das Gerät als zweckmäßig bezeichnen. Irgendeinen anderen Vorteil hat es nicht."(19)

Bei den vielen, auch körperlich schweren Aufgaben blieb den Dorfkindern nur wenig Zeit für Hausaufgaben oder zum Spielen. Den größten Freiraum und die meisten Spielmöglichkeiten bot noch das Viehhüten, auch wenn es längst nicht so idyllisch war, wie es auf alten Abbildungen manchmal scheint.

Solange es Gemeindehirten gab, kamen die beteiligten Kleinlandwirte für Lohn und Verpflegung des Hirten auf, der regelmäßig in einem anderen Haus beköstigt wurde. Zusätzlich stellten z. B. die Wittgensteiner Bauern einen ‚Beihirten', auch ‚Auhirten' genannt. Die Aufgabe des Auhirten war bei Kindern wenig geschätzt, denn wenn der Hirte um die Mittagszeit ein Nickerchen machte, mussten die Kinder, unterstützt von einem Hund, allein auf die große Herde aufpassen. Aber selbst wenn es sich nur um wenige Tiere handelte, hüteten die Kinder nicht gerne mit einem Erwachsenen zusammen. Es war für sie einfach nicht so unterhaltsam.

Viehhüten war keine übermäßige körperliche Belastung, aber die Kinder waren bei Wind und Wetter oft stundenlang vom Elternhaus abwesend, denn gehütet wurde bei jedem Wetter, und natürlich schien nicht immer die Sonne. Als Regenschutz diente noch in den ersten Jahren des 20. Jahrhunderts ein ‚Cape', das nichts anderes war als eine zur Hälfte gefaltete Wolldecke, an der Faltstelle mittels eines Bindfadens zusammengezogen, wodurch sie gut auf den Schultern lag. Bei starkem Regen schlugen die Kinder eine Deckenhälfte über den Kopf. Dieser einfache Regenschutz half gleichermaßen gegen Nässe und Kälte.

Aber nicht nur nasskaltes Wetter erschwerte Kinderarbeit; manchmal sorgte auch große Hitze für Ungemach. Heinrich Leihe aus Richstein half seinem Vater beim ‚Kartoffelrissen' .Neben die Kuh band man ein junges Rind, um es anzulernen, denn auf dem Kartoffelfeld konnte das noch ungestüme Tier keinen großen Schaden anrichten. Heinrich leitete die beiden Tiere, sein Vater führte den Pflug. In der Gluthitze stolperte der Junge von Furche zu Furche mit den beiden Tieren und war froh, als zuhause endlich wieder ausgespannt wurde. Wer glaubt, der Junge hätte nun spielen oder Hausaufgaben machen können, der irrt.

Nun musste er Kühe hüten. Erschöpft und müde hockte er sich in den Schatten eines Baumes und schlief bald ein. Die Tiere suchten sich ihr Futter alleine, allerdings im Getreidefeld eines Nachbarn. Unglücklicherweise kam dieser gerade vorbei und sah das Schauspiel. Erbost jagte er die Tiere wieder auf die Grünfläche und erblickte auch noch den seelenruhig schlafenden Jungen, den er wütend aus seinen Träumen

Das Viehhüten zählte – oberflächlich betrachtet – zu den angenehmsten Pflichten...
Altenbüren 1942

... es ließ sogar noch Zeit zum Spielen.
Altenbüren 1942

riss und regelrecht ‚verdrosch'. Der Junge erzählte zuhause nicht, was ihm widerfahren war. Selbst als seine Mutter die blauen Striemen entdeckte und nach deren Ursache fragte, schwieg er beharrlich. Er wagte nicht, seine Unzuverlässigkeit einzugestehen.

Alte Forstfrevelakten aus dem 19. Jahrhundert geben ein anschauliches Bild von den Aufgaben, die man Kindern damals zumutete. So wurden 1868 zwei sechsjährige Jungen vom Förster ertappt, als sie jeweils fünf Stück Rindvieh auf Flächen weiden ließen, „wo sie nicht befugt waren". Dieses Vergehen geschah an einem Vormittag. Franz Pieper, ein zehnjähriger Dienstjunge, wurde 1864 gar in aller Frühe um 3 Uhr mit fünf Stück Altvieh in ei-

Groß und Klein arbeiteten zusammen. Radlinghausen, um 1940

ner Schonung angetroffen. Allerdings stand dem Jungen noch eine zwanzigjährige Dienstmagd zur Seite. Auch die zehnjährige Dienstmagd Katharina Bräutigam weidete 1861 mit Rindern und einem Schaf in einem verbotenen Distrikt.

Unzählige Kinder wurden ‚verurteilt', als sie im Auftrag ihrer Eltern oder Dienstherren ‚Straftaten' begingen. Mal wurden sie ertappt beim Hüten in einem verbotenen Distrikt, mal mit einer „Traglast Laub" im Wert von 2 Silbergroschen auf dem Kopf, mal mit einem „Schlitten buchen Äste" hinter sich oder mit einer „Traglast buchen Äste" auf dem Arm, mal wurden sie mit einem Sack Laub in der Hand des Frevels überführt.

Von den Ängsten und Nöten der kleinen Sünder, wenn sie erwischt wurden, war keine Rede, auch nicht von den zum Teil unzumutbaren Aufgaben, die man ihnen übertragen hatte. Die Forstfrevelakten dokumentieren nicht nur die Tatbestände, sondern belegen auch, dass manches sauerländische Kind als Dienstjunge oder Dienstmagd außerhalb der eigenen Familie arbeitete. Viele Kinder wurden mit neun oder zehn Jahren in andere Dörfer zu größeren Bauern gegeben, um das elterliche Budget zu entlasten, denn ein Esser weniger am Tisch machte sich schon bemerkbar.

Diese Kinder ersetzten in der anderen Familie keine fehlenden Dienstboten, sondern lediglich fehlende Kinder im passenden Alter. Häufig bestand auch eine entfernte verwandtschaftliche Beziehung, so dass die Kinder durchweg in die Familie eingegliedert wurden. Manchmal erhielten sie zusätzlich zur freien Unterkunft und Verpflegung auch ein Kleidungsstück; Geld bekamen sie nicht für ihre Tätigkeit.

Das ‚Weggeben' der Kinder geschah in der festen Überzeugung, dem Kind eine bessere Zukunft bei ausreichender Kost zu ermöglichen. Auch die Eltern litten unter der Situation. Niemand trennte sich leichtfertig und ungerührt von einem seiner Kinder; allein die Not war der Gebieter. Konnten die Kinder ihre gewohnte Schule weiter besuchen, war die Trennung vom Elternhaus nicht gar so schlimm. Die meisten Kinder fügten sich sowieso willig in dieses Schicksal, erlebten sie doch in den anderen Häusern die gleiche Situation.

Jeder – ob Groß oder Klein – war in den harten Arbeitsalltag voll eingebunden. So wie die Erwachsenen sich abrackerten, so erwarteten sie auch von den Kindern Opfer und Mühen. Über Arbeit zu klagen, galt als Schande, auch zu sagen, dass eine Arbeit zu schwer sei. Im Gegenteil, die Kinder waren stolz, wenn sie schon recht früh diese oder jene Arbeit verrichten konnten; es steigerte ihr Selbstwertgefühl. Die Kinder wurden nicht als billige, weil kostenlose Arbeitskräfte ausgenutzt, Eltern spannten ihre Kinder nicht aus Unverständnis oder Habsucht ein. Nein, sie waren auf die Hilfe der Kinder angewiesen. Eine bezahlte Arbeitskraft hätten sie sich nicht leisten können. Ja, sie konnten ihren Lebensunterhalt häufig nur sichern, wenn Jung und Alt ‚bis zum Umfallen' schafften.

Quellen:

(1) Silke Göttsch: Kinder als Arbeitskräfte in Landwirtschaft und Industrie in: Kinderkultur, 25. Deutscher Volkskundekongress in Bremen vom 7.–12. Oktober 1985, S. 77.
(2) wie 1.
(3) Elisabeth Plößl: Kinder auf dem Dorf 1900 – 1930, Gessertshausen 1989, S. 40
(4) wie 3, S. 43.
(5) wie 3, S. 43.
(6) wie 3, S. 44/45.
(7) Christiane Cantauw-Groschek/Ulrich Tenschert: Kinderalltag in Stadt und Land 1800–1945, Wiedenbrück 1992, S.111.
(8) wie 3, S. 62.
(9) Bärbel Michels: Kindheit im Sauerland und Wittgensteiner Land, Fredeburg 1995, S. 112.
(10) Bärbel Michels: Haus- und Nutztierhaltung im Sauerland und Wittgensteiner Land, Fredeburg 1996, S. 168.
(11) Karl Heinz Kaufmann: Wenden – Wo die Wendschen wohnen – Ein heimatgeschichtliches und volkskundliches Lesebuch, 2. verbesserte Aufl., Kreuztal 2002, S. 251.
(12) Adolf Claudi: Kinderlangeweile, die gab es...nicht! in: Wittgenstein III, Hrsg. G. Hippenstiel/W. Wied, Bad Laasphe 1984, S. 518.
(13) wie 11, S. 251.
(14) wie 12, S. 518.
(15) wie 12, S. 518/519.
(16) wie 10, S. 168.
(17) wie 7, S. 48 ff.
(18) Siegfried Becker: Arbeitsgerät und soziale Ordnung in der ländlichen Erziehung in: Kinderkultur, Bremen, S. 48.
(19) wie 18.

Knecht und Magd: Berufe, die es nicht mehr gibt

Wilhelm Feldmann

In Zeiten, als die Industrialisierung hierzulande noch keine bedeutende Rolle spielte, bescheidenes Handwerk in jedem kleinen Ort anzutreffen war und der größte Teil der Bevölkerung auf dem Lande lebte, hatte die Landwirtschaft als Erwerbszweig die größte Bedeutung. Harte, entbehrungsreiche Arbeit war vorrangig im Leben der meisten Menschen. Ein gewisses Maß an Wahlmöglichkeit genossen die Stadtbewohner. Sie stellten aber nur eine Minderheit der Gesamtbevölkerung dar. Die große Mehrheit waren Bauern mit ihren Familien auf dem Land, deren Alltag von den Jahreszeiten und den Witterungseinflüssen bestimmt war. Es war auch die Blütezeit eines Berufsstandes, den es heute nicht mehr gibt: Der Knechte und Mägde.

Ohne den Einsatz dieser Menschen wäre die Bewirtschaftung eines Hofes undenkbar gewesen. Die mangelnde Mechanisierung in der damaligen Landwirtschaft und die vielfältigen Aufgaben auf dem Hof machten den Einsatz fremder Arbeitskraft unentbehrlich. Für den überwiegenden Teil der Landbevölkerung bot sich die Beschäftigung auf den Höfen als einzige Alternative dar. Geringe Bildungschancen sowie die Not und Armut der meist kinderreichen Kötter- und Heuerlingsfamilien führten dazu, dass die heranwachsenden Kinder schon sehr früh ihr Brot beim Bauern verdienen mussten. Nachgeborene Söhne und Töchter auf dem Hof blieben dort als Knecht oder Magd ein Leben lang in Diensten. Viele verheirateten sich nicht, sondern blieben als „Öhm“ oder „Tante“, deren Erbteil nach ihrem Tode an den Hof zurückfiel. Knechte und Mägde bildeten gemeinsam mit der bäuerlichen Familie eine eingeschworene Lebensgemeinschaft. Die gegenseitige Abhängigkeit führte zu einer Verbundenheit, die im heutigen Arbeitsleben nur noch selten zu finden ist. Ein Denken, auf den Vorteil des Hofes gerichtet, war selbstverständlich. Ging es dem Hof gut, profitierten auch sie davon. Traf den Hof jedoch Unglück durch Missernte, Krankheit, Brand- oder Sturmschaden, so waren sie es, die auf ihren gerechten Lohn warten mussten. Manches, was damals auf den Höfen geschah, würden wir heute als Ausbeutung bezeichnen. Doch die Menschen wurden bereits in jungen Jahren an harte Arbeit gewöhnt. So gehörte es zur Tätigkeit einer Magd, den Stall zu misten und in der Erntezeit schwere Feldarbeit zu verrichten. Wenn die Witterung es verlangte, kannte das Tagwerk kein Ende. Trotzdem erlebten sie ein zufriedenes Dasein in einer ländlichen Dorfgemeinschaft, aus der sie nicht wegzudenken waren. Ein Dach über dem Kopf, eine einfache, aber kräftigende Kost am gemeinsamen Tisch, ihr ganzes Hab und Gut in einem Koffer oder in einer Truhe aufbewahrt, am Martinstag die Zahlung eines bescheidenen Lohnes für das vergangene Jahr: Damit begnügten sie sich oft ein Leben lang. In einer Zeit, in der es weder Sozialversicherung noch Krankenkasse gab, oblag jedoch auch der bäuerli-

Um 1940: Grasmähen im Salweytal mit einem von Pferden gezogenen Mäher. Der Einsatz dieser für die damalige Zeit modernen Landmaschine brachte eine wesentliche Arbeitserleichterung, Zeit- und Arbeitskraftersparnis. Josef Feldmann, rechts und Otto Feldmann, Sallinghausen. Foto: privat

chen Familie die soziale Obhut gegenüber dem Gesinde. Erkrankte ein Knecht oder eine Magd, so erhielten sie fürsorgliche Pflege durch die Familie. Die, welche ein Leben lang einem Hof zu Diensten waren, beschlossen nicht selten dort auch ihr Leben. Dadurch entstanden enge menschliche Bindungen, die sehr oft auch nach Beendigung eines Dienstverhältnisses noch jahrelang anhielten.

Die Löhne der Arbeiter wurden damals zu einem großen Teil in Naturalien bezahlt. Der Knecht bekam Stiefel und Hemden neben seinem Lohn, die Magd Leinen und Schuhe. Oft wurde vom Hof ein kleines Stück Land zur Verfügung gestellt. Darauf konnte der Knecht seine Milchziege halten oder ein paar Schweine mästen, von denen er die Schinken verkaufte und nur die Speckseiten für sich behielt.

Feste Anstellungsverträge waren selten, tariflich festgelegte Lohnangleichungen, Urlaubsvereinbarungen oder ähnliche Selbstverständlichkeiten des heutigen Arbeitslebens waren nicht üblich. Löhne und Arbeitsbedingungen waren deshalb auch nicht überall gleich. Nach alten Berichten erhielt in der Zeit von 1840 bis 1860 auf größeren Höfen des Kreises Meschede der Großknecht 30 Taler jährlich, der Pferdeknecht 15 Taler, daneben zwei Paar Schuhe, die Mägde erhielten 6 Taler nebst zwei Paar Schuhen und einem Stück (30 Ellen) Leinen, die Tagelöhner 7 1/2 Silbergroschen pro Tag und ihr Mittagessen. Als Wertmaßstab kann der Preis für eine gute Kuh herangezogen werden. Sie kostete um 80 Taler. Daran wird deutlich, wie wenig Arbeitskraft damals wert war.

Das änderte sich mit der zunehmenden Industrialisierung. Hierzu ein Bericht aus dem Jahre 1912: „Die große Klage der Landwirte ist seit 30 Jahren der Arbeitermangel und als dessen Folge die Verteuerung der Löhne. Dies war um die Mitte des vorigen Jahrhunderts anders. Arbeiter waren hinreichend vorhanden und verstanden ihr Metier. Heute wandern gerade die besten Arbeiter in die Städte und zu den Zechen ab, und für die Landwirte bleiben vielfach nur ganz junge und auch minderwertige Kräfte. Auch fehlt es ihnen an guten Säeleuten. Früher fanden sich solche in jedem Dorfe und auf jedem Gute. Diese verstanden ihr Geschäft, und man sagte namentlich beim Rapssäen: Ein guter Säemann ist einen Dukaten wert!"

Die Landwirtschaft begegnete diesem Missstand mit einer zunehmenden Mechanisierung der Arbeitsabläufe, um so den zusätzlichen Einsatz von Arbeitskräften einzuschränken. „Wer durch den Pflug reich werden will, muss ihn selber anfassen". So hieß es damals. Diese Entwicklung dauerte bis zur Mitte des 20. Jahrhunderts an. Knechte und Mägde kennt man seitdem fast nicht mehr. Die verhältnismäßig geringe Zahl der Arbeiter, die in der heutigen Landwirtschaft zum Einsatz kommen, sind fachlich qualifizierte, gut ausgebildete Kräfte mit tariflichen Lohnvereinbarungen, die denen in der übrigen Wirtschaft kaum nachstehen.

Der Schultenhof in Sallinghausen, Foto: privat

Zwölf Jahre als Magd auf einem Hof
Auf Martini: Lohn für das ganze Jahr

Wenn es insbesondere den kleinen Betrieben hier im Sauerland nicht gut ging, waren die Lohnkosten für den Bauern ein arger Verdruss. Nach einer schlechten Ernte sahen nicht wenige einem Tag mit großer Sorge entgegen: dem Martinstag am 11. November. Die landwirtschaftliche Winterschule in Fretter gibt im Jahre 1883 in ihrem Jahresbericht diese Situation treffend wieder: „Kommt Martini ins Land, dann müssen Knechte und Mägde ausgelöhnt werden. Steuern und Umlagen wollen berichtigt sein. Naturalzahlung ist nicht mehr angebracht, sonst könnte der Bauer einen Wagen Knüppel vorfahren; indes, Steuerempfänger und Rendant quittieren nur gegen Bar, gegen Preußisch Courant. Also Geld und überall Geld. Woher aber nehmen?“

Für die heidnischen Germanen begann das neue Jahr mit ihrem Herbstfest. Sie brachten ihrem Hauptgott Wodan Opfer dar. Die Kirche setzte später an diese Stelle das Fest des hl. Martin. Die im 18. Jahrhundert noch vielerorts bekannten Martinsfeuer lassen sich auf die germanischen Herbstfeuer zurückführen. Dieser Rest heidnischer Überlieferung in christlichem Gewand wurde nach und nach verboten und ist heute in unserer Heimat nicht mehr bekannt. Als Termintag für Zahlungen, Naturalabgaben und Dienstbotenwechsel hat jedoch der Martinstag seine Bedeutung bis in die erste Hälfte unseres Jahrhunderts behalten. Mit Martini endete das Ackerbaujahr. Auch die Schäfer wechselten den Dienst, da die Weidezeit ihr Ende erreicht hatte.

Die junge Karolina Schulte sehnte jedoch den Martinstag des Jahres 1868 herbei. Sie stammte aus einfachen Verhältnissen. Ihre Eltern ernährten die vielköpfige Familie mit dem, was sie auf ihrem kleinen Kotten an der Wenne erwirtschafteten. Ein unverzichtbares Zubrot brachte der Tagelohn-Einsatz der ganzen Familie auf den nahe gelegenen Höfen in Wenholthausen, in der Mesmecke, auf Gut Wenne und in Sallinghausen. Karolina und ihre Geschwister wurden schon sehr früh in die Pflicht genommen und mussten zum Lebensunterhalt der Familie beitragen. Ihre Eltern waren dankbar, als Bauer Eberhard Eickhoff vom Schulten Hof in Sallinghausen ihnen anbot, Karolina als Magd zu sich zu nehmen.

Im Jahre 1820 in Sallinghausen geboren, hatte er den Schulten Hof von seinem Vater übernommen und mit Elan zu großer Blüte gebracht. Er genoss auch im öffentlichen Leben hohes Ansehen, war Kirchenvorstandsmitglied der Esloher Pfarrgemeinde und Geschworener beim Schöffengericht in Arnsberg. Als Hauptmann der Schützenbruderschaft hatte Eickhoff sich durch langjährigen Einsatz Verdienste erworben. Zudem war er Vorstandsmitglied des Landwirtschaftlichen Lokalvereins Eslohe, der 1846 gegründet wurde.

Seinem gewohnten Umgang mit Papier und Feder sowie seiner redlichen Wertschätzung, die er dem Gesinde entgegenbrachte, ist es zu danken, dass bis heute einiges Hofgeschichtliches aus dieser Zeit erhalten blieb. So auch die Kenntnis über einen „Mietvertrag“, den er am 14. März 1868 mit den Eltern der Karolina Schulte schloss. Allein die Vertragsbezeichnung macht deutlich, dass die heute nahe liegende Benennung „Arbeitsvertrag“ damals ein Fremdwort war.

Es wurde vereinbart, dass sie bis Martini 1869 einen Barlohn von 22 Reichstalern sowie ein Kleid und ein Paar Schuhe erhält. Darüber hinaus werden zwei Metzen Leinsamen mitgesät. Für Weinkauf (Winkop) wurden sofort 1 Reichstaler und 16 Silbergroschen in bar ausgezahlt. Beim Dienstantritt erhielt Karolinas Mutter ein so genanntes „Schüngelbrot“.

Karolina fand sich auf dem Schultenhof gut zurecht, so dass ihr Brotherr den Kontrakt um ein Jahr bis Martini 1870 verlängerte. Den Fleiß seiner Magd belohnte er mit dem Vertragszusatz: ein Tag Mist fahren mit zwei Pferden für Karolinas Eltern.

Fünf Jahre gingen ins Land. Am Martinstag 1874 erhielt sie von Eickhoff die Zusage, dass sie zusätzlich noch ein weiteres Paar Schuhe jährlich erhalten soll. Außerdem wird für sie ein Bleichstück Tuch mitgewebt.

Von Martini 1875 bis 1877 wurde der Barlohn von 22 Talern auf 26 Taler erhöht. Alles andere blieb wie bisher. Bis Martini 1878 galt dieser Vertrag weiter, nur mit der Ausnahme, dass der Barlohn nicht mehr in 26 Reichstalern, sondern in 78 Reichsmark ausgezahlt wurde. Das blieb so bei unveränderten Bedingungen bis Martini 1880.

Die letzte Eintragung des Eberhard Eickhoff auf dem Vertragspapier lautet wie folgt: „Karolina scheidet nach 12-jährigen, ausnahmsweise treuen Diensten aus, weil sie den Maurer Ferdinand Sternberg auf dem Beil in Nieder-eslohe heiratet.“ Als Hochzeitsgeschenk erhielt sie ein komplettes zweischläfriges Ehebett.

Ihr Abschied vom Schultenhof und von den Sallinghausern fiel ihr nicht leicht. Deshalb pflegte sie auch weiterhin Kontakt mit den Nachbarn. Es gab kein Flachsjäten und -rupfen im Dorf, bei dem sie nicht dabei war. Auch mit den weiteren Verarbeitungsstufen wie Flachsstriepen, -rösten, -brechen, -schwingen und zu guter Letzt mit dem Spinnen war sie gut vertraut. Wenn sie für die Getreideernte bestellt wurde, kam sie nur, wenn sie eine Sense in die Hand nehmen durfte. Sie mähte und wetzte dann mit jedem Mann um die Wette.

Alljährlich, so ist überliefert, wurde die ganze Dorfjugend von ihr auf „Isidor“, dem Niederesloher Patronatsfest, zum Nachmittagskaffee mit Bergen von Streuselkuchen eingeladen. Zum Abschied gab es Grießmehlpudding mit Himbeersaft. Kein Wunder, dass die Jugend sich das ganze Jahr auf diesen Tag freute.

Karolina Sternberg verlebte ihre letzten Lebensjahre bei ihrer Tochter Maria, die in Fretter verheiratet war. Im Jahre 1920 gaben ihr viele Sallinghauser dort das letzte Geleit.

Bauernregeln am Beispiel „Hühner“ und „Katzen“

Wer arm werden will
und weiß nicht wie,
der halte nur viel Federvieh

Liegt im Februar die Katz im Freien,
kann sie im März vor Kälte schreien.

Siehst du die Katze gähnend liegen,
weißt du, daß wir Gewitter kriegen.

Abseits der Wege.
Befindlichkeiten einer Landarbeiterin

Christine Schönebeck

Ida P. kam aus Schlesien. Als junge Frau wurde sie von dort vertrieben. Über Jüterborg kam sie in ein sauerländisches Dorf, Randlage. Dort lebte sie mit ihrer Mutter und ihrem Mann, einem Hilfsarbeiter, der im Straßenbau eine Beschäftigung fand. Ihre Mutter überlebte sie um 27 Jahre, ihren Mann um zwei Jahre. Die Ehe blieb kinderlos.

Ida P. hat viel verwahrt. Zeitungsausschnitte, Briefe, kleine Fotos in einer Schachtel, übervoll beschriebene Terminkalender, Oktavhefte, Kladden, Abrisskalender und Kalenderrückwände. Sie hat ihre eigenen Aufzeichnungen

Die Weggefährten:
Ida mit Mutter und Mann, „Juli 1956"

registriert und geordnet - kleine Zettelsammlungen in benutzte Briefumschläge eingetütet und diese beschriftet, jeder Brief ist auf dem Umschlag mit einem Kommentar zum Briefinhalt und mit dem Datum versehen. Ida P. wurde 82 Jahre alt. Sie war nie so richtig im Sauerland angekommen.

Ihr Nachlass vermittelt Heimat, selbsterschaffene Heimat. Heimat in einem unsichtbaren Binnenraum. Dieser spielt sich ein als eine Welt, in der Fernsehdarsteller und unerreichbare, nun in der DDR wohnende schlesische Verwandte lebendig vertreten sind. Der eigene Erlebnishorizont im Alltag wird dazu akribisch protokolliert. Doch Ida zeichnet vor allem Wetterbeobachtungen im Sauerland und ihre Körperwahrnehmungen auf – kontinuierlich und zum Teil wie unsichtbar aufeinander bezogen – und bleibt in diesem Binnenraum bei aller Kargheit der Formulierungen weitgehend ihrer eigenen Gefühlsebene verpflichtet. Personen aus ihrer sozialen Umgebung haben nur selten Einfluss auf Idas Welt. Auch ihr Mann, ebenfalls aus Schlesien, ist nur dann,

Winter im Sauerland „Februar/März 1955"

wenn er krank war, einen Arbeitsunfall hatte oder betrunken nach Hause kam, also unausweichlich durch Sorge und Ärger auffiel, ihr nahe - und so ist er über weite Strecken in dieser Selbstdokumentation nur vage zu erahnen. Doch gibt es Aufschriften auf den von ihr archivierten Materialien, die auf die bedrohliche Anwesenheit anderer Menschen für Idas Binnen-Leben schließen lassen. „Nicht verbrennen!", heißt es auf vielen archivierten Stücken – oder ist dies bereits Teil eines schriftlich geführten Selbstgesprächs?

Einsamkeiten

Der Winter war in Einzelhoflage auch für verwurzelte Sauerländer, insbesondere für verwitwete oder allein stehende Menschen durchaus mit Gefühlen der Einsamkeit verbunden. Die Kälte, der Wind, die mangelnden Kontaktmöglichkeiten wegen der schlechten Wege, handfeste Widrigkeiten, denen aber nicht mit Schneeschieber und einem guten Ofen allein abzuhelfen war.

Doch hatte man sich eingerichtet. Einem Anflug von Angst konnte begegnet werden, wie man ihr begegnen sollte und wie man sich gewöhnt hatte ihr zu begegnen. Die Teilhabe an einer regionalen Kultur ermöglicht ohne viel Aufwand ein Eingebundensein in soziale Gemeinschaften, Nachbarschaften, Dorfgemeinschaften oder in die Geschichte eines Hofes und dies stellt Vorerfahrungen zur Verfügung. Ausgestattet mit den in Gemeinschaft erlebten und eingeübten Hilfskonzepten, mit frommen Worten und Dingen weiß man möglicherweise sogar, wie es zu gelingen hat: Trost zu finden, Angst zu überwinden, in Krankheit zuversichtlich zu bleiben und sich über Befindlichkeiten heilsam auszutauschen.

Ida hat sich nicht einfinden können in die Hilfsangebote und regulierten Lebensvollzüge ihrer Umwelt. Es kann sein, dass sie am öffentlichen sozialen Leben oder an einigen Festen teilgenommenen hat, das Archiv ihres Lebens enthält aus ihrer unmittelbaren Umgebung lediglich drei Todesanzeigen (1984, 1991 und 1996) und zwei Einladungen, zu einem Polterabend 1985 sowie zu einer Trauung 1991.

Ida hat viele Tiere fotografiert, ihre Hasen und die zugelaufene Katze, die Pferde der Nachbarn. Sie sammelte die Fotos der Kinder der unerreichbaren schlesischen Verwandten in der DDR. Sie dokumentieren soziale Ereignisse, an denen sie nicht teilhatte: die Einschulung, die Jugendweihe, der stolze Ausgang mit dem Kinderwagen.
Ida P. war evangelisch. Ein Einfinden in der neuen Heimat war ihr über eine vertraute Religiosität, über das Mittun bei kirchlichen Veranstaltungen nicht möglich.

Heimatverlust

Sehr wenige Fotos zeigen Idas alte Welt, auf dem Lande, bei Liegnitz.

Die unbefangene Ida hat es gegeben. Sie war jung, lebensfroh, hatte Freundinnen, mit denen sie über Männer und die Liebe nachdenken und

„In den Rüben am 15. Juli 1941"

lachen konnte. So teilte ihr ihre Freundin Erna im März 1943 das Neueste von den jungen Männern und ihren Einberufungsbescheiden mit und folgendes ‚Rezept':

„Pudding Rezept.
2 Maße Liebe, 3 Grm Seufzer, 250 gr. Küsse, diese werden in guter brennender Liebe und inniger Umarmung eingerührt, alsdann füge man einen kalten Blick einer neidischen Freundin zu, falls sie vorhanden ist, und lasse das ganze 1 1/2 Stunde in einer dunklen Laube bei hellem Mondschein gut aufkochen, dasselbe ist ausreichend für 2 Personen."

Wenig ist Ida aus dieser Zeit geblieben, ein Foto beispielsweise, „Zur ewigen Erinnerung an Deine Kusine Meta nebst Mann", das ein Pferdefuhrwerk zeigt.

Genaue Aufzeichnungen über die Erlebnisse von Flucht und Vertreibung beinhaltet der Nachlass nicht. Ida hat jedoch ein mehrseitiges handschriftliches Gedicht aus ihrem persönlichen Umfeld mit dem Titel „Erinnerung an unsre Befreiung im Mai 1945" sorgfältig in einem Fotopassepartout verwahrt. (Kommentar auf der Außenseite des Passepartouts: „Dieses Gedicht an seine Mutter, von Ludwig geschrieben im Krieg".) Es geht um den Verlust von Dingen und die demütigende Behandlung vor dem Abmarsch und auf dem Transport. Doch das Grauen entzieht sich einem unmittelbaren empathischen Zugang durch vordergründig fast Scherzhaftes. Die Reime bringen das Unfassliche zuweilen grotesk in eine für die ehemals Beteiligten annehmbare Form.

„Tulle marsch, die ganze Nacht, hats gedunnert u. gekracht,
Morgens früh im 9. Mai, rukta die Befreier ei, (...)
Die Geschäfte warn geplündert, niemand is, da das verhindert, (...)

Schwerba hats ei grußa Zohl, Lumpa, Lumpa überoll.–
Gartenzäune sein im Wäge, ausgeforn, – jetzt stiehn se schräge.
(…)
Giehst uff Arbeit, giehst uff Tur, "Pan dawei" gib deine Uhr.
Kaum vergassa dam Verdruß, warschte och dein Fohrrod lus.
(…)
Was ich ganz und gor verfluche, sein die nächtlichen Besuche,
konnst nie schlofa in da Nacht, weils dich dauernd wilde macht.
Dauernd giehn se auf und ab, die Befreier zap zarapp.-
(…)
und im Mai do stunds geschrieba, „inse Stadt wird ausgetrieba.“
Tag und Nacht, do zieht der Morsch, mit Bewachung aber forsch,
Biste schlopp, kimmst nicht nach, kriegste glei a Ding ufs Dach.-
Während dann ziehn frank und frei, andre Leute bei ins ei.
(…)
Was stets recht war, is verkehrt, was nischt taugt, hot jitz sein Wert.“

Im Flüchtlingslager in Jüterborg in Brandenburg wird sie in einem Oktavheft die Namen, Herkunftsorte und Geburtsdaten von Bekannten aus Schlesien verzeichnen. Sie listet auf, wem sie bereits geschrieben hat. Eine Selbstvergewisserung im Spiegel kollektiver Geschichte bahnt sich an und das Bewusstsein einer ursprünglichen gemeinsamen Beheimatung entwickelt sich. Ida schreibt sich ein „Schlesierlied“ in ihr Heft und verwahrt das vom Evangelischen Bund 1948 herausgegebene Liederbuch „Singende Heimat Schlesien“ sorgfältig.

Ein kleiner, stark begriffener, gefalteter Zettel fällt auf – die Rückseite wurde 1947 beschrieben. Es handelt sich um ein „Gebet in der Fremde“, mit Schreibmaschine geschrieben. Es beginnt mit: „Lieber Gott lass uns nicht untergehen. Die wir Heimatlos in der Fremde stehn“.

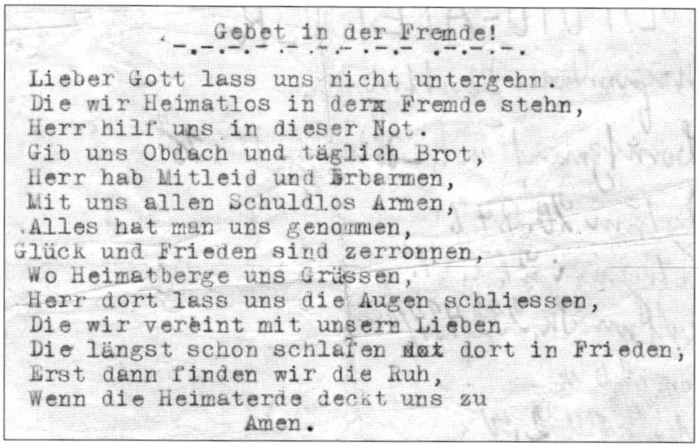
Gebet in der Fremde!
Lieber Gott lass uns nicht untergehn.
Die wir Heimatlos in der Fremde stehn,
Herr hilf uns in dieser Not.
Gib uns Obdach und täglich Brot,
Herr hab Mitleid und Erbarmen,
Mit uns allen Schuldlos Armen,
Alles hat man uns genommen,
Glück und Frieden sind zerronnen,
Wo Heimatberge uns Grüssen,
Herr dort lass uns die Augen schliessen,
Die wir vereint mit unsern Lieben
Die längst schon schlafen dort in Frieden,
Erst dann finden wir die Ruh,
Wenn die Heimaterde deckt uns zu
Amen.

Zettel mit Gebet (vor 1948)

Erste Hinweise auf Idas Umgang mit sich selbst bieten die Aufzeichnungen zu ihrem Krankenhausaufenthalt. „Am 16. Oktober ins Krankenhaus eingeliefert“, schreibt sie 1945 in ihr Heft, und dann folgt akribisch das Protokoll des Essensangebotes:

„Mittag gab es Mohrrüben. Abends gab es 2 Teller Mehlsuppe und 4 Schnitten mit Quark und weinroten Tee. Sonnabend früh gab es 3 Schnitten (Butter) Kaffee. Mittag gab es Salzkartoffeln mit Tomatensoße (…).“

Seitenlang bis zur Entlassung am 28. November geht es so weiter. Nicht die Körperwahrnehmung, das Patientsein wird beschrieben, sondern stellvertretend etwas Einfacheres, Protokollierbares, fast Kontrollier- und Handhabbares wird notiert: das Erleben eines Tages erscheint auf die Mahlzeiten reduziert.

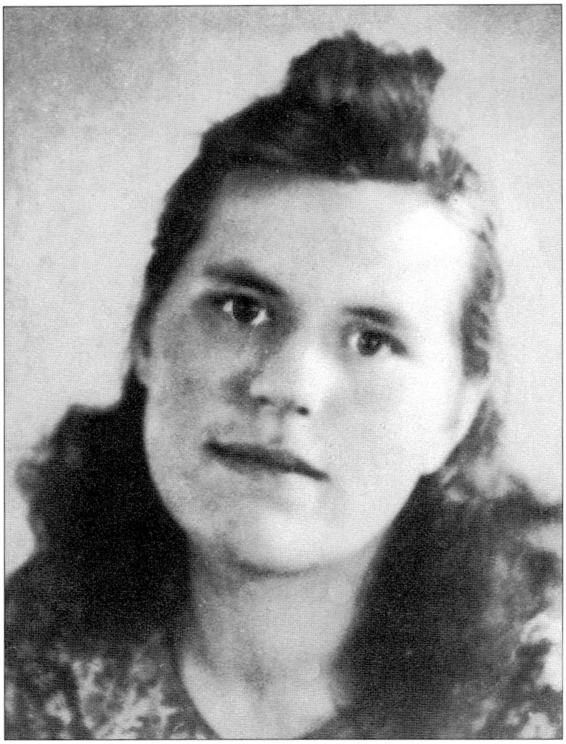

„48 photographiert, das Haar ist etwas verrutscht"

Die Lebenskreise in der Fremde

Ida richtet sich auch ein. Das Landarbeiterhaus in der nördlichen Ortseinfahrt aus der Zeit um 1900 bietet ihr einige Möglichkeiten. Sie pflanzt Blumen und Gemüse, sorgt sich um ihre Kleintiere, beobachtet das Vieh der Bauern auf den Weiden, das Eintreffen fremder Autos und das Wetter. Sie wird nicht mehr viel reisen. Ihre ersten Erkundungen der Umgebung protokolliert sie auf die bekannte Weise. Ida hält nicht fest, was sie gesehen hat, warum und mit wem sie unterwegs war, was sie erlebt und wie sie sich dabei gefühlt hat - Bahnhöfe und Abfahrtzeiten stehen stellvertretend für komplexes Erleben.

„Am 6.6.53 gefahren nach Bigge. Ab Freienohl 9.30 bis Bestwig. Bestwig mit Bahnbus 10.05 bis Bigge. Zurück mit der Kleinbahn von Bigge 13.55 bis Bestwig. Von Bestwig 15.15 nach Freienohl. Ankunft Freienohl 15.35. Von Freienohl mit Bahnbus 16.45 nach Berge."

Das Eingewöhnen in der Fremde stellt sich als unumkehrbarer Prozess in ein immer lebendigeres Innenleben dar. 1965 erscheint ein Lied von Freddy Quinn aus dem Jahr 1964 in Idas Heft:

„Vergangen vergessen vorüber,
Vergangen vergessen vorbei,
die Zeit deckt den Mantel darüber
vergangen vergessen vorbei.
Schön tief singen."

Für 1966 zeigt ein willkürlicher Ausschnitt aus einem Tagebuch, auf welchen Erfahrungsebenen sie ihr Leben stellvertretend festhält.

„Am 14.12. starker Wind aus Südw. Schneeregenschauer. Am 14.12. Karte nach I. und Karte nach B. und Bestellung nach Quelle abgeschickt. Am 15.12. ruhig, dunstig, etwas kalt. Am 16.12. dunstig, trübe, schwacher Wind aus

„im Februar 1951"

wechselnden Richtungen. Am 16.12. Kühlschr. ausgeschaltet und richtig sauber gemacht. Am 17.12. Schlafzimmerofen gekehrt. Am 17.12. bedeckt und mäßiger Wind aus wechselnden Richtungen."

Typische Notizen aus einem Kalender der Ida

Das Befinden verbirgt sich zunächst noch hinter einer formalisierten Außenwahrnehmung, im Laufe des Lebens wird die Körperwahrnehmung immer deutlicher hinzutreten, Krankheiten, Unpässlichkeiten und Verdauungsprozesse werden genauestens registriert und zuletzt artikuliert sie Empfindungen, wenn es auf einer Kalenderrückwand heißt:

„M. (ihr Ehemann, d.V.) ins Krankenhaus eingeliefert wegen schwachen Herz (...) die Sanitäter kamen, 2 Mann haben Ihn raus gegängelt. Und meine Aufregung.
Zimmernummer 325(...) Karolinenhospital"

Ein Dazugehören zur regionalen Kultur wurde Ida nicht möglich, sie erscheint seltsam auf sich gestellt. Dazu hat sie sich versorgt mit medienvermittelten Hilfen. Idas Welt zwischen dem Sauerland und den schlesischen Verwandten basiert in dieser Hinsicht auf den modernen Möglichkeiten in der bundesrepublikanischen Nachkriegsgesellschaft. Ida liest die Bild-Zeitung, sieht fern, studiert die Fernsehzeitung und gibt Bestellungen bei den verschiedenen Versandhäusern auf, auch ein Versandhandel für den Gärtnerbedarf ist darunter.

Ida verwahrt Zeitungsausschnitte, wie den vom 9. Januar 1963 zum Tod des Fernsehsprechers Diether von Sallwitz. Dieser war mit 40 Jahren in seinem Auto in der Garage durch die beim Warmlaufen entstandenen Abgase gestorben, Frau und Kind - mit denen er „sehr zurückgezogen" gelebt habe - waren unterwegs gewesen. Fernsehfiguren geraten zu Kommunikationspartnern, indem sie das Leben spiegeln oder weil ihr Leben Antworten gibt, Orientierung ermöglicht. Zahlreiche Ausrisse zeigen, wie sehr Ida am Leben verschiedener Prominenter Anteil nimmt. Am 8. Februar 1972 archiviert sie den Artikel „Heinz Erhardt ist wieder zu Hause. Seine Ärzte rechnen mit völliger Gesundung".

Ida schafft sich auch Lebensbegleitung durch die Kunstfiguren der Fernsehserien. Sorgfältig verwahrt sie z.B. einen Ausschnitt aus dem Fernsehprogramm, auf dem rückwärtig der redaktionelle Beitrag zum Thema „BONANZA ist wieder da," abgedruckt ist. Gewohnheitsmäßig hat sie oben auf die Seite noch den Kommentar zum Inhalt mit Kugelschreiber angefügt: „Am 7.10.73 fing Bonanza wieder an“.

Ida sucht nicht nur die Lebendigkeit der Medienrealität, sie sucht auch sehr wohl Kontakt in der realen Welt. Sie schreibt sehr häufig und verschickt Pakete in die DDR. Sie hat sich mit Stapeln von Glückwunschkarten für alle möglichen Anlässe bevorratet. Sie führt Geburtstagslisten. Jedes Poststück vermerkt sie in ihren Notizbüchern. Erst mit der Wende 1989 und den Reisemöglichkeiten der Verwandten kommt in diese Beziehungen kurzfristig neue Dynamik, Besuche werden angekündigt.

Die Briefe Idas an die Verwandten sind nicht erhalten, aber aus einem Antwortschreiben wird deutlich, dass sie von ihnen trotz der Unmöglichkeit eines näheren persönlichen Kontakts Zuspruch erwartet hat und auch, wie belastend ihre Situation war. Die Briefpartnerin schreibt mitfühlend:

„Das kann ich mir vorstellen, daß es grob war mit dem Sturm und du warst allein. Ich hab das auch schon mitgemacht als meine Mutter gestorben war und Vater zum Spielen weg war.“

Ida gibt in der Fremde offenbar weitgehend die Verhaltenssicherheiten durch Routinen, Bräuche oder Familientraditionen auf. Für Weihnachten 1964 notiert sie noch ihre Geschenke:

„Von I. eine Sammeltasse, ein schönes dickes rotes Licht mit Tannenzweigen dran und ein selbstgemachtes Deckchen. Von R. eine Kissenhülle und ein weißes Licht mit Enzian drauf“.

Später erfahren wir aus einem Schreiben aus Bautzen, dass sie sich auch bei den Familienfesten zurückgenommen hat. Es heißt dort: „Zum Osterfest möchten wir Dir hiermit recht liebe Grüße schicken. Festtage gibt es ja für Dich nicht.“

Der Alltag, wie er aus dem Nachlass hervortritt, gestaltet sich für Ida also ganz wesentlich durch das Fernsehen und die emotionale Verarbeitung

Aus dem Glückwunschkartenvorrat

bei den Fotos verwahrte Oblaten

der Fernsehinhalte, wobei dies vom Betroffensein über ein Erdbeben bis zum Miterleben von Zwischenmenschlichkeit in den Handlungen der Fernsehserien reicht. Dazu bieten ihr die Zeitungen Informationen und Erklärungshilfen. Sie verzeichnet ferner Handlungen, die der besonderen Sorgfalt bedürfen: Kopf waschen, Ofen reinigen, Kühlschrank an- und ausstellen.

Von Bedeutung sind ihr lediglich die Alltagsroutinen, die ihr als Landarbeiterin vertraut sind. Sie gestaltet sie aus und entwickelt sie weiter. Sie sät und pflanzt, sie ordnet und schmückt ihr Wohnumfeld mit Blumen. Blumen sind von hohem emotionalen Wert. Die einzigen Erinnerungsgegenstände ohne Schriftinformation, die ihr Nachlass bietet, zeigen Blumen: Ein geprägtes farbiges Kleeblatt, eine Oblate in Form eines Blumenkorbs mit gefüllten Rosen in der Mitte sowie einer Blechschachtel für Kaffeebohnen, die sie als Aufbewahrungsdose für die Fotos umgenutzt hat und die Mohnblüten auf dem Deckel zeigt.

Die unterschiedlichsten Lebensbereiche - Alltag, Fernsehwelt, Körperwahrnehmung - stehen in Idas Aufzeichnungen unvermittelt nebeneinander. Häufig erscheint alles in einer Tonlage, zuweilen in Rhythmen mit eingeschobenen längeren Passagen. Durch die Dramaturgie der Notizen wird auch Trostbedürftigkeit erkennbar. Briefe schreiben und Blumen pflanzen erleichtern ihr ein Leben, das immer stärker die persönlichen Befindlichkeiten fokussiert, insbesondere als eigene Kinder ausbleiben. Ein Beispiel von 1979:

„Seit dem 3.5. habe ich es wieder mit dem Herzen. Am 5.5. Schlafzimmerofen gekehrt. Seit dem 3. oder 4.5. habe ich wieder so eine wunde Brust. (...) Am 8.5. war mir nicht gut mit Herz, Magen und Brust. Am 8.5. Postk. nach L. abgesch. Am 8.5. ins Gewächshaus gesät in die Mitte Gurken, und rechts Tomaten u. Salat, und links, je 2 Reihen Tomaten, u. 2 Reihen Salat. Am 6.5. war die schöne englische Serie der Doktor und das liebe Vieh zu ende. Es spielten

Ida mit ihrem Ehemann

Tierarzt Christopher Timothy als James Herriot, (...), die Haushälterin Marie Higett, Helen Andersohn das war den James Herriot Frau geworden. Am 4.2.79 fing die Serie an. Am 8.5. Postk. nach L. abgeschickt. Am 9.5. gesät (...) zuletzt am Ende 3 Reihen Grünkohl, vorn Petersilie. Es ist noch nicht besser mit dem Magen und Herzgegend, immerfort so ein komisches Gefühl."

Idas Welt bleibt klein, auch im Kranksein. Zunächst erscheint das „unruhige Herz" wie eine Metapher und ihr genaues Registrieren von Körperreaktionen kann Formen der Selbstvergewisserung annehmen, doch die Beschwerden des alternden Körpers werden unausweichlich behandlungsbedürftig. Ida hat sich im Gesundheitssystem nicht eingefunden und zieht offenbar Arztbesuche nur im Ausnahmefall in Erwägung. Wie bei ihren Tieren beobachtet sie an sich versagende Körperfunktionen und zieht ihre Schlüsse.

„Seit dem 4.7. habe ich wieder oben solch geschwollene Beine, ich glaube es ist wohl auch Art Rheuma (...) Seit Ende Juli habe ich es wieder so mit den Zähnen, hauptsächlich der unten lockere Zahn. Kann manchmal kaum essen. Und seit dem 5.8. habe ich es wieder so am Hüftknochen, dann wieder so Ischias. Ab 10.8. angefangen Misteldragees zu schlucken. (...) Ab 22.8. wieder so Schmerzen an Herz und Darm oder Milz manchmal sind die Schmerzen ganz schlimm. Vor 1 Jahr hatte ich auch solche Schmerzen. (...) Am 21. zum 22.9. ist mein lieber alter Haase gest. Hatte so ein dickes Backe, konnte nicht mehr fressen. (...) Seit dem 17.10. tut mir das linke Backe weh, wo die Wurzeln sind, habe Angst das es Krebs wird. (...) Seit dem 14.11. habe ich wieder schreckliche Zahnschmerzen. Aber mit Darm, Milz ist es besser. (...) Seit dem 17. oder 18.12. habe ich auch Grippe, und auf der Brust und Bronchien, habe nicht so richtig Appetit. Am 24.12. kriegte ich wahnsinnig Kopfschmerzen und Zahnschmerzen und gefroren. In der Nacht v. 26. zum 27. so einen furchtbaren anhaltenden Husten (...) Am 18.1. jetzt den lockeren Zahn verloren (...) In der Nacht v. 21. zum 22.1.80 ist mein lieber kleiner totgegangen. War so am röcheln, hatte wohl schlecht Luft gekriegt, das war der kl. Haase."

Wiederum hilft sich Ida selbst, indem sie Deutungshilfen und Hoffnung auf Heilung in den ihr zugänglichen Angeboten einer Medienkultur aufspürt.

31 Ausrisse aus der Bild-Zeitung zu Manfred Köhnlechners Ratschlägen der Naturheilkunde hat sie im Zeitraum von 1980 bis 1983 verwahrt, in denen es vor allem um Befindlichkeitsthemen, wie die Müdigkeit geht, zu denen vertraute oder vertrauensvoll klingende Therapieangebote erscheinen, wie „Aderlaß macht müde Menschen munter" oder „Tee mit Johanniskraut und Sie schlafen himmlisch". Eine Angst vor Krebs ist Ende der 1970er Jahre bereits nachzuweisen. Als Ida P. dann Probleme mit dem Darm bekommt, bevorratet sie sich mit verschiedenen Zeitungsausschnitten mit besänftigenden Therapieangeboten. Dazu gehören z. B. die Ratschläge des BILD-Experten H.J. Behrens vom 20. Oktober 1995 unter dem Titel „Kann man durch Essen Krebs vorbeugen" und der Artikel „Die Mistel. Was kann sie gegen Krebs tun?" aus der Bild-Zeitungs-Serie „Die sanfte Medizin" vom 24. November 1994. Schlicht und drastisch in der Darstellung von Krankheit wird in dieser Art von Text Heilung als eindimensional einfache Problemlösung greifbar:

„In Dr. Holzhüters Praxis saß vor kurzem eine Patientin mit einem Dickdarm-Karzinom. Es war bereits in die Scheide durchgebrochen, in der Leber fanden sich Metastasen. Bestrahlen war nicht möglich - dabei wäre zuviel Gewebe zerstört worden. Für die klassische Chemotherapie war ihr Allgemeinzustand viel zu schlecht. Der Kassenarzt begann eine Misteltherapie in hochdosierter Form (...). Erfolge: die 50jährige Frau kam wieder zu Kräften, daß die Chemotherapie beginnen konnte - und die Metastasen in der Leber hörten auf zu wuchern."

Ausgesprochen wichtige Information bietet ihr auch die „Fernsehwoche" (38/1995), denn sie notiert auf dem Titel: „nicht vernichten / steht alles drin / was man gegen / Krebs / alles essen und trinken können // nicht verbrennen".

Unter den verlockenden Worten: "Essen Sie sich gesund!" ist der Nutzen von Obst , Getreide, Gemüse, Milchprodukten und Fisch zum Schutz vor Krebs, für Herz und Kreislauf und vieles mehr aufgelistet. „Wissenschaftler entdecken die vorbeugende Kraft vieler Lebensmittel", lautet der mit angeführte Autoritätsbeweis.

Ida P. wird in ihren letzten Lebensjahren danach alles richtig machen. Sie notiert, was sie über den Tag hin isst, vermerkt Darmreaktionen und ihre Selbstmedikation. Erneut führt sie Wahrnehmungsfenster ein, mit denen das Leben auf vertrautem Terrain greifbar wird. Das Wetter, Nahrungsmittel und Heilpflanzen gehören für die Landarbeiterin in diesen persönlich verfügbaren Bereich, auf den sie zurückgeworfen ist.

„(8.7.99.) schwül warm. 5 nach 8 Mistel getr. 18 Grad. 2 vor 1/2 11 gefrühstückt. 20 Grad. 5 nach 1 Uhr Schafgarbe und 19 Grad. 6 vor 1/2 3 Milch und 2 Berliner und 21 Grad. 4 Uhr Dose Fisch und 27 Grad. 33 Grad um 20 vor 5 Uhr. 10 vor 5 Knobl. Schnaps. 32 Grad. 6 nach 8 Flasche helles zuvor, danach Käse gegessen und 25 - 26 Grad. 9 Uhr gebratenes kaltes Ei gegessen + 21 Grad. 3/4 11 Doppelherz."

Bis zuletzt wird sie ihr Archiv des Lebens in Form von Wahrnehmungsfenstern und helfenden Texten von der nach Heimat sich anfühlenden Verwandtschaft und aus der verfügbaren

Die Fernsehzeitung bietet heilende Hilfen

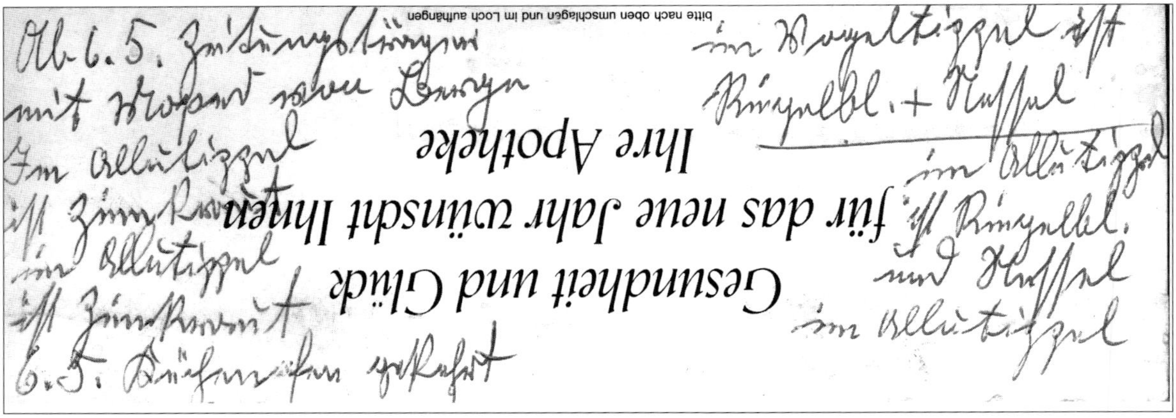

Aufzeichnungen der Ida auf einem Abreißkalender

Medienwelt führen. Sie beschreibt nun Kalenderrückwände und nutzt Rückseiten von Kalenderblättern. Was auch immer sie sich zur Heilung aus Pflanzen hergestellt hat, es befindet sich in ‚Tippeln', kleinen Näpfen – und die Beschreibung in welchem gerade was eingefüllt ist, sie bietet nun die Rahmenform für Geschehnisse aus der realen Welt.

„Am 20.3. war ich beim Doktor wegen Darm, muss Donnerstag wieder kommen. Im Alutippel ist Rest Schafgarbe im Tippel mit Klarsichtdeckel ist Mistel drin. Mistel. Im roten Tippel ist Weisdorn. Weisdorn. Dann war ich wieder am 23.3. Hatte den Bericht mit genommen vom Darm. Und EKG (...) Am 20.3. so viel Blut abgenommen. Im Alutippel ist Schöllkraut im Alutippel."

Die abgefüllten Heilmittel sind das letzte Wahrnehmungsfenster, in dem sie die Welt in Notizen festhält. Beginnend mit der Beschreibung der Essensrationen im Krankenhaus 1945 hat sie in ihren Aufzeichnungen stets Komplexität reduziert und sich auf das zurückgezogen, was ihr ohne Beschädigung möglich war. Ida blieb in diesem Prozess zurückgeworfen auf einen selbst gestalteten Binnenraum. Ihr fehlte die Beheimatung in einer regionalen Kultur mit den darin vorgegebenen Hilfen der Lebensbewältigung. Sie entwickelt eigene Lebenslösungen, die auf ihren Vorerfahrungen als Landarbeiterin in Schlesien basieren. Dazu nutzt sie in spezifischer Art die Angebote einer modernen, überregional verfügbaren Medienkultur.

Quellen:
Der Nachlass der Ida P. befindet sich in der Privatsammlung Michael Senger.
Alle Namen wurden im Text geändert.
Die Fotos sind Bestandteil des Nachlasses.
Rückwärtige Beschriftungen auf den Fotos sind in der Bildunterschrift in Anführungszeichen wiedergegeben.

Von Apfelring bis Zichorie: Nahrungsgewohnheiten und Vorratshaltung um 1930

Fleisch stand häufig auf dem Speiseplan – und ein Schnaps für die Erntehelfer durfte nicht fehlen

Bernward Selter

Wie ernährten sich unsere Eltern und Großeltern auf dem Lande vor dem Zweiten Weltkrieg? Welche Lebensmittel standen ihnen zur Verfügung? Welche Speisen wurden zubereitet, und wie intensiv musste eine Vorratshaltung betrieben werden? Die folgenden Kapitel geben einen kleinen Überblick über die Nahrungsgewohnheiten und die Bevorratung von Lebensmitteln im südwestfälischen Bergland. Sie basieren im Wesentlichen auf acht Intensivinterviews, in denen der Autor 1994 in zwei repräsentativen Dörfern (Gellinghausen, heute Stadt Schmallenberg, Hochsauerlandkreis, und Hülschotten, heute Gemeinde Finnentrop im Kreis Olpe) acht Gewährspersonen befragt hat. Weitere Quellen wurden aus dem Bestand des Westfälischen Freilichtmuseums in Detmold herangezogen (Aufzeichnungen von Interviews z.B. aus den Ortschaften Arpe, Brabecke, Grimminghausen, Milchenbach, Sellinghausen).

Als Zeitschnitt der Befragungen wurde der Beginn der 1930er-Jahre gewählt. Es war eine Zeit, in der auf dem Lande der Prozess der Mechanisierung und des ländlichem Strukturwandels kaum zu spüren war und Bedingungen herrschten, die denen um die Jahrhundertwende noch stark glichen. Das Zeitalter des Massenkonsums hat auf dem Lande erst wesentlich später Einzug gehalten als in den sich rasch entwickelnden Städten. In ländlichen Regionen wie dem Sauerland finden wir noch bis in die 1950er-Jahre hinein Speisensysteme und Mahlzeitenstrukturen vor, die Traditionen und Gewohnheiten der vorindustriellen Gesellschaft fortführten. Solche traditionellen „Ernährungsverhaltensmuster" waren seit Jahrhunderten an der Sicherung der materiellen Existenz orientiert. Die lebenserhaltende Grundversorgung mit den nötigen Lebensmitteln stand im Zentrum, das zur Verfügung stehende Einkommen war so gering, dass es Zukäufe von Lebens- und Genussmitteln kaum zuließ. Folglich war auch die häusliche Vorratshaltung recht umfangreich und die eigenhändig vorzunehmenden Konservierungsmethoden darauf hin ausgerichtet.

Allgemeines zu Mahlzeiten, Ess- und Tischsitten

Da es eine Trennung zwischen Wohn- und Arbeitsplatz nur selten gab, herrschte zu dieser Zeit noch durchgehend die traditionelle häusliche Tischgemeinschaft der Familie mit Einschluss des Gesindes vor. Gegessen wurde in der Küche oder in der Wohnstube, nicht in der so genannten „Guten Stube".

Besonders während der Mäh- und Erntearbeiten wurde auch auf den Feldern eine Mahlzeit eingenommen. Beispielsweise bekamen die Schnitter im Sommer – da sie bereits um drei oder vier Uhr mit dem Grasmähen anfingen – schon morgens um sechs Uhr ihr erstes Frühstück gebracht; zur zweiten Morgenmahlzeit waren sie dann wieder auf dem Hof. Zogen sich die Erntearbeiten über den ganzen Tag hin,

Gegessen wurde in der Küche, wo der große Ofen stand. Im Bild ein alter Ofen aus dem Mühlenhof in Breckerfeld (Foto: Kracht)

brachte man auch das entsprechende Essen und Trinken aufs Feld (belegte Brote mit Kornkaffee, Himbeersaft oder Milch, manchmal auch Waffeln oder trockener Kuchen).

Bemerkenswert ist, dass sich bei den Mahlzeiten teils noch die alte Esssitte des gemeinsamen Essens aus einer Schüssel gehalten hat. Das war vorwiegend abends der Fall, wenn die restlichen Kartoffeln vom Mittag aufgebraten wurden. Man stellte dann eine große, gusseiserne Pfanne auf den Tisch, und jeder konnte sich mit seiner Gabel bedienen. Für die Beilagen (Gemüse, Kompott) gab es jedoch zusätzliches Geschirr.

Zu den Mahlzeiten

Weit verbreitet war an den Werktagen ein Fünf-Mahlzeiten-Rhythmus. Das zweite Frühstück und der Nachmittagskaffee traten noch als fester Bestandteil im Mahlzeitengefüge auf. Grundsätzlich gab es an den Werktagen den Morgenkaffee zwischen sechs und sieben Uhr (je nach Arbeit auch noch früher), das Frühstück zwischen halb zehn und zehn Uhr, das Mittagessen gegen zwölf, halb eins; den Nachmittagskaffee gegen halb vier, vier Uhr; das Abendessen um sieben bis halb acht. Das Mittagessen hatte als Hauptmahlzeit die größte Bedeutung. Die Zeit, die für die Mahlzeiten verblieb, richtete sich nach der jeweiligen Arbeit in der Landwirtschaft und überschritt – außer mittags und abends – selten eine halbe Stunde. An den Sonn- und Festtagen wurde eine Mahlzeit (das erste Frühstück) oft ausgelassen.

Die Art der Speisen und ihre Stellung

Im Wochenablauf gab es an warmen Gerichten das ständige Einerlei der oft vorgeschalteten Suppen, der Kartoffelgerichte mit Speck und/oder Schweinefleisch, des gekochten Gemüses bzw. frischen Salates (vorwiegend in den Sommermonaten). Die Suppen wurden mittags meist als (Schweine)Fett-, Griesmehl- oder auch Milchsuppen (selten sogar als Rindfleischsuppe) gereicht. Am Samstag kochte man auch Eintöpfe, wobei der Begriff „Eintopf" erst später zum festen Vokabular wurde. Neben den Sonn- und Feiertagen durchbrach lediglich der Freitag mit seinen Kartoffel-, Fisch-, Ei- oder Pfannkuchengerichten zu Mittag diese Monotonie. Fischgerichte am Freitag gab es – wenn überhaupt – nur in den katholischen Haushalten.

Allgemein nahmen die Fleischgerichte zum Hauptgang ein relativ großes Gewicht ein. Der

Fleischkonsum dieser Zeit war relativ hoch, wenn man auch nicht so qualitativ hochwertiges Fleisch zu sich nahm. Natürlich hat die berufliche/soziale Stellung den Fleischkonsum stark beeinflusst. In den kleineren Familien war die Versorgung mit Fleisch besser als in größeren, bei den Bauern besser als bei den Arbeitern. Ergänzt wurde die Fleischkost fast immer durch Kartoffeln und gekochtes Gemüse bzw. frischen Salat. Ein Nachtisch kam fast nur am Sonntag auf den Tisch.

Die Speisen an den Werktagen

Zur ersten Mahlzeit, dem „Morgenkaffee", hatten die aus dem städtisch-bürgerlichen Bereich übernommenen Kaffeemahlzeiten die warmen Speisen wie Suppen, Breie, Eier- und Kartoffelspeisen im Allgemeinen verdrängt. Reste dieser alten und im nordwestlichen Westfalen oft noch üblichen Morgenspeisen waren die für Hülschotten belegten Kartoffelgerichte und Eierspeisen, die bereits zum ersten Kaffee bereitet wurden. Im Unterschied zu Gellinghausen nahmen in Hülschotten die Bratkartoffeln einen wesentlich wichtigeren Rang ein. Für die dort außer Hause essenden und noch einen langen Fußweg nach Finnentrop oder Plettenberg vor sich habenden Fabrikarbeiter waren sie als kräftige erste Mahlzeit unentbehrlich. Bei den Haupterwerbsbauern kamen Bratkartoffeln dagegen, wenn überhaupt, erst zum zweiten Frühstück auf den Tisch. Zur ersten Morgenmahlzeit gab es dort Brote mit Aufstrichen wie „Eierkäse", Rüben- bzw. Möhrenkraut oder Marmelade. Der Brotaufstrich des zweiten Frühstücks war jedoch immer umfangreicher als beim Morgenkaffee. Man verwendete neben Butter und Quark wie gesagt auch selbst hergestellte Marmeladen, Kompotte oder Mus. Beizeiten gab es auch etwas Dauerwurst, teilweise sogar in Gläsern oder Dosen eingekochtes Fleisch oder Mettwurst. Neben dem traditionellen Räucherschinken, der jedoch vielfach auch verkauft wurde, waren an Wurstsorten Leber- und Blutwurst sowie an Dauerwurstsorten Mettwurst, Cervelatwurst und „Schlackewurst" verbreitet. Nicht zu vergessen sind Schmalz und geräucherter Bauchspeck. Sämtliche Würste waren selbst hergestellt und aus Schweinefleisch.

Margarine war übrigens – anders als in städtischen Haushalten dieser Zeit – noch nicht in Gebrauch, auch wenn sie im Laden zu beziehen war. Als Käse bezeichnete man anders als heute hauptsächlich den Quark und seine Weiterverarbeitungsstufen. Der so genannte „Hotten" war ein weißer Quark- oder Weißkäse, der einfach herzustellen war. Große Verbreitung fand auch der Kochkäse. Schnittkäse hingegen wurde selten zugekauft, Frischkäse oder Weichkäse überhaupt nicht. Dazu trank man den manchmal noch mit selbst gebrannten Zichorien zubereiteten Kaffee (mit Milch), der, häufig mit Korn- bzw. Malzkaffee vermischt, neben der Milch fester Bestandteil des werktäglichen Frühstücks war. Bohnenkaffee war allenfalls für die Sonn- und Feiertage reserviert.

Die Speisen des Mittags orientierten sich relativ stark am Fleischverzehr. Entgegen manch verbreiteter Annahme, dass wegen der allgemeinen Armut der Fleischkonsum gering war, geht jedoch aus allen Befragungen hervor, dass zu den warmen Mahlzeiten fast regelmäßig Fleisch aufgetischt wurde. Ähnliches ist auch aus anderen Gegenden des Sauerlandes überliefert. Anders als heute aß man jedoch fast ausschließ-lich Schweinefleisch, und dann auch minderwertigere und vor allem fettere Stücke. Gebratenes Fleisch stand dabei nur selten auf dem Speisezettel. Es konnte weniger gut konserviert und eigentlich nur frisch weiterverarbeitet werden. Gebratenes oder Gesottenes gab es fast nur an Festtagen. Gegart wurde das Fleisch somit überwiegend durch Kochen. Koteletts, Schnitzel oder Kurzgebratenes kannte man kaum (selten einmal in der Schlachtzeit). Das Fleisch zum Kochen war vorher bereits durch Pökeln und Räuchern haltbar gemacht worden. Allerdings musste man gepökeltes und geräuchertes Fleisch vor dem Kochen häufig erst wässern, damit es nicht zu salzig war. Viel Fleisch zog man auch in Gläser auf, wie etwa Rippchen. Das konnte dann anschließend in der Pfanne aufgebraten werden.

Die Kartoffel spielt in der täglichen Küche eine besondere Bedeutung.
Foto: Agrotourismus Südliches Westfalen

Unter den Werktagen bildete lediglich der Freitag eine Ausnahme. In den katholischen Haushalten war der Genuss von Fleisch an diesem Tage verboten. Jetzt wurden Fisch (Hering, Brathering, selten auch einmal eine selbst gefischte Bachforelle), Pfann- oder Reibekuchen, Brühkartoffeln mit Pfannkuchen, Reibeplätzchen. oder einfach eine Eierspeise als Hauptgericht gegessen. Dazu gab es häufig Apfelmus.

Als Beilage dominierten die Kartoffeln. Sie wurden in der Regel in gekochter Form als Salzkartoffeln oder als Bratkartoffeln gereicht, aber auch in verschiedenen anderen Variationen. Reis, Nudeln und Mehlspeisen waren eine Besonderheit, da das meiste davon zugekauft werden musste. Allenfalls derjenige, der zusätzlich zur Landwirtschaft einen Laden besaß, konnte, da er sozusagen an der ‚Quelle' saß, auch des Öfteren nicht selbst hergestellte Nahrungsmittel auf den Speiseplan schreiben.

Als Gemüsebeilage kam all das auf den Tisch, was man im eigenen Garten oder auf dem Felde erntete (Kohlarten, Wirsing, Dicke Bohnen, grüne Bohnen, Erbsen und Möhren etc.). Es war im Sauerland damals allgemein üblich, einen kleineren Garten am Haus, als auch zusätzlich einen Feldgarten zu bestellen. Auf dem Feld wurde das Gemüse angebaut, was nicht täglich, aber insgesamt in größeren Mengen benötigt wurde. Vieles davon zog man jedoch in den Hausgärten vor. Dort gab es neben den übrigen Gemüsesorten des täglichen Bedarfs (Kopf- und Feldsalat, Erbsen, Möhren, Fitzebohnen, „Krüper"/Buschbohnen, Dicke Bohnen, aber auch Frühkartoffeln und Zichorien) die nötigen Küchenkräuter und daneben noch einige Blumen und Zierpflanzen. Meistens dämpfte oder kochte man die Gartenfrüchte, seltener wurden sie in roher Form genossen, wie das beim Kappes zum Teil der Fall war. Aber auch er wurde entweder gedünstet oder blanchiert (und dann als ‚roher' Salat zubereitet) oder aber als Sauerkraut eingesäuert und anschließend gekocht. Im Sommer gab es mittags dagegen meist frischen grünen Salat (Kopfsalat), da man ihn im Gegensatz zu den meisten Gemüsesorten nicht konservieren konnte. Im Herbst und bis in den Winter hinein ergänzte Feldsalat als Frischbeilage die Gemüseauswahl. Tomaten waren bis auf je einen Haushalt in jedem Dorf Anfang der 1930er-Jahre noch völlig unbekannt.

Nur selten kamen in der Woche Süßspeisen auf den Tisch. Der Nachtisch als dritter Gang der werktäglichen Mahlzeit bestand meist nur aus eingemachtem Obst, Kompott, Mus oder Plunder- und Dickmilch aus eigener Herstellung.
Das Abendessen war gekennzeichnet durch das Aufwärmen übrig gebliebener Speisen vom Mittag. Auch hier standen die Kartoffeln im Mittelpunkt. Sie fanden überwiegend als Bratkartoffeln oder als Scheibenkartoffeln (aus rohen Kartoffeln zubereitet) noch Verwendung. Das eigentliche Abend'brot' existierte noch nicht, denn Brot wurde abends relativ selten aufgetischt, höchstens als Beilage. Weiterhin obligatorisch war indessen die allabendliche Milchsuppe. Sie wurde eher im Winter als im Sommer gekocht.

Die Speisen an Sonn- und Feiertagen

Sonn- und feiertags wurde in der Regel nur einmal gefrühstückt; hierzu gab es nur kalte Speisen, dafür war der Brotbelag etwas üppiger. Mittags kamen die besseren Stücke Fleisch auf den Tisch, das Kochen wurde z.T. durch Braten ersetzt. In allen Befragungen

Auf so manchem Hof wurde das Brot im eigenen Backhaus selbst gebacken. (Foto: Kracht)

blieb das Speisengerüst Suppe/ Hauptgericht/Nachspeise bestehen. Sonntags wurde eine frische Suppe, Fettsuppe oder Fleischsuppe, die in den begüterten Haushalten aus Rindfleisch hergestellt wurde, gekocht. Das Hauptgericht wurde immer mit Fleisch (meist ein Braten vom Schwein, selten vom Rind) serviert. Auch wiederholte sich bei der Hauptspeise wieder die schon werktags verbreitete und für Westfalen typische Dreikomponentenküche mit Kartoffelgerichten, Gemüse-/ Salatbeilage und Fleisch. In den minderbemittelten Haushalten ging es nicht so üppig zu, den Braten musste manchmal die Mettwurst oder das geräucherte Rückenstück vom Schwein ersetzen. Als Nachspeise an den Sonntagen gab es im Gegensatz zu den Werktagen nicht nur frisches oder eingewecktes Obst, sondern auch Puddings (Vanillepudding, Griesmehlpudding, selten Himbeer- oder Karamelpudding) oder Quark mit Früchten.

Am Nachmittag hob sich der Sonntag durch das traditionelle Kaffeetrinken vom Werktag ab. Es wurde Kuchen serviert, der unter der Woche allenfalls noch montags als Rest vom Sonntag auf den Tisch gelangte. Trockene Kuchen dominierten hier, einige der gängigsten Rezepte nennen Rodonkuchen, Streuselkuchen, Platenkuchen, Apfel- und Pflaumenkuchen. Sahnetorte und Obstböden blieben besonderen Festtagen vorbehalten. Das Abendessen unterschied sich insofern von dem an den Werktagen, als die Reste des Mittagessens mit Ausnahme der Kartoffeln eher am Montag auf dem Speiseplan standen und nicht am Sonntagabend.

Die Getränke

Gängige Alltagsgetränke waren neben der Milch und dem Kaffee mit Wasser verdünnte und als Sirup eingemachte Obstsäfte (Himbeer-, Brombeer-, Holundersaft). Zu den Hauptmahlzeiten gab es nur kalte Getränke. Überhaupt wurde sehr viel Wasser getrunken. Alkoholische Getränke konsumierten die Menschen – lässt man einmal die Ernteperioden außer Acht -- an den Werktagen weit weniger als heute. Eine Ausnahme bildete lediglich der Branntwein, den jeder bäuerliche Haushalt in großen Flaschen besonders für die Erntehelfer bereithielt. Die Schnitter etwa bekamen das „Schnapspülleken" aus dem „Omessack" schon morgens ins Feld gebracht. An Festtagen sah das anders aus. Hier kam neben dem Bier und Schnaps auch Wein zum Ausschank. Erst nach dem Zweiten Weltkrieg fand das Flaschenbier verstärkt seinen Weg in die Haushalte. Auch der Bohnenkaffeekonsum war in dieser Zeit äußerst bescheiden. An den Werktagen kamen ausschließlich Kaffeesurrogate in Form des

Branntwein, im Bild ein Blick in eine Destille in Rüthen, war in jedem bäuerlichen Haushalt in großen Flaschen vorhanden. (Foto: Kracht)

Korn- bzw. Malzkaffees auf den Tisch. Wer diesen Kaffee noch nicht als Markenprodukt kaufte („Caro“, „Kornfranck“, „Kathreiner“) – und das war sicher die Mehrzahl der Haushalte – brannte ihn selbst aus Roggen und Gerste sowie aus Zichorien. Das fertige Zichorienpulver vermischte man mit dem Kornkaffee. Aus der in Deutschland wild wachsenden und in vielen Gärten des Sauerlandes angebauten Zichorie wurden die Wurzeln zerschnitten, im Backofen getrocknet, gemahlen und anschließend im Backofen in einer speziellen Trommel gebrannt. In Gellinghausen kamen ab und zu auch Zichorienbrenner ins Dorf, welche das Rösten der zerriebenen Wurzeln übernahmen. In Hülschotten tat dies ein ortsansässiger älterer Mann. Bohnenkaffee trank man nur an Sonn- und Festtagen, wobei er nachmittags immer, morgens dagegen nur gelegentlich serviert wurde.

Ausgewählte Speisen und Getränke

An Kartoffelspeisen gab es neben den Salzkartoffeln noch Pellkartoffeln, Dämpfkartoffeln, Bratkartoffeln (auch als Scheibenkartoffeln aus rohen Kartoffeln zubereitet), Kartoffelpüree, Kartoffel-Pfannkuchen, Reibeplätzchen, Kartoffelpuffer und „übergebratene Kartoffeln“. Der „Puffert“, wie man ihn in Hülschotten bezeichnete, war ein typisches Kartoffelgericht für den Morgen. Man nahm am Vortag eine Art Reibekuchenteig mit etwas Mehl als Grundlage, füllte ihn in eine Kastenform und backte ihn im Backofen auf. Am anderen Morgen wurde die nun feste Masse in Scheiben geschnitten und mit Fett in der Pfanne gebraten. Die Kartoffel-Pfannkuchen (aus garen Kartoffeln, auch „Stoßekuchen“ genannt) hat man noch am nächsten Morgen in Scheiben auf die Brote geschnitten.
Insgesamt gesehen waren Zutaten, Geschmacks- und Würzrichtungen relativ einfach und an den überlieferten regionalen Kostformen orientiert. Für die allgemeine Würzrichtung bestimmend waren neben den im eigenen Garten angebauten Kräutern (Petersilie, Dill, Schnittlauch, Bohnenkraut, Liebstöckel, Majoran, Thymian etc.) die zugekauften Würzmittel Salz, Pfeffer, Muskat, Nelkenpfeffer und Lorbeerblatt. Im Allgemeinen hatten sich Salz und Pfeffer als scharfe Grundformen des Würzens gegenüber den Sauerspeisen durchgesetzt. Als Relikte dieser alten, noch aus dem Mittelalter mit seinen beschränkten Konservierungsmöglichkeiten stammenden sauren Speisen, sind neben dem Sauerkraut noch die eingemachten sauren Bohnen, die so genannte „Saure Rolle“, dann zum Backen der Sauerteig, und bei den Milchspeisen die Dickmilch, Plundermilch und die Sauerrahmbutter, feste Bestandteile der Regionalküche geblieben.

Hauswirtschaftsräume

Hauswirtschaftsraum für die Bereitung der täglichen Speisen war fast ausschließlich die Küche, in Ausnahmefällen aber auch die einfache Stube mit ihrem Ofen, der Keller (Backofen) oder – falls vorhanden – ein separater Vorratsraum. Gekocht wurde auf einem in der Regel mit Holz befeuerten eisernen Kochherd, der „Maschine“, die in der Regel über vier Feuerstellen verfügte. In Hülschotten waren auch kleinere Herde mit nur einer oder zwei offenen Platten in Gebrauch. Die Oberfläche dieser Herde war plan und aus Gusseisen, die Seitenteile emailliert. Die einzelnen Feuerstellen konnten jeweils durch mehrere herausnehmbare eiserne Ringe abgedeckt werden. Im Herd befand sich auch ein Backofen sowie manchmal ein integrierter Wasserbehälter (das „Schiffchen“). Den Stubenofen benutzten alle Haushalte noch als Nebenkochstelle beispielsweise für das Kaffeewasser, zum Trocknen von Obst, aber auch zum Kochen. Dieser Ofen war meist aus Gusseisen und zweistöckig mit vier Klappen an der Vorderfront. Unten konnte über der Feuerung auf zwei Platten gekocht werden, während oben die Speisen warm gehalten werden konnten bzw. das Holz trocknete. Im Küchenherd backte man auch Kuchen, Gebäck und weißes Brot. Für das Backen des alltäglichen Brotes aber diente bei den meisten Bauern ein gemauerter Backofen, der mit Buchenholz gestochert wurde und mit feuerfesten Steinen ausgekleidet war. Während es in Gellinghausen nur eigene Backöfen (im Kellerbereich) gab – einige Großbauern besaßen dort zu dieser Zeit auch noch ein intaktes Backhaus –, waren in Hülschotten noch Gemeinschaftsbacköfen in Betrieb.

Für die umfangreiche und dauerhafte Vorratshaltung mussten die nötigen Räumlichkeiten zur Verfügung stehen. Je nach Ausstattung der Gebäude wurden die Nahrungsmittel im Keller oder in einer separaten Speisekammer, dem so genannten „Molkenkeller“, aufbewahrt. Dort befand sich auch ein halboffener Vorratsschrank, dessen Vorderfront zum Schutz vor Fliegen mit Draht bespannt war. Auf dem Speicher lagerte man nur das Getreide. Hier befand sich auch die Räucherkammer, da man in diesen Zeiten noch keinen Räucherschrank in Gebrauch hatte. Eine kleine Abstellkammer auf dem Boden neben der Räucherkammer diente zur Lagerung der geräucherten Schinken und Würste.

Die Versorgung mit Wasser und elektrischer Energie war in den untersuchten Dörfern schon weitgehend gesichert: in Gellinghausen stand seit 1911 eine Wasserleitung zur Verfügung, die alle Haushalte mit Wasser versorgte. In den Küchen gab es damit überall fließendes Wasser, welches aus einem Kran entnommen werden konnte. In Hülschotten war bereits 1907 eine Wasserleitung installiert worden, die aber noch nicht alle Haushalte erreichte. Vielfach waren hier Anfang der 1930er Jahre auch noch Pumpen in Betrieb. 1913 wurde Gellinghausen an das Stromnetz angeschlossen, Hülschotten dagegen erst 1927.

Generell besaß jeder die für die häuslichen Arbeiten notwendigen Haushaltsgerätschaften selbst. Ihre gemeinschaftliche Nutzung war bis auf wenige Ausnahmen (Einkochkessel oder „Weck-Apparat“, Fleischwolf) nicht verbreitet. Alle Gerätschaften wurden über den Handel bezogen. Was man benutzte, war einfach und solide gebaut. Die Pfannen bestanden vielfach noch aus Gusseisen, die Töpfe ebenfalls oder auch aus Aluminium. Da man auf Holzherden kochte, wo die Ringe um die Feuerstellen herausgenommen wurden und die Töpfe bis ins Feuer abgesenkt werden konnten, mussten die Töpfe (namentlich der Kartoffeltopf, den man offenbar besonders tief ins Feuer hinabsenkte) aus feuerbeständigem Material gefertigt sein.

An Gerätschaften, die bei der Haltbarmachung der Lebensmittel Verwendung fanden, ist an erster Stelle das Pökelfass zu nennen. Neben Beton- oder Zementtrögen waren sowohl hölzerne Pökelfässer - die man im Herbst erst ins Wasser tauchte, um sie abzudichten -, als auch steinerne oder tönerne Tröge im Gebrauch. Die zum Räuchern fertigen Fleisch- und Wurststücke hängte man mit Fleischhaken oder Bändern an Stöcken, den „Schneisen“, in den Rauch (unter die Decke). Dazu benutzte man einen „Schneisehaken“ zum Aufhängen und Abnehmen der Stücke. Zur Butterherstellung waren handgetriebene Trommelkirnen aus Holz, die Zentrifuge sowie der Napf zum Abschöpfen der Sahne im Gebrauch. Ein Kochkessel diente zum Einkochen, das Sauerkraut wurde in Steinguttöpfe eingestampft. Die zum Kochen benötigten Utensilien befanden sich in unmittelbarer Nähe der Kochstelle. Schöpfkellen, große Löffel, Schaumlöffel usw. hingen an einem Löffelbrett über dem Herd. Töpfe und Pfannen wurden entweder unten im Küchenschrank oder aber in Regalen untergebracht.

Die Rolle der Frau bei der Speisenherstellung

In der noch stark an geschlechtsspezifischem Rollenverhalten orientierten Haushaltsorganisation waren es die Frauen, in deren Händen die Vor- und Zubereitung der Speisen lag. Derartige Aufgaben wurden niemals von Männern übernommen. In größeren Haushalten half auch ein Dienstmädchen in der Küche mit. War die Mutter früh verstorben, übernahm die älteste Tochter die Aufgabe der Nahrungszubereitung. Allgemein verblieb den Frauen für die Zubereitung der Mahlzeiten relativ wenig Zeit, da sie auch in der Landwirtschaft mitarbeiten mussten. An den Werktagen konnte kaum mehr als eine Stunde für die Bereitung des Mittagessens aufgebracht werden. Das war angesichts fehlender technischer Hilfsmittel sowie in Ermangelung fast jeglicher Fertig- oder Halbfertigprodukte relativ wenig Zeit.

Erlernt und weitergegeben wurde das Küchenwissen in erster Linie von der Mutter zur Tochter. Aber es gab nicht nur eine Tradierung in direkter Linie, sondern auch diejenige vermittelt über die hauswirtschaftliche Ausbildung außer Haus sowie – wenn auch nur in Ansätzen – über die Kochbücher. Während erst kurz vor dem dem Zweiten Weltkrieg die überregionalen Bücher Verbreitung fanden, wurden die eigenen Bücher seit langer Zeit genutzt und dabei ständig ergänzt.

„Man nehme…" – Henriette Davidis schrieb ein Kochbuch mit regionalen Spezialitäten – der Band wurde ein wahrer Bestseller

Aber sowohl der Einfluss der Kochbücher als auch die mehrmonatige, manchmal sogar mehrjährige Ausbildung der angehenden Bäuerin, waren gering. Die dort kennen gelernten Rezepte schlugen sich nicht in der Alltagskost nieder. Die jungen Frauen gingen damals für einige Zeit aus dem Hause und lernten in anderen Privathaushalten, in Gastwirtschaften, Hotels oder Pensionaten das Kochen. Die kleineren Bauern schickten ihre Töchter eher in die Nachbarschaft (in Nachbarorte, zu Großbauern) meist für ein Jahr in den Haushalt, während andere – sofern sie es sich leisten konnten – auch Gastwirtschaften oder sogar (an Klöster angegliederte) Pensionate wählten.

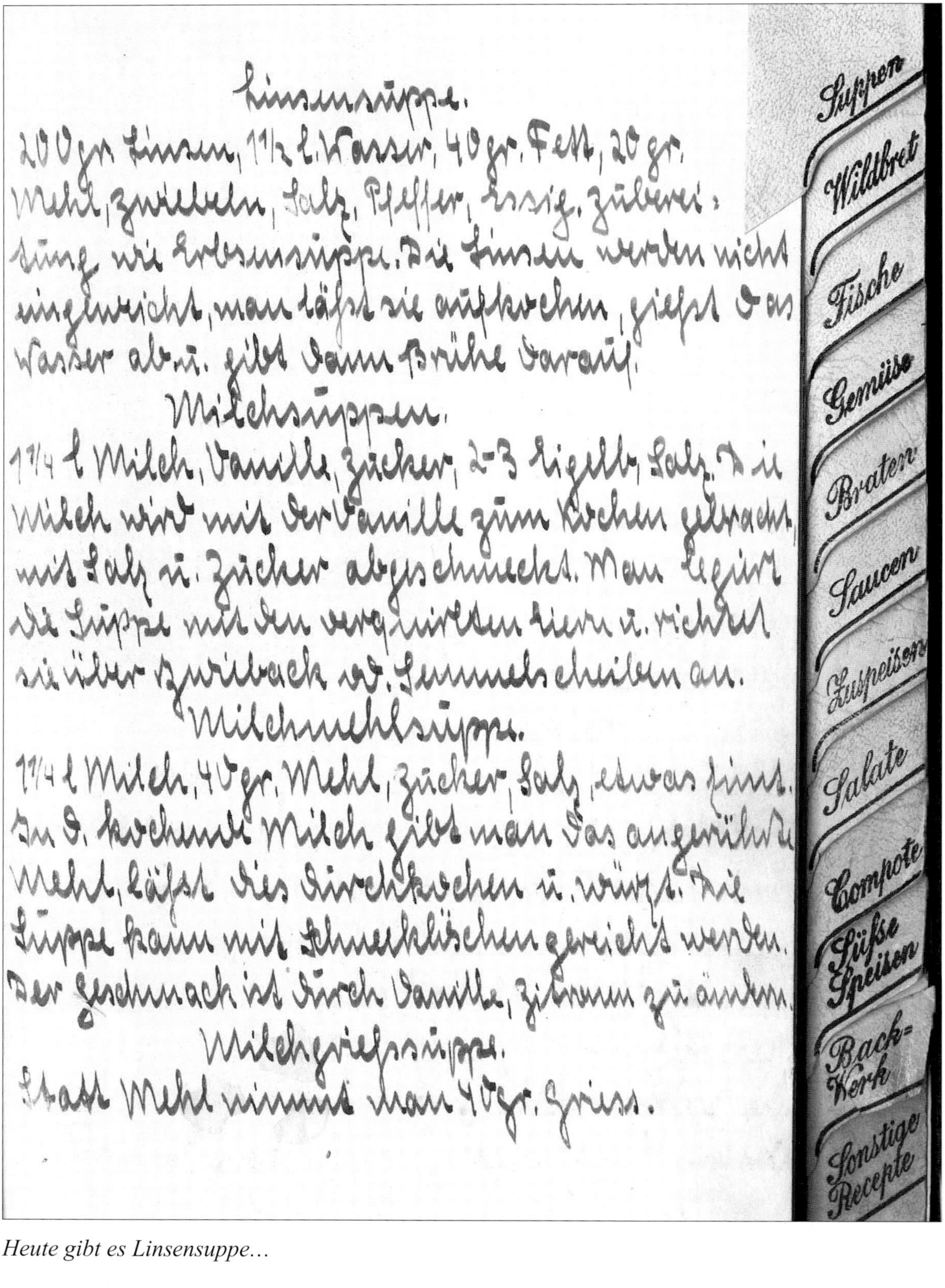

Linsensuppe.

200 gr Linsen, 1½ l. Wasser, 40 gr. Fett, 20 gr. Mehl, Zwiebeln, Salz, Pfeffer, Essig. Zubereitung wie Erbsensuppe. Die Linsen werden nicht eingeweicht, man läßt sie aufkochen, gießt das Wasser ab u. gibt dann Brühe darauf.

Milchsuppen.

1¼ l Milch, Vanille, Zucker, 2-3 Eigelb, Salz. Die Milch wird mit der Vanille zum Kochen gebracht, mit Salz u. Zucker abgeschmeckt. Man legiert die Suppe mit den verquirlten Eiern u. richtet sie über Zwieback od. Semmelscheiben an.

Milchmehlsuppe.

1¼ l Milch, 40 gr. Mehl, Zucker, Salz, etwas Zimt. In d. kochende Milch gibt man das angerührte Mehl, läßt dies durchkochen u. würzt. Die Suppe kann mit Schneeklößchen gerichtet werden. Der Geschmack ist durch Vanille, Zitronen zu ändern.

Milchgrießsuppe.

Statt Mehl nimmt man 40 gr. Griess.

Heute gibt es Linsensuppe…

Traditionelle Formen der Herstellung, Konservierung und Vorratshaltung

Die Selbstversorgung der Haushalte baute auf einem wohldurchdachten System der Konservierung und Vorratshaltung auf. Man war an den Rhythmus der Ernten und Jahreszeiten gebunden, und noch in den 1930er Jahren waren in den befragten Ortschaften des Sauerlandes die traditionellen, quasi vorindustriellen Verfahren der Konservierung wie das Trocknen/Dörren, Pökeln, Räuchern, Einmachen, Einsäuern und das Einlagern üblich. Die bereits Ende des 19. Jahrhunderts in den Städten zunehmend Anklang findenden Konserven sind auch 30 Jahre später auf dem Lade immer noch nicht so recht angenommen worden. Auch das Einmachen in Dosen (die Deckel wurden hier zugelötet) kam erst Ende der 1930er Jahre oder sogar erst nach dem Kriege auf. Das Erhitzen unter Luftabschluss fand nur beim Einwecken Anwendung. Unter Verwendung von Kälte (auch in Form des Gefrierens) konservierte man noch gar nicht. An Konservierungsstoffen war außer Salz, Zucker und Essig noch Salpetersalz gebräuchlich.

Bäcker Albert Willmers aus Heggen (Kreis Olpe) bei der Arbeit, entstanden um 1938/39 (Foto: Kreisarchiv Olpe)

Die Herstellung und Aufbewahrung des Brotes

Etwa seit Mitte der 1930er Jahre vollzog sich ein Wandel bei der Brotherstellung. Die ehemals durchweg in großen steinernen Backöfen gebackenen Brote wurden zunehmend beim nächsten Bäcker aufgebacken. Wer nicht mehr selbst sein Brot backte, brachte das vom eigenen Getreide ausgemahlene Mehl zum Bäcker. Dort wurde es gegen Entrichtung eines Backgeldes gebacken und anschließend wieder in die Haushalte gebracht. In den meisten Fällen wurde für den eigenen Bedarf noch komplett selbst gebacken, je nach Bedarf alle zwei bis drei Wochen 20 oder mehr Brote. Die mit Holz befeuerten Öfen wurden vorgeheizt, bis die feuerfesten Steine im Innenraum weiß waren. Man entfernte daraufhin die Reste der brennenden Holzkohle und schob dann das Brot (Brotlaibe von vier bis sechs Pfund) hinein.

In allen Haushalten wurde einfaches Roggenbrot, selten Mischbrot aus Roggen und Weizen gebacken. Man nannte es zwar „Schwarzbrot“, bezeichnete damit aber eine Art Roggen-Feinbrot. Es ist nicht zu verwechseln mit dem heutigen Schwarzbrot, dem Pumpernickel, welches im Sauerland ursprünglich nicht verbreitet war. Helles Brot und Brötchen wurden nur auf dem größten der befragten Höfe (in Gellinghausen) sonntags in einer Form gebacken. Weißbrot genoß eine höhere Wertschätzung als das einfache Roggenbrot und fand daher nur in der Sonn- und Festtagskost Eingang. An Getreidesorten für das alltägliche Schwarzbrot verwendete man ausschließlich Roggen, Hafer war als Brotgetreide überhaupt nicht in Gebrauch. Weizen nahm man wie gesagt lediglich für das noch seltene Weißbrot oder die Brötchen. Als Grundlage für den Brotteig aus Mehl, Wasser und Salz verwendete man Sauerteig. Hefe oder andere Backtriebmittel wurden nicht eingesetzt.

Die Verwendung und Konservierung tierischer Produkte

Auch beim Fleischkonsum war man im Wesentlichen autark. Jeder der befragten Haushalte hat mehrmals im Jahr eines der selbst aufgezogenen Tiere geschlachtet. Das Schlachten war abhängig von der Jahreszeit. Aufgrund der kühleren Witterung wurde nur im Herbst und Winter geschlachtet, da das Fleisch nicht so schnell verderben konnte. Außerdem musste man die Tiere dann nicht mehr über den Winter füttern. Obendrein fallen die kirchlichen Hochfeste Weihnachten und Ostern ebenfalls in die kältere Jahreshälfte, so dass für diese Festtage immer genügend Fleisch bereitstand.

Geschlachtet wurden fast ausnahmslos Schweine; Rinder oder Kühe immer nur dann, wenn es sich um kranke Tiere handelte. Auch Geflügelfleisch kam recht selten auf den Tisch. Lediglich ältere Hühner, die nicht mehr genügend Eier legten, wurden als Suppenhühner zubereitet. Gebratene Hähnchen standen zur damaligen Zeit nur sehr selten auf dem Speiseplan, Truthahn war gänzlich unbekannt. Die Anzahl der geschlachteten Schweine richtete sich natürlich

Schlachttag war auf allen Höfen ein ganz besonderer Tag, Aufnahme aus den frühen 40er Jahren aus Girkhausen (Foto: Sammlung Lauber)

nach der Größe des jeweiligen Haushalts und dem Gewicht der Tiere. In der Regel waren die Tiere wesentlich schwerer und auch fetter als heutzutage. Meist wurden zwei bis drei Schweine geschlachtet. Der Zeitplan sah vor, das erste Schwein gegen Ende Oktober/Anfang November, das zweite dann kurz vor Weihnachten und schließlich ein drittes im Januar/Februar des nächsten Jahres zu schlachten. Wurden nur zwei Schweine geschlachtet, dann fing man um Allerheiligen an, das zweite kam dann im Februar/März an die Reihe.

Trotz der sparsamen Haushaltsführung und dem Zwang zur dauerhaften Vorratshaltung war das Fleischangebot in der Schlachtzeit etwas großzügiger bemessen als in der übrigen Zeit des Jahres. Hier gab es dazu auch die für diese Zeit typischen Gerichte wie etwa „Kröse" oder „Panhas". Während man sich an Panhas nur in Hülschotten erinnerte, war Kröse in beiden Dörfern ein Begriff. Sie wurde aus Schweineblut, Graupen, Wurstbrühe und Gewürzen hergestellt. Beim Panhas wurde die Wurstbrühe (mit beim Kochen darin zerplatzten Blut- und Leberwürsten), Reis und Grütze zusammen mit Buchweizenmehl zu einem Brei zusammengekocht. Man ließ ihn erkalten und konnte ihn dann in Scheiben geschnitten wieder in der Pfanne aufbraten. Auch die Leber- und besonders die Blutwurst kamen oft aufgeschnitten in die Pfanne.

Das übrige Fleisch, welches nicht als Frischfleisch direkt konsumiert wurde, hat man eingekocht, eingesäuert oder aber – was häufiger geschah – gepökelt und geräuchert. Das eingemachte Fleisch oder auch Mett füllte man in Gläser. Selbst verlötbare Dosen kamen gegen Ende der Dreißiger Jahre oder sogar erst nach dem Zweiten Weltkrieg auf. Das Einsäuern war beim Fleisch nicht sehr verbreitet. Außer der Sülze, die jeder einmachte, und der schon erwähnten „Sauren Rolle" gab es in Ausnahmefällen an besonderen Festtagen einen Sauerbraten vom Rind. Diese Art der Konservierung erlaubte es, das frische Fleisch über sechs bis acht Wochen aufzubewahren. Das verbreitete Kochen des Fleisches war auch eine Folge des Pökelvorgangs. Er war die nach wie vor wichtigste Methode der Fleischkonservierung. Eingepökelt wurde nur Schweinefleisch. Zum Beizen mit Salz und Salpeter kamen die Fleischstücke mindestens 14 Tage lang in das Pökelfass bzw. den Salztrog oder „Laugenpott".

Das anschließende Räuchern findet neben seinen ernährungsphysiologischen Vorteilen auch eine Erklärung in den vorliegenden Witterungsverhältnissen des Sauerlandes, die eine Lufttrocknung des Fleisches kaum zulässt. Daher waren zur befragten Zeit auch luftgetrocknete Würste oder Schinken nicht bekannt. Das Räuchern fand in der Regel auf der Räucherkammer statt. Der Rauch konnte aus dem Schornstein per Schieber in die Räucherkammer abgeleitet werden. Nur eine Gewährsperson konnte sich an einen Räucherschrank schon in diesen Jahren erinnern. Allerdings sind auch Gemeinschaftsräuchereien verbreitet gewesen. Der Räuchervorgang selbst zog sich, je nachdem, welche Stücke geräuchert wurden, 14 Tage bis zwei Monate hin. Während bei der Blut- und Leberwurst zwei Wochen ausreichten, benötigten Mett- und Dauerwürste schon etwas länger; der Schinken dagegen vier Wochen bis zu mehreren Monaten. Nach dem Räuchervorgang wurden die Stücke noch auf dem Räucherboden oder in Vorratsschränken aufgehängt. Damit keine Fliegen an das Fleisch gingen, steckte man die Schinken und Würste in selbst genähte Säckchen aus altem Gardinenstoff oder Leinen („Schinkensack").

Die Vorratshaltung bei pflanzlichen Produkten

Obst und Gemüse konservierte man durch Erhitzen (Sterilisieren), Wasserentzug, Einsäuern oder aber durch Einlagern. So wurde das gepflückte Obst je nach Bedarf in Gläsern eingemacht („eingeweckt"), im oder auf dem Ofen gedörrt oder aber einfach im Keller kühl gelagert. Eine Kombination von Erhitzen und Wasserentzug war das Einkochen von Früchtesirups (Himbeer-, Brombeer-, Holundersaft), Gelees, Marmeladen oder die Herstellung von Pflaumen- oder Apfelmus bzw. -kompott. Damals wurden noch sehr viele Früchte, wie Himbeeren, Waldbeeren, Brombeeren, aber auch Holunderbeeren, gesammelt. Beim Einmachen durch Hitzesterilisation kam das Obst in Einmach- oder Weckgläser, die luftdicht verschlossen werden konnten.

Beim Trocknen oder Dörren wurde dem Obst fast das ganze Wasser entzogen. Dazu zog man beispielsweise Apfelringe an einem Band auf und hängte sie über dem Küchenherd oder dem Stubenofen auf (Apfelschnitzel, Apfelringe, getrocknete Birnen, Dörrpflaumen). Eigene Dörröfen existierten jedoch nicht. Wenn das Brot gebacken war, schob man es mit den darauf verteilten Früchten einfach in den noch warmen Ofen. Einlagern konnte man nur einige Sorten des gepflückten Obstes, insbesondere die Äpfel. Man bewahrte das unverarbeitete Obst in Regalen im Keller auf.

Beim Gemüse geschah das Einlagern sowohl im Hause als auch im Freien. Wollte man größere Mengen lagern, so kam manchmal ein Teil der Möhren oder der Roten Beete in Runkelmieten sowie Teile der Kartoffeln und des Kohls in Gartenmieten. Das Gemüse ließ sich auf diese Weise bis Weihnachten frisch halten. Ansonsten lagerte man in den Gartenmieten lediglich die Pflanzkartoffeln und die Steck- und Runkelrüben fürs Vieh ein. Im Allgemeinen kellerte man die Speisekartoffeln, die bis in den Hochsommer des nächsten Jahres hinein ausreichen mussten, in Bansen (Holzgestellen) oder aber in abgeteilten Stellungen ein. Die Möhren wurden – nachdem das Laub abgeschnitten war – in mit Sand gefüllten Eimern oder kleinen Fässern ebenfalls im Keller eingelagert bzw. zwischen Erde und Sand in einer Kellerecke aufgeschichtet.

Die wohl bekannteste Art des Konservierens durch Einsäuern ist die Herstellung von Sauerkraut. Es wurde aus dem Weißkohl oder dem „Kappes“ gemacht. Der klein geschnittene Kohl wurde hierzu in Steintöpfe gestampft, mit Salz und Senfkörnern schichtweise gewürzt, mit einem Tuch und dem nötigen Gewicht abgedeckt und alle 14 Tage gewässert. Andere Kohlsorten, die nicht weiterverarbeitet wurden, konnten im Keller auf den Kartoffeln gelagert werden. Manche Gemüsearten verblieben den halben Winter über auf dem Feld bzw. im Garten. Hierzu zählte der Grünkohl, aber auch der Feldsalat.

Das Konservieren sonstiger Lebensmittel

An Milch wurde ausschließlich Kuhmilch konsumiert. Die Milch von Ziegen und Schafen wurde, sofern vorhanden, fast ausnahmslos an junge Schweine verfüttert. Die Milch der Ziegen, der „Kuh des armen Mannes“, ist aber auch in früheren Zeiten nur ein Notersatz für die Kuhmilch gewesen. Ihr wurde um 1930 eindeutig das Merkmal eines Futter-, nicht das eines Nahrungsmittels zugewiesen. Da sich die Milch nicht lange hielt und Kühltechniken noch nicht zur Verfügung standen, wurde die nicht sofort konsumierte Milch in Form des Einsäuerns oder der Herstellung von Butter und Käse weiterverarbeitet. Alle Haushalte haben ihre Butter damals noch selbst hergestellt. Neben der Sauerrahmbutter, der Sahne und dem Quark war die Herstellung von Dicker Milch und Plundermilch (vorwiegend im Sommer) üblich. Aus der entrahmten Dicken Milch – sie musste noch einen Tag länger stehen als die Plundermilch – fertigte man den Quark. Wenn keine Molkerei in der Nähe war, an die man die frische Milch hätte abliefern können, wurde die besonders in den Sommermonaten reichlich anfallende Milch verbuttert und zum Teil verkauft. Die Butter wurde dann sogar eingemacht, indem man sie leicht salzte, in hohe

Steinguttöpfe knetete und diese anschließend mit Papier verschloss. Die Reste an abgerahmter Milch (Magermilch) wurden auch an das Vieh verfüttert. An Käsesorten sind im Untersuchungsgebiet lediglich Quark („Hotten", auch Weißkäse) oder Schichtkäse und Kochkäse selbst hergestellt worden. Für den Kochkäse wurde der Quark mit ein wenig Butter in einem Topf angerührt, erhitzt und mit Salz, Kümmel und Ei verfeinert.

Eier legte man zwecks längerer Lagerung zwischen die Roggenkörner. Angeblich konnten sie sich dort einige Monate halten. Das Brot wurde im Keller in Holzregalen oder in Steintrögen, die auch als Pökelgefäße genutzt wurden, aufbewahrt. Wer es im Keller lagerte, hatte in der Speisekammer aber noch das Brot, welches im Anschnitt war.

Eintöniger Speisezettel

Wie zu ersehen ist, haben die heute populären und durch verschiedene Medien Verbreitung findenden Ansichten über die Regional- und Alltagsküche von gestern nur wenig mit dem zu tun, was man noch vor zwei Generationen auf dem Lande tatsächlich zu sich nahm. Viele der den damaligen Alltag eher idyllisierenden Regionalkochbücher heben sehr oft nur die positiven Elemente der traditionalen Nahrungsgewohnheiten hervor. Die Eintönigkeit der Speisensysteme und die häufig noch auftretende Mangelversorgung werden weitgehend ausgeblendet. Selbst im 20. Jahrhundert scheinen sich auf dem Lande erstaunlich viele Relikte älterer Ernährungsweisen und Speisensysteme gehalten zu haben. Auch im Sauerland beschränkten am Ende des ersten Drittels des 20. Jahrhunderts weiterhin ökonomische und regionale (geoklimatische Faktoren) Zwänge die Nahrungswahl. Das Eingebundensein in die Eigenproduktion machte die traditionelle Küche relativ unempfänglich gegenüber Neuerungen von außen, sorgte für keinen nennenswerten Wandel der Ernährungsgewohnheiten. Die Kommerzialisierung und die Durchsetzung der „bürgerlichen Küche" befanden sich noch in zarten Anfängen.

Spieker mit Zichorienbrenner

Slachtefäst

(iut: Lank un twiäß diär't Land)

Alfried van Ruiensperg

Im Hässen-Bilster harr iek in diän fröggeren Johren ne gänz guerren Frönd, Franz; as iek iän det eiste Mol besochte, harr hai gerade Slachtefäst un as et biy säo Festen Briuk is un äok guet bekümmet, aat iek met guerrem Awetiyt un met iäme in Werre, un as iek Affscheid nahm, wor dät Schöpken Sneiders Klooren lieg un iek mochte iäme verhaiten, jedes Johr wier op Slachtedag biy iäme anteraupen. Dätt hewe iek äok geren dohn un weire äok ne Inladunge van änderer Mannssiyte sieker anniämmen, wiyl dätt dai siuerlänner Mannsluie gerade Slachtedagen säo angenehme Eigenschaften het in miynen Äogen, as dem Franz siyn Sösken un äok dai ändern Wiywer se nit anerkennen wellt. De Franz un iek sind nämlek der Mainunge, en Slachtfest wör gerade im November am Plasse, taum mindesten awer einege Wiäken viär diän hiellegen Dagen, det Sösken awer kann uns ne saftegen Swinsbrohn un ne angedräogere Brotwurst, as se dai Hainsper op Kathrine un dai Saalhuser op Jodäokesdag gewüehnt sind, garnit gönnen, un viy het äok dai Kuraske hat un het iäme sagt, wat viy van iäme denket, nämlek därr't diän Jungens, dai op Steffensdag van Hius tau Hius gatt un Würsten ansinget, met guerrem Gewietten seggen könn: „Viy het näo nit slachtet.“ Siytdiäme siy'k nit wier inladt woren, awer iek denke doch näo mannegmol dran, wiu schoin diese Slachtedage wören. Alsäo, de Slatedag lagte faste, de Franz harr miy schriewen, un et hotte fiär iän säo guet as fiär miek: fräoh iut den Fiärn, trotzdiämme dätt hai viäregen Dages ält den Vaipott so blank schrutt harr met Sträohwisk un Aske, dät me siek drinne spaigeln kann. Äok gestrieken voll Water was de Pott ält, un drunger lagte ält det Anbaiteholt perot. Me bruikere bläos en Stöhnken drantehällen, dan flackere de Fuier un sang. Trotzdiäme dätt miyn Franz säo nette viärsuarret harr, wor dai eiste Weckraup un te gliyker Tiyd Begruißungsrede vam Sösken nit gerade laiwevoll, me konn awer äok nit seggen, dai Rede wör säo harre un duitlek wiäst as süß Festreden

Schlachten auf Hof Baumeister, Arnoldihof in den 1960er Jahren, (Repro: Gemeindearchiv Kirchhundem)

doch sind, ehger lutte dät säo, as wann en Eikern oder ne Wildkatte fiuchet un spigget, wann se in der Falle sittet. Iek matt niu biygiäwen, et was äok nit viärsichteg vam Franze, dätt hai den Slachtetruag nit ält den viärgen Owend biym Slächter hahlt harr. Niu mochte hai met nem Schiuwebocke diär't halwe Duarp foihren un Luie un Ruiens wecken, awer Glücke im Unglücke harr hai doch, de Truag was terechten Tiyd herbiy, det Water heit un as de Heire ankam, do henk un stonk alles perot: Truag, Krummel, Ledder, Strick, Emmer, Panne, heit Water, un säogar ne Pulle Snaidersken Ällen stonk op der Finsterbank im Hiusgange. Urentleck stolz nahm Franz den Heiern in Empfang, iek fauhl miek säogar en kitzken as fiyfte Raed am Wagen, awer dai Heire is äok tau gliyker Tiyd Duapesslöchter un hinger Pastäoer un Lehrer un näo viär dem Vorsteher de angesaihnste Persäon. „Et biät riuhfuastet dien Nacht“, sagte hai, reif dai klammen Finger, täog des Jüppes üewer dem Kierl iut, henk et op det Trapenliänn, watt et Messer un – soh dobiy in einem futt noh diäm Gangesfinster, no diär Snapspulle. Dann nahm hai det Strick, täog am Enge ne Noise, un as niu de Franz dai Pulle in de Händ nahm un iäme nen Gräoten iutschutte, do gafte siy de Heire nen Ruck as en pruissesken Grenadier, un me konn drane saihn, dätt et niu wirklek dem Swiyne an Hals un Kragen gohn woire. Voll Maut un Iywer gonk hai niu op den Swiynestall. Drinne gafte't en Geramänter, Quieken, Grunzen, Flauken. Endlek wor de Strick faste am Hingerschuaken, de Diär fläog op, un voller Ahnungen un Wietten reit det arme Dier am Strick, woll partiu wier terügge, weik dann, meh as dem Franz un dem Heiern siyne Gewält, dem Sösken siyner List: Det Sösken ramäntere met nem liegen Emmer viär iän hiär un tockere met den saitesten Doinen, as wann't taum Truag voll Kliggen gönge: „Kiwwe kumm, Kiwwe kumm!“ Endlek harren se't glücklek, wo se't hien hewwen wollen, en dumpen Slag, en hellen Quiyk, dann Röcheln un Zucken, det Blaut fläot im räoen Strohl in de ungerhehällene Panne un

Schweineschlachten in Benolpe
(Repro: Gemeindearchiv Kirchhundem)

word dann in den Emmer schutt, wo iek det Roiern besuarren soll. Awer tau miyner Schande marr'k gestohn, iek hewwe niymols biym Swiynestiäken tausaihn un äok dien Posten nit versuarren konnt, trotzdiäme dätt miy det Sösken eis ne Snaps iutschutte, dürr'k meh Kuraske kriygen soll. Iek siy eis wier herbiykummen, as alles verbiy was, det Swiyn im Truag lagte un de Franz Emmer op Emmer heit Water herbiyslefte, un hor näo säo iäwen, as de Sösken voller Verachtunge sagte: „Un dätt well ne Keerl un im Kiege wiäst sin!“ Awer de Heire sagte nix drop, dai schrawwere un kratzere, dätt de Swiynsbüesten fluigen un in diär roitleken Braih swammen. Siyne kuatten dicken Finger sohn iut as stumpe Knackwürstker un krier eis wier Ansaihn, as det Swiyn op der Ledder tiwiäß üewer dem Truag lagte un met källem Water afspault word. Dann word me de Krummel diär de Hespen stiäken, an der Ledder fastbungen, Ledder häogestuan an de Hiuswänd, un sauber un witt henk det Swiyn, un gerade as Franz dem Slächter nen Snaps iutschutt harr un hai un iek eigentlek äok enen verdaint harren, kam det Sösken wier iut dem Hiuse un tworenz met säo'ner Energie im Schriett, dätt de Franz den Proffen op de Pulle druckte un viy baine dai droige Tunge nit antefüchten wogern. – Un niu, Frönd Franz, diu suihs, iek siy mirren am Vertellen un wahre op diyne Inladunge: süß vertelle iek nächstes Mol alles, wat hingerhiär näo an diäm Slachtedage passeiert is!

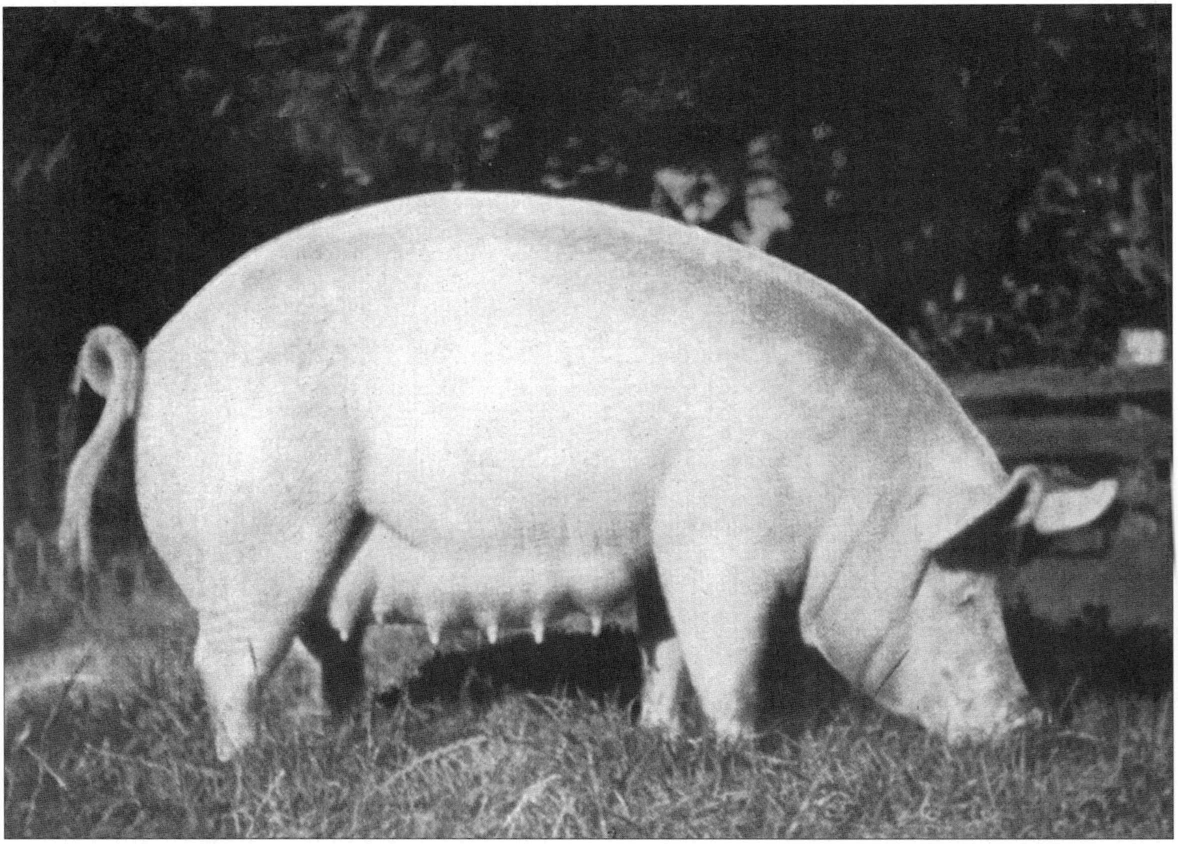

Deutsches Edelschwein, Abbildung aus: Meier-Bode, Das Buch des Bauern, Hiltrup 1953

Bauerngärten

Bärbel Michels

Von seiner wortgeschichtlichen Bedeutung her heißt Garten so viel wie ein „mit Ruten und Stecken eingezäuntes Stück Land“. Zu einem richtigen Garten gehören also die Nutzfläche und der Zaun.

Während der Ziergarten des Städters hauptsächlich der Erholung diente, stand beim Landbewohner die Nutzfunktion an erster Stelle; er hatte einen verzierten Nutzgarten, einen Bauerngarten.

Es gibt keine eindeutige Definition, was man unter einem Bauerngarten versteht, aber allgemein verbindet man mit diesem Begriff einen ländlichen Garten, der sich durch bestimmte Merkmale auszeichnet. Er muss aber nicht unbedingt zu einem landwirtschaftlichen Gehöft gehören, sondern kann ohne weiteres auch an einer Mühle, einem Pfarr- oder Lehrerhaus, einem ländlichen Arbeiter- oder Handwerkerhaus liegen.

Von der Größe des Gartens konnte man früher u.a. auf den Stand des Gartenbesitzers schließen. Ein ‚großer' Bauer benötigte viel Fläche, um alle Familienmitglieder und das zahlreiche Gesinde satt zu bekommen. Und je

Von der Größe des Gartens konnte man früher u. a. auf den Stand des Gartenbesitzers schließen. Obersorpe, um 1920

wohlhabender der Gartenbesitzer war, umso schöner konnte die Gartenanlage gestaltet sein. Natürlich spielen auch klimatische Unterschiede eine Rolle; ist das Klima verhältnismäßig rauh, sind die Gärten eher klein.

Kennzeichnend für alte Bauerngärten sind die geometrische Anlage, eine Kreuzeinteilung, eine Einfassung der Beete (meist) mit Buchsbaum, nach außen die Abgeschlossenheit durch eine Einfriedung und die Einheit von Nutz- und Ziergarten.

Über Jahrhunderte hinweg waren Bauerngärten ‚blühende Apotheken'. Karl der Große hatte um 800 eine ‚Kräutervorschrift' herausgegeben, den ersten geschichtlich bekannt gewordenen Leitfaden für Gartenanlagen. Zunächst war das „Capitulare de villis" für die kaiserlichen Landgärtner bestimmt. Später wurde dieser Ratgeber weiter verbreitet, um durch richtigen Anbau und Gebrauch der Kräuter eine Art „Volkshygiene" populär zu machen.[1]

Bis zum ausgehenden 15. Jahrhundert verfügten hauptsächlich Klöster über die nötigen Pflanzenkenntnisse sowie deren Nutzen und Pflege. Vom 16. Jahrhundert an interessierten sich verstärkt Ärzte, Apotheker, wohlhabende Bürger und Dorflehrer für die Pflanzenwelt. Die bäuerliche Bevölkerung holte sich Ideen aus den Gärten der Bürger, auf dem Dorf stellvertretend aus dem Garten des Lehrers oder Pfarrers.

Im 16. und 17. Jahrhundert kamen durch die Entdeckung Amerikas, die Erschließung neuer

Wer seine Pflanzen hegt und pflegt, kann auf reichen Erntesegen hoffen. Thülen, um 1930

Bauerngärten sind verzierte Nutzgärten, geometrisch angelegt und nach außen abgeschlossen durch eine Einfriedung aus Hecke oder Zaun. Niedersorpe, um 1950

Handelswege und ein aufblühendes Wirtschaftsleben viele neue Pflanzenarten in unsere Gärten. Das waren jetzt aber nicht mehr ausschließlich Nutzpflanzen, sondern auch etliche Zierpflanzen, wie z.B. Tulpen (1559), Kaiserkrone und Flieder (1560) aus der Türkei oder Phlox und Tagetes (1592) aus Amerika.

Im 19. Jahrhundert gehörten Garten- und Obstanbau vielfach zum Lehrplan der Schulen, und manche Dorfschule verfügte über einen Blumengarten und eine kleine Baumschule, ‚Industriegarten' genannt. Die Kinder sollten schon früh ‚an Arbeitsamkeit, Gewerbefleiß und eine tätige Lebensweise' gewöhnt werden, also an ihren späteren Alltag.(2) Die seit 1890 gegründeten Haushaltungsschulen vermittelten mit ihren Mustergärten den jungen Mädchen Kenntnisse im Gartenbau, und in den 1880 gegründeten landwirtschaftlichen Winterschulen in Fretter und Eslohe stand u.a. Obstanbau speziell für die rauhen Lagen des Sauerlandes auf dem Lehrplan.(3)

Ein Bauerngarten ist nützlich, zweckmäßig und schön, liefert Gemüse für die tägliche Nahrung, Kräuter für die Gesundheit und Blumenschmuck fürs Haus. Fast jeder Garten hatte seine Blumenecke; aber Vorrang hatte der Anbau von Kräutern und Gemüse sowie die Anzucht von Steckrübenpflanzen fürs Vieh, wie Karl Berkenkopf aus Hallenberg-Liesen noch aus eigener Erfahrung wusste: „Meine Mutter liebte Blumen sehr, doch durfte sie keine halten, solange unsere Oma lebte, denn ihrer Ansicht nach beanspruchten Blumen nur unnötig Platz, Arbeit und Geld."(4)

Mögen Gemüse, Kräuter und Blumen noch so wild wachsen, so wirkt ein Bauerngarten doch nie unordentlich oder überladen. Das liegt an der geordneten Anlage des Bauerngartens, sei-

Anzeige — Empfehlung.

Dem geehrten Publikum von Meschede und Umgegend die ergebene Anzeige, daß ich mich hier als

Kunst- und Handels-Gärtner

etablirt habe, und verspreche den geehrten Bewohnern, alle in mein Fach schlagende Arbeiten prompt und reell auszuführen.

Auch ist bei mir zu haben

Garten-Saamen

echter Qualität.

Meschede, den 15. Januar 1872.

Friedr. Feh,
Kunst-Gärtner.

Meine Wohnung befindet sich bei Hrn. Ant. Jorg am Bahnhof.

Mescheder Kreisblatt vom 20. Januar 1872
Für die Anlage eines kunstvoll mit Buchsbaum eingefassten Bauerngartens konnte man einen ‚Kunst- und Handelsgärtner' bestellen

Meinen geschätzten Kunden die ergebene Mittheilung, daß ich auch dieses Jahr **echte frische Garten-Sämereien**, sowohl bei Hausierhandel, als an meinem Hause führe, um deren gefl. Abnahme ich ersuche.

Kirchrarbach, den 24. Januar 1865.

Franz Schulte.

Mescheder Kreisblatt vom 28. Januar 1865
Sämereien gab es beim Krämer im Dorf, über den Hausierhandel, bei den wenigen Gärtnern der Umgebung oder per Versandhandel

Kräftige, hochstämmige, mit sehr guten Obstsorten veredelte

Obstbäume

sind zu haben im Industriegarten zu Kirchrarbach.

Mescheder Kreisblatt vom 13. März 1869
„Industriegarten" hießen die Schulgärten, in denen unter anderem Obstbäume zum Verkauf gezüchtet wurden

nem äußeren – häufig rechteckig oder quadratischen Grundriss und der symmetrischen Einteilung der Beete. Wenn das Gelände wegen seiner Größe, Form oder Hanglage solche Gestaltung nicht zuließ – was im Sauerland öfter vorkam – wich man zwangsläufig davon ab.

Üblicherweise gliedert ein einfaches Wegenetz den Garten. Das kann der breite Hauptweg sein, der zwei gleich große Gartenhälften schafft, oder ein Wegekreuz – nach dem Vorbild alter Klostergärten – das die Fläche in vier Quadrate oder gleich große Rechtecke aufteilt. Bei größeren Gärten sind die Wege in Doppelkreuz-Form angelegt. Schmale ‚Trampelpfade' zwischen den einzelnen Beeten erleichtern das Arbeiten im Garten. Ein Blumenrondell am Schnittpunkt der Wege lockert mitunter die strenge Symmetrie auf.

Die geschaffene Ordnung wird noch unterstrichen durch Buchsbaumeinfassung der Beete, die dem Garten optischen Halt gibt, aber auch verhindert, dass bei starkem Regen Erde von den Beeten geschwemmt wird. Gerade die Einfassung mit Buchs verleiht dem Garten einen ganz besonderen Zauber und bietet im Sommer wie im Winter einen reizvollen Anblick.

Buchsbaum erfordert jedoch eine spezielle Pflege. Er sollte alle drei bis acht Jahre ‚umgelegt' werden, d.h. jede einzelne Pflanze muss herausgenommen, das zu lange Wurzelende gestutzt und auch die Laubzweige gekürzt werden. Anschließend werden die beschnittenen Pflanzen wieder ordentlich eingesetzt. Diese Arbeit erledigten früher Gärtner von auswärts. Als Lohn durften sie die Restmenge des Buchsbaumes mitnehmen.

Für die Anlage solch eines kunstvoll mit Buchsbaum eingefassten Bauerngartens konnte

Zäune schützen wie Hecken und können gleichzeitig eine Zierde des Gartens und ein Schmuck fürs Haus sein

man einen ‚Kunst-, Blumen- und Handelsgärtner' bestellen. Dafür gaben aber wohl nur größere Bauern Geld aus; zudem gab es 1861 lediglich einen einzigen Gärtner im ganzen Kreis Meschede.

Den benötigten Gartensamen bezog die Bäuerin entweder beim Krämer im Dorf, über den Hausierhandel oder bei einem der wenigen Gärtner in den größeren Orten. Es gab allerdings schon 1886 die Möglichkeit, Sämereien über Versandhandel einzukaufen, und zwar in Olpe bei Wennemen in der Pflanzen- und Samenhandlung des Gärtners Joseph Hütter.

Gemüsepflanzen und viele Blumen – sofern es sich nicht um Staudengewächse handelte – wurden selbst gezogen. Eines war beiden Pflanzenarten gemeinsam: sie waren besonders robust, anspruchslos, leicht vermehrbar, pflegeleicht. Alles, was zu anfällig gegenüber Schädlingen oder Witterungseinflüssen war, verschwand in absehbarer Zeit wieder.

Auf einem Randstreifen hinter den Beeten standen Beerensträucher und Blumen, dann folgte die Einfriedung.

Der Blick des vorübergehenden Betrachters fällt zuerst auf die Einfriedung des Bauerngartens. Die früher üblichen Hecken, vorzugsweise aus Weißdorn oder der harten Hainbuche, wurden zweimal jährlich (Ende Juni und Anfang September) geschnitten, später aber häufig durch Mauern, Holz- oder Maschendrahtzäune ersetzt.

Ernte vom ‚Äppelhof'

Obstgärten, auch Baumhof oder ‚Äppelhof' genannt, waren ein Teil der alten Bauerngärten. Sie bildeten den Übergang zwischen Siedlung und Landschaft. Hier hatten Jungvieh und Geflügel ihren Auslauf, und sonntags grasten Pferde darin. Dorlar, 1959

Hecken geben Vögeln, Insekten und Igeln Schutz, halten unerwünschte Eindringlinge wie Haus- und Wildtiere ab und schützen gleichzeitig vor zu starkem Wind.

Auch Zäune schützen und können gleichzeitig eine Zierde des Gartens und ein Schmuck fürs Haus sein. Eine Hecke bzw. ein Zaun markieren zwar eine Grenze, aber es sollte eine offene und freundliche sein, die nicht den Blick in den Garten verwehrt.

Wenn zwischen Zaun und Bewuchs ein harmonischer Zusammenhang besteht, ist der Garten insgesamt schön anzusehen. So natürlich wie die Pflanzengesellschaft im Garten, so urwüchsig sollte auch der Zaun um sie herum sein.

Der traditionelle Staketenzaun aus gespaltenen Fichtenstangen, die bei der ersten Durchforstung anfallen, verleiht dem Bauerngarten u.a. seine Faszination. Im Sommer, wenn üppig blühende Stauden ihre Blütenköpfe hindurchstecken ebenso wie im Winter, wenn der Schnee am Holzzaun zum gestaltenden Element wird.

Repräsentativer waren hölzerne Gartenzäune, meist dunkelgrün gestrichen, mit speziellen Ausformungen an den Lattenspitzen, die durch einen weißen Anstrich noch betont wurden. Zur

Säen, pflanzen, gießen, Unkraut jäten … Rehsiepen, um 1950

… und schließlich ernten

Straßenseite schloss auch schon einmal ein reich verzierter schmiedeeiserner Zaun den Garten ab. Solch ein kostspieliger Zaun fand sich bei wohlhabenden Bauern oder einem Schmied, der so seine Kunstfertigkeit unter Beweis stellen konnte.(5)

‚Obstgärten', auch Baumhof oder ‚Äppelhof' genannt, sind ein Teil des alten Bauerngartens. Sie zogen sich wie ein grüner Ring um die bebaute Fläche des Dorfes – häufig im Anschluss an die Gemüsegärten – und bildeten so den Übergang zwischen Siedlung und Landschaft. Die Bezeichnung ‚Äppelhof' irritiert, denn es standen dort keineswegs nur Apfelbäume, sondern alle gängigen und dem jeweiligen Klima entsprechenden Obstbaumsorten. Zahlreiche Obstbäume kamen aus den schulischen Industriegärten. Lehrer boten ihre Züchtungen im Dorf und auch per Zeitungsinserat zum Kauf an.

Die Fläche des Äppelhofs diente nicht ausschließlich dem Obstanbau, sondern auf diesem hausnahen Terrain hatten Jungvieh und Geflügel ihren Auslauf, und sonntags diente es als Pferdeweide. Pferde waren Arbeitstiere, Weidegang war für sie nicht üblich, lediglich sonntags durften sie im Äppelhof grasen.

Die großen alten Obstbäume prägten das Ortsbild unserer Dörfer, sind Sauerstofflieferant und Staubschlucker, erfreuen im Frühjahr mit ihrer Blütenpracht, spenden im Sommer wohltuenden Schatten, liefern im Herbst schmackhafte Früchte und faszinieren im Winter durch das oft bizarre Geäst ihrer Kronen. Sie untermalen den Wechsel der Jahreszeiten, sind nützlich und erfreuen.

Bis zur Jahrhundertwende, mancherorts bis in die 1950er Jahre, behielt der Bauerngarten im Wesentlichen sein Aussehen. Auch das Wissen um die Bedeutung der Pflanzen für Heilzwecke sowie im Brauchtum war präsent.

Nach dem Zweiten Weltkrieg machten sich durch die zunehmende Industrialisierung, eine

Die alten Bauerngärten mit angrenzendem Baumhof, eingefriedet mit dem traditionellen Staketenzaun, prägten das schöne geschlossene Dorfbild ursprünglicher Art. Rehsiepen, um 1935

Verstädterung der Dörfer und durch die gesunkene Personenzahl in den landwirtschaftlichen Haushalten, u.a. wegen der geringeren Anzahl an Arbeitskräften und Kostgängern (Handwerker auf Stör!) auffallende Veränderungen bemerkbar.

Die Gärten wurden verkleinert oder unter Beibehaltung der alten Ausmaße teilweise eingesät. Und mit dem Rückgang der Nutzgärten geht oft eine Vergrößerung der Ziergärten nach städtischem Vorbild einher. Nun halten auch in den ländlichen Gärten pflegeleichte Nadelgehölze und ungewöhnliche Exoten Einzug.

Auch wird immer mehr Gartenfläche versiegelt, um Parkmöglichkeiten zu schaffen oder Garagen zu bauen. Mancher Obstgarten, oft schon stark überaltert und nicht mehr rentabel, wurde Gewinn bringend als Bauland verkauft. Bis 1974 bezuschusste die EG sogar das Roden von Streuobstweiden, so dass alte knorrige Obstbäume immer seltener im Landschaftsbild zu finden sind.

Aufgrund der klimatischen Verhältnisse sind Obst- und Gemüseernten im Hochsauerland trotz intensiver Arbeit relativ bescheiden. Diese Tatsache, dazu die größere Mobilität der Landbevölkerung, die zunehmende Berufstätigkeit der Frau und das allzeit große Obst- und Gemüseangebot in den Supermärkten, führten zu einem steten Rückgang der verzierten Nutzgärten, der Bauerngärten. Ganz vereinzelt findet man hier und da allerdings einen neu angelegten Bauerngarten.

Doch die Zeit des alten Bauerngartens mit dem sich daran anschließenden Obstgarten scheint zu Ende zu gehen. Und damit verschwindet auch unaufhaltsam das schöne geschlossene Dorfbild ursprünglicher Art, durch seinen natürlichen Grüngürtel Schutz und Geborgenheit vermittelnd, eingebunden in die umgebende Landschaft.

Quellen:

(1) *Sternschulte, Agnes: Die Gärten. 1985, S. 9.*

(2) *Dolle, Paul, in: Grafschaft. Beiträge zur Geschichte v. Kloster und Dorf. 1972, S. 214.*

(3) *Kirsch-Stracke, Roswitha, in: Sauerland, Facetten einer Kulturregion. 1994, S. 78.*

(4) *Berkenkopf, K.: Ms.-Nr. 6362. in: Brockpähler, Renate: Bauerngärten in Westfalen. 1985, S. 137.*

(5) *wie 3, S. 85.*

„Denn in kalten Gegenden braucht man mehr...”

Pater Reinald Rickert

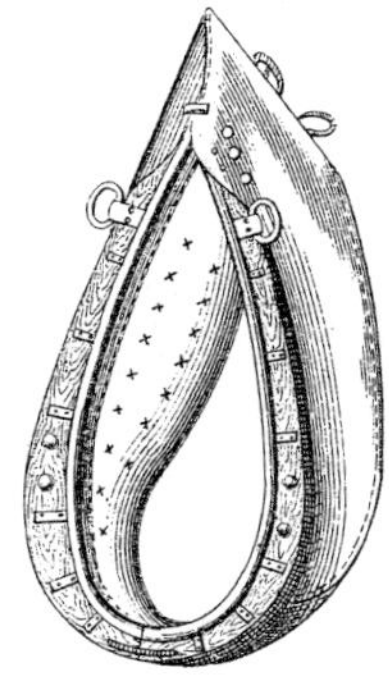

Obenstehendes Zitat ist der Ordensregel des Hl. Benedikt entnommen (Kap. 55) und bezieht sich zunächst auf die Kleidung und das Schuhwerk der Mönche. In der tausendfünfhundertjährigen Kulturgeschichte benediktinischen Wirkens hat es sich zu einem Stück monastischer Lebensphilosophie entwickelt: ganz gleich, wann und wo Benediktinerklöster gegründet wurden, haben sich die Brüder den Gegebenheiten angepasst, die sie vorfanden und vor allem das Beste daraus gemacht. Im Vers 7 desselben Kapitels empfiehlt unser Ordensgründer: „Man nehme das, was in der betreffenden Gegend zu finden oder was billiger zu beschaffen ist.”

Das haben auch unsere klösterlichen Vorfahren erlebt, als sie 1928 aus der bayrischen Erzabtei St. Ottilien ins Sauerland entsandt wurden, um in Meschede die städtische Rektoratsschule zu übernehmen. Für eine Klostergründung waren es keine rosigen Zeiten: der damalige Konvent musste sehr bald wirtschaftliche Selbstständigkeit erreichen. Zu keiner Zeit war man durch die Übernahme eines Schulbetriebes in der Lage, schnell finanzielle Erfolge zu erzielen. Von Anfang an versuchten die Gründungsmitglieder, durch klostereigene Werkstätten die entstehenden Kosten zu senken bzw. auf zuverlässige Einnahmen zurückzugreifen. Aus Traditionsgründen spielten dabei die Gärtnerei und der kleine Ökonomiebetrieb im jungen Priorat Königsmünster eine entscheidende Rolle.

Schon bald übergaben die Stadtväter von Meschede dem Konvent ein 12,5 Hektar großes Grundstück ‚Auf dem Dünnefeld’, am früheren nördlichen Stadtrand Richtung Warstein gelegen. Wie die Flurbezeichnung schon sagt, ist aus agrarischem Blickwinkel dieses Terrain nicht besonders wertvoll, hauchdünner Mutterboden, darunter flächendeckend Faulschiefer. Br. Benignus, an den sich viele Mescheder aufgrund seiner ursprünglichen Lebensweise noch gut erinnern können, machte bereits in den 30er Jahren aus der Not eine Tugend: in seine Gärtnerei transportierte er mit einer selbstgezogenen Lorenbahn Erde, die er anderswo abkratzte und mit Stallmist aufwertete, den er fuderweise von befreundeten Bauern geschenkt bekam.

„Man nehme das, was in der betreffenden Gegend zu finden ist...” Als gelernter Melkergehilfe sollte ich nach meiner Zeitlichen Profeß die Ökonomie übernehmen. Ich fand einen bäuerlichen Betrieb vor, der in vielen Punkten sehr renovierungsbedürftig war. In den vorhandenen Milchviehbestand inklusive Melktechnik musste investiert werden. Ich kam mit dem damaligen Abt Stephan und dem Seniorat überein, die Vielfalt von Rindvieh, Mastschweinen und Geflügel zu belassen bzw. in überschaubarem Rahmen zu vervollständigen. Seitdem bewirtschaften wir 21 ha Grünland und 115 ha Wald. Die Idee war, den immer größer werdenden Eigenbedarf weitgehend zu decken. Klosterkonvent, zwei Gästehäuser (ca. 100 Betten), Tagesgruppen, Schulmensa werden von einer zentralen Küche versorgt.

Nach der Eröffnung des Klosterladens begannen wir zunächst in kleinem Umfang mit der Direktvermarktung von eigenproduzierten Lebensmitteln. Inzwischen können wir mit einem wachsenden Kreis von Stammkunden aus Gastronomie und privaten Haushalten rechnen. In Zusammenarbeit mit klostereigener Metzgerei, Bäckerei und Käserei haben wir im Jahre 2003 beispielsweise 10 t Schweinefleich, 3,3 t Rindfleisch, 1,3 t Putenfleisch, 78.000 Eier, 1,3 t Poularde etc. unter dem Motto „Aus dem Stall auf die Gabel" vermarktet.

Dieser Zusammenhang zwischen bäuerlicher Tierhaltung und schmackhafter Nahrung ist vielen unserer Zeitgenossen aus dem Blick geraten. Den modernen Lebensumständen entsprechend geht der gesellschaftliche Trend eindeutig in Richtung ‚convenience'-Ernährung. Das schnelle Fertiggericht verdrängt die gediegene Mahlzeit! Das ist ein herber Verlust an Kultur! Übrigens kommt der Begriff ‚Kultur' ursprünglich aus dem bäuerlichen Leben: Das lateinische Wört ‚colere' bedeutet ‚den Acker bebauen', erst im zweiten Sinn ‚wohnen, pflegen, verehren...'. Eine überzeugende Esskultur zu schaffen ist ein echtes Stück Arbeit, im Stall wie in der Küche. Bislang tun wir dies ohne ‚grüne' Ideologie, weil Benediktiner immer schon ökologisch ausgerichtet waren.

„Damit in allem Gott verherrlicht werde." Ausgerechnet das 57. Kapitel über die „Handwerker des Klosters" schließt dieser fromme Vers ab. In Naturstein gemeißelt hängt dieser Spruch, versehen mit einem Stierkopf, neben unserer Stalltür. Benedikt möchte seine Mönche darauf hinweisen, dass Gott nicht nur in Zeiten religiöser Besinnung, sondern eben auch im normalen Alltag zu erfahren ist. Wenn wir, egal, ob wir Mönche sind oder nicht, unserer Arbeit und unserem Gebet gleichzeitig auf den Grund gehen, werden wir „in allem Gott verherrlichen". Viele unserer Kunden ahnen dies. Ein Stück Wurst aus der Klostermetzgerei beispielsweise hat in diesem Falle eine größere religiöse Ausstrahlung als eine langweilige Predigt. So haben wir Mescheder Benediktiner schon immer die alte Botschaft des Evangeliums sinnlich verpackt an die Sauerländer weitergegeben: „Denn in kalten Gegenden braucht man mehr."

Abbildung aus: De Suerlänner 1937

Gastliche Landwirte

Zum Verhältnis von haupt- und nebenberuflichen Erwerbsmöglichkeiten in Land- und Gastwirtschaft im Sauerland

Carsten Vorwig

In den Landesbeschreibungen des 18. und frühen 19. Jahrhunderts werden für das Sauerland immer wieder die ungünstigen Bedingungen für die Landwirtschaft[1] hervorgehoben: *„Ackerbau hat das Sauerland nur notdürftig und kümmerlich. An vielen Orten wird wegen der Rauheit des Klimas auf dem unfruchtbaren, kalten, steinigen Boden gar kein Roggen angebaut, nur notdürftig etwas Hafer und Kartoffeln“.*[2] Friedrich Wilhelm Grimme beschränkt diese Einschätzung auf die höher gelegenen Gebiete: „Auf den kahlen, kalten Höhen der Stadt Winterberg und der nächsten Nachbardörfer lohnt sich der Ackerbau kaum. Der Winterroggen verwintert, der Sommerroggen liefert spärlichen Ertrag (...).“[3] Neben den schlechten klimatischen und geographischen Bedingungen aber werden immer wieder auch die rückständigen landwirtschaftlichen Methoden und die nachteilige Agrarstruktur hervorgehoben. So wird die Dreifelderwirtschaft erst im Verlauf des 19. Jahrhunderts eingeführt. Das größte Problem aber stellt die mangelhafte Düngung dar, die der Landwirtschaft kaum Möglichkeit zur Steigerung des Ertrags gibt und somit auch keine Vergrößerung des Viehbestandes erlaubt.[5] Die Folge sind Hungersnöte in der Mitte der 1840er Jahre durch das Missverhältnis zwischen stagnierender Wirtschaftsweise und wachsender Bevölkerung. Erst in der zweiten Hälfte des 19. Jahrhunderts führen Verbesserungen der landwirtschaftlichen Methoden zu größeren Erträgen.

Land- und Forstwirtschaft aber sind nicht der alleinige Haupterwerb der Bevölkerung. So stellt bereits der Königlich Preußische Kriegs-, Domänen- und Forstrat Christian Friedrich Meyer 1798 fest: *„Die vielen Fabriken hingegen, womit sich auch der Akkerkultivateur vorzüglich beschäftiget, verursachen daher, daß die Einwohner die Aufmerksamkeit auf ihre Geschäfte zu sehr theilen, solche mehr auf die Fabriken als auf den Ackerbau verwenden, diesen überaus wichtigen Zweig im ganzen vernachlässigen und ihn nur als Nebensache betrachten“.*[6] Die Kombination mehrerer agrarischer und nichtagrarischer[7] Gewerbe ist im Sauerland keine Seltenheit. Da die landwirtschaftlichen Betriebe – im Vergleich mit anderen Regionen Westfalens – recht klein sind und mit ihrer extensiv geführten Wirtschaftsweise zum Haupterwerb in der Regel nicht ausreichen, müssen die Bewohner des Sauerlandes durch andere Gewerbe ihre Subsistenz bestreiten. Mit der Absicherung der Erwerbsgrundlage durch mehrere Gewerbe können sie flexibler auf wirtschaftliche Krisen reagieren. Deshalb spielen Industrie, Bergbau[8] und Handel für die Bewohner der Region des Sauerlandes eine wichtige Rolle. Einen Teilbereich des Handels bildet das Gast- und Schankgewerbe. Im Folgenden soll es um das Verhältnis von Haupt- und Nebenerwerb bei Gastwirtschaft und Landwirtschaft gehen.

Erst mit der Erteilung der Genehmigungsurkunde für eine Konzession dürfen die angehen-

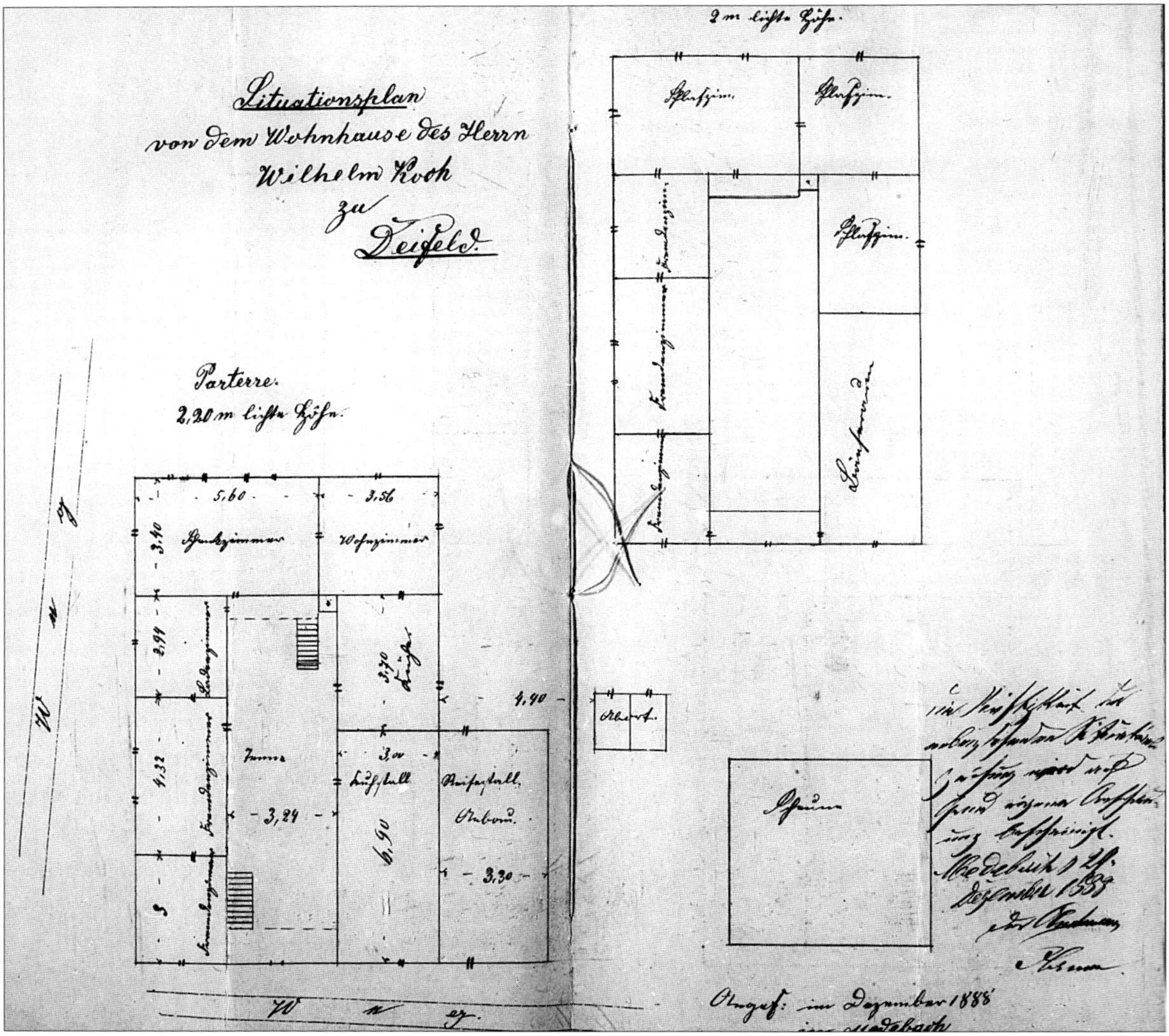

Grundriss der Gast- und Schankwirtschaft Koch in Deifeld 1888. Deutlich zu erkennen ist die Gebäudestruktur eines Hallenhauses mit schmaler hoher Diele, wie sie im Sauerland häufig zu finden ist. Giebelseitig erschlossen durch ein großes Dielentor befindet sich rechts der Diele ein Kuhstall mit angrenzend angebautem Pferdestall für die Reisenden. Das linke Seitenschiff sowie das Kammerfach sind dem Gastwirtschaftsbetrieb und dem Kolonialwarenladen vorbehalten. In separaten Nebengebäuden befinden sich eine Scheune und zwei Aborte. (StA MS, KrB, KA 163)

den Wirte ihr Gewerbe ausüben. Eine der wesentlichen Fragen bei der Untersuchung der Personen, die als konzessionierte Wirte tätig werden dürfen, ist die nach dem Stellenwert des Gast- und Schankgewerbes für die jeweilige Existenzsicherung. Ausschlaggebend ist, ob das Gewerbe hauptberuflich betrieben wird und somit den Schwerpunkt des Einkommens ausmacht oder ob es als nebenberuflicher Zuerwerb dient.

Bei der Auswertung zahlreicher behördlicher Auflistungen – Gewerbesteuerlisten, Katasterlisten, Konzessionslisten u.a.m. - zeigen sich für einzelne Berufs- oder Bevölkerungsgruppen zum Teil widersprüchliche Berufsangaben, die darauf hindeuten, dass die Wirte im 19. und frühen 20. Jahrhundert oft mindestens zwei Gewerbe betrieben.[9] In den Gewerbesteuerlisten der Jahre 1892/1893 werden neben den jeweiligen Angaben zu den Steuern bei der Mehrheit auch Bemerkungen zum jeweiligen Hauptberuf festgehalten.

Bei den hauptberuflich betriebenen Gewerben zeigen sich klare Unterschiede zwischen Wirten in den Kleinstädten und den Dörfern des Sauerlandes. Während im ländlichen Bereich nur ein Viertel der Konzessionierten das Gast- oder Schankgewerbe hauptberuflich betreibt, ist es in den Kleinstädten weit mehr als die Hälfte. In den Kleinstädten sind somit die Voraussetzungen für eine haupterwerblich geführte Gastwirtschaft oder auch Schankwirtschaft wesentlich besser als außerhalb. In den Dörfern leben mehr als zwei Drittel in erster Linie von der Landwirtschaft und betreiben das Gast- und Schankgewerbe nur nebenher. Hierbei sind die häufigsten Nennungen „Ackerer", „Landwirt" und „Ökonom", daneben kommen aber auch „Ackerwirth", „Bauer" und „Gutsbesitzer" vor. Weitere Berufe aus dem Bereich „Handel" sind immer noch relativ häufig, aber im Vergleich dazu deutlich weniger. Zu nennen ist hier der Handel mit „Manufacturwaaren", „Colonialwaaren" sowie „Spezereiwaaren", die kombiniert oder als eigenständige Berufsbezeichnung auftreten können. Daneben gibt es auch den Handel mit „Getreide und Ziegeln" sowie den „Handel mit Spezereien, Getreide und Branntweingroßhandel". Hierbei handelt es sich um ein Hauptgewerbe, für das der Wirt einen jährlichen Steuersatz von 30 Mark zahlen muss. Der durchschnittliche Steuersatz anderer nebengewerblich tätiger Händler liegt dagegen zwischen drei und neun Mark.[10]

Auch andere Berufe tauchen in den Listen auf, so beispielsweise aus dem Bereich „Handwerk". Aus dieser Gruppe werden Maurer, Schuster und Schreiner genannt. Es gibt auffallend viele Handwerker in der Region des Altkreises Brilon, in denen bis zu 80% der Hausbesitzer beispielsweise mit der Berufsbezeichnung „Maurer" angegeben werden. Ähnliches gilt auch für den Bergbau. Obwohl nach 1880 bereits die wirtschaftliche Hochkonjunktur des Erzbergbaus beendet ist, sind dennoch viele Arbeiter in diesem Wirtschaftszweig beschäftigt.[11] Entsprechend finden sich auch Berufsgruppen aus den Bereichen Bergbau und Industrie wie Former, Bergmann und Obersteiger, aber auch andere Berufsgruppen wie Förster und Gärtner, die über eine Gastwirtschafts- oder Schankkonzession verfügen.

Wie aussagekräftig und historisch-realistisch sind solche behördlichen Listen? Bei der Prüfung im Detail zeigt sich, dass beispielsweise die Katasterangaben der Gebäudesteuerrolle von 1895 eine brauchbare Grundlage für eine Auswertung der Berufsstruktur bieten. So ist für Georg Wigge aus Padberg die Berufsbezeichnung „Schreiner und Gastwirt" angegeben. In den Konzessionsanträgen benennt Wigge selbst den Beruf des Schreiners als den wichtigsten.[12] Ein anderes Beispiel zeigt für den als „Schneider und Schenkwirt" bezeichneten Johann Bieker aus Canstein, dass auch hier die Schneiderei der Hauptberuf ist.[13] Weitere Stichproben ergaben ähnliche Ergebnisse. Man kann also davon ausgehen, dass die Reihenfolge der Berufsangaben in den Katasterlisten den entsprechenden Stellenwert des Berufs widerspiegelt.

In den Kleinstädten des kurkölnischen Sauerlandes war ein Drittel der Konzessionierten hauptberuflich im Handelsbereich oder als

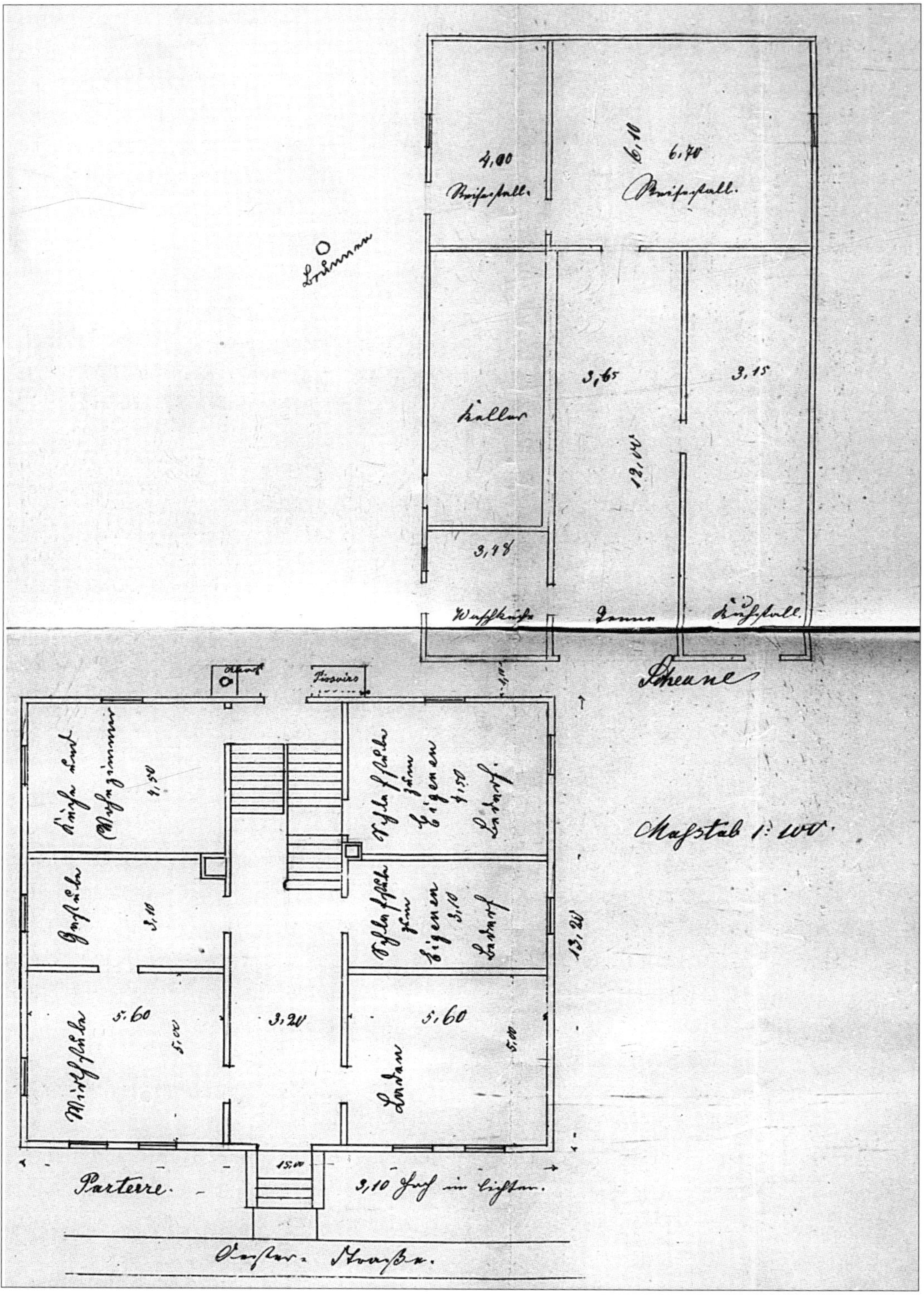

Grundriss des unteren Stockwerks der Gast- und Schankwirtschaft Althaus in Medebach um 1890 mit angrenzender Scheune (StA MS,KrB, KA 163)

Ansicht der Gast- und Schankwirtschaft Althaus in Medebach mit Schaufenster des Ladens an der rechten Hausseite (aus: Mohr 1980)

Bäcker bzw. Brauer tätig. Hier zeigt sich, welche bedeutende Rolle die Kombination vornehmlich des Kolonial- und Spezereiwarenhandels mit einer Gast- oder Schankwirtschaft hat. Auch die traditionell in engem Verhältnis zueinander stehenden Berufe der Brauer und Bäcker sind im Zusammenhang mit einem Gast- oder Schankgewerbe häufig zu finden. Während die Gewerbe der Brauer und Bäcker mit der Hefe einen gemeinsamen Grundrohstoff haben, ist es im Zusammenhang mit einer Gast- oder Schankwirtschaft interessant, die hergestellten Produkte – zum einen das gebraute Bier und zum anderen in Verbindung mit den „Cafés“ die Backwaren – auch selbst verkaufen zu können. Im Gegensatz zu den ländlichen Wirten spielt bei den städtischen das Gewerbe der Landwirtschaft eine unbedeutende Rolle. Auch die Gruppe „Handwerk“ ist hier nur in geringem Maße vertreten, wobei sicherlich ähnliche Gründe zu suchen sind wie bei den Wirten in den Dörfern.

Eine große Gruppe machen dabei sowohl in der Kleinstadt als auch in den Dörfern verschiedenste Handwerke aus, deren Uneinheitlichkeit aber auf Zufälligkeit hindeutet und nicht auf ein bestimmtes, häufig gewähltes Nebengewerbe. Zu einigen Nebengewerben entdeckt man auch Hinweise in den Konzessionszeichnungen. Hierbei handelt es sich um Gewerbe, die nicht außerhalb des eigenen

Ansicht der Gast- und Schankwirtschaft Schmidt in Referinghausen um 1910 mit Poststelle und landwirtschaftlich genutztem hinteren Gebäudeteil, aus: Mohr 1985

Wohnhauses betrieben werden. Das häufigste Nebengewerbe, das innerhalb der eigenen Gebäude ausgeübt werden kann, ist der Handel mit Kolonialwaren oder anderen Gütern. Entsprechend findet sich in vielen Grundrisszeichnungen neben den Räumen für die Gast- und Schankwirtschaften zusätzlich ein Laden. Der Handel mit Kolonialwaren ist ein Gewerbe, das dem der Gast- und Schankwirtschaft sehr ähnlich und mit ihm profitabel kombinierbar ist. Klein schreibt dazu: *„Gerade in Anbetracht der Konsumgewohnheiten auf dem Land muß gleichzeitiger Alkoholausschank den Geschäftsbetrieb eines Kramladens sehr belebt haben.“*[14] Parallelen zeigen sich ebenfalls in der Lage der Räume innerhalb des Gebäudes. Auch die als Laden genutzten Räume liegen wie die Gast- und Schankstuben direkt in der Nähe der Eingangstür, damit die Kunden ohne Umweg von der Haustür aus die Räume betreten können und möglichst große Bereiche des Hauses für den Privatbereich verbleiben. Während die Mehrheit der Gaststuben in den untersuchten ländlichen Wirtschaften links der Eingangstür lagen, befanden sich die meisten Läden entsprechend auf der rechten Seite. Nur bei sehr wenigen Ausnahmen liegt ein Laden links der Eingangstür, dagegen hatten einige einen eigenen Eingang. Ob es sich hierbei um eine zufällige Häufung oder um einen Sinnzusammenhang handelt, muss noch geklärt werden.

Andere Nebengewerbe werden ebenfalls innerhalb der Gebäude ausgeübt und benötigen mindestens einen entsprechenden Raum. Dazu gehören beispielsweise die Poststationen. Der Wirt und Posthalter Könitz in Giershagen beispielsweise hat um 1900 einen seiner Räume zum Postamt umgestaltet: Der Postschalter besteht dabei aus der Zimmertür, in der eine Klappe als Auflage dient. Weitere Nebengewerbe geben sich durch besondere Raumfunktionen zu erkennen wie Werkstätten oder Lagerräume. Beispielsweise haben im 19. und frühen 20. Jahrhundert der Wirt Wigge in Padberg eine Schreinerwerkstatt eingerichtet, der Wirt Wessels in Udorf eine Tischlerwerkstatt und der Wirt Kappe in Beringhausen eine Schlachterei. Beim Wirt Kappe in Giershagen findet sich in dieser Zeit ein Kontor und ein Mehllager. Auch die Brauereien in den Kleinstädten zeichnen sich, sowohl haupt- als auch nebenerwerblich betrieben, durch funktionsspezifische Räume aus.(15)

Eine weitere Berufskombination mit dem Gewerbe des Gast- und Schankwirtes ist im ländlichen Bereich der Betrieb einer Barrierestation.(16) Mit dem Bau der Staatsstraßen im 19. Jahrhundert wird zur Finanzierung der Bau- und Unterhaltskosten die Benutzung der Chausseen kostenpflichtig. Zur Verwaltung und Erhebung der Chausseegelder werden direkt an den Straßen neue „Chausseegeldempfanghäuser“(17) errichtet. 1873 kündigt der Sauerländische Anzeiger die Verpachtung einer Barrierestation an: *„Chausseegeld-Verpachtung. Höherer Anordnung zufolge soll die Erhebung des Chausseegeldes zu Barriere Lederke (...) an den Meistbietenden verpachtet werden, zu welchem Zwecke wir einen Licitations-Termin (...) in der Behausung des Gastwirths Henne zu Altenbüren anberaumt haben.“*(18) In der Regel wird die Berechtigung zum Erheben der Chausseegelder an Personen verpachtet, die in einem bestimmten Abschnitt an der Chaussee ein Haus besitzen, hierdurch spart der Staat den Bau von entsprechenden Dienstwohnungen. In der Ankündigung zur *„Chausseegeld-Verpachtung“ 1873 heißt es weiter: „Bietungslustige haben zwischen Nr. 4,30 und 5,59 der gedachten Straße ein Hebelokal nachzuweisen (...)“.*(19)

Die Kombination einer Barrierestation mit einer Gast- und Schankwirtschaft erweist sich als sehr sinnvoll, denn die durchreisenden Fuhrleute und anderen Personen müssen zum Bezahlen der Benutzungsgebühr eine Rast einlegen und können sich nebenher eine Erfrischung gönnen. Die Angliederung solcher Dienstleistungsbetriebe an den Gewerbekomplex der Chausseeverwaltung geschieht in der Regel in Eigeninitiative der Geldeinnehmer.(20) Hierbei kann es allerdings vorkommen, dass einerseits ein Chausseegeldempfänger eine Konzession zur Gast- und Schankwirtschaft beantragt oder andererseits ein Gastwirt die Berechtigung zum Erheben des Chausseegelds erhält. So pachtet beispielsweise 1893 der Wirt Franz Gruss in Brilon-Wald zu seiner bestehenden Gast- und Schankwirtschaft noch die „Erhebung des Chausseegeldes“(21) hinzu. Andererseits beantragt 1861 Franz Gerbracht aus Madfeld, der bereits die Konzession zum Betreiben einer Barrierestation innehat, eine weitere Konzession zum Betreiben einer Schankwirtschaft, vornehmlich für die vielen auf der Chaussee vorbeikommenden Reisenden und Händler, die während ihrer erzwungenen Pause zum Bezahlen der Straßennutzungsgebühren alkoholische Getränke als Erfrischung zu sich nehmen.(22) Die zunehmende Konkurrenz der Eisenbahn führt 1875 zur Aufhebung der Barrieren an den Staatsstraßen.(23) Hierdurch verlieren einige Chausseegeldempfänger eine ihrer grundlegenden

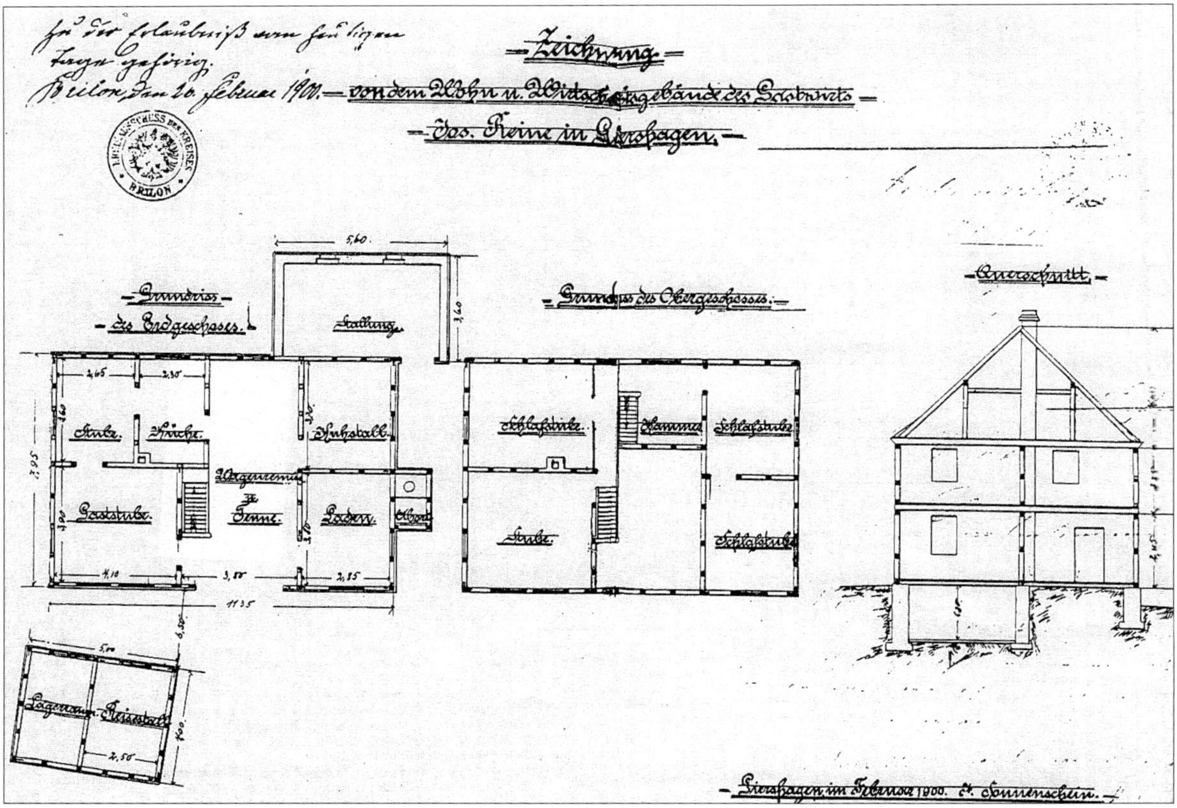

Grundriss der Gast- und Schankwirtschaft Reine in Giershagen um 1900, Stadtarchiv Marsberg, B 1056

Erwerbsmöglichkeiten. Die Schankkonzessionen an den Chausseen bleiben aber erhalten und viele Wirte können trotzdem weiterhin gut von den durchreisenden Gästen existieren.

Während ein Beruf aus dem Bereich „Handel" als Nebengewerbe zur Gast- oder Schankwirtschaft im Untersuchungsgebiet häufig vorkommt, da sich der Verkauf von Alkohol mit dem anderer Waren sinnvoll kombinieren lässt, hängen die handwerklichen und die anderen Berufe nicht spezifisch mit dem Beruf des Gast- oder Schankwirts zusammen. Vielmehr kann man hier von einer relativ willkürlichen Kombination verschiedenster Nebengewerbe ausgehen, mit der die Wirte die eigene Existenz sichern wollten und in der Regel auch konnten. Durch die topographischen und ökonomischen Strukturen der Region des Sauerlandes waren insgesamt große Teile der ländlichen Bevölkerung darauf angewiesen, andere Erwerbsquellen außerhalb der Landwirtschaft zu suchen. Welches Gewerbe sich am besten kombinieren ließ, hängt vielfach von sehr individuellen Faktoren ab.

Im ländlichen Bereich konnten insgesamt nur wenige Wirte von dem Gast- und Schankgewerbe als Haupterwerb leben. Im Amt Marsberg (Altkreis Brilon) beispielsweise waren 1893 nur zwei Wirte in der Lage, ein entsprechendes Gewerbe hauptberuflich zu betreiben. Die übrigen Wirte in den Dörfern des Amtes betrieben das Gast- und Schankgewerbe nur im Nebenerwerb.

Romantische Szenen aus der Landwirtschaft, Historische Postkarten, Verlagsanstalt Kettling und Krüger, Schalksmühle

Schafherde im Sauerland, um 1910

Hirte mit Ziegenherde auf der Burbacher Höhe, Burbach 1956, Foto: Hans Hild, Westfälisches Landesmedienzentrum/LWL

Romantische Szenen aus der Landwirtschaft, Historische Postkarten, Verlagsanstalt Kettling und Krüger, Schalksmühle

Szenen aus der Landwirtschaft, Fotos: Grobbel/GLS, Bad Fredeburg

Romantische Szenen aus der Landwirtschaft, Historische Postkarten, Verlagsanstalt Kettling und Krüger, Schalksmühle

Schmallenberger Zaungäste mit Bulle, 1903

Auf Kieserlings Hof in Berghausen

Romantische Szenen aus der Landwirtschaft, Historische Postkarten, Verlagsanstalt Kettling und Krüger, Schalksmühle

*Pferde auf dem Hof Kieserling, mit Hubert Kieserling, *1916, vermißt in Stalingrad, Bergh. ca. 1930*

Johann Pieper mit Pferd, ‚Flora' auf Kieserlings Hof, Berghausen, um 1920

Romantische Szenen aus der Landwirtschaft, Historische Postkarten, Verlagsanstalt Kettling und Krüger, Schalksmühle

Arbeit mit der Heuharke, Eslohe 1954

Roggenernte, Bremke, um 1930, Fotos: Bildarchiv Maschinen- u. Heimatmuseum Eslohe

Zum Trocknen aufgestellte Getreidepuppen bzw. Garben, 1960er Jahre

Trocknen des Heus auf Heuböcken, 1960er Jahre

Beim Füttern der Hühner, Cobbenrode (Gemeinde Eslohe), 1937

Heuernte, Niedereslohe, um 1920, Fotos: Bildarchiv Maschinen- u. Heimatmuseum Eslohe

Entwurf eines Plakates für die Museumswochen 2006 im Westfälischen Schieferbergbau- und Heimatmuseum Holthausen

Westfälischer Bauer beim Mähen, ca. 1940, Foto: Westf. Landesmedienzentrum/LWL

Werbung für landwirtschaftliche Maschinen, 1. Hälfte 20. Jh., Sammlung Belke-Grobe

Getreideernte, Obermarpe (Gemeinde Eslohe), 1920,
Foto: Bildarchiv Maschinen- u. Heimatmuseum Eslohe

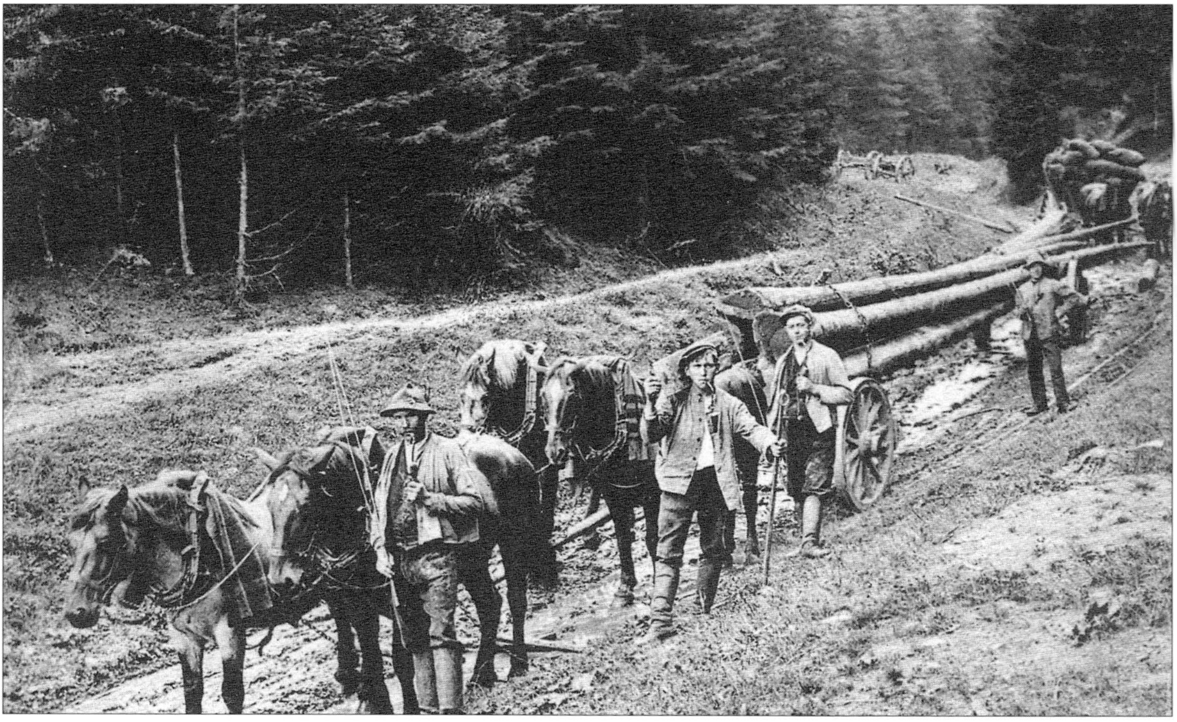

Holzabfuhr in Schmallenberg, ca. 1910, Foto: Verlag Glade, Schmallenberg

Typische Fichtenaufforstung im Sauerland; im Vordergrund das Forsthaus Rehsiepen bei Schmallenberg, Aufnahme 1923, Foto: Bildarchiv B. und P. Michels

nerelle Beschreibung der Oberförsterei Obereimer" vermerkte 1852 dazu: *„Was nun ferner die Fichte anbelangt, so ist dieselbe in den letzten 40 Jahren angebauet und namentlich auf den mit Heidekraut überzogenen, verwilderten Sommerseiten, den alten Ackerländern und verraseten, einen lettigen Boden habenden Viehweiden. (...) Künftighin sollen die Fichten nur zur Ausbesserung einiger verangerter Saamenschläge und überhaupt nur als Uebergang zur Verbesserung des Bodens benutzt werden."*[35]

Immer mehr ging man allerdings von der ungeregelten, plenterweisen Nutzung im Hochwald bzw. der Nieder- und Mittelwaldwirtschaft ab und wandte sich flächenhaften Nutzungsformen zu. Die bäuerliche Plenterwirtschaft wurde von den damaligen Forstleuten als ungeregelte, Wald schädigende Wirtschaftsform abqualifiziert. Nach 1850 verlangten die Märkte zunehmend nach schnell wachsenden Nutzhölzern. Somit setzten sich in den nun propagierten Hochwäldern – denn nur dort ließen sich die geforderten Nutzholzkontingente heranziehen – Formen des schlagweisen Betriebes durch. Die heute nur noch selten gebräuchlichen Kahlschlagformen waren die Antwort auf den steigenden Nutzholzbedarf und den dramatischen Einbruch der Brennholzkonjunktur. Der Zustand der Wälder wurde systematisch erfasst, es erfolgten geometrische Waldvermessungen, und die so genannte Forsteinrichtung wurde Grundlage der seit den 1820er-Jahren in den Staatswaldungen und ab den 1850er-Jahren in den Kommunalwäldern eingeführten Betriebsplanungen. Gegen Mitte des 19. Jahrhunderts verdrängten künstliche Formen der Verjüngung – also die Saat bzw. Pflanzung von Menschenhand – die natürlichen Formen.[36] Dort, wo für größere Aufforstungen und Waldumwandlungen das Geld fehlte – in den kleinen und mittelgroßen Bauernwäldern – wurde anstatt der bislang betriebenen planlosen Nieder- und Mittelwaldwirtschaft *„eine ‚geregeltere Niederwaldwirthschaft', als solche bisher von Waldbesitzern betrieben wurde, verbunden mit der Erziehung des erforderlichen „stärke-*

Was ist ein Niederwald? Oder: von den verschiedenen Betriebsarten im Wald

Unterschiedliche Bedürfnisse haben im Laufe der Jahrhunderte auch zu verschiedenen Bewirtschaftungsarten im Wald geführt. Der Umtrieb - also die Zeit zwischen der Begründung und der Ernte der Waldbestände - richtete sich nach der Art des Holzes, welches man gewinnen wollte. Beim Brennholz reichten z. B. niedrigere Umtriebszeiten (Reisig) aus, beim Holz zum Verkohlen lagen sie meist schon bei mehr als 18 Jahren und beim Nutzholz teils wesentlich höher.

Schon vor langer Zeit entdeckten die Menschen, dass in kurzen Abständen immer an der gleichen Stelle gehauene Laubholzarten die Fähigkeit besitzen, am Baumstumpf wieder auszuschlagen (Stockausschlag). Baumarten wie Eiche, Birke und Hainbuche ließen sich somit dank ihrer Fähigkeit zur vegetativen Verjüngung den kürzeren Umtriebszeiten anpassen und bestimmten dann zunehmend das Waldbild. Der so entstandene Niederwald ist also eine Waldform, bei der sich die Bestände vorwiegend auf vegetative Weise (durch Stockausschlag am nach dem Hieb verbleibenden Schaftteil) erneuern. Er diente zur Gewinnung von Brennholz und Kohlholz (Köhlerei), zur Gerbrindengewinnung (Eichenschälwald), zur Gewinnung von Flechtmaterial (Korbflechterei) und Faschinen (Weidenheger, Weidenkopfholzbetrieb) oder auch als Weidefläche und Futterplatz. Aus dem Siegerland sind die Hauberge als Kombination land- und waldwirtschaftlicher Betriebsformen bekannt. Hier wurden in einer Art Kreislaufwirtschaft in meist 16- bis 22-jährigen Umtriebszeiten rotationsmäßig Waldfeldbau, Weide und die Rinden- und Holznutzung ausgeübt.

In den Mittelwäldern hielt man über einer unteren Schicht aus Stockausschlägen von Eiche, Birke, Hainbuche sowie Sträuchern auf gleicher Fläche noch eine obere Schicht (Oberholz) aus aufgewachsenen Stockausschlägen oder auch Kernwüchsen (aus Samen entstanden) zur Wertholzgewinnung. Im Oberholz konnte Bau- und Nutzholz, im Unter- oder Schlagholz Brennholz geschlagen werden.

Hochwaldbestände sind aus Samen bzw. Setzlingen entstanden (Kernwüchse). Beim schlagweisen Hochwald geschehen Hieb oder Verjüngung konzentriert auf einer Fläche (Schlag). Die Bestände werden nur einmal innerhalb einer Bestandesgeneration verjüngt. Eine Unterform der Hochwaldbewirtschaftung ist der heute kaum noch angewandte Kahlschlagbetrieb.

Im Plenterwald finden die waldbaulichen Eingriffe nicht flächenabschnittweise statt, sondern auf der ganzen Waldfläche einzelbaumbezogen. Hier stehen Bäume aller Entwicklungsstufen auf einer Fläche.

ren Baumholzes" zu den landwirthschaftlichen Bedürfnissen, wie solche häufig mit dem Namen „Mittelwaldwirthschaft" belegt wird", propagiert. Derartige Empfehlungen, wie sie hier der sauerländische Gutsbesitzer Drescher 1844 den Bauern seiner Heimatregion ans Herz legte, sahen aber durchaus die Anlegung von Nadelholzkulturen vor: *„Wenn der Bestand aus lauter alten Stümpfen und productionsunfähigen Stöcken besteht, und nicht mehr über ein Viertel der Fläche bestanden und auch ohne allen jungen Nachwuchs ist, in welchem Falle* *der Boden mit Heide und Heidelbeersträuchern überzogen ist, dann bestimme man denselben zur Nadelholzkultur“.*[37]

Schließlich verschwanden aufgrund der sinkenden Rentabilität ihrer noch nutzbaren Produkte auch die im Sauer- und Siegerland verbreiteten Niederwälder als letzte Formen land- und forstwirtschaftlicher Mischnutzungen. Neben dem Niedergang der Köhlerei brach in einem zweiten Schritt ab den 1890er-Jahren nämlich der Markt für Eichenlohe ein. Der großräumigen Überführung der Niederwälder in Nadelholzhochwald stand nun nichts mehr im Wege. Für die Umwandlungen standen zum Teil auch öffentliche Mittel zur Verfügung. Der sich anschließende Prozess der Verfichtung dauerte im sauerländischen Privatwald noch nach dem Zweiten Weltkrieg an. Im Hochwaldbetrieb bewirtschaftete Nadelholzmonokulturen bestimmten nach und nach das Landschaftsbild, örtlich noch durchmischt mit Resten von Eichenniederwaldbeständen bzw. Laubholzhochwäldern.

Die Erfahrungen zeigten aber schon bald, dass die neuen monotonen Altersklassenwälder zwar zu einer Entspannung auf dem Holzmarkt und einer Zunahme der Gesamtwaldfläche führten, aber auch ihre Nachteile besaßen. Vermehrt auftretende Schäden durch Insekten und Sturm an den ersten hiebsreifen Reinbeständen, dazu Schwierigkeiten bei der künstlichen Aufforstung und Erosionserscheinungen besonders in den Gebirgswaldungen, zeigten eindeutig ihre Grenzen auf. Die flach wurzelnden Fichten waren besonders den Gefahren des Windwurfs und des Schneebruchs ausgesetzt. Um 1900 nahmen derartige Schäden zu. Schneebruchschäden gab es bereits um die Mitte der 1870er-Jahre in den Oberförstereien Bredelar, Hainchen und Siegen.[38]

Somit haben sich die sauerländischen Wälder in einer längeren Phase des Waldaufbaus wieder von den Übernutzungen der vorigen Jahrhunderte erholt. In ihrem Bestandsaufbau, der Holzartenzusammensetzung und Bestockung hingegen änderten sie sich. Die früher nur als Übergangsholzart vorgesehene Fichte wurde zur neuen Hauptholzart im südwestfälischen Bergland.

Quellen:

(1) Zum Waldbesitz im damaligen Herzogtum Westfalen Selter, Bernward, Waldnutzung und ländliche Gesellschaft. Landwirtschaftlicher ‚Nährwald' und neue Holzökonomie im Sauerland des 18. und 19. Jahrhunderts, Paderborn 1995, S. 82ff.

(2) Statistische Beschreibung des Kreises Wittgenstein, Berleburg 1875, S. 73f.

(3) Staatsarchiv Münster (StA Ms), Grhzm. Hessen I E, Nr. 2 und II A, Nr. 105.

(4) So in einem Bericht des Rüthener Richters aus dem Jahre 1803 (StA Ms, Grhzm. Hessen II A, Nr. 81a, Bl. 52).

(5) Stadtarchiv (StaA) Schmallenberg, D, Nr. 399; Herzog, Helmut, Stadtwald Fredeburg in Vergangenheit und Gegenwart, Fredeburg 1963, S. 17f.

(6) StaA Schmallenberg, D, Nr. 404.

(7) Vgl. Marx, Heinrich, Der Bödefelder Gemeindewald, in: Heimatblätter für das Kirchspiel Bödefeld Nr. 6-8 (1970).

(8) StA Ms, Hzm. Westfalen Forstarchiv, Nr. 434, Bl. 3; StA Ms, Grhzm. Hessen II B, Nr. 100a, Bl. 6; Selter, Bernward, Waldnutzung, Paderborn 1995, S. 116ff.

(9) StA Ms, Hzm. Westfalen Forstarchiv, Nr. 433-435, Selter, Bernward, Waldnutzung, Paderborn 1995, S. 249.

(10) Vgl. Schöne, Manfred, Das Herzogtum Westfalen unter hessen-darmstädtischer Herrschaft 1802-1816, Olpe 1966, S. 75f.; Brakensiek, Stefan, Agrarreformen und ländliche Gesellschaft. Die Privatisierung der Marken in Nordwestdeutschland 1750-1850, Paderborn 1991, S. 2, 10f., 77ff..

(11) StA Ms, Reg. Arnsberg III B, Nr. 473; Grhzm Hessen I E, Nr. 15, Bl. 17; Oberpräsidium Münster, Nr. 1566, Bl. 22.

(12) StA Ms, Hzm. Westfalen Forstarchiv, Nr. 434; Grhzm. Hessen II B, Nr. 100a, Bl. 5-8; Reg. Arnsberg III B, Nr. 1684, Bl. 53ff.; Archiv des Landesamtes für Agrarordnung, Amt für Flurbereinigung und Siedlung Arnsberg: Kreisverzeichnisse Arnsberg, Brilon und Meschede; Amt für Flurbereinigung und Siedlung Siegen: Kreis-

verzeichnis Olpe.

(13) Preußische Statistik, Bd. 246, Berlin 1894, S. XVIII. Nordrhein-Westfalen besitzt heute noch mit rund 67% den höchsten Privatwaldanteil im gesamten Bundesgebiet.

(14) Die Angaben beziehen sich im Wesentlichen auf den Teilungsrezess aus dem Jahre 1877 (StA Ms, Landesamt für Agrarordnung, Nr. 1904).

(15) Danckelmann, Bernhard, Gemeindewald und Genossenwald. Ein Beitrag zur Beurtheilung des Preussischen Gesetzes über gemeinschaftliche Holzungen vom 14. März 1881, in: Zeitschrift für Forst- und Jagdwesen 13 (1881), S. 241-253, 297-308, 353-370; 14 (1882), S. 1-36, hier S. 243; vgl. auch Winkelmann (Bearb.), Die gegenwärtigen bäuerlichen Verhältnisse in der Provinz Westfalen, in: Bäuerliche Zustände in Deutschland. Berichte, veröffentlicht vom Verein für Socialpolitik, 2. Bd., Leipzig 1883, S. 1-24, hier S. 8.

(16) In StA Ms, Oberpräsidium Münster, Nr. 175.

(17) Allgemein dazu Becker, Alfred, Der Siegerländer Hauberg. Vergangenheit, Gegenwart und Zukunft einer Waldwirtschaftsform, Kreuztal 1991.

(18) Hesse, Gesammelte Materialien zu einer künftigen Beschreibung des Sauerlandes, und des Amts Medebach insbesondere, in: Vaterländische Blätter für das Herzogthum Westphalen. Erster Jahrgang, zweiter Bd. Arnsberg 1811, S. 66-77, hier S. 72.

(19) StA Ms, Grhzm. Hessen I E, Nr. 1. Gerechnet wurde damals in Darmstädter Morgen: 1 Morgen = 180 Quadratruthen à 256 Köln. Quadratfuß = 3811,898 m².

(29) Herzog, Helmut, Stadtwald Fredeburg, Fredeburg 1963, S. 39.

(21) StA Ms, Grhzm. Hessen, IV Q, Nr. 3.

(22) StA Ms, Kreis Meschede Landratsamt, Nr. 160.

(23) So der Forstwissenschaftler Wilhelm Pfeil 1822 (nach Hasel, Karl, Aus Forstgeschichte lernen?, in: Allgemeine Forst- und Jagdzeitung 160 (1989), S. 183-189, hier S. 185).

(24) Rubner, Heinrich, Forstgeschichte im Zeitalter der industriellen Revolution, Berlin 1967, S. 109f., 117, 150ff.; Mantel, Kurt, Wald und Forst in der Geschichte. Ein Lehr- und Handbuch, Alfeld-Hannover 1990, S. 256ff.

(25) Schlinkert, Alex, Die Holzverkohlung im Sauerland, Fredeburg 1987, S. 62ff.. Im Bereich der Oberförsterei Obereimer endete laut Betriebswerk die Waldköhlerei 1878 (Forstliche Dokumentationsstelle, Landesbetrieb Wald und Holz NRW, Akten Forstamt Arnsberg).

(26) In StA Ms, Reg. Arnsberg III B, Nr. 4453.

(27) Hier wurde noch von zehn Mann täglich sieben Monate das Jahr über gekohlt, die für die Produktion anfallende Holzmenge betrug 3.000 rm Buchen-Reiserknüppel. Die im Bereich Brilon ebenfalls verbreitete Retortenköhlerei brachte es bei einer ganzjährigen Produktion mit 200 Arbeitern auf einen Holzeinsatz von 18.000 rm Buchen-Kloben- und Klafterholz.

(28) „Die Verarbeitung von Holz zu Papierstoff wird von Bedeutung werden. Ein Etablissement bei Arnsberg lieferte davon 200 Waggons im Werthe von 36000 Thlr", hieß es im Jahresbericht der Handelskammer für die Kreise Arnsberg, Brilon und Meschede für das Jahr 1870, Arnsberg 1871, S. 14.

(29) Hartnack, Wilhelm, Der Wittgensteiner Wald und seine Nutzung im Wechsel der Zeiten, Laasphe 1954, S. 24f.

(30) Zur Entwicklung der Privatwaldbetreuung in Westfalen vgl. Wegener, Hans Jürgen, Privatwaldbetreuung in Westfalen-Lippe, Münster 1984.

(31) Hesmer, Herbert, Wald und Forstwirtschaft in Nordrhein-Westfalen. Bedingtheiten - Geschichte - Zustand, Hannover 1958, S. 111.

(32) Bericht des Regierungs- und Fortrats von und zur Mühlen über die Förderung der Forstkultur im Niederwaldbezirke des Regierungs-Bezirks Arnsberg und auf den Aussenfeldern des Kreises Wittgenstein, Arnsberg 1904, Anlage D.

(33) StA Ms, Kreis Meschede Landratsamt, Nr. 126. Von den 1.122 Morgen wurden allein 1.029 Morgen als „Buchen Niederwald" bezeichnet, 87 Morgen als „Eichen Hochwald", der Rest waren ein Ufer mit Eichen sowie ein Ginsterberg mit einigen Eichen.

(34) StA Ms, Hzm. Westfalen, Nr. 82 und Kartensammlung A, Nr. 5308.

(35) Forstliche Dokumentationsstelle, Landesbetrieb Wald und Holz NRW, Akten Forstamt Arnsberg.

(36) Vgl. StA Münster, Reg. Arnsberg III B, Nr. 1074, 1144 und 1477. Siehe auch Klawe, T., Aus dem Sauerlande. Eine forstwirthschaftliche Skizze, in: Allgemeine Forst- und Jagdzeitung N.F. 45 (1869), S. 155-159, 198-200, 231-233.

(37) Drescher, Die Sauerländische Privat-Wald- oder Bauernwald-Wirthschaft. Nebst Anweisung zu deren Verbesserung und einer geregelten Waldbewirthschaftung, Arnsberg 1844. Als Beilage zu den landwirtschaftlichen Mittheilungen für die Landeskultur-Gesellschaft für den Regierungs-Bezirk Arnsberg, S. 12.

(38) Nach mündlicher Auskunft von Dr. Josef Richter, der die entsprechenden Hauptmerkbücher dieser Zeit dahingehend ausgewertet hat.

(39) Becker, Alfred, Der Siegerländer Hauberg, Kreuztal 1991.

Zur Gündung landwirtschaftlicher Vereine

Bearbeitet von Magdalena Padberg

Der Reister Landwirt Josef Kentner-Schulte (1849-1928) hat über lange Zeit Bemerkungen zur Entwicklung des Reister Marktes gemacht und einer Kladde anvertraut. In seinen Erinnerungen spricht Kentner-Schulte zudem vom Beginn der landwirtschaftlichen Vereine.

„Von größter Bedeutung für den Markt zeigte sich die Gründung eines Landwirtschaftlichen Vereins im Kreise Meschede, der 1841 zu Reiste seine erste Tierschau stattfinden ließ. Prämien vergab man für die beste Stute mit Fohlen – 10 Reichstaler – für die zweite 8 Reichstaler und für die beste Düngerstätte 10 Reichstaler. Außerdem wurden für die Vereinsmitglieder allerhand Ackergeräte, Werkzeuge zum Wiesenbau und Holzsämereien verlost. Welche Munterkeit und Frohsinn dadurch unter dem Landvolk hervorgerufen, welche Vorsätze unter demselben in Betreff des Wirtschaftsbetriebes gemacht wurden, waren naiv anzuhören. Musik und Gesang, Wein und Tanz würzten das Fest. Dieser Tag ward daher in weitester Bedeutung des Wortes von allen Teilnehmern wahrhaft froh verbracht. Verbunden zu gleichem Zwecke sah man den Vornehmen sich herabbeugen zum schlichten Bauern, denn es war ein allgemeines Interesse, wovon mit Gefühl auch der Landmann ein Wort zu sprechen wußte (...)

Erste Spaltung

Zu Anfang der 70er Jahre brachten es die Mescheder Mitglieder auf einer Generalversammlung in Bremke fertig, daß beschlossen wurde, die nächstjährige Versammlung solle in Meschede stattfinden. Wohl ahnend, worum es sich handelte, fuhren die Reister mit mehreren Leiterwagen zu dieser Versammlung. Aber auch die Mescheder hatten für vollständiges Erscheinen ihrer Mitglieder gesorgt. Sogar Arbeiter von der Leistenfabrik Lex sollen kurz vor Beginn des Treffens die Mitgliedschaft erworben haben. Gegen die Eslohe-Reister ist dann auch beschlossen worden, das Tierschaufest von Reiste nach Meschede zu verlegen, wo es jährlich am 2. September mit einem Schaf- und Hammelmarkt verbunden, gefeiert werden sollte. (...)

Erbost über die Verlegung traten die Mitglieder aus dem Amt Eslohe aus und bildeten den Landwirtschaftlichen Verein Eslohe unter Vorsitz des Herrn F. Gabriel, welcher sein Fest in bisheriger Weise am 24. August in Reiste feierte. Auf gleiche Weise bildete sich später ein Lokal-Verein für die Ämter Fredeburg-Schmallenberg, einer für das Amt Serkenrode und einer für Meschede und Eversberg. Von da an bildeten die Vorstände der vier Lokalvereine den Kreisverein, der jährlich in einer Sitzung die Staatszuschüsse an die Lokalvereine zu verteilen hatte. Unter Vorsitz von Landrat v. Mallinkrodt änderte man aber 1912 diesen Beschluß dahingehend, daß künftig wie in früheren Zeiten eine Tierschau für den ganzen Kreis stattfinden sollte, jetzt allerdings mit Ortswechsel. Reiste war als erstes 1913 an der Reihe."

Bisher hatte man sich dort das Festzelt vom Esloher Schützenverein entliehen, später auch käuflich erworben. Doch die Leinwand war inzwischen völlig zerrissen. Für 2000 Reichsmark ein neues Laken zu kaufen, sah sich der Lokal-Verein außerstande. Kenter-Schulte fährt fort:

„Da Ferdinand Gabriel untätig blieb, fürchtete man, er wolle das Kreisfest nach Eslohe holen. Dieser Verdacht war begründet, denn zu gleichem Zwecke hatten die Esloher schon vor Jahren mal einen Frühjahrs-Zuchtmarkt arrangiert, welcher aber nach drei Jahren wieder einschlief mangels Viehauftrieb. (Es gelang ihnen erst 1922, doch nur in beschränktem Maße.)

Rechtzeitig zum Kreistierschaufest 1913 stand alles fix und fertig mit Tischen und Bänken, auch Fußboden, sogar der vom Bauamt vorgeschriebene Abortus fehlte nicht. Ein Glück, denn zum Festessen kamen außer dem Landrat und der Prämierungskommission circa 120 Personen in die neue Reister Halle. Extra-Personenzüge waren ab und an Station Bremke eingesetzt worden, für den Viehauftrieb mußten Schröers eine weitere Wiese öffnen. Mehr Trinkhallen, Schaubuden, Karussells, Menagerien denn je füllten den Kamp. Erstmalig gab es eine Ausstellung landwirtschaftlicher Maschinen.

Zweite Spaltung

1922 beschloß der Lokal-Verein Eslohe, seine Tierschau jährlich wandern zu lassen zwischen Eslohe, Wenholthausen, Cobbenrode und Reiste. Sofort beschlossen wir, uns selbständig zu machen. Den Markt und das beste Material an Zuchtvieh und Pferden kann uns Reistern sowieso keine Gemeinde des Kreises Meschede nachmachen."

So schließen die Erinnerungen Josef Kenter-Schultes. Auch heute noch sind die Prämie-

Der Reister Markt 1963, Foto: Otto Feldmann

rungs-Erfolge aus diesem Bereich immer besonders groß. Seit 1956 feiert man in einer neuen geräumigen Schützenhalle, seit 1965 richtet der „Landwirtschaftliche Ortsverein Reiste e.V." das Fest aus. Zur Bezirkstierschau kommen jährlich Rinder- und Pferdezüchter aus dem Altkreis Arnsberg, der Stadt Meschede, den Gemeinden Eslohe und Bestwig. Alle sechs Jahre findet hier die Tierschau des gesamten Hochsauerlandkreises statt.

Der Bauernpastor Christoph Grothoff 1805 - 1896

Wilhelm Kuhne

Der „Bauernpastor" von Berghausen, Christoph Grothoff, Archiv W. Kuhne

Als der Kronprinz und spätere König Friedrich Wilhelm IV. (1795-1861) im Jahre 1839 bei einer Reise durch das Sauerland auch Allendorf passierte, ließ er dessen Pfarrer Christoph Liedhegener (1763-1839) 300 Taler überweisen. Sie waren bestimmt für einen Sohn der Gemeinde, den Liedhegener schon zeitig zum – vor allem naturwissenschaftlich hochbegabten Vikar Eberhard Schmale (1757-1841) als Vorbereitung aufs Gymnasium geschickt hatte. Als Sohn des Bauern und Tuchfabrikanten Friedrich Grothoff und seiner Ehefrau Elisabeth geb. Pieper am 3. September 1805 geboren, hatte der aufgeweckte Junge in Köln und Paderborn seine gymnasialen Jahre absolviert. Mitten im philosophischen Studium wurde er durch Konskription zum Militär eingezogen. Vier Jahre diente er in der 3. Kompanie des 11. Garde-Regiments zu Fuß in Berlin. Als schneidiger Gardist stand der junge Allendorfer Ehrenposten bei der Vermählung des Prinzen Wilheim, des späteren Kaisers Wilhelm I. (1797-1888) und der Prinzessin Augusta von Sachsen-Weimar (1811-1890).

Auch wenn in der Folge sein Lebensweg eine radikale Wendung nehmen sollte, behielt er die Verbindung mit seinen Kameraden, so dass er nicht nur zum diamantenen Priesterjubiläum Glückwünsche vom Obersten seines ehemaligen Regiments erhielt. Anlässlich eines Manövers im Sauerland brachte es ihm sogar ein Ständchen. Der schneidige Gardist Grothoff"[1], inzwischen Priester Seminarist, empfing am 17. Januar 1835 durch den Paderborner Bischof Friedrich Klemens von Ledebur-Wicheln (1825-1841) die Priesterweihe.

Nach kurzem Dienst in Altenbüren schickte ihn Generalvikar Heinrich Drüke (1776-1844) 1836 nach Berghausen im Kreise Meschede: „Sehen Sie zu, ob Sie die Pfarrei noch retten können", soll er gesagt haben. Man war willens, die Gemeinde zu dritteln: nach Wormbach, Dorlar und Cobbenrode hin. Die religiösen wie ökonomischen Verhältnisse waren mehr als traurig: Waldungen waren ausgeholzt, die Berge kahl und öde, Felder und Wiesen unfruchtbar, große Schafherden aus dem Kirchspiel nagten bis auf die Wurzel alles ab.[2] Dazu kam eine völlig fehlende Infrastruktur. Schlimmer noch waren mangelndes Wissen, Misstrauen gegen alles Neue, Missgunst, Prozesskrämerei, „Kartenspiel und Wirtshaussitzen waren an der Tagesordnung".[3] Als Sauerländer um diese Probleme wissend, begann er, trotz vielen Widerspruchs, mit der Sanierung von Berghausen. So sehr er sich einerseits mit der Kraft des Wortes mühte, indem er z.B. Predigten und Vorträge praktisch orientierte, sorgte er sich ganz konkret um eine rationelle Land- und Forstwirtschaft. Die Sonntagskatechesen gerieten häufig zu landwirtschaftlichem Unterricht. Dabei baute er die Kinder in sein Lehrprogramm ein. Sie sangen bald: „Ihr Bauern, schafft die Schafe ab, sie fressen euch die Ohren ab". Gab es anfangs auch Störrigkeit und Missmut, so sahen die Berghäuser bald die Verbesserungen in den Feldern und Waldungen des Pastorengutes. Dabei suchte er auch den Ortsvorsteher für sein Engagement zu gewinnen. Mit Landrat Friedrich L.H. Böse (1800-1853) verhandelte er um Verbesserung der Straßen und Wege. Langsam, aber konsequent ging es in Berghausen bergauf. Mehr und mehr sang man die Dorfhymne:

„Wie glücklich ist der Bauersmann,
Der seine, Berge schonet;
Er sieht sie wachsen himmelan
Und reichlich sich belohnet."

Die alles zerstörenden Schafe verschwanden, und mehr und mehr neues Saatgut, sogar Mineraldünger wurden von Pastor Grothoff besorgt.

Mit der wirtschaftlichen Sanierung ging parallel die geistliche, religiöse. Die wunderbare romanische Kirche mit ihren herrlichen Fresken wurde renoviert. Zur Mission kam 1856 der berühmte Volksmissionar Josef Hillebrand (1813-1887), gen. „Höllenbrand". Er lobte Berghausen als eine der besten Gemeinden im Sauerland. Im nahen Kohlhagen ließ Pastor Grothoff 1863 einen Kreuzweg errichten. Kurzum: ein ganz neues Berghausen entwickelte sich in den 59 Jahren seines Pfarramtes. Das Dorf wurde eine Mustergemeinde, die man nicht wieder erkannte. Der Königliche Kronen-orden III. Kl., der rote Adlerorden IV. Kl. sowie der Titel eines Geistlichen Rates erfreuten den „alten Grothoff". Mehr jedoch war es die Aussage eines Festgedichtes zu seinem Diamantenen Priesterjübiläum:

„Des Volkes Wohlstand
auch zu heben,
war sein Streben,
Wo einst sich öd' und kahl
erhob der Berge Haupt,
Da grüßen jetzt den Wandrer
Wälder, grünbelaubt;
Die einst so kargen Äcker
reiche Früchte geben."[4]

Quellen:

[1] *Freiburg, Pastor Christoph Grothoff 1805-1896, in: „Heimatgrüße aus dem oberen Sauerlande", 62, 1917, 4. November, S. 2.*

[2] *Gedenkblatt Christoph Grothoff von einem dankbaren Schüler, o.J., S. 3-4.*

[3] *Schauerte, H., Allendorfer Gardist Ehrenposten bei Prinzenhochzeit – Pfarrer Christoph Grothoff in Berghausen – ein Sauerländer Volkswirt (Archiv W. Kuhne).*

[4] *Anm. 2, S. 10.*

„Hilf dir selbst, dann hilft dir Gott"

Johannes Dornseiffer und die ‚Landwirtschaftliche Winterschule'

Magdalena Padberg

Es läßt sich begründen, daß die erste Bildungsstätte für junge Landwirte im Sauerland auch dem ‚Kulturkampf ' mit zu verdanken ist. Ihr Initiator, Johannes Dornseiffer, wurde nämlich durch ein preußisches Gesetz von 1872 hart betroffen. Es legte künftig die Aufsicht über alle Schulen in die Hände des Staates.

Als Sohn aus kleinbäuerlichen Verhältnissen 1837 in Gerlingen geboren, war Dornseiffer nach seiner Primiz einige Monate Hausgeistlicher auf Schloß Melschede im Kreis Arnsberg gewesen und hatte 1863 die Ernennungsurkunde ‚zur provisorischen Verwaltung der Schulvikarie in Fretter' erhalten. Neben den geistlichen Pflichten bestand sein ‚Elementarlehramt' darin, täglich 90 bis 100 Kinder in einem Klassenraum von 36 qm zu unterrichten. Was Dornseiffer seit langem befürchtet hatte, trat 1876 ein. Da teilt ‚die königliche Regierung, Abt. Inneres' mit, daß seine Anwesenheit dort ab sofort beendet sei. Lehramtskandidat Joseph Heinemann aus Remblinghausen stand als Nachfolger schon bereit.

Das hieß Gehaltverzicht von 690 Mark; als Vikar erhielt Dornseiffer nur noch 333 Mark pro Jahr. „Wovon aber leben?" schrieb er. „Wenn ich nicht verhungern oder Steine klopfen wollte, mußte ich irgend etwas anfangen."

Der leidenschaftliche Pädagoge hatte sich immer schon um begabte Jungen gekümmert, weil ihm sehr an Lehrernachwuchs durch nicht-

Johannes Dornseiffer (1837-1914)
Porphyr-Büste von F.J. Greitemann, Seidfeld

terbende Bauernsöhne lag. Besonders jetzt, heißt es weiter, sei Privatunterricht für ihn wichtig geworden. „Und das war der Anfang zur Gründung landwirtschaftlicher Winterschulen."

Vor diesem großen Tag aber gab es noch mühevolle Jahre. In seinen Aufzeichnungen notiert Dornseiffer jetzt oft Preise für agrarische Geräte wie Kartoffel-Egge, Rißhaken, Häufel-Pflug. Als Kind hatte er zuhause beim Kühehüten, Heuwenden und Ernten immer helfen müssen. Zur Schulvikarie in Fretter gehörten minimale landwirtschaftliche Nutzflächen, über deren kümmerliche Erträge er genau Buch führte. Manche seiner Dörfler hatten kaum größeren Besitz, und dem Bauernstand insgesamt ging es zu dieser Zeit sehr schlecht. „Ein voller Magen", rief er von der Kanzel, sei erste Voraussetzung für die gedeihliche Entwicklung und politische Stabilität des Landes. Als Privatlehrer und Prediger, vom 17. Oktober 1877 an auch als Zeitungsschreiber, widmete sich Dornseiffer jetzt diesem Ziel.

Im Olper „Sauerländischen Volksblatt" erschien eine Serie von zehn Artikeln, die theoretische und praktische Ratschläge gab. Zunächst ging es um die Frage „Güterteilung oder nicht?" Verheerend für den Bauernstand habe sich die französische Revolution und der Code Napoleon bei der gleichberechtigten Erbfolge aller Kinder ausgewirkt. Der Besitzer könne seine Familie nicht mehr ernähren, er müsse nebenbei als Tagelöhner arbeiten. Und die oft nicht mehr im Dorf lebenden Erben neigten leider dazu, ihre neuen Grundstücke mit Tannen zu bepflanzen, „mit Tannen mitten in der Feldflur, mitten in der schönen Gemarkung." Dornseiffer erwägt auch Proteststimmen. Er hält aber dagegen, daß der Haupterbe zwar bevorzugt sei, jedoch die schwere Last der Abgaben, Investitionen und die Sorge für meist zahlreiche jüngere Geschwister zu tragen habe. Der Schreiber kannte all diese Probleme aus eigener Erfahrung, denn in seiner Gerlinger Verwandtschaft hatte er nach solcher ‚Splitt-Teilung' mehrere Vormundschaften übernommen. Ihm war klar, daß das einstige Recht, Grundbesitz in nur eine Hand zu vererben, schwer wiederzuerlangen sei. Darum empfahl er den Beitritt zum Westfälischen Bauernverein, wo dieses Thema längst erörtert würde und „an dessen Spitze der rühmlich bekannte Centrumsmann Schorlemer-Alst steht".

Die letzten Artikel der Serie enthalten Wirtschaftsberatung. Zur Hebung von Erträgen propagiert Dornseiffer eine bessere Nutzung des Waldes. Bäume können nicht normal wachsen, wenn zwischen ihnen Rinder und Schafe gehütet werden. Weidekämpe müssen angelegt werden, denn Viehzucht bringt im Sauerland bessere Ergebnisse als Körnerbau. Auch das Säen von Rotklee lohnt sich, der im Biggetal drei Jahre lang geerntet werden könne. „Hilf dir selbst, dann hilft dir Gott" bleibt die Überzeugung des engagierten Seel- und Leibsorgers.

Von ihr ist auch die zweite Artikelserie im Sauerländischen Volksblatt geprägt. Sie beginnt im November 1879 mit fünfzehn Folgen. Jetzt empfiehlt Dornseiffer noch energischer den Zusammenschluß in bäuerlichen Berufsverbänden, um politisches Gewicht zu erhalten. Ähnlich wie die Arbeiterklasse in den größeren Städten müsse man sich organisieren, möglichst auch Fachblätter lesen und selbst das weibliche Hauspersonal dazu ermuntern.

Kenntnisse in der Volkswirtschaft werden immer wichtiger. Für den Kreis Olpe seien als „Exportartikel" Lohe aus den Eichen-Schalwäldern, verbesserte Viehzucht und Sammelmolkereien anzuraten. Kartoffelbau statt Roggen bleibt Dornseiffers Devise, und es ist geradezu penibel, wie er ihn beschreibt.

Nicht tief unter, sondern auf der Erde mit gebührendem Abstand müsse man pflanzen, mit Kunstdünger versehen, per Hacke oder Häufel-Pflug einseitig leicht mit Erde bedecken, nach 2-3 Wochen gleicher Vorgang auf der anderen Seite. Wenn das Kartoffelkraut einige Zoll hoch gewachsen ist, gibt die Hacke den Reihen die gewünschte Linie und beseitigt das Unkraut. Nach solcher Behandlung hat ein Morgen schon 83 Mark Erlös gebracht, während er für Roggen nur bei 20 Mark lag. Da lohnt es sich sogar, ein Darlehen aufzunehmen.

Am Ende seiner Serie „Vom Bauerntum" kommt Dornseiffer noch einmal zum Thema Erbteilung und ihrer Überwindung zurück. Der Präsident des Westfälischen Bauernverbandes, Freiherr von Schorlemer-Alst, habe schon Vorschläge für eine neue gesetzliche Regelung ins Parlament gebracht, ihn müsse man unterstützen. Nun, wo der Kulturkampf allmählich zuende geht, wünscht sich der Schreiber von Staat und Kirche eine umfassende Fürsorge zugunsten des Bauernstandes.

Diese letzte Zeitungsfolge erscheint am 11. Februar 1880. Sechs Tage später schließt Dornseiffer seine Privatschule. Das gleiche Datum gilt als Beginn der „Landwirtschaftlichen Winterschule zu Fretter."

Vorausgegangen war ein wachsendes Interesse des Lokalvereins Serkenrode, der solche Fortbildung schon 1879 als „dringendes Bedürfnis" erkannt hatte. Ein Gesuch um Prüfung und Unterstützung war sowohl an die Königliche Regierung in Arnsberg wie an das Landratsamt in Meschede gerichtet worden. Es ging darum, „eine landwirtschaftliche Schule ins Leben zu rufen, wie sie unseren bäuerlichen Verhältnissen anpassend sei; eine Schule, die nur in den Wintermonaten besucht werde, die wenig Geldausgaben erfordere und endlich, wo die Söhne unter ständiger Aufsicht der Eltern verbleiben". Für Fretter sprach die Tatsache, daß „der Vikar Dornseiffer daselbst, welcher als ein sehr tüchtiger Schulmann bekannt und als früherer Schulvikar zur größten Zufriedenheit der Schulväter wie der Aufsichtsbehörde gewirkt hat und eine ganz besondere Liebe für die Landwirtschaft bekundet", in den Anfangsgründen der Agrikulturchemie zu unterrichten bereit sei. Diese Stunden könnte er in der Vikarie erteilen, dort gäbe es einen Raum für 25-30 Schüler. Am Donnerstag Nachmittag stünde die Elementarschule leer, sei also zu benutzen. Amtmann Kayser vermutet einen Etat von 600 Mark pro Jahr, 500 Mark für die Lehrer, 100 Mark für Unkosten. Er rechnet mit 300 Mark Einnahmen durch Schulgeld (20 Schüler mal 15 Mark) Zuschüssen von 200 Mark und 100 Mark aus den Ortskassen des Amtes.

Zum Jahresende geht die Regierung auf diesen Finanzplan ein. Im Januar 1880 wird der Vereinsvorstand durch ein Schreiben des Landrats angewiesen, „mit der Eröffnung der Schule so rasch als möglich vorzugehen". Eine Generalversammlung des Lokalvereins Serkenrode beschließt in Schönholthausen, den Unterricht Anfang November als „Landwirtschaftliche Winterschule zu Fretter" beginnen zu lassen. Dirigent (d.h. Leiter) wird Johannes Dornseiffer. Die 33 Wochenstunden erteilen außer ihm zwei Volksschullehrer, ein Apotheker aus Eslohe, ein Ingenieur sowie ein theoretisch gebildeter und praktisch erfahrener Landwirt (früher Gutsverwalter). Mitglieder des landwirtschaftlichen Vereins bilden das Kuratorium. Ihre wichtige Rolle darf nicht vergessen werden. Zum 75-jährigen Jubiläum der Schule würdigte sie der Präsident der Landwirtschaftskammer Westfalen-Lippe, Meyer zu Bentrup, mit den Worten: „Weitsichtige Männer waren es damals, die schon den Wert und auch die Notwendigkeit einer guten Fachausbildung erkannten, der sauerländischen Landwirtschaft diese Schule gaben und damit beispielgebend für die ganze Provinz wurden". Warum aber gerade in Fretter? Ohne die Vorarbeiten, Anregungen und Presse-Belehrungen ihres Vereinsmitgliedes Dornseiffer, ohne seine Kanzel-Reden und Ertrags-Bilanzen hätte wohl doch der Mut zu einem finanziell keineswegs gesicherten Unternehmen dieser Größe gefehlt.

Nahe der Kirche wurde ein geeignetes Bauernhaus gefunden, wo am 4. November 1880 der Unterricht mit 20 Schülern begann. Sein Zweck: 1.) „Die Söhne der Landwirte in den Elementarfächern fortzubilden;
2.) In Anknüpfung an bereits erlangte praktische Kenntnisse dieselben in der Landwirtschaftslehre zu unterrichten, damit sie diejenigen Kenntnisse sich erwerben, welche sie für eine lohnende Ausübung ihres Berufes und für ihre zukünftige Stellung im Gemeindeleben nicht mehr entbehren können."

Das Schulgeld betrug jetzt doch schon doppelt soviel wie geplant, wurde aber bei Armut der Eltern teilweise oder ganz erlassen. Aufnahmefähig waren „unbescholtene Jünglinge, welche aus der Elementarschule entlassen sind und das 20. Lebensjahr noch nicht überschritten haben". Der Kursus erstreckt sich über 2 Winter, in der Regel von Anfang November bis Ende März. Die Unterrichtszeit dauert von 9 Uhr bis Mittag und von 1 bis 4 Uhr nachmittags an allen Wochentagen, nur der Samstag Nachmittag ist frei.

Weil Fretter im Mittelpunkt des Amtsbezirks läge, zudem mit den benachbarten Orten durch eine chausseemäßig gebaute „Vicinalstraße" verbunden sei, könnten die Schüler auch bei ungünstiger Witterung verhältnismäßig leicht ihr Elternhaus erreichen. Die Einheimischen und Einmieter am Schulplatz haben von 5 bis 7 Uhr abends Silentium, d.h. sie müssen lernen, können auch vom Dirigenten besucht und „überführt" werden. Wirtshäuser dürfen sie nicht betreten.

Die erste öffentliche Abschlußprüfung am 31. März 1881 fand großes Interesse im ganzen Amtsbezirk. Schon zur Messe trafen sich mehr als 50 Familienväter und Freunde der Schule mit den Kandidaten. Dann folgten

9.00 - 9.30	Zoologie vom Dirigenten
9.30 - 10.00	Betriebslehre von Landwirt Hinders
10.00 - 10.30	Geometrie von Ing. Bitter
11.00 - 11.30	Chemie von Apotheker Mues
11.30 - 12.00	Botanik von Lehrer Rath
12.00 - 12.30	Bodenkunde vom Dirigenten dann gemeinsames Mittagessen.

Die anwesende Aufsichtsbehörde, Kreisschulinspektor Koch, Freiherr von Hövel als Direktor der Landeskulturgesellschaft und Landrat Hammer, äußerte dabei große Anerkennung für Lehrer und Schüler. „Die landwirtschaftliche Winterschule zu Fretter kann dem Vertrauen und Wohlwollen des Landwirtschaft treibenden Publikums resp. aller derjenigen, welche die Überzeugung haben, daß auch dem Bauernstande Kenntnisse und Einsicht von Nutzen sind, nur angelegentlich empfohlen werden," schrieb Landrat Hammer als Werbung für den zweiten Lehrgang später in der Mescheder Zeitung.

Am 4. November 1881 begann man wiederum mit 20 Schülern. Dornseiffers Belastungen hatten sich insofern noch erschwert, als er im Sommer des gleichen Jahres zum Pfarrverweser der seit 1879 verwaisten Pfarrei Eslohe bestimmt worden war. Künftig mußte er für Gottesdienste und Beichtgelegenheiten an beiden Orten sorgen. Die Kutschenfahrt zwischen ihnen dauerte jeweils 1 1/2 Stunden. Auch im Unterricht wurde er jetzt noch mehr gefordert: Religion, Deutsch, Rechnen, Ackerbau, Geschäftsaufsatz und Sprachlehre hatte er zu erteilen. Zudem mußte er sich um Entscheidungen kümmern, die ihre Entstehung ihm verdankten und die in seinem ersten Jahresbericht auch für Fretter sprachen:

a) eine am 1. Juli v. J. in Betrieb gesetzte Sammelmolkerei,
b) der landwirtschaftliche Consum-Verein (Genossenschaft),
c) die in Fretter und den Nachbarorten ausgeführten Be- und Entwässerungsanlagen,
d) die hier bestehende Obstbaumschule.
All diese Neuerungen, die z.T. nicht erfolgreich blieben, sollten den Schülern jederzeit vor Augen geführt werden können, „denn selbst sehen und selbst beobachten dringt tiefer als hundert gelehrte Abhandlungen".

Im Winterhalbjahre 1883/84 ist die Schülerzahl schon auf 52 gewachsen. Viele Interessenten kommen aus den Kreisen Brilon, Büren, Arnsberg, Soest und Hamm. Sie zahlen für ihre Privatquartiere „in den ersten und besten Bauernhäusern" pro Monat 24 Mark für Kost und Logis, 1 Mark für Bedienung.

Im November 1884 wird Dornseiffer zum Hilfsseelsorger in der Pfarrei Eslohe auf Widerruf ernannt und muß Fretter nach 22-jähriger Tätigkeit verlassen. Nachfolger wird für ein Halbjahr Landwirtschaftslehrer Hinders aus Obervalbert, dann Schmidtberger aus Eberhardszell in Württemberg. Zu ihren Aufgaben während der Sommermonate gehört es, nicht nur im Amtsbezirk Serkenrode sondern weit darüber hinaus jenen Hofbesitzern Ratschläge in Dünger- und Kulturmethoden, Fruchtfolge, Viehzucht, Molkerei- und Versicherungswesen zu erteilen, deren Söhne in Fretter unterrichtet werden. Ein Honorar steht dafür nicht bereit.

Mehrfacher Lehrerwechsel führt in den kommenden Jahren zu Klagen. Auch nimmt die Schülerzahl so sehr ab, daß keine finanzielle Sicherheit mehr besteht. Dornseiffer wirkt nun in Eslohe, wo er 1886 endlich zum Pfarrer ernannt wird, aber schon längst die Initiative zur Gründung einer Spar-und Darlehnskasse ergriffen hatte. Seine Gedanken über Raiffeisens Kreditsystem waren von 27 Interessenten der Gemeinde in die Tat umgesetzt worden. Landrat Hammer unterstützte solche Zusammenschlüsse, wollte auch die Probleme der Winterschule vom Kreis her lösen lassen. Aber nicht mehr in Fretter, sondern an einem Ort, der eher im Mittelpunkt des Verwaltungsbezirks lag. Eslohe bot sich schon aus diesem Grunde an, dazu kam Dornseiffers Präsenz. Die Trägerschaft übernimmt anfangs der örtliche Bauernverein. Unterrichtsbeginn mit 24 Schülern ist der 10. November 1890.

Zum letzten Mal gibt es in diesem Winter auch noch einen Kurs in Fretter. Die dortige Bilanz nach 11 Jahren nennt 285 Schüler. Von ihnen besuchten 187 den unteren und 98 auch den oberen Lehrgang.

Nachdem im September die neue Bildungsstätte übernommen worden ist, heißt sie künftig „Landwirtschaftliche Winterschule des Kreises Meschede zu Eslohe". Bescheiden war auch hier der Anfang. Im Stallgebäude des Hofes Kaspar Schulte unterrichteten „bei allseitigem Notbehelf", wie Dornseiffer schrieb, außer ihm Direktor Schmidtberger, Apotheker Mues und zwei Esloher Volksschullehrer. Der Winterkurs 1893 konnte aber schon in einem Neubau an der Hauptstraße mit zwei geräumigen Klassenzimmern und Direktorenwohnung begonnen werden. Eigentümer blieb die Gemeinde Eslohe.

Und streng blieb das Reglement. Nach der hl. Messe gab es Lehrstunden bis Mittag, dann nur noch von 1-3 Uhr, ab 5 bis 7 Uhr mußte studiert werden, man durfte sich während dieser Zeit und nach 8 Uhr sowieso nicht auf der Straße blicken lassen. In und außerhalb der Schule ist den Lehrern Achtung und Gehorsam

Die erste Unterrichtsstätte der „Winterschule zu Fretter"

zu erweisen. Das Strafmaß sieht vor: a) Rüge des Lehrers, b) des Direktors, c) von Lehrern und Kuratorium, d) Anzeige bei den Eltern, e) schlimmsten Falles Entlassung aus der Schule. Zum Programm zählen, außer allgemeinbildenden Fächern, landwirtschaftliche Naturkunde, Mineralogie, Botanik, Zoologie, Klima-Boden- und Gerätekunde, Düngerlehre, Pflanzenbau einschließlich Obstzucht, Tierzucht einschließlich Imkerei, Betriebslehre und Buchführung, Wiesenbau und Drainage einschließlich Feldmessen und Nivellieren.

1896 übernimmt Schmidtberger die landwirtschaftliche Schule in Gmünd. Nachfolger wird Landwirtschaftslehrer Josef Oberdick aus Hüsten, der jedoch schon 1901 als 33-jähriger auf einer Dienstreise stirbt. 45 Schüler besuchen zu dieser Zeit die Anstalt. Am Ende des Jahres tritt Pfarrer Dornseiffer aus gesundheitlichen Gründen vom Lehramt zurück.

Er ist jetzt 64 Jahre alt und leidet seit langem unter Schwerhörigkeit, die ihm das Beichtehören z.B. nur noch in der Sakristei gestattet. Der Bauernpastor hat sich auch als Seelsorger große Verdienste erworben; die Esloher Kirche renovieren lassen, Vikarien in Niedersalwey und Kückelheim gegründet.

Sein Biograph, Raimund Quiter ist den Spuren des Priesters Dornseiffer mit Eifer nachgegangen und zitiert umfangreich aus dessen weit über 1.000 hinterlassenen Predigten, die heute noch im Pfarrarchiv und im Erzbischöflichen Archiv zu Paderborn vorhanden sind. Sie dokumentieren unermüdliche Auslegung der Bibel, der Sakramente, des Kirchenjahres, väterliches Verständnis für seine Kirchengemeinde, das Teilen ihrer Sorgen, Freude an Belehrungen. Quiter würdigt zu Recht auch Dornseiffers Bedeutung als Chronist und Historiker. Neben dem Buch „Geschichtliches über Eslohe", 1896 in Paderborn erschienen, hat er sich über die Vergangenheit zahlreicher Sauerländer Pfarreien geäußert, Ahnenforschung betrieben, wichtige Urkunden veröffentlicht, ein Tagebuch hinterlassen, das noch heute wegen seiner genauen Wetterdaten und der Schilderung des politischen und dörflichen Geschehens lesenswert ist.

Und eben auch all der Bemerkungen wegen, die er zu seinem selbst bewirtschafteten Pfarrrgut macht. Vom Lehramt in der Winterschule trennt sich Dornseiffer 1901. Er bleibt ihr aber verbunden, stiftet zum 25-jährigen Bestehen 1905 einen „Forstbotanischen Garten" d.h. er läßt auf diesem Grundstück der Kirchengemeinde bisher im Sauerland nicht vertretene Baumarten pflanzen, die für viele Jahrzehnte wichtige Studienobjekte im Waldbauernunterricht bleiben.

Mit beflaggten Häusern, Fackelzug, Glockengeläut, ‚Brilliantfeuerwerk', Levitenamt und Festessen in der Schützenhalle feiert Eslohe am 20./21. August 1912 Dornseiffers goldenes Priesterjubiläum. „Weit über 1000 Personen, darunter viele ehemalige Schüler seiner Gründungen in Fretter und in Eslohe kommen zum Festkommers." Der Gefeierte kann daran nicht mehr teilnehmen. Am 2o. September 1913 wird er pensioniert und zieht in die Vikarie, die eine Privatkapelle erhält. Als Todesursache testiert Sanitätsrat Dr. Schulte am 11. Dezember 1914 „fortschreitende Wassersucht".

Eine riesige Trauergemeinde folgte seinem Sarg, viele Nachrufe würdigten noch einmal dieses Leben reichster Tätigkeit und Hilfsbereitschaft. Johannes Dornseiffer ist bis heute in Eslohe unvergessen. Wie demütig hat er sich als Greis charakterisiert: „Ich Alltagsmensch, schwach an Erfahrung, immer klebend an Vorgängen der Land- und Waldwirtschaft..." Bäuerliche Themen gehören noch zu seinen letzten Presseartikeln.

Die Winterschule in Eslohe entwickelte sich bis zu Dornseiffers Todesjahr gut. Nach Oberdicks Tod im Jahre 1901 hatte Landwirtschaftsrat Karl Bunne aus Oelde die Leitung übernommen und praktische Lerndisziplinen gefördert. Dazu gehörten Feldversuche mit Kartoffeln und Getreide, ein Fichtensaatkamp, ein Obstbaumgarten, ein Lehrbienenstaat. Die Legeleistung von Geflügel kontrollierte man auf dem Lohof in Reiste.

Nach Eröffnung der Bahnlinie Meschede – Eslohe – Finnentrop 1912 war die Schülerzahl auf 71 gestiegen, ein zweiter Fachlehrer wurde verpflichtet. Als der Erste Weltkrieg ausbrach, endete dieser Fortschritt abrupt: Lehrer und Schüler mußten zum Militär. Einklassig und keineswegs regelmäßig gab es ab 1916 nur noch Fortbildungslehrgänge unter Leitung des Esloher Hauptlehrers Linhoff. Die traurige Kriegsbilanz: 75 Schüler und 1 Lehrer sind gefallen.

Beim ersten Kurs im November 1919 wird der Platz für 112 Angemeldete im Alter von 16 bis 26 Jahren schon knapp. Ihre Zahl steigert sich 1921 sogar auf 120. 30 weitere Interessenten werden abgewiesen. Der „Verein ehemaliger Schüler der Landwirtschaftsschule Eslohe" datiert von 1923. Die Trägerschaft des Hauses geht 1926 vom Kreis Meschede auf die „Landwirtschaftskammer für die Provinz Westfalen" über, ab 1929 heißt die

Anstalt „Landwirtschaftsschule und Wirtschaftsberatungsstelle der Landwirtschaft“.

Als sie 1930 ihr 50-jähriges Bestehen feiert, wird an Dornseiffers Grab ein Kranz niedergelegt. Landrat Werra hofft, „daß der Geist des Gründers, der Geist treuer, bescheidener Art, getragen von Gottesglaube und Nächstenliebe, immer in dieser Schule lebendig bleibe”. Die Ehemaligen stiften eine Tafel zum Gedenken an die im Weltkrieg Gefallenen.

Nach Hitlers Gleichschaltungsgesetz vom 31. März 1933 werden die Landwirtschaftskammer und alle sonstigen berufsständischen Einrichungen der Landwirtschaft aufgelöst. Es weht ein kalter Wind. Jetzt ist der „Reichsnährstand“ befugt, Reichs-, Land-, Kreis-, Bezirks- und Ortsbauernführer mit Nazi-Gesinning zu ernennen. Die Agrar Politik soll künftig durch „Vierjahrespläne“ und „Erzeugerschlachten“ Deutschland kriegsfähig machen. Als „unzuver-lässig“ wird der Vorsitzende des Schulkuratoriums, Landrat Werra, schon im Sommer 1933 vom Dienst suspendiert. 1935 tritt Landwirtschaftsrat Bunne nach politischer Bespitzelung freiwillig in den Ruhestand.

Erfreulich, daß der langgehegte Wunsch nach einer Mädchenabteilung mit hauswirtschaftlichem Programm 1937 Wirklichkeit werden konnte. In Räumen des ‚Gasthofs zur Post’ leitete Oberlandwirschaftsrätin Änne Michels diese Klasse mit häufig wechselndem Kollegium. Zu den 30 Wochenstunden gehörten Fächer wie Religion, Gemeinschaftspflege, Gesundheitspflege, land- und hauswirtschaftliche Betriebslehre, Gartenbau, Tierhaltung, Kochen, Nadelarbeit und Hauspflege.

Das Echo auf diese neue Errungenschaft weiblicher Fortbildung war groß. Von 1941 bis in die 6o-er Jahre mußten jeweils 2 Kurse mit 20 bis 25 Schülerinnen angeboten werden. In Jahresberichten von 1953 - 1955 hieß die Bilanz, daß von den bäuerlichen Betrieben des Kreises Meschede 93% des männlichen und 94% des weiblichen Nachwuchses die Landwirtschaftsschule in Eslohe besucht hätten. Zuvor aber waren mit dem Zweiten Weltkrieg große Einschränkungen und sogar die Schließung der Schule verbunden gewesen. In diesem Völkermorden fielen 1 Lehrer und 187 ehemalige Schüler. 80 blieben vermißt.

Weil das Schulgebäude mehrfach zweckentfremdet worden war durch den „Volkssturm“, durch Flüchtlinge und schließlich durch englische Besatzer, begann der Unterricht mit großem Andrang von Schülern und Schülerinnen erst wieder im Herbst 1946. Als 1948 die 3-jährige Berufsschulpflicht eingeführt wurde, kamen zur Klasse in Eslohe auf Kreisebene als neue Standorte Meschede, Schmallenberg und Bamenohl hinzu.

Ab 1951 verbesserten sich die räumlichen Verhältnisse für angemeldete 69 Schüler und 29 Schülerinnen erheblich. Ein Neubau an der Hauptstraße, als erste Landwirtschaftsschule nach dem Krieg in Westfalen-Lippe errichtet, konnte endlich beide Abteilungen unter einem Dach vereinen. Landwirte des Kreises Meschede hatten so kurz nach der Währungsreform das Projekt mit Geld- und Holzspenden gefördert. Dort fanden auch Wirtschaftsberatung und Milchkontrollverband hinreichend Platz, wo man sich jetzt „Landwirtschaftsschule Johannes Dornseiffer“ nannte.

In ihr wurde 1955 das 75-jährige Bestehen mit zahlreichen Ehrengästen, darunter dem Festredner Ministerialrat Dr. Hugenroth vom Kultusministerium in Düsseldorf, begangen. Die

Gemeinde Eslohe, die ländlichen Genossenschaften und die „Ehemaligen“ stifteten eine Gedenktafel, diesmal für die Gefallenen des Zweiten Weltkrieges, und eine Porphyr-Büste des Schulgründers, die Franz Josef Greitemann, Seidfeld, geschaffen hatte. Laut Festschrift waren bis dato 3211 Schüler mit Oberlehrgangsabschluß und 660 Schülerinnen der Mädchenabteilung unterrichtet worden. „Manche von ihnen stehen heute an verantwortlichen Stellen des politischen und wirtschaftlichen Lebens und dienen so ihrem Berufsstand in ganz besonderem Maße", schrieb Meyer zu Bentrup, Präsident der Landwirtschaftskammer Westfalen-Lippe. Er wünschte sich auch, daß jeder künftige Betriebsleiter und entsprechend seine Ehefrau diesen Bildungsgang absolvierten. „Bei drei Generationswechseln in 100 Jahren wären das von 100 Höfen je drei Söhne für zwei und drei Töchter für ein Jahr".

Mit Genugtuung weist die Festschrift darauf hin, wie sich Dornseiffers Wunsch erfüllt habe, „den kärglichen Ackerbau in die bessere Weidewirtschaft abzuändern.". Hierorts habe man eine Rotbuntzucht aufgebaut, die über Westfalens Grenzen hinaus bekannt geworden sei. Lag die Schätzung zum Jahresmilchertrag einer Kuh 1880 bei 1000 bis 1200 Litern, rechne man jetzt im Kreisdurchschnitt mit 3200 Litern. Rund 60% der Einnahmen kämen 1955 aus dem Rindvieh-, 20% aus dem Schweinestall und 20% aus dem Erlös von Ackerfrüchten. Auch in der Sorge um die Waldwirtschaft sei Dornseiffer seiner Zeit vorausgeeilt: „Fichten sind heute hoch in der Nutzung; vom Weihnachtsbaum bis zum schlagreifen Abtrieb besteht eine gute Absatzmöglichkeit. Ob sie Bestand hat, muß die Zukunft zeigen..."

Neue Aufgaben waren durch die 1948 eingeführte 3-jährige Berufsschulpflicht den landwirtschaftlichen Lehranstalten zugewachsen. Ihnen oblag die Abschlußprüfung. Im Jubiläumsjahr gab es laut Festschrift im Kreis Meschede 58 anerkannte Lehrherren und 22 Lehrfrauen, bei denen 44 landwirtschaftliche und 22 hauswirtchaftliche Lehrlinge einen Vertrag abgeschlossen hatten. Für die seit 1951 mögliche Meisterprüfung nennt die Schrift bereits 5 Absolventen, „8 weitere sind zugelassen und für 1956 haben 25 ihre Zulassung beantragt, desgleichen 5 Anwärterinnen für die Meisterinnenprüfung." Auch deren Unterweisung war Sache der Landwirtschaftsschulen, wurde aber zentral in Haus Düsse angeboten.

1953 war der Nachfolger Bunnes, Oberlandwirtschaftsrat Heinrich Remes, gestorben und von Landwirtschaftsrat Dr. Johannes Fedtke kommissarisch ersetzt worden. 1955 wurde Landwirtschaftsrat Rudolf Kröger, zum Direktor in Eslohe ernannt.

Mit dem Inkrafttreten des Berufsbildungsgesetzes 1969, das auch für die Landwirtschaft eine Anzahl von Ausbildungsberufen neu faßte, ging die Umsetzung weitgehend auf die Landwirtschaftskammer über. Hauswirtschaftlicher Unterricht wurde nur noch in Arnsberg erteilt. So schloß diese Abteilung in Eslohe nach 34 Jahren Ende des Lehrgangs 1971 mit nur noch 15 Schülerinnen.

Das allgemeine Aus für die Fortbildung in Win-terschulen folgte schon zum nächsten Kurs. Sie werden durch „Ganzjahresschulen" abgelöst, ein Wechsel, der in bäuerlichen Betrieben zunächst viel Ablehnung erfährt. Geschlossen haben die Landwirtschaftsschulen alten Typs bereits in Balve (1960/61) in Altenhundem (1963/64), Arnsberg und Olpe (1970/71) und Brilon (1971/72). Bahnlinien

Jesus! Maria! Joseph! Johannes!

„Gedenket eurer Vorsteher, die euch das Wort Gottes verkündet haben!“ (Hebr. 13.)

Zum frommen Andenken

an den hochwürdigen Herrn

Jubilarpriester u. Pfarrer a. D. von Eslohe

Johannes Dornseiffer,

Ritter des Roten Adlerordens IV. Klasse und des Kronenordens III. Klasse,

geboren am 2. Febr. 1837 in Gerlingen (Kr. Olpe), gestorben am 11. Dez. 1914 in Eslohe (Kr. Meschede).

Der Verewigte wirkte nach seiner am 20. August 1862 empfangenen heil. Priesterweihe 22 Jahre als Vikar in Fretter, wo insbesondere ihm die Gründung der ersten „Landwirtschaftlichen Winterschule“ Westfalens zu verdanken ist. Am 10. Nov. 1884 wurde er Hilfsseelsorger in Eslohe, dessen Pfarramt infolge des Kulturkampfes bereits seit 1879 verwaist war. Bald darauf, am 10. Juni 1886, wurde er zum Pfarrer von Eslohe ernannt. Als solcher hat er 27 Jahre hindurch in der weitverzweigten Pfarrei überaus segensreich gewirkt. Unter seiner Wirksamkeit wurden die Filialen Salwey und Kückelheim mit selbständiger Seelsorge ausgestattet. Am 1. Sept. 1913 trat er in den Ruhestand. Ehre seinem reichgesegneten Andenken. R. i. p.

Lasset uns beten: O Gott, der du deinen Diener Johannes mit der priesterlichen Würde geschmückt hast, verleihe gnädigst, daß seine Seele im Himmel sich der ewigen Glorie erfreuen möge. Amen.

Bonifacius-Druckerei, Paderborn.

werden stillgelegt, lange Anfahrtswege nach Eslohe mit dem PKW sind vorprogrammiert.

1973 besuchen dort 20 Schüler aus den Kreisen Arnsberg, Meschede, Olpe und Siegen-Wittgenstein den Unterricht. 1975/76 fällt er ganz aus. Inzwischen hat die Kommunale Neuordnung in Nordrhein-Westfalen stattgefunden und den Hochsauerlandkreis zum flächengrößten Landkreis in NRW gemacht. Jetzt werden Schule und Dienststelle von Eslohe nach Meschede verlegt. So endet nach 96 Jahren die Aera der Ausbildungsstätte Fretter/Eslohe zugunsten einer Höheren Landbauschule mit geänderten Aufnahmebedingungen: nach Beendigung der Lehrzeit ist ein weiteres Praxisjahr Voraussetzung geworden.

1980 feiert man noch das 100-jährige Bestehen der Landwirtschaftsschule Fretter/Eslohe/Meschede in der Pausenhalle der Beruflichen Schulen. Dr. Fritz Söbberer schildert ihre Historie und würdigt den Gründer Johannes Dornseiffer. Beim Jahresfest des Vereins ‚Ehemaliger‘, der als Nachdruck den „Jahresbericht der landwirtschaftlichen Winterschule zu Fretter 1880/81” herausgegeben hat, gedenkt man noch einmal des einstigen Vikars. Die 600 Gäste feiern in der Schützenhalle Eslohe-Bremke.

Quellen:

Pfarrarchiv Eslohe.

Sauerländer Volksblatt Olpe.

Jahresberichte der landwirtschaftlichen Winterschule zu Fretter und Eslohe.

75 Jahre Landwirtschaftsschule Johannes Dornseiffer Fretter/Eslohe.

Festschrift zum 75-jährigen Schuljubiläum Eslohe 1955.

Raimund J. Quiter: „Johannes Dornseiffer“ – Ein Priesterleben im Sauerland an der Schwelle der modernen Zeit 1837-1914. Siegen 1997.

Fritz Söbbeler: „Landwirtschaftsschule Fretter/Eslohe/Meschede“, Meschede 1996.

Der forstbotanische Garten der landwirtschaftlichen Winterschule in Eslohe

Bearbeitet von Bernward Selter

Ohne die Fortschritte der Wissenschaft und ihrer Vermittlung wäre eine Modernisierung der Landwirtschaft nicht möglich gewesen. Um die Fortbildung der Landwirte kümmerten sich früher u.a. landwirtschaftliche Winterschulen, denen oft auch ein Wanderlehrerbezirk zugeteilt war. An den Winterschulen lehrten Beamte der Landwirtschaftskammer, der Versuchsstationen und die Direktoren und Fachlehrer der landwirtschaftlichen Unterrichtsanstalten oft als Wanderlehrer. Erst 1970 wurde in Westfalen-Lippe das System der Winterschule aufgegeben und ein ganzjähriger Unterricht abgehalten.

Die älteste landwirtschaftliche Winterschule in Westfalen ist die 1880 vom landwirtschaftlichen Verein Serkenrode eingerichtete Schule in Fretter. Sie ging aus einer privaten Fortbildungsstätte des dortigen Vikars, Johann Dornseiffer, hervor und wurde 1891 mit der im Jahr zuvor ins Leben gerufenen Winterschule in Eslohe zusammengeschlossen. Anlässlich des 25-jährigen Bestehens der Winterschule stiftete Dornseiffer damals auf einem Grundstück „im Rückstert“ eine Art forstlichen Lehrgarten, „eine Kulturanlage, eine Pflanzung ausländischer Holzarten, als Beobachtungs- und Versuchs-Station, als praktisches Lehrbuch für die Schüler kommender Jahre“, wie es der „Fünfundzwanzigste Jahresbericht der landwirtschaftlichen Winterschule des Kreises Meschede zu Eslohe“ vermerkte. Die folgenden Passagen mit den originalen Ausführungen Dornseiffers sind diesem Bericht entnommen. Sie fanden sich seinerzeit auch in der Mescheder Zeitung abgedruckt.

„1. Zunächst kommen Ulmen, ulmus campestris, 100 Stück, 4jähr. versch. (das heißt vierjährig verschulte), durchweg 1 m hoch. Preis 8 Mk.

2. Larix sibirica, sibirische Lärche, 3jähr. versch. 1 m hoch, 200 Stück 5 Mk.

3. Robinia pseudoacacia, Akazie; stammt aus Virginien, den Vereinigten Staaten Nordamerikas. Ein Arzt, Robin, hat dieselbe nach Deutschland verpflanzt. Das landwirtschaftliche Ministerium empfiehlt dieses Holz sehr und zwar als Ersatz für die nicht mehr ertragsfähigen früheren Schälwaldungen, in 15- bis 20jährigen Umtrieben. In dieser Zeit erreiche sie eine Höhe von bis zu 20 m und eine Brusthöhenstärke von 15 bis 20 cm, einen Abtriebsertrag bis zu 250 Festmeter für das Hektar. Ein Festmeter kostet 25 bis 35 Mk. Die Massen- und Werterzeugung betrage das 2-4fache von Kiefer und Eiche. (...)

4. Abies concolor, gleichfarbige Fichte. Sie ist stark und kräftig veranlagt und hat eine weißliche Färbung. Näheres kann ich nicht darüber angeben. Wenn die Güte dem Preise entsprechend ist, dann muß es etwas Ausgezeichnetes sein; denn 100 Stück kosten 35 Mk.

5. Abies Douglatii, Douglasfichte, 300 Stück 4,80 Mk. Die „Köln. V.“ schrieb unlängst: „Von

allen fremdländischen Bäumen, die im vergangenen Jahrhundert in Deutschland eingeführt sind, nimmt die Douglasfichte den ersten Platz ein. Ihrem forstlichen Anbau wendet die Regierung die größte Aufmerksamkeit zu. Alle Beobachtungen sagen, daß die Douglasia auf den ihr zusagenden Standorten die heimische Kiefer und Fichte weit überholt.“ (...)

6. Quercus rubra, Blut- oder rote Eiche; 200 St. Kosten 40 Mk. Die Beschreibungen sagen: „Ein schöner und großer Baum mit langgestielten, im allgemeinen Umfange eirunden, tief ausgebuchteten, in der Jugend behaarten, bis zu einem Fuß langen Blättern, und großen, eirunden, erst in 2 Jahren reifenden Früchten. Heimisch ist er in Nordamerika, wo er vom Huronen-See bis Florida und Texas ausgedehnte Wälder bildet. Er blüht im Mai. Bereits im Jahre 1760 wurde er in Europa eingeführt, und 1770 durch den Herzog Franz von Anhalt-Dessau in Deutschland. Er liebt ziemlich feuchten Boden.“ Dies konnte man auch in diesem ungewöhnlich trockenen Sommer wahrnehmen. Trotz des tiefgründigen Ackerbodens und trotz tiefer Pflanzung sind einige Pflänzlinge, die bereits angegangen waren und Blätter getrieben hatten, wieder zurückgegangen. Möglich, daß ein tiefer Schnitt noch Heilung bringt. Eichen verhalten sich ja im allgemeinen wie Unkraut; je mehr das Messer zur Anwendung kommt, desto üppiger schießt es wieder empor. Dies ist besonders zu beachten, wenn Fichtenkulturen gereinigt werden sollen. Nicht alles glatt wegrasieren, sondern einen Leitzweig als Ableiter, als Saftzieher stehen lassen! Das ist kein Aberglaube!

7. Abies pugrens, Stechfichte: von sehr regelmäßigem Wuchs mit starken, dornig gespitzten Nadeln. Erst 1863 kam sie nach Europa. Ihre Heimat ist das nordamerikanische Felsengebirge. Es ist eine stämmige und starke Pflanze, viel stärker als unsere heimischen Fichtenarten. 200 Stück, 4jähr. versch. Kosten 12 Mark.

8. Inglans nigra, schwarze Walnuß, auch Butternuß geheißen. Der Baum wächst in Nordamerika und gedeiht bei uns auch auf schlechtem Boden. Er wächst schnell und liefert ein gutes Möbelholz für den Handel. 50 St. kosten 10 Mk.

9. Picea sitchensis, Sitka-Fichte. Sie stammt aus Alaska, unweit des neu entdeckten Goldlandes des nördlichen Amerika. 300 Stück kosten 12 Mk.

10. Larix leptoletis, schuppige Lärche; sie stammt aus Japan, weshalb sie auch Japanische Lärche genannt wird. Diese, wie auch die Sibirische Lärche, verlieren im Winter ihre Nadeln, wie es bei den heimischen Sorten der Fall ist. (...) 4jähr. versch., 200 Stück kosten 6 Mk.

11. Magnolia hypoleuca seu speciosa, 5 Stück kosten 25 Mk. Es sind Blumensträucher mit großen weißen und roten Blumen; der Blumenkelch hat die Weite einer ausgebreiteten Hand. Diese 5 Magnolien dienen ebenfalls zur Garnierung des Weges. Von einem praktischen landwirtschaftlichen Nutzen kann keine Rede sein, es ist eben eine Zierpflanze und deshalb eine Augenweide für diejenigen, die dorthin ihren Spaziergang machen. (...)

12. Dasselbe gilt auch von Liriodendron tulipifera, Virginischer Tulpenbaum; er gehört ebenfalls zu den Magnolien; ein schönes Bäumchen, welches aus Nordamerika und Ost-China stammt. Die großen, glänzend grünen Blätter, die 5 cm breiten, roten oder rotgelben, tulpenförmigen Blüten machen sie zur Zierde unserer Anlage. – Herr Oberförster Walloth

Landwirtschaftliche Winterschule Eslohe, Jahrgang 1932/33

schrieb: „Die Tulpenbäume sind frosthart und werden daher auch in Eslohe gedeihen. Im hiesigen (Mescheder) Stadtwalde sind sehr schöne Exemplare dieses Baumes gezogen, die in jedem Jahr schön blühen“ (...)

13. Pinus strobus, Weimutskiefer, 300 Stück 4jähr. versch. Kosten 7,20 Mk. Weil diese Pflanze hier nicht unbekannt ist und vor allem, weil auf dem erwähnten Grundstück kein Platz mehr vorhanden war, ist die Pflanzung abseits in südlicher Höhe erfolgt.

Das ganze Pflanzenmaterial, aus Rinseke bezogen, kostet 180 Mk., ohne Verpackung, Porto und Arbeitslohn. Weil aber „mit Rücksicht auf die Winterschule diese Kultur eine sehr gemeinnützige sei“, ist eine Staatsunterstützung beantragt, und wie mir mitgeteilt, auch bewilligt worden. Allen, die mit Rat und Tat geholfen haben, hiermit verbindlichster Dank!“

Abbildungen aus: Suerlänner 1925

Das landwirtschaftliche Schulwesen im Kreis Olpe

Stundenplan.

Mittwoch	Donner
Vormittag.	

Die landwirtschaftliche Winterschule Elspe von 1880 bis 1930

Günther Becker

Noch bis ins 19. Jahrhundert beruhte die landwirtschaftliche Tätigkeit im Sauerland auf Kenntnissen, die von Generation zu Generation weitergegeben wurden, und auf dem bei der täglichen Arbeit erworbenen Erfahrungswissen. Eine Änderung bahnte sich erst mit Albrecht Daniel Thaer (1752-1828) an, der die Landwirtschaftslehre als systematische Wissenschaft begründete und 1809/10 sein vierbändiges Werk „Grundsätze der rationellen Landwirtschaft" veröffentlichte. 1806 gründete er auf seinem Gut in Möglin (am Oderbruch) die erste höhere landwirtschaftliche Lehranstalt in Deutschland. Nach ihrem Vorbild entstanden in der ersten Hälfte des 19. Jahrhunderts eine Reihe weiterer landwirtschaftlicher Akademien. Landwirtschaftliche Mittelschulen mit mehrjährigem Unterricht für zukünftige Landwirte kamen in größerer Zahl erst in den 1850er Jahren auf. Als erste Schulen dieser Art in Westfalen wurden Ende der 1860er Jahre die Landwirtschaftsschulen in Herford und Lüdinghausen eröffnet. Auf einer unteren Ebene kam es 1845 zur Gründung einer landwirtschaftlichen Sonntagsschule in Siegen und im selben Jahr zur Eröffnung der ersten westfälischen Ackerbauschule in Riesenrodt bei Werdohl, der 1875 eine zweite auf Haus Füchten bei Neheim folgte.

Eine größere Bedeutung erlangten die ab 1880 gegründeten landwirtschaftlichen Winterschulen. Sie sollten Bauernsöhnen nach dem Besuch der Volksschule in den Wintermonaten eine auf landwirtschafliche Bedürfnisse ausgerichtete allgemeine und fachliche Fortbildung ermöglichen. Die ersten beiden Winterschulen Westfalens entstanden 1880 in Fretter und Elspe. In Fretter hatte 1876 der dortige Vikar Johannes Dornseiffer eine private Fortbildungsschule für die schulentlassene Jugend gegründet, die am 17. Februar 1880 ihre Pforten schließen musste, um am selben Tag als landwirtschaftliche Schule neu eröffnet zu werden. Ihr erstes Wintersemester begann am 4. November 1880. Am gleichen Tag nahm auch die am 31. Januar 1880 vom Kreistag des Kreises Olpe beschlossene Winterschule in Elspe den Unterricht auf.

Landrat Joseph Freusberg – der Initiator der Winterschule Elspe

Das Verdienst, die Gründung einer Winterschule in Elspe initiiert und auf den Weg gebracht zu haben, kommt dem Olper Landrat Joseph M. C. M. Freusberg (1870-1883) zu. Seit seiner Amtsübernahme im Jahr 1870 war er gleichzeitig auch Direktor des seit 1840 bestehenden Landwirtschaftlichen und Gewerbevereins für den Kreis Olpe, den sein Onkel, Landrat Adolf Freusberg (1836-1869), auf eine Anregung des Oberpräsidenten für die Provinz Westfalen, Ludwig Freiherr Vincke, ins Leben gerufen hatte und der noch heute unter dem Namen Landwirtschaftlicher Kreisverband Olpe besteht. Wie Adolf Freusberg hielt auch sein Neffe und Amtsnachfolger angesichts des hohen Anteils bäuerlicher Familien an der Bevölke-

Joseph M.C.M. Freusberg, Landrat des Kreises Olpe von 1870 bis 1883 (Stadtarchiv Lennest.)

rung des Kreises die Förderung der Landwirtschaft für eine der wichtigsten Aufgaben zur Hebung der allgemeinen Wohlfahrt in seinem Landkreis.

Dabei leitete ihn „die Überzeugung, daß eine Erfolg versprechende Besserung der Verhältnisse nur möglich sei, wenn es gelinge, dem heimischen Bauernstand durchweg ein gewisses Mindestmaß von allgemeinen und beruflichen Kenntnissen als wirkliches geistiges Eigentum zu vermitteln." Aber auch die älteren Landwirte müssten „mit den landwirtschaftlichen Fortschritten der Neuzeit vertraut gemacht werden durch eine zielbewußte und möglichst intensive landwirtschaftliche Wanderlehre."

Einen erfahrenen Berater für Fragen zur Landwirtschaft fand Landrat Freusberg in seinem akademischen Studienfreund, Professor Dr. C. Öhmichen, dem damaligen Direktor des landwirtschaftlichen Instituts an der Universität Jena. Bei ihm fragte er an, welches Schulsystem im Hinblick auf die landwirtschaftlichen Verhältnisse am meisten zu empfehlen sei. In seiner Antwort riet Öhmichen „entschieden" zur Errichtung einer zweisemestrigen landwirtschaftlichen Winterschule, ein Rat, der von Landrat Freusberg dankbar aufgegriffen wurde.

Schulort sollte nach seinem Wunsch das Kirchdorf Elspe im damaligen Amt Bilstein sein, für das gleich mehrere Gesichtspunkte sprachen. Dazu zählten neben der Lage am Rande einer weitflächig agrarisch genutzten Kalksenke mit zahlreichen Bauernhöfen und sich anbietenden Exkursionszielen unter anderm die Nähe zur 3 km entfernten Bahnstation Grevenbrück sowie ausreichende örtliche Unterbringungsmöglichkeiten für entfernter wohnende Schüler. Außerdem gab es in Elspe gleich drei Ortsgeistliche, einen Arzt und einen Apotheker, deren Dienste einer landwirtschaflichten Schule von Nutzen sein konnten.

In Elspe zeigte man sich von der Aussicht, Sitz einer landwirtschaftlichen Winterschule zu werden, höchst angetan. Die Vertretung der politischen Gemeinde Elspe, voran Gemeindevorsteher Arens, und die Vertretung der Schulgemeinde Elspe, insbesondere der damalige Pfarrer und Ortsschulinspektor Hengstebeck, erklärten, man werde die Schule „freudig beherbergen", und bemühten sich um sie mit allen Kräften. Gewiss hat man bei der Wahl Elspes als Schulort anfänglich auch mit Schülern aus den im Kreis Meschede gelegenen benachbarten Ämtern Serkenrode, Schmallenberg und Fredeburg gerechnet, eine Hoffnung, die sich mit der gleichzeitigen Gründung einer Winterschule in Fretter als Illusion erwies.

Schüler der Winterschule Elspe, Aufnahme um 1900 (Stadtarchiv Lennestadt, Sammlung A. Uelhoff)

Landwirtschaftliche Winterschule Elspe, Winterhalbjahr 1910/11 (Stadtarchiv Olpe)

Die Gründung der Winterschule Elspe erfolgte am 31. Januar 1880 durch einen einstimmigen Beschluss des Olper Kreistags. Zur Realisierung des Projekts wurde eine sechsköpfige Kommission gebildet, bestehend aus dem Landrat als Vorsitzenden, den Kreisdeputierten Gutsbesitzer und Fabrikant W. Brill, Kirchveischede, und Gutsbesitzer A. Neuhaus, Emlinghausen, sowie einem Vertreter des landwirtschaftlichen Kreisvereins in der Person von Gutsbesitzer Major von Schenk, Ewig, und zwei Deputierten der Elsper Gemeindevertretung.

In einer auf den 18. Februar 1880 einberufenen Gemeindeversammlung erkannte die Gemeindevertretung Elspe das Bedürfnis zur Errichtung einer landwirtschaftlichen Schule im Kreis Olpe an und beschloss, sie gemeinsam mit dem Kreis Olpe und dem landwirtschaftlichen Kreisverein in Form einer Winterschule ins Leben zu rufen. In einem weiteren Beschlusspunkt verpflichtete sie sich, „das für den Unterricht erforderliche Lokal zu stellen, jedoch mit der Beschränkung, daß durch die Errichtung der Winterschule kein Neubau erforderlich wird."

Nach den von der Vorbereitungskommission erarbeiteten vorläufigen Statuten durften die aufgenommenen Schüler nicht älter als 18 Jahre sein, doch waren in Sonderfällen Ausnahmen zulässig. Der „Kursus" der Winterschule sollte zweijährig sein und der Unterricht am 3. November eines jeden Jahres beginnen und mit dem 8. Mai des folgenden Jahres enden. Eine Verpflichtung, auch am zweiten Winterkurs teilzunehmen, bestand nicht.

Die Verwaltung der Schule lag nach den Statuten in den Händen eines Kuratoriums, das die Interessen der Anstalt wahrzunehmen hatte und sie nach außen vertrat. Es bestand aus dem Landrat als Vorsitzenden, zwei Deputierten des Kreistags und je einem Deputierten des landwirtschaftlichen Kreisvereins und der Gemeinde Elspe. Das Kuratorium legte auch das Schulgeld fest, das je Schüler und Semester nicht unter 30 Mark liegen sollte. An den Sitzungen des Kuratoriums nahm auch der Leiter der Schule mit beratender Stimme teil.

Lehrplanfragen

Größere Schwierigkeiten bereitete dem Kuratorium die Erstellung eines Lehrplans, weil es dafür keine geeigneten Mustervorlagen gab. Deshalb wandte man sich an den Königlichen Kreisschulinspektor Schräder in Olpe und an Professor Öhmichen in Jena, die sachkundigen Rat erteilten. Einen verbindlichen detaillierten Lehrstoffplan legte man vorläufig nicht fest, sondern wollte sich nach der Devise „Erfahrung ist die beste Lehrmeisterin" für Verbesserungen offen halten. In einer in verschiedenen Zeitungen veröffentlichten Bekanntmachung des Landsrats vom 9. September 1880 wurden folgende Gegenstände des auf 41 Wochenstunden angesetzten Unterrichts aufgeführt (in Klammern die wöchentliche Stundenzahl):

1. Allgemeiner Ackerbau (4)
2. Betriebslehre und Buchführung (2)
3. Pflanzenbaulehre (3)
4. Düngerlehre (2)
5. Tierzuchtlehre (3)
7. Tierheilkunde (3)
8. Wiesenbau (1)
9. Feldmessen und Nivellieren (2)
10. Grundlehren der Chemie (2)
11. Physik (2)
12. Naturgeschichte (3)
13. Geometrie (2)
14. Rechnen (2)
15. Deutscher Unterricht (5)
16. Geschichte und Geographie (2)
17. Zeichnen ([illegible])

Stundenplan.

	Montag	Dienstag	Mittwoch	Donnerstag	Freitag	Samstag
Vormittag.						
8—9	Allgemeiner Ackerbau.	Betriebslehre und Buchführung.	Religion.	Grundlehren der Chemie.	Naturgeschichte.	Allgemeiner Ackerbau.
9—10	Tierzuchtlehre.	Wiesenbau.	Tierzuchtlehre.	Pflanzenbaulehre.	Tierzuchtlehre.	Pflanzenbaulehre.
10—11	Grundlehren der Chemie.	Allgemeiner Ackerbau.	Düngerlehre.	Betriebslehre und Buchführung.	Feldmessen und Nivellieren.	Maschinen- und Gerätekunde.
11—12	Pflanzenbaulehre.	Naturgeschichte.	Allgemeiner Ackerbau.	Düngerlehre.	dto.	Naturgeschichte.
Nachmittag.						
2—3	Tierheilkunde.	Geographie.	Physik.	Zeichnen.	Physik.	frei.
3—4	dto.	Lektüre und Rechtschreiben.	Geometrie.	Korrektur des Aufsatzes.	Geometrie und Rechnen.	frei.
4—5	dto.	frei.	Rechnen.	Vorbereitung auf den Aufsatz.	frei.	frei.

Am Montag, Mittwoch und Donnerstag findet von ½6—7 Uhr, an den anderen Wochentagen von 5—7 Uhr Abends Silentium statt.

An jedem zweiten Dienstag findet von 7—½9 Uhr Abends landwirtschaftliches Seminar statt.

Der erste Stundenplan der Winterschule Elspe, nach dem ab dem 4. November 1880 unterrichtet werden sollte

Der in einer weiteren Bekanntmachung des Landrats vom 21. Oktober 1880 veröffentlichte Stundenplan sah nur noch 37 Unterrichtsstunden vor, darunter auch eine Stunde Religion.

Die der Schule zur Verfügung stehenden finanziellen Mittel und die mit ihr verbundenen Ausgaben nehmen sich recht bescheiden aus. Der Etat für das erste Schuljahr 1880/81 wies auf der Einnahmenseite folgende Posten auf:

1. Aus Kreismitteln 800,- Mark
2. Aus Mitteln der Gem. Elspe 400,- Mark
3. Vom landw. Kreisverein 300,- Mark
4. Schulgeld von 20 Schülern je 30,- Mark 600,- Mark

Summe der Einnahmen 2100,- Mark

Auf der Ausgabenseite standen:

1. Gehalt des Dirigenten 1450,- Mark
2. Remuneration des Tierarztes 300,- Mark
3. Remuneration für 2 Elementarlehrer 200,- Mark
4. Für Heizung und Reinigung 100,- Mark
5. Beschaffung von Lehrmitteln 50,- Mark

Summe der Ausgaben 2100,- Mark

Eine Schule für Bauernsöhne

Die breite Zustimmung, die das Projekt einer Winterschule in Elspe bei den mit der Lage der Landwirtschaft im Kreis Olpe Vertrauten fand, wird verständlich, wenn man liest, was wenige Jahre nach ihrer Gründung im „Bericht des Landwirtschaftlichen Kreisvereins Olpe für das Jahr 1886" konstatiert wird. Darin ist von der Aufgabe die Rede, „allmählich den landwirtschaftlichen Betrieb im Kreise Olpe aus dem leider noch zu oft zu beobachtenden Schlendrian heraus und in neue, den gewaltigen und glücklichen Fortschritten der Neuzeit auf dem Gebiete der Landwirtschaft angepaßte bessere Bahnen hinein zu lenken." Und weiter heißt es: „Soll aber unsere hiesige Landwirtschaft auf die Dauer im Kampfe ums Dasein nicht ganz unterliegen, soll der sich jetzt schon vielfach geltend machende Mißmut über die freilich nach gerade nicht rosigen Verhältnisse unseres Standes nicht endlich und zuletzt in vollständige Mutlosigkeit mit ihren schlimmen Folgen ausarten, so muß Änderung geschaffen werden. Ein Stern der Hoffnung strahlt dem die Schwierigkeit der Lage Überschauenden in dieser düstern Nacht, nämlich eine tüchtige und fachgemäße Heranbildung der bäuerlichen Jugend. ‚Der Jugend gehört die Zukunft!' In der That, das Wohl und Wehe unserer hiesigen Landwirtschaft für die Zukunft hängt ab von der Heranbildung unserer Bauernsöhne zu rationellen Landwirten, die aus der Winterschule die Befähigung und den thatkräftigen Willen mit auf ihren Hof zurücknehmen, ihren bäuerlichen Betrieb nach solchen Regeln und Grundsätzen vernünftig und mit Überlegung einzurichten und zu handhaben, wie es die gegenwärtige anspruchsvolle Zeit gebieterisch verlangt. So gewährt schließlich die allseitige Beschickung unserer Winterschule mit jungen Leuten aus dem Kreise Olpe die sicherste, man kann getrost behaupten, die einzige Garantie für die Hebung und Förderung der Landwirtschaft im Gebiete des Landwirtschaftlichen Kreisvereins."

Ein 23-jähriger Volksschullehrer wird Leiter der Winterschule

Zum „Dirigenten" (Leiter) der Schule wurde im Frühjahr 1880 Ferdinand Alzer berufen, ein 1857 in Fickenhütten im Siegerland geborener junger Volksschullehrer, der seit November 1877 nach seiner in Paderborn abgelegten Abiturprüfung an der kleinen Dorfschule in Sporke (Gemeinde Elspe) unterrichtete und zwischenzeitlich in Büren sein Lehrerexamen gemacht hatte. Um für seine neue Aufgabe als Landwirtschaftslehrer gerüstet zu sein, widmete er sich vom Sommer 1880 bis zum Frühjahr 1882, wo immer es seine Zeit zuließ, am landwirtschaftlichen Institut der Universität Jena dem Studium der Landwirtschaft, Naturwissenschaft und Nationalökonomie. Ein weiteres Fachstudium an der landwirtschaftlichen Akademie in Poppelsdorf schloß er im Oktober 1883 mit einer Abgangsprüfung ab. Einer praktischen Ausbildung unterzog er sich auf dem Hof Voß in Mecklinghausen bei Helden.

Ökonomierat Ferdinand Alzer, erster Direktor der Winterschule Elspe

Alzer war der einzige hauptamtliche Lehrer der Winterschule. Zunächst als „Dirigent“ tituliert, wurde ihm Mitte der 80er Jahre der Titel Winterschuldirektor zuerkannt. Ihm oblag der gesamte landwirtschaftliche und naturwissenschaftliche Fachunterricht. Außer ihm waren noch folgende Hilfslehrer an der Schule tätig: Kreistierarzt Grebe (Altena) für das Fach Tierheilkunde, Lehrer Hengesbach (Sporke) für die Fächer Deutsch, Geschichte und Geographie, Lehrer Huckestein für die Fächer Rechnen, Geometrie, Zeichnen und Schönschreiben sowie Pfarrer Hengstebeck, der unentgeltlich Religionsunterricht erteilte.

Eine strenge Schulordnung

Als die Winterschule am 4. November 1880 im Elsper Küsterhaus ihre Pforten öffnete, zählte sie bereits 23 Schüler. Davon kamen 15 aus dem Kreis Olpe, die weiteren 8 aus den Kreisen Meschede (6), Iserlohn (1) und Paderborn (1).

Weil der Unterricht außer samstags ganztägig erteilt wurde und sich ihm noch ein anderthalb- bzw. zweistündiges Silentium zur Anfertigung der Hausaufgaben anschloss, konnten nur 8 Schüler abends nach Hause zurückkehren. Die übrigen 15 hatten sich bei Elsper Familien einlogiert und wurden auch von ihnen beköstigt.

Streng geachtet wurde auf die Schuldisziplin. Die im Semester 1882/83 erlassene Regelung umfasste neun Paragraphen. § 1 lautete: „Die Schüler sind sämmtlichen (sic!) Lehrern in und außerhalb der Schule Achtung, Ehrfurcht und Gehorsam schuldig.“ An den silentiumfreien Tagen, d. h. samstags und sonntags, musste jeder Schüler vor dem Eintritt der Dunkelheit in seiner Wohnung anzutreffen sein, und nach dem Silentium durfte er sich nicht mehr auf der Straße oder in der Wohnung eines anderen aufhalten. „Unter allen Umständen verboten“ war das Rauchen auf der Straße und „gänzlich untersagt“ der Wirtshausbesuch.

Die für das Jahr 1893 gültige Schulordnung zählte bereits zwanzig Paragraphen. Bemerkenswert ist der § 5, der das religiöse Leben der Schüler betraf: „Die Anstalt verlangt den vorgeschriebenen und regelmäßigen Besuch der Kirche, sowie überhaupt eine gewissenhafte Erfüllung der religiösen Pflichten.“ Strenge Verbote galten dem Besuch von Gast- und Schenkwirtschaften, Restaurationen und Konditoreien, dem Rauchen in der Schule und auf Straßen sowie dem Kartenspiel und jedem anderen Spiel um Geld. Als letztes Strafmittel drohte die „Entlassung aus der Anstalt“.

Daß sich das Verhalten der Winterschul-Schüler in der Öffentlichkeit keineswegs immer an solche Vorschriften hielt, zeigt ein Schreiben des Olper Landrats vom 23. Oktober 1893 an den für Elspe zuständigen Bilsteiner Amtmann Schulte mit folgendem Wortlaut: „Im vorigen Jahr ist es wiederholt vorgekommen, daß Schüler der landwirthschaftlichen Winterschule zu Elspe am späten Abend Bier trinkend und laut singend in einer Wirthschaft zu Elspe verweilt haben. Ew. Wohlgeboren ersuche ich deshalb ergebenst, sämmtlichen Wirthen von Elspe die Regierungs-Polizei-Verordnung vom 25. Januar 1851 - A. Bl. S. 100 - mit dem Hinzufügen gefl. mitzutheilen, daß Übertretungen der Verordnung scharf, eventl. mit Entziehung der Wirthschafts-Conzession geahndet werden wird.“

Die Winterschule in ihrem ersten Jahrzehnt

Im Winterhalbjahr 1881/82 gab es zwei Klassen, was die Anstellung eines zweiten Fachlehrers erforderlich machte. Weil die dadurch anfallenden Mehrkosten jedoch nicht aufzubringen waren, musste er bereits 1883 wieder entlassen werden. Seitdem unterrichtete man im so genannten Einklassensystem mit zwei Lehrkursen. Das bedeutete, dass es eine Ober- und eine Unterklasse mit zum größten Teil gemeinsamen Unterrichtsstunden gab. Bis zur Übernahme der Schule durch die Landwirtschaftskammer der Provinz Westfalen im Jahr 1921 blieb es bei dieser Regelung.

Die jährliche Schülerzahl lag in den ersten vier Jahren zwischen 20 und 29. In den folgenden Jahren belief sie sich unter Einschluss des Winterhalbjahrs 1890/91, in dem die Schule von 50 Schülern besucht wurde, im jährlichen Mittel auf 35 Schüler. Von den insgesamt 293 Besuchern der ersten 10 Jahre kamen 166 (= 57 %) aus dem Kreis Olpe – dort in erster Linie aus dem Amt Bilstein –, 127 aus anderen Kreisen. Wie weit das Einzugsgebiet der Schule Mitte der 80er Jahre reichte, zeigt das Verzeichnis der Schüler des Wintersemesters 1884/85. Danach wohnten 19 im Kreis Olpe, je 2 in den Kreisen Büren, Iserlohn, Meschede und Soest, je 1 in den Kreisen Altena, Arnsberg, Gummersbach (Rhein-Provinz), Hamm, Paderborn und Siegen.

Als 1888 aus Vertretern der Provinz Westfalen, des landwirtschaftlichen Provinzialvereins für Westfalen und Lippe sowie des Westfälischen Bauernvereins eine „Schulkommission für die landwirtschaftlichen Winterschulen der Provinz Westfalen" gebildet wurde, schloss sich ihr die Winterschule Elspe sofort an. Die Kommission fungierte als Aufsichtsbehörde, vergab für die angeschlossenen Schulen feste Jahreszuschüsse und erstellte einen Normallehrplan. Zu dem der Winterschule Elspe zugeordneten Schul- und Wanderlehrbezirk zählten die Kreise Olpe, Arnsberg und Siegen. 1891 wurde das zum Kreis Arnsberg gehörende Amt Warstein ausgegliedert und der neuen Soester Winterschule zugeteilt. Von der Schulkommission übernahm Elspe – erstmals für das Wintersemester 1888/89 – den folgenden „Normallehrplan", der unter Mitwirkung von Direktor Alzer festgelegt worden war:

A.) Elementarfächer
1. Religion 2 Stunden pro Woche
2. Deutsch (Geschichte und Geographie) 4 Std.
3 Rechnen (Feldmessen) 4 Std.
4. Zeichnen und Schönschreiben 1 Std.

B.) Landwirtschaft und Naturwissenschaften
1. Allgemeiner Ackerbau 4 Stunden pro Woche
2. Spezieller Pflanzenbau 5 Std.
3. Tierzuchtlehre (Tierheilkunde) 7 Std.
4. Betriebslehre (Buchführung) 3 Std.
5. Naturwissenschaften (Botanik,
Grundzüge der Chemie, Physik) 5 Std.
Summa 35 Stunden in der Woche

Ein neues Schulgebäude

Schon nach wenigen Jahren erwies sich die als erstes Schuldomizil dienende Küsterei für die Bedürfnisse der Schule als zu klein. Deshalb wurde 1890 rund 700 m westlich der Elsper Pfarrkirche auf der Südseite der damaligen Provinzialstraße (jetzt B 55) ein eigenes Schulgebäude mit Lehrerwohnung errichtet. Die Gemeinde Elspe stellte dafür außer 25.000 Mark ein gut drei Morgen großes Areal für den Bauplatz, Fischteiche und eine Obstbaumschule zur Verfügung. Im Erdgeschoß befanden sich zwei Unterrichtsräume für 60 bzw. 40 Schüler, ein Raum für Sammlungen und ein Konferenz- und Bibliothekszimmer. Die Einweihung fand am 4. November 1890 mit dem Beginn des Wintersemesters 1890/91 statt.

Das 1890 errichtete Winterschulgebäude in Elspe

Die Winterschule wird „Kreisanstalt“

Im April 1899 beriet der Kreisausschuss des Kreises Olpe über eine „Proposition betr. die Übernahme der landwirtschaftlichen Winterschule zu Elspe auf den Kreis Olpe und die weitere Entwickelung dieser Anstalt“. Das Sitzungsprotokoll vermerkt, sie sei „unter der Leitung des Winterschuldirektors Alzer in Einrichtung, Lehrplan und Erfolg zu einer mustergültigen Anstalt herausgewachsen und als erste der vollständig ausgebildeten Winterschulen der Provinz vorbildlich geworden für die erfreuliche Entwicklung des gesammten (sic!) landwirtschaftlichen Winterschulwesens.“ Weiter heißt es dann, die außerordentliche Bedeutung der Schule begründe für den Kreiskommunalverband „die Ehrenpflicht“, die Anstalt nach dem Vorbild anderer Kreise als Kreisanstalt zu übernehmen und weiter auszugestalten. Verwiesen wird in diesem Zusammenhang auf die in Aussicht genommene Einrichtung einer ländlichen Haushaltungsschule, die gleichfalls unter der Aufsicht Alzers stehen solle. Am 28. April 1899 genehmigte der Kreistag den Vorschlag des Kreisausschusses und die Anerkennung der Elsper Winterschule als Kreisanstalt. Auch die Elsper Gemeindevertreter hatten gegen eine Übereignung der Schule an den Kreiskommunalverband nichts einzuwenden und beschlossen im November 1899, das Winterschulgebäude nach vorheriger Instandsetzung samt zugehörigem Areal zum 1. Juli 1900 dem Kreiskommunalverband Olpe gegen Erstattung eines verbliebenen Baukapitals „eigentümlich zu übertragen“. Damit war nach einer 20jährigen Probe- und Wartezeit die rechtliche Stellung der Schule endlich geklärt und ihr Bestand finanziell gesichert. In der Folge wurde 1901 ihr Direktor als Kreiskommunalbeamter des Kreises Olpe angestellt.

Mit dem Besitzerwechsel gab es auch eine neue Schulsatzung. Danach war der Lehrplan wie schon vorher auf zwei Winterhalbjahre berechnet. Der Beginn des Semesters wurde auf Anfang November festgelegt, schließen sollte es jeweils kurz vor Ostern mit einer öffentlichen Schlussprüfung. Aufnahmefähig waren „junge Leute mit genügender Volksschulbildung“ im Alter von 14 bis18 Jahren. Die Höhe des Schulgelds, das mindestens 30 Mark für jeden Schüler und Lehrgang betragen sollte, hatte der Kreistag zu regeln.

Die landwirtschaftliche (ländliche) Haushaltungsschule Elspe

Die bereits erwähnte, vom Olper Kreistag beschlossene und der Aufsicht Alzers unterstellte neue landwirtschaftliche Haushaltungsschule nahm am 15. Januar 1901 in einem eigens für sie errichteten neuen Gebäude ihren Betrieb auf. Nach einem Entwurf von Kreisbaumeister Rinscheid im gleichen Stil wie die Winterschule erbaut, lag es nur 90 m von dieser entfernt.

Seit dem 1. Juli 1900 gab es für die Haushaltungsschule und die Winterschule einen gemeinsamen Schulvorstand (Kuratorium), dem folgende, kreisweit bekannte Persönlichkeiten angehörten: 1. Landrat Friedrich Freusberg, Olpe, 2. Amtmann Schulte, Bilstein, 3. Pfarrer Sauer, Helden, 4. Pfarrer Budde, Elspe, 5. Gutsbesitzer Ed. Gerlach, Saalhausen, 6. Gutsbesitzer Neuhaus, Emlinghausen, 7. Gemeindevorsteher Arens, Elspe, 8. Gemeindevorsteher Rinscheid, Bilstein, 9. Ökonomierat Alzer, Elspe.

Zweckbestimmung der landwirtschaflichen Haushaltungsschule zu Elspe war es, „als haus- und landwirtschaftliche Fachschule junge Mädchen aus dem Bauern- und Bürgerstande auf der Grundlage einer religiösen Erziehung durch praktische Unterweisung und planmäßigen Fortbildungsunterricht zu tüchtigen Hausfrauen heranzubilden“. Schon lange hatte Direktor Alzer auf Errichtung einer Haushaltungsschule gedrängt. Im Protokoll der entscheidenden Beratung vom 15. Januar 1899 ist dazu zu lesen: „Herr Director Alzer entwickelte die Vorzüge eines Hauswesens, in dem eine tüchtig geschulte Hausfrau emsig zu des Hauses Bestem schaltet und waltet, und stellte in Gegensatz die Schäden einer ungeordneten und ungeregelten Wirthschaft. Zur tüchtigen Vorbildung der züchtigen Hausfrau sei aber die richtige und zweckmäßig geleitete Haushaltungsschule das geeigneteste Mittel.“

Schülerinnen der landwirtschaftlichen Haushaltungsschule Elspe,
oben: in Schulkleidung; unten: im Sonntagsstaat

Aufnahmefähig waren „unbescholtene und gesunde junge Mädchen“ im Alter von 15 bis 20 Jahren. Mit der Schule war ein Internat mit zwei Schlafsälen verbunden. Geführt wurde das Haus, in dem es auch eine Kapelle mit einem Tabernakel gab, von Schwestern der Armen Franziskanerinnen aus dem Mutterhaus Olpe, die auch Unterricht erteilten.

Die Haushaltungsschule bestand als staatlich anerkannte Einrichtung auch noch nach der Schließung der Winterschule 1930, litt dann aber infolge der Einrichtung von Mädchenklassen an den neuen Landwirtschaftsschulen in Altenhundem und Olpe unter einem Rückgang der Schülerinnenzahl und wurde zum 1. April 1936 geschlossen.

Alzers Verdienste um die Landwirtschaft im Kreis Olpe

Immer wieder wird in Akten und Berichten aus den ersten Jahrzehnten der Winterschule auf die besonderen Verdienste Ferdinand Alzers um die Förderung der heimischen Landwirtschaft hingewiesen. Im März 1897 waren sie für den Olper Kreistag Anlass, ihm als Anerkennung seiner „großen Verdienste um die Hebung der Landwirtschaft im Kreise Olpe“ aus der Kreiskommunalkasse eine Gratifikation in Höhe von 300 Mark anweisen zu lassen.

Am 2. Mai 1900 wurde ihm als erstem Winterschuldirektor in Preußen „von Seiner Majestät dem König“ der Titel Ökonomierat verliehen. Die Ehrung galt neben seinem Einsatz für das Winterschulwesen vor allem seiner ausgedehnten Tätigkeit als Wanderlehrer in dem ihm zugewiesenen Schul- und Wanderlehrbezirk und teils darüber hinaus wie auch seinen Verdiensten um die Etablierung eines ländlichen Genossenschaftswesens im Kreis Olpe. Mit Bewunderung registriert man die in den Jahresberichten der Elsper Winterschule abgedruckten Verzeichnisse der von ihm gehaltenen „Wandervorträge“ zu den unterschiedlichsten landwirtschaftlichen Themen. So hielt er beispielsweise in den 12 Monaten von Januar bis Dezember 1893 insgesamt 49 Vorträge, davon 16 im Kreis Olpe, 12 im Kreis Arnsberg, 7 im Kreis Siegen und 14 in anderen Kreisen des südlichen Westfalen.

Schon früh hatte sich Alzer mit dem Ideengut Friedrich Wilhelm Raiffeisens vertraut gemacht, der, bewogen durch die Notlage der deutschen Landwirtschaft um die Mitte des 19. Jahrhunderts, in Deutschland den Grund für das landwirtschaftliche Genossenschaftswesen legte. 1882 gründete Alzer in Elspe nach dem Vorbild Raiffeisens den ersten Spar- und Darlehnskassenverein im Kreis Olpe, dessen Vorsitz er selbst übernahm. Die zahlreichen genossenschaftlichen Kassen, die bis 1910, dem Jahr seines Ausscheidens aus dem Dienst, im Kreis Olpe entstanden, gehen sämtlich auf seine Initiative zurück. Wegbereiter war er auch für sieben in dieser Zeit im Kreisgebiet gegründete Bäuerliche Bezugs- und Absatzgenossenschaften sowie für eine stattliche Reihe weiterer genossenschaftlicher Einrichtungen verschiedenen Zwecks . Mit Recht gilt Alzer deshalb als der „Vater der ländlichen Genossenschaften“ des Kreises Olpe.

In einer Versammlung sämtlicher Schüler der Winterschule, an der auch eine größere Zahl von Landwirten teilnahm, regte Alzer in Elspe im November 1881 die Gründung eines „Casinos“ zur Veranstaltung von Schülervorträgen zu landwirtschaftlichen Fragen in geselligen Zusammenkünften an. Aus dem daraufhin ins Leben gerufenen Kasinoverein ging Anfang der 1890er Jahre der „Landwirtschaftliche Gemeindeverein Elspe“ hervor, der bis um 1910 existierte.

Aus Gesundheitsgründen musste Ökonomierat Alzer nach dreißig Jahren rastlosen Tätigseins für die Landwirtschaft im Sauerland im Sommer 1910 seinen Dienst aufgeben. In Würdigung seiner besonderen Verdienste wurde ihm aus diesem Anlass der preußische Rote Adlerorden IV. Klasse verliehen. Zu seinem Ausscheiden aus dem von ihm mit großer Leidenschaft ausgeübten Beruf heißt es in der Jubiläumsschrift „75 Jahre Landwirtschaftsschule im Landkreis Olpe“ von 1955: „Ständige Arbeitsüberlastung und übergroßer Pflichteifer hatten seine Gesundheit so ruiniert, daß ihm kein langer Lebensabend vergönnt war. Bereits am 30. Dezember 1911 starb er in Münster im 55. Lebensjahr. Sein Name wird immer in den Annalen nicht nur der Landwirtschaftsschule Elspe, sondern des gesamten landwirtschaftlichen Schulwesens Westfalens einen hervorragenden Platz einnehmen... Der Ruf der Winterschule Elspe, der weit über die Grenzen des Kreises Olpe und des Sauerlandes reichte, war sein Werk.“

Die Winterschule im Jubiläumsjahr 1905

Nach einem am frühen Morgen vorausgegangenen „Dank- und bzw. Anrufungshochamt“ in der Elsper Pfarrkirche beschloss die Winterschule Elspe am 6. April 1905 mit einer öffentlichen Schluss- und Entlassungsprüfung ihr 25. Schulsemester. Der zweite Teil der Veranstaltung stand im Zeichen einer Jubiläumsfeier mit Vertretern verschiedener Behörden, bei der Landrat Friedrich Freusberg (1886-1916) und der Arnsberger Regierungspräsident Dr. jur. Freiherr von Coels von der Brügghen Ansprachen hielten. Freusberg dankte namentlich den Schulvorstandsmitgliedern Arens und Neuhaus sowie Ökonomierat Alzer und Lehrer Hengesbach, die auf eine 25-jährige Tätigkeit im Dienst der Schule zurückblicken konnten. Am nachfolgenden Festessen im Elsper Gasthof Funke nahmen 52 Herren teil. Eine eigene zweitägige Schülerfeier, an der sich rund 300 Ehemalige von nah und fern beteiligten, folgte am 29. und 30. Mai.

Landwirtschaftliche Winterschule Elspe, Jubiläumsjahrgang 1905

Ein zur Feier des 25jährigen Bestehens der Anstalt angefertigtes Verzeichnis aller Schüler von 1880 bis 1905 nennt 614 Namen. Damit entfielen im Durchschnitt auf ein Semester rund 25 Schüler. Die höchste Zahl in diesem Zeitraum wurde 1892/93 mit 65 Schülern erreicht, von denen 47 (= 72 %) außerhalb des Kreises Olpe zu Hause waren.

Zum 1. November 1905 wurde der Schule in der Person des bisherigen Volontärassistenten bei der Landwirtschaftskammer Westfalen, Heinrich Cramer, endlich der lange herbeigesehnte zweite Fachlehrer zugewiesen. Zum 1. Oktober 1910 übernahm er als Nachfolger Alzers das Direktorat der Winterschule, das er bis zu ihrer Auflösung im Jahr 1930 innehatte. Danach leitete er noch 16 Jahre bis 1946 die 1930 gegründete Landwirtschaftsschule Olpe.

Die letzten 25 Jahre der Winterschule

Der Erste Weltkrieg (1914-1918) hatte ein spürbares Absinken der Schülerzahl zur Folge. Von 38 im Semester 1913/14 ging sie auf 23 im Semester 1915/16 zurück. In den beiden folgenden Wintern konnte kriegsbedingt überhaupt kein Unterricht mehr erteilt werden. Der Krieg schlug unter den zum Kriegsdienst eingezogenen ehemaligen Schülern tiefe Wunden. 64 sahen ihre Heimat nicht wieder, darunter 32 aus dem Kreis Olpe.

Im ersten Nachkriegssemester 1918/19 besuchten bereits wieder 44 Schüler die Winterschule, von denen nur 3 nicht im Kreis Olpe lebten. Im folgenden Winter wurde mit 70 Schülern, von denen 94% im Kreis Olpe ansässig waren, die Höchstzahl in der 50jährigen Geschichte der Schule registriert. Als die Winterschule 1930 ihre Pforten schließen musste, hatte sie 1.148 Schülern aus dem Kreis Olpe und 925 aus anderen Kreisen eine landwirtschaftliche Ausbildung vermittelt, insgesamt also 2.073 Personen. Von ihnen absolvierten 1.235 nur die Unterklasse, 838 die Oberklasse.

Ab 1909/10 überwog die Zahl der Schüler aus dem Kreis Olpe in allen Jahren die Zahl der Schulbesucher aus anderen Kreisen. In den vorausgegangenen neun Winterhalbjahren von 1900/01 bis 1908/09 hatte ihr Prozentanteil im Mittel der Jahre noch bei nur 37% gelegen. Nach dem Ersten Weltkrieg kamen bis zur Schließung der Schule von insgesamt 563 Schülern 79% aus Orten im Olper Kreisgebiet. In den letzten zehn Jahren der Schule waren es bei durchschnittlich 39 Schülern pro Winterhalbjahr immerhin 72%. Zu erklären ist der massive Rückgang des Schulbesuchs aus anderen Kreisen durch die seit dem Ende des 19. Jahrhunderts eingetretene Entwicklung des landwirtschaftlichen Schulwesens in der Provinz Westfalen, in der es im Winterhalbjahr 1928/29 insgesamt 41 landwirtschaftliche Schulen mit 2.690 Schülern gab.

In Elspe ging die Schülerzahl seit dem Schuljahr 1925/26 von 57 auf gleichbleibend 38 in den letzten drei Semestern (1927/28-1929/30) zurück. Neben der Konkurrenz der im südlichen Westfalen neu entstandenen landwirtschaftlichen Schulen spielten dabei offenbar nicht unwesentlich auch die Kosten eine Rolle, die ein in Elspe einlogierter Schüler für Unterkunft und Kost aufzubringen hatte. Sie fielen vor allem für Söhne aus kleineren Landwirtschaftsbetrieben ins Gewicht, deren fachliche Ausbildung dem Schulträger besonders wichtig erschien. Hinzu kam, dass Schüler, die keine Tagespendler waren, in den Wintermonaten als ständige Helfer im elterlichen Betrieb ausfielen.

Angesichts der geschilderten Entwicklung mehrten sich in der zweiten Hälfte der 1920er Jahre die Zweifel, ob Elspe mit seiner Randlage im Norden des Olper Kreisgebietes der richtige Ort für eine sich aus allen Teilen des Kreises einigermaßen gleichmäßig rekrutierende Winterschule sei. Genährt wurden die Bedenken durch die Landwirtschaftskammer. Wiederholt hatte sie zum Ausdruck gebracht, dass das 1890 errichtete Schulgebäude den an eine zeitgemäße Ausbildung des landwirtschaftlichen Nachwuchses zu stellenden Anforderungen nicht mehr genüge. Davon abgesehen, war die Kammer bestrebt, die ihr unterstellten Landwirtschaftsschulen möglichst in zentral gelegenen Orten anzusiedeln. So schloss damals zum Beispiel die Landwirtschaftsschule des Kreises Arnsberg in Balve ihre Pforten, um in der Kreisstadt Arnsberg neu eröffnet zu werden.

Nachdem schon Jahre vorher einmal eine Verlegung der Elsper Winterschule nach der Domäne Ewig bei Attendorn im Gespräch gewesen war, erschienen im Dezember 1928 Zeitungsmeldungen, wonach beabsichtigt sei, die Schule in Grevenbrück zu errichten, „da dieser Ort zentral liegt, für die beiden Kreise Olpe und Meschede, soweit Teile dieses Nachbarkreises in Betracht kommen.“ Am 10. Januar 1929 beschloss die Gemeindevertretung Förde (Grevenbrück), der Landwirtschaftskammer in Münster für die Errichtung eines Winterschulgebäudes unentgeltlich geeignetes Baugelände anzubieten. In einem Schreiben des Bilsteiner Amtsbürgermeisters an den Vorsitzenden des Kreisausschusses heißt es dazu: „Die wenig günstige Lage der Schule in Elspe wird von der landwirtschaftlichen Bevölkerung und der Schulleitung dafür verantwortlich gemacht, daß der Schulbesuch besser sein könnte als er ist. Ohne Zweifel würde die Schule, wenn sie in unmittelbarer oder in nächster Nähe der Eisenbahn läge, einen stärkeren Besuch aufweisen.“

Im Verlauf der weiteren Beratungen und schwierigen Verhandlungen über die Verlegung der Winterschule setzte sich schließlich der Vorschlag durch, die Winterschule Elspe aufzulösen und je eine neue Landwirtschaftsschule für das westliche und östliche Kreisgebiet in der Kreisstadt Olpe und am Eisenbahnknotenpunkt Altenhundem zu errichten. Um einem lange empfundenen Bedürfnis zu entsprechen, sollten beide Schulen mit einer Mädchenabteilung aus-

Jubiläumsjahrgang 1930 der landwirtschaftlichen Winterschule Elspe

gestattet werden. Am 30. September 1929 fasste der Olper Kreistag einen entsprechenden Beschluss und besiegelte damit das Ende der verdienstreichen, vor ihrem 50jährigen Jubiläum stehenden landwirtschaftlichen Ausbildungsstätte in Elspe. Für das nun leer stehende Schulgebäude ergab sich eine neue Nutzung durch die benachbarte Haushaltungsschule und als Lehrgeflügelhof für den Kreis Olpe.

Die Landwirtschaftsschulen in Altenhundem und Olpe

Gebunden war der Kreistagsbeschluss an die Voraussetzung, dass das Preußische Ministerium für Landwirtschaft, Domänen und Forsten in Berlin einen in Aussicht gestellten Zuschuss in Höhe von 50.000, - Mark gewährte, auf deren Bereitstellung der Olper Landrat Wening nicht lange zu warten brauchte, so dass die Planungen zügig fortgesetzt werden konnten. Vorteilhaft wirkte sich dabei aus, dass im Landwirtschaftsministerium in dem aus Altenhundem stammenden Ministerialdirektor Dr. Wilhelm Arnoldi ein einflussreicher Mann tätig war, der sich in jeder Weise für seinen Heimatkreis einsetzte und auch den Ersatz der Elsper Winterschule durch zwei neue Landwirtschaftsschulen in verkehrsgünstiger Lage tatkräftig unterstützte. Urheber des Projekts war er jedoch nach seiner eigenen Bekundung nicht, obwohl das später so zu lesen war und ihm von Gegnern angelastet wurde.

Die 1930 errichtete Landwirtschaftsschule in Altenhundem

Wie berechtigt die Gründung der zentral gelegenen Landwirtschaftsschulen in Olpe und Altenhundem war, bewies ihre Entwicklung in den 1930er und den ersten 1940er Jahren. Bis einschließlich des vierten Kriegswinters 1942/43 wurde die Olper Schule von 569 Schülern und 414 Schülerinnen besucht. Bei einer Gesamtzahl von 983 waren das im Mittel pro Jahr 76 junge Leute. In Altenhundem sah die Bilanz mit 1.036 Schulbesuchern noch besser aus. Hier zählte man in dem genannten Zeitraum 725 Schüler und 311 Schülerinnen und damit im Jahresdurchschnitt sogar 80 Schüler/innen. Beide Schulen zusammengenommen, kam man in den 15 Jahren bis zum Kriegsende 1945 auf insgesamt 2.199 Absolventen.

Die offizielle Bezeichnung der Schulen lautete „Landwirtschaftsschule und Wirtschaftsberatungsstelle“. Nach dem Machtantritt der Nationalsozialisten bekamen sie 1934 den Namen „Bäuerliche Werkschule und Beratungsstelle“, doch galt schon ab 1936 wieder der alte Name.

Für das in Altenhundem erforderliche neue Schulgebäude stellte die Gemeinde Kirchhundem, zu der Altenhundem gehörte, unentgeltlich einen waldnah gelegenen Bauplatz am Wimberg zur Verfügung. Nach kurzer Bauzeit konnte die neue Schule noch 1930 ihren Betrieb aufnehmen. Bauherr war der Kreis Olpe, der auch Eigentümer blieb, während die von ihm beschaffte Inneneinrichtung in das Eigentum der Landwirtschaftskammer überging. Direktor der Schule wurde Josef Giesen, der schon 8 Jahre in Elspe als Fachlehrer tätig gewesen war. 1960 trat er in den Ruhestand. Nachdem die Schule im Winterhalbjahr 1946/47 noch von 83 Schülern und in der Mädchenabteilung von 28 Schülerinnen besucht worden war, ging die Schülerzahl in der zweiten Hälfte der 1950er Jahre ständig zurück, so daß ein weiterer Unterrichtsbetrieb nicht mehr zu rechtfertigen war und 1964 die Schließung erfolgte.

Für die Landwirtschaftsschule Olpe mietete der Kreis von der Stadt Olpe das Gebäude der ehemaligen Rektoratschule am Gallenberg an, das er zweckentsprechend umbauen und einrichten ließ. Auch die Olper Landwirtschaftsschule konnte schon zum Winterhalbjahr 1930/31 den Unterricht aufnehmen. Nach dem Zweiten Weltkrieg bezog sie zum Wintersemester 1954/55 ein neues, großzügiges Schulgebäude an der Kurfürst-Heinrich-Straße, in dem auch die Kreisstelle der Landwirtschaftskammer und die Geschäftstelle des Landwirtschaftlichen Kreisverbandes untergebracht wurden.

Wie überall im Gebiet der Landwirtschaftskammer Westfalen führten auch an der Landwirtschaftsschule Olpe der sich nach der Mitte des vorigen Jahrhunderts vollziehende Strukturwandel in der Landwirtschaft und Veränderungen im beruflichen Schulwesen zu einem deutlichen Rückgang der Schüler- und Schülerinnenzahl. Zwar profitierte die Olper Landwirtschaftsschule zunächst noch von der Schließung ihrer Schwesterschule in Altenhundem, doch rückte auch für sie das Ende näher.

Die ehemalige Rektoratschule am Gallenberg in Olpe, erstes Domizil der Landwirtschaftsschule Olpe

In der Sitzung des Schulkuratoriums vom 28. Juni 1971 legte Landwirtschaftsdirektor Dr. Dieckmann, Münster, in einem ausführlichen Referat dar, dass „die schulorganisatorischen Maßnahmen, die die Landwirtschaftskammer Münster in Anpassung an die sich in den Bundesländern vollziehende schulpolitische Neuordnung notwendigerweise vornehmen müsse", die Schließung der Landwirtschaftsschule Olpe bedeuteten und sie im Frühjahr 1972 den Schulbetrieb einstellen werde. Die Wirtschaftsberatungsstelle für die Landwirte bleibe jedoch bestehen. Was der Vertreter der Landwirtschaftskammer angekündigt hatte, blieb unwiderruflich. So endete mit der Ausgabe der Zeugnisse an die letzten 16 Oberstufenschüler durch Landwirtschaftsdirektor Hans Menkeberenshemke am 24. März 1972 die fast 42-jährige Geschichte der letzten Landwirtschaftsschule des Kreises Olpe und eine 92-jährige Geschichte des landwirtschaftlichen Schulwesens im Südsauerland.

Quellen:

-- Lit. W. Sch. Elspe (Becker) --

Literatur- und Quellennachweise

Jahresberichte der landwirtschaftlichen Winterschule zu Elspe , 1880/81 bis 1919/20.

Kohl, Wilhelm (Hrsg.): Westfälische Geschichte. Band 3: Das 19. und 20. Jahrhundert. Wirtschaft und Gesellschaft. Düsseldorf 1984.

Krause, Jochen: Menschen der Heimat. Teil I. Olpe 1987 (S. 150-155: Dr. Wilhelm Arnoldi)

Krause, Jochen: Menschen der Heimat. Teil II. Olpe 1987 (S. 312-317: Ferdinand Alzer).

Landwirtschaftlicher und Gewerbe-Verein des Kreises Olpe. 1887. Köln 1887.

Schmauck, Rudolf: Entstehung und Entwicklung der Landwirtschaftsschulen im Landkreis Olpe. In: 75 Jahre Landwirtschaftsschule im Landkreis Olpe. Hrsg. vom Landkreis Olpe aus Anlaß der 75-Jahr-Feier am 24. November 1955. Olpe 1955. S. 7-27.

1840 - 1965. Landwirtschaftlicher Kreisverband Olpe. Festschrift zum 125jährigen Bestehen des Landwirtschaftlichen Kreisverbandes Olpe. Olpe o. J. (1965).

1840 - 1990. 150 Jahre Landwirtschaftlicher Kreisverband Olpe. Beiträge zur Geschichte der Landwirtschaft und des landwirtschaftlichen Vereinswesens im Kreis Olpe. O. O., o. J. (Olpe 1990).

Ungedruckte Quellen

Staatsarchiv Münster, Landwirtschaftliche Kreisstellen 23, 24, 28, 29, 34 - 37.

Stadtarchiv Lennestadt, Nr. 60, 60a, 61, 62, 63, 344, 515, 556, 596, 947.

Stadtarchiv Olpe, A 1227.

Lehrtafel für Schulen, 30er Jahre

Ein Bischof sorgt sich um die Bauern

Wilhelm Kuhne

Der grausame Krieg war endlich zu Ende. Seine Folgen spürte man noch lange. Auf dem Lande bettelten sich Menschen von Hof zu Hof. Die einen kamen aus den Trümmerwüsten der Städte, andere schleppten sich in Trecks aus den, jetzt ehemaligen, deutschen Ostprovinzen daher. Mit dem Magenhunger quälte viele die Sehnsucht nach Geborgenheit und Heimat. Ein ganzes Volk suchte neuen Lebensmut. Nicht zu übersehen waren die Verluste an Sitte und Moral. Zwischen plattem Materialismus und Verlangen nach religiöser Sinngebung schwankten die Menschen. Auch auf dem Lande hatten sich überkommene, von den Vätern ererbte Wertordnungen gelockert. Auch hier war vielerorts die Saat eines gottlosen und menschenverachtenden Systems aufgegangen. Jetzt galt nur Bertolt Brechts (1898-1956) ‚Bekenntnis', nach welchem die Moral hinter dem gedeckten Tisch rangiert.[1] Doch der Realität entspricht kein ‚entweder/oder', sondern ein ‚zusammen'. In den ersten Nachkriegsjahren war es Auftrag der Bauern, sich ‚dem Tische', zu widmen. Bald jedoch äußerte sich die biblische Erfahrung, nach welcher der Mensch von ihm allein nicht satt wird (vgl. Mt 4,4). Das ‚Gebet vor und nach Tisch' tat sich im Wunsche nach spirituellen lebensfördernden Maßstäben kund, nach Orientierung mittels bewährter Standpunkte, nach Halt.[2] Einerseits suchte man sie in der Kontinuität mit der Zeit vor dem ‚großen Unfall', andererseits aber auch in einem bewussten Neuanfang. Unter der Diktatur und Behinderung gemachte Erfahrungen sollten dabei eingebracht werden.

In dieser geistig lebendigen Nachkriegsphase waren dem Erzbistum Paderborn zahlreiche Persönlichkeiten geschenkt, welche auf dem Felde der Landpastoral das Notwendige erkannten und Mut zur Umsetzung besaßen. Sie waren fähig sowohl in neuen Strukturen zu denken, als auch mittels Organisationen diese zu instrumentalisieren. Es galt, den Menschen auf dem Lande – vornehmlich den Bäuerinnen und Bauern – gesellschaftspolitische, kulturelle und religiöse Fundamente und Wegweiser zu vermitteln. In einer von Minister Andreas Hermes (1878-1964) im November 1948 nach Fredeburg einberufenen Versammlung zum Thema der zukünftigen Arbeit am Landvolk wurde erklärt, dass „die Bildung des bäuerlichen Nachwuchses nicht rein technisch sein dürfe", sie müsse „ganzheitlichen Charakter tragen". Dabei sei „die Mitwirkung der Kirche unentbehrlich".[3]

An führender Stelle im Erzbistum Paderborn, als Leiter des Seelsorgeamtes, stand ein Mann des Sauerlandes, der dem geistlichen Neuanfang eine institutionelle Fokussierung gab, nämlich eine Schule für das Landvolk. In Velmede an der Ruhr geboren, wurde er 1953 Weihbischof in Paderborn und 1957 erster Bischof des neuen Bistums Essen, schließlich 1988 Kardinal der Heiligen Römischen Kirche: Dr. theol. Franz Hengsbach. Er war ein Mann des Intellektes, ausgezeichnet mit Organisationstalent und sauerländischer Bodenhaftung. Bereits 1947 hatte ihn der Arnsberger Regierungs- und Schulrat

Wilhelm Ebel (1891-1955) auf ein Haus des Geheimrats von Opel im Arnsberger Wald aufmerksam gemacht. Dieses ehemalige Jagdschloss eignete sich für Begegnung und Weiterbildung. Zum Waldhaus St. Meinolf ‚umfunktioniert', konnte in der Stille der Wälder Reflexion über Sein und Zeit, über Wege in eine bessere Zukunft erfolgen. Jeweils im Januar und im Mai 1949 kamen hier an die dreißig Bauern zusammen, die Herkunft, Lebenswelt und vor allem Zielsetzung verbanden. Ihnen war bewusst, dass sozialer und kultureller Erneuerung des Volkes ein eindeutiges christliches Bekenntnis zugrunde liegen müsse. Dabei ging es nicht um katholische oder evangelische Landwirtschaft, jedoch um eindeutig religiös geprägte Landwirte. Nach einer weiteren Tagung in Fredeburg wurde klar: für eine kontinuierliche Bildungsarbeit bedurfte es eines Hauses. In Fredeburg selbst stand ein solches zur Verfügung. Es war aber der Diözese zu teuer. „Als Sauerländer lag mir sehr daran" (Hengsbach). So blieb vorerst das Jagdhaus St. Meinolf als Bildungsstätte.

Im Juni 1948 fiel das Auge Dr. Hengsbachs auf die ehemalige Zisterzienserabtei Hardehausen, wo sich bereits die katholische Jugend etabliert hatte. Zwar fast am östlichen Rande der Diözese gelegen, bot doch das gesamte Areal der ehemaligen Bauernabtei den genius loci. Hier war eine räumliche wie geistliche Disposition für das geplante Bildungsprogramm gegeben. Das aber sollte sich ausrichten nach dem großen Volksbildner, dem schon in den Jahren nach dem Ersten Weltkrieg im Paderborner Land erfolgreich tätig gewesenen Anton Heinen (1869-1934). Sein Bildungsprogramm lautet: „Bildung, d.h. nicht Mehrwissen, sondern ein neues, veredeltes Denken über das Leben, eine tiefere, vornehmere Auffassung des Lebens, eine höhere, sittliche Kraft im Verkehr miteinander, in der Auffassung der Verantwortlichkeit füreinander, eine Befreiung von geistiger und sittlicher Knechtschaft".[4]

Übersetzt in die Erwachsenenbildung und Schulpraxis einer zeitgemäßen Landvolkshochschule[5] musste die Bildung selbstredend in einem Curriculum erfolgen. Ausgehend vom „Christlichen Leben in Vertrauen und Verantwortung" enthielt es eine politische Bildung gemäß J.H. Pestalozzis (1746-1827) Grundsatz, nach dem „ohne politische Bildung das souve-räne Volk ein Kind ist, das mit dem Feuer spielt..."[6] Der Volkswirt unterrichtete nach dem Prinzip Walther Rathenaus (1867-1922): „Die Wirtschaft ist unser Schicksal"; der Agrarwissenschaftler hatte Friedrich Aereboes (1865-1942) Grundsatz gewählt, nach welchem „die Melioration der Köpfe wichtiger" sei „als die des Bodens", ergänzt durch Papst Johannes XXIII. (Mater et magistra) Mahnung, sich der Verantwortung vor der Schöpfung, aber auch der eigenen Persönlichkeit als Landwirt bewusst zu sein.

Das Angebot der Landvolkshochschule enthielt Themen, die von der Familie, der Frauenbildung, über Kultur und Literatur bis hin zu Sport und nicht zuletzt zur Einführung in die abendländliche Geschichte reichten. Ergänzt wurde das Programm, welches im allgemeinen einen Zeitraum von sechs Wochen umfasste, durch Begegnungen mit Menschen unterschiedlicher Berufe, in der Folge mit denen anderer europäischer Völker etc. Die Einbringung eigener Lebenserfahrung seitens der Teilnehmer und Teilnehmerinnen in das Programm war selbstverständlich, wobei häufig auch eine Redeschulung (Rhetorikseminar) erforderlich wurde.

Bischof Dr. Franz Hengsbach im Gespräch mit Joseph Freiherr von Wrede-Melschede (1896-1981), Schwiegervater des Präsidenten des Deutschen Bauernverbandes Konstantin Freiherr Heeremann (Foto: Archiv der Kath. Landvolkshochschule „Anton Heinen" Hardehausen)

Nachdem das Programm in seinen Grundrissen erarbeitet war, musste es nun an die Werbung von Schülern und Schülerinnen gehen. Auch dabei engagierte sich Dr. Franz Hengsbach. Er scheute sich nicht, auf die sauerländischen Höfe zu fahren oder sich mit den Führungspersonen in den Landkreisen ins Benehmen zu setzen. Er hatte Erfolg. Als Beispiel sei das Einverständnis und die Reaktion des Mescheder Landrates und Bauern Friedrich Geiecke (1899-1982) aus Heiminghausen bei Fredeburg genannt. Der Dompropst Dr. Paul Simon (1882-1946) war in den letzten Kriegsjahren häufig in Fredeburg gewesen: „Dabei sind wir des öfteren zusammengekommen und haben uns u.a. über die ländliche Bildungsarbeit unterhalten. Doch ich wurde erst später mit dem damaligen Leiter des Seelsorgeamtes Paderborn, dem jetzigen Bischof von Essen, bekannt. Bei einem Besuch im Jahre 1948 war unser Hauptunterhaltungsthema: Die Situation der ländlichen Jugend. So wurde ich zusammen mit dem allzu früh verstorbenen Direktor Remes (1892-1953) für den Kreis Meschede in das Kuratorium berufen. Auf diese Weise war es mir möglich, vom bescheidenen Anfang an die Entwicklung der Landvolkshochschule in pädagogischer und baulicher Hinsicht mitzuerleben. Wir können stolz und dankbar sein, eine solch segensreiche Institution in unserem Erzbistum entwickelt zu haben".(7)

Aus dem Kreise Olpe engagierte sich Josef Metten (1909-1993) von Attendorn-Listerscheid. Von 1953 bis 1966 Landrat des Kreises, war er von 1956-1964 Vizepräsident der Landwirtschaftskammer Westfalen-Lippe. Zahlreiche Auszeichnungen demonstrieren sein Engagement, so dass von Anfang an junge Bäuerinnen und Bauern den weiten Weg aus dem südlichen Sauerland nach Hardehausen nahmen[8].

Für die Landjugend und die seitens Hardehausens organisierten ländlichen Seminare engagierte sich besonders der Olper Kreisgeschäftsführer des Westfälisch-Lippischen Landwirtschaftsverbands Willy Sangermann (1918-1996). Aus Olpe stammte auch das Gründungsmitglied der Schule, Oberlandwirtschaftsrätin Katharina Maria Allebrod (1910-1993). Ebenso der Präsident der Landwirtschaftskammer Westfalen-Lippe Wilhelm Engelbertz (1921-2005), war Mitarbeiter Hardehausens auf verschiedenen führenden Ebenen.

Den Kreis Arnsberg vertrat als eine der ersten Persönlichkeiten Maria Rath (1899-1982) aus Arnsberg-Uentrop. Als Gründungsmitglied der Schule gehörte sie dem Kuratorium bis 1973 an. Ebenfalls schon 1949 wurde von Dr. Hengsbach der Vorsitzende der Landeskulturgesellschaft Sauerland und Kreislandwirt Ferdinand Rudolphi (1897-1960), Sundern, zur Schulgründung gewonnen. Auch Kreislandwirt und Vorsitzender der Kulturgesellschaft Sauerland Hugo Tillmann (1902-1985) gehörte von 1966 bis 1978 dem Kuratorium an. Zeitweilig war er stellvertretender Vorsitzender. In zahlreichen landwirtschaftlichen Organisationen hatte er wichtige Funktionen. Von 1952 bis 1974 unterstützte die Leiterin der Hauswirtschafts-Abteilung der Landwirtschaftsschule Arnsberg, Oberlandwirtschaftsrätin Maria Berhorn (geb. 1912), die Schule. Dies tat in besonderer Weise der Direktor der Landwirtschaftsschule Eslohe, der ältesten der Provinz, Landwirtschaftsdirektor Rudolf Kröger (1907-1976). Er war nicht nur der Schule verbunden, sondern engagierte sich auch für die von Hardehausen organisierten Ländlichen Seminare.

Flächendeckend trugen viele Landlehrer zu deren Erfolg bei. Von 1949 bis 1989 nahmen an über 1500 Veranstaltungen ca. 61000 junge Menschen des Landes teil. Kröger war es übrigens auch, der anlässlich der Landvolkkundgebung zum Liborifest 1958 in Paderborn das Hauptreferat hielt. Mit ihm kam zu den Kuratoriumssitzungen der Bürgermeister von Remblinghausen und Ritter vom Hl. Grabe, Kreislandwirt Karl Heinemann, Horbach (1907-1992). Dem Kreislandwirt Heinrich Kropf (1896-1976), Träger hoher Auszeichnungen, dankte Erzbischof Dr. Johannes Joachim Degenhardt (1926-2002) für seine Mitarbeit im Kuratorium von 1950 bis 1973.

Die Gewinnung führender Persönlichkeiten sowohl für die Organe der Schule als auch ihre Außenwirkung waren notwendig. Nur wenn diese sich mit dem Bildungsanliegen der Kirche liierten, konnten sich auf Dauer Erfolge einstellen. Zum Beginn war manchem die Unterscheidung von beruflicher und allgemeiner Weiterbildung nicht selbstverständlich. Andererseits musste sich eine Kooperation auch erst ‚einspielen'. Die Notwendigkeit der Weiterführung auf den genannten Bildungsfeldern musste verständlich gemacht werden. Es ging also nicht um Konkurrenz von Fachschule und Landvolkshochschule, sondern um gegenseitige Ergänzung und Weiterführung in gesellschaftliche Verantwortung. Dies erforderte eine enge, ja freundschaftliche Zusammenarbeit mit allen landwirtschaftlichen und ländlichen Organisationen, besonders auch den Fachschulen.

Für sie sei Landwirtschaftsdirektor Heinrich Lesting (1913-1995) genannt, der als Assessor an der Landwirtschaftsschule Arnsberg tätig, Hardehausen von seiner Gründung an verbunden war.

Gerade diese Kooperation des Bistums mit den landwirtschaftlichen Großorganisationen (Landwirtschaftskammer, Landwirtschaftsverband, Genossenschaften) lag dem Paderborner Erzbischof Lorenz Kardinal Jaeger (1892-1975) sehr am Herzen. Gern kam er darum zu den Lehrgängen der jungen Landwirte nach Hardehausen.

Der Rektor des Erzb. Jugendhauses Hardehausen, Johannes Knauer (1904-1967), ein agiler und auf vielen Gebieten befähigter Priester, hatte die Situation der Stunde erkannt und bereits – auch ohne Organisation – erste Lehrgänge begonnen und durchgeführt. Dr. Hengsbach sorgte sich sodann um eine pädagogisch wie administrativ befähigte Persönlichkeit, die das Rektorat der Schule übernehmen könnte. Zugleich gelang es ihm, mit Unterstützung der Landwirtschaftskammer Westfalen-Lippe, Fachlehrer zu gewinnen. Die Wahl des Leitungsamtes fiel auf den Pfarrvikar von Bestwig, Clemens Brüggemann (1912-2004). Dieser verstand es, das neue Institut nicht nur schnell in der Diözese bekannt, sondern auch attraktiv zu machen. Der gute Ruf der Schule verbreitete sich bald über das Bistum hinaus in die deutschen Lande. Die nach Anton Heinen benannte Katholische Landvolkshochschule Hardehausen schloss sich dem Verband der Katholischen sowie der Ländlichen Heimvolkshochschulen an. Rektor Brüggemann wurde, wie auch seine Nachfolger, verantwortlich für die Landseelsorge und die Ländliche Bildungsarbeit im Erzbistum Paderborn. Ausgezeichnet als Päpstlicher Ehrenkaplan verstarb Clemens Brüggemann am 27. Juni 2004 in Bocholt.

Stellvertretend für die Landseelsorger sei an den Pfarrer und Dechanten der altehrwürdigen Pfarrei Wormbach, Heinrich Rüsing (1894-1978), dankbar erinnert. Folge eines allgemeinen Engagements von Persönlichkeiten des ländlichen Raumes, eines hochkarätigen Freundeskreises, war der Zustrom vieler junger Menschen aus fast allen Orten zu den unterschiedlichsten Hardehausener Lehrgängen. Auf die Reduktion der Landwirtschaft reagierte die Schule nicht nur mit allgemeiner Aufklärung und Deutung. Sie installierte Umschulungsmaßnahmen, Vorbereitungslehrgänge zum Hochschulzugang, Nachholung von Schulabschlüssen. Die zahlreichen Angebote hier aufzuführen, überschreitet das gesteckte Ziel.

Eine Dokumentation der Schule von 1949-1989 zählt ausschließlich nur die Grund- und Aufbau-Lehrgänge für junge Landwirte auf: Kreis Arnsberg 260, Kreis Brilon 234 Kreis Meschede 542, Kreis Olpe 275, nach der kommunalen Neugliederung (1975) für den Hochsauerlandkreis 84 junge Bauern bzw. Bäuerinnen. Insgesamt stammten 1395, das sind 26,8% aus dem Sauerland. Wie immer man auch Bildungsleistung bewerten mag, das Wort des Märtyrers Alfred Delp (1907-1945) bedenkend, nach dem „das Leben in der Geschichte immer ein Wandern auf schwankendem Grund" bleibt,[10] waren sich Dozenten, Freunde wie Schülerinnen und Schüler immer dem Worte des Bildners Anton Heinen verpflichtet „das ist es, was durch Bildung verwirklicht werden soll, dass Menschen einander verstehen".[11]

Anlässlich einer Konferenz der Präsides der Evangelischen Kirchen von Westfalen und Rheinland sowie des Landessuperintendenten der Reformierten Lippischen Landeskirche mit den Erzbischöfen und Bischöfen der Diözesen von Nordrhein-Westfalen am 29. April 1981 durfte der Verfasser den „Gründer von Hardehausen", Bischof Franz Hengsbach – wohl ein letztes Mal – durch das ehemalige Abteigelände von Hardehausen führen. Dieser Gang verlief sehr besinnlich. Auf dem Gesicht des Oberhirten lag dankbare Erinnerung, gepaart mit ein wenig Wehmut. Im letzten aber mochte man eine stille Freude konstatieren: dem Landvolk der Diözese, einschließlich der Bauern seiner sauerländischen Heimat, in diesem „Tal der sieben Quellen" eine geistig/geistliche Quelle „getäuft" zu haben.

Quellen:

(1) Brecht, B., Die Dreigroschenoper, 2. A., Dreigroschen-Finale (Spelunken-Jenny).

(2) Vgl. die zahlreichen Aufsätze und Zeitanalysen in den Zeitschriften der ersten Nachkriegsjahre; u.a. Reinhold Schneider, Der Mensch vor dem Gericht der Geschichte, Baden-Baden, 1956.

(3) zitiert in: Kuhne, W., Die Gründung der Landvolkshochschule „Anton Heinen" Hardehausen 1949, München 1974, S. 59.

(4) Bergmann, B., (ausgew.), Anton Heinen, Gedanken und Anregungen aus seinen Schriften, Paderborn o.J. S. 46.

(5) Dr. Hengsbach: „Der Name „Landvolkshochschule" lag mir anfangs nicht, da ich als Sauerländer aller hohlen Worte abhold war, doch mussten wir uns später an die allgemeine und auf Grund des Volkshochschulgesetzes auch staatlicherseits eingeführte Formulierung halten."

(6) Landvolkshochschule „Anton Heinen" Hardehausen, Lehrprogramme, Berichte, Statistik, herausgegeben anlässlich des 20jährigen Bestehens, Paderborn, 1969, S. 14-47.

(7) Brief vom 3. Februar 1974 an den Rektor der LVH „Anton Heinen" (Privatarchiv Dr. Kuhne).

(8) Vgl. „Nehmt Neuland unter den Pflug!" (herausg. K. Schmidt) 50 Jahre Katholische Landvolkshochschule „Anton Heinen" Hardehausen 1949-1999, Erinnern, Danken, Zukunft gestalten, Paderborn, 1999, S. 92-104.

(9) Eine Dokumentation; Katholische Landvolkshochschule „Anton Heinen" Hardehausen 1949-1989, Paderborn 1989, S. 17-19.

(10) Delp A., Der Mensch und die Geschichte, Colmar o.J. S. 77.

(11) Schriften Anton Heinens, Sozialismus, Solidarismus; M.Gladbach 1920, S. 66.

Die Katholische Landvolkshochschule in Hardehausen

Bäuerliche Jugend- und Erwachsenenbildung

Deutsche Landjugend-Akademie Fredeburg

Peter Sinkwitz

In der kleinen Stadt Fredeburg im Hochsauerland, heute Teil der Flächenstadt Schmallenberg hatte mehr als 50 Jahre eine Bildungseinrichtung ihren Sitz, deren Aktivitäten zum Nutzen der heimischen Landwirtschaft und ihrer Familien unstrittig ist.

Das Datum 20. November 1948 markiert die Eröffnung des 1. Bauernhochschulkurses in der Bildungsstätte Fredeburg durch den ersten Präsidenten des Deutschen Bauernverbandes, Andreas Hermes und seines Generalsekretärs Johannes Hummel. Durch die Landesbauernverbände waren etwa 50 Jungbauern und Junggärtner aus den vier Besatzungszonen einschließlich der Sowjetischen Besatzungszone für vier Monate nach Fredeburg entsandt worden. Darunter befanden sich viele Kriegsteilnehmer des Zweiten Weltkrieges, oft mit traumatischen Kriegserfahrungen. Die einen hatten ‚die Schnauze voll' vom Nationalsozialismus und seinen Folgen, die anderen blickten wie ein Teil der Bauernbevölkerung nostalgisch auf den Reichsnährstand, auf die Verhätschelung der Bauern durch die NS-Führer als „Blutquell der Nation" und andere Parolen zurück. Das ergab massive, selbst tätliche Auseinandersetzungen im Kurs, doch gelang es den Dozenten, demokratische Spielregeln zu vermitteln und dass Demokratie besser geeignet ist für den mündigen Menschen als das Führerprinzip mit blindem Gehorsam. Es wurde den Teilnehmern auch bewusst, dass eine einheitliche bäuerliche Standes- und Interessenvertretung besser ist, als die Aufsplitterung der Interessen wie in den Zeiten von Kaiserreich und Weimarer Republik.

Wie sah es in der deutschen Landwirtschaft drei Jahre nach Kriegsende aus? Die Kriegszerstörungen waren auf dem Land zwar einigermaßen behoben, aber das Flüchtlingselend und die Berufsnot insbesondere der weiblichen Jugend schufen harte soziale Gegensätze. Dazu kam die Sorge um die Ernährungssicherung für Stadt und Land, die noch die letzten menschlichen Reserven mobilisierte, weil es an allen Betriebsmitteln mangelte, und viele Bauernsöhne und -väter gefallen, vermisst oder noch in Kriegsgefangenschaft waren.

Einige Zahlen aus der Betriebs- und Berufszählung von 1949/50 mögen das verdeutlichen:

- In 22.000, oft abgeschiedenen Landgemeinden leben 24 Millionen Menschen, von denen 40% auf landwirtschaftliche Familien mit gut 30% der Arbeitsplätze entfielen.
- In 2.023.000 landwirtschaftlichen Betrieben lebten 3.495.000 Erwerbspersonen, davon entfielen 2.695.000 auf Frauen (Stunde der Frauen!).
- Die Hälfte der Betriebe war kleiner als 5 ha, Vollerwerbsbetriebe auf besseren Standorten gab es schon ab 7,5 ha!
- Die Landwirtschaft war mit 35,4 AK/100 ha also ein gewaltiges Auffangbecken gegen Arbeitslosigkeit auf dem Land, das soziale Missstände zu regulieren vermochte.

Was war Anliegen und Ziel der Bauernhochschulkurse, wie weit entsprachen sie der gesellschaftlichen Nachkriegssituation?

- Der Bauernhochschulkurs war Volkshochschule zur Aufarbeitung von Bildungsdefiziten, die die wenig gegliederte, nur selten achtklassige Dorfschule bei ihren Schülern hinterließ.
- Er vermittelte Politische Bildung, die zu demokratischen Einstellungs- und Verhaltensweisen befähigte.
- Er qualifizierte schon damals für ehrenamtliche Aufgaben in Berufstand, Staat und Gesellschaft. So ergab eine Umfrage 1966 unter den 800 Absolventen der Kurse, dass 186 von ihnen das Amt eines Ortsbürgermeisters, 11 das von Landräten und 17 das von Landtags- oder Bundestagsabgeordneten bekleideten.
- Sie brachten zeitgemäße Kultur aufs Land, die sich als ein wichtiges Integrationselement in die moderne Gesellschaft erwies.

Alles das wurde durch ein fachlich und menschlich qualifiziertes Kollegium, vom zweiten Kurs an unter der Leitung von Professor Raederscheidt erreicht. Vom zweiten Kurs an nahmen auch junge Frauen aus bäuerlichen Familien teil.

Im Sauerland gab es neben der Deutschen Bauernhochschule als bundeszentraler Einrichtung zahlreiche weitere regionale Aktivitäten der Jugend- und Erwachsenenbildung für die bäuerliche Welt. Die Katholische Landjugendbewegung (KLJB) war in vielen Dörfern aktiv mit ihren Bildungsangeboten und auch der Westfälisch-Lippische Landfrauenverband war bis zum Jahr 1950 flächendeckend mit Ortsgruppen und auf Kreisebene vertreten. Vor allem im Winter liefen viele Seminare, die durch regelmäßige Vorträge während des Jahres und durch Studienreisen ergänzt wurden.

Besonders hervorzuheben ist die Katholische Landvolkhochschule Hardehausen, die nach dem Priester und Begründer der bäuerlichen Bildungsarbeit in den 20er Jahren, Anton Heinen, benannt wurde. Entscheidende Impulse gaben der damalige Paderborner Erzbischof Lorenz Jäger und der damalige Leiter des Erzbischöflichen Seelsorgeamtes Paderborn Fritz Hengsbach. Die beiden ersten jeweils drei Tage dauernden Bauernkurse wurden im Januar und Mai 1949 in St. Meinolf bei Körbecke veranstaltet. Am 27. September erfolgte dann die Gründung der Katholischen Landvolkhochschule ‚Anton Heinen', die anfangs im Franz-Hitze-Haus Paderborn untergebracht war, ehe sie dann im ehemaligen Zisterzienser-Kloster Hardehausen ihren endgültigen Sitz fand. In ununterbrochener Folge hat Hardehausen sechswöchige Hauptlehrgänge für junge Männer und für junge Frauen aus der Landwirtschaft veranstaltet, so dass beim 40jährigen Schuljubiläum 1989 der damalige Erzbischof Johannes Joachim Degenhart feststellen konnte, „wie sich Autorität mit Freiheit, persönlicher Initiative mit solidarischer Verbundenheit, gebotene Einheit mit fruchtbarer Vielfalt verbinden lassen." Das war eine hohe Anerkennung für die bäuerlichen Hauptlehrgänge, die praktisch der größte Teil des bäuerlichen Nachwuchses des Sauerlandes besuchte. Zwischen der Bauernhochschule Fredeburg und der Katholischen Landvolkhochschule kam rasch eine vertrauensvolle Zusammenarbeit in Gang. Hardehausen war die regionale Bildungsstätte, Fredeburg die überregionale Bildungsstätte, die auf den Hauptlehrgängen aufbaute, so dass nicht wenige Absolventen von Hardehausen anschließend den Bauernhochschulkurs in Fredeburg besuchten. Natürlich bot Hardehausen noch eine große Vielzahl von anderen Weiterbildungsveranstaltungen an, immer im Blickfeld den Menschen auf dem Lande. Hervorzu-

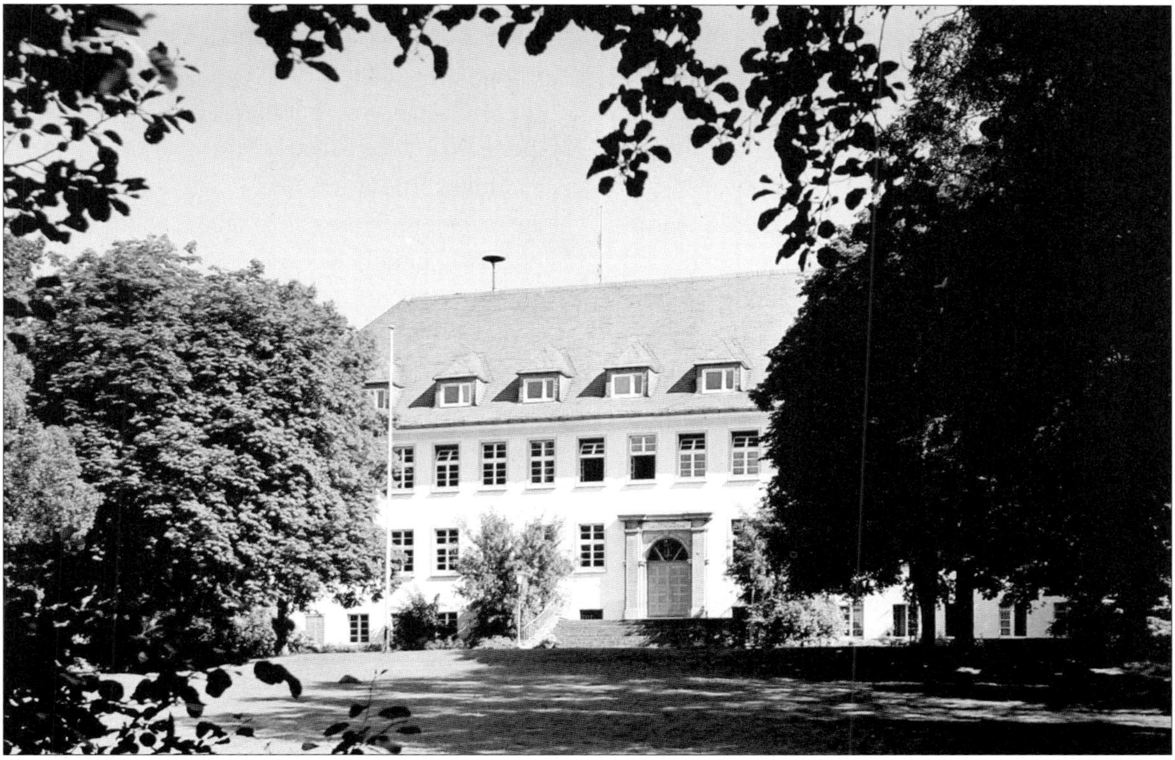

Deutsche Landjugendakademie in Fredeburg.

heben ist beispielsweise der St. Liboritag des Landvolks, den ebenfalls im Auftrag des Bistums Paderborn die Katholische Landvolksschule ‚Anton Heinen' Hardehausen ausrichtet.

Wenden wir uns wieder der Deutschen Bauernhochschule Fredeburg zu. Der 5. Dezember 1961 war der Tag der festlichen Einweihung des großen Erweiterungsbaues der Bauernhochschule durch Bundespräsident Lübke mit nachfolgender (1962) Erhebung in den Status einer bundeszentralen Fortbildungsakademie, eben der Deutschen Landjugend-Akademie Fredeburg. Sie wurde durch das Bundesministerium für Familie und Jugend gefördert und ihre Aufgabe war es, Bildungsreferenten auf dem Zweiten Bildungsweg auszubilden für den Einsatz in der Jugendarbeit, deshalb auch der Name Deutsche Landjugend-Akademie.

Welchen Herausforderungen gegenüber sah sich die Akademie in Forschung und Lehre? Für beide Bereiche stand ihr ein interdisziplinär besetzter Wissenschaftlicher Beirat zur Seite.

- Der Bauernhochschulkurs, ein gemischter Kurs von Frauen und Männern, war weiter unverzichtbar zur Heranbildung von ehrenamtlichen Führungskräften für das Land.
- Unter Beteiligung eines Akademiedozenten war in einer bundesweiten Landjugendstudie festgestellt worden, dass die Berufsnot der Mädchen in der Landwirtschaft immer noch anhielt. In vielen Fällen wurde dem weiblichen bäuerlichen Nachwuchs immer noch eine qualifizierte Berufsausbildung vorenthalten. Es bestand überhaupt ein Mangel an Ausbildungsplätzen auf dem Land. Dazu kamen vielfach ungesunde Lebens- und Arbeitsbedingungen auf den Höfen und drastischer Mangel an Freizeit und Freizeitmöglichkeiten.
- Städtische und ländliche Lebensbedingungen klafften weit auseinander, was auch von der Jugend auf dem Lande schmerzhaft wahrgenommen wurde. In einzelnen Bundesländern kam es mit Beteiligung der Deutschen Landjugend-Akademie (DLA) zur Gründung von Stadt-Land-Vereinen, die für ein besseres wechselseitiges Verstehen von Stadt und Land eintraten.
- Gleichzeitig nahm der Kosten- und Abwanderungsdruck auf die Landwirtschaft massiv zu. Es kam zu einer regelrechten Landflucht aus den peripheren und meist kleinbäuerlichen Gebieten. In traditionell geführten landwirtschaftlichen Betrieben war die Folge oftmals eine verfehlte Mechanisierung statt einer Betriebsumstellung, die zu einer hohen Verschuldung vieler Betriebe und damit mittelfristig zu ihrem Aus führten.
- Die 1958 gegründete EWG der Sechs begann sich zu formieren. Leitbild in Europa wurde der ‚Bäuerliche Familienbetrieb', und war er auch noch so flächenarm. Das veranlasste Bauernpräsident Rehwinkel zu dem Slogan für die deutsche Landwirtschaft „barfuß in die EWG". Es startete ein gewaltiges Aussiedlungsprogramm, das – wie sich bald herausstellte – vielen Betrieben jegliche Entwicklungsmöglichkeiten nahm und ihnen gleichzeitig auf Jahrzehnte hin einen Schuldendienst auferlegte. Oft konnten die Aussiedlerbetriebe nur als Nebenerwerbsbetriebe erhalten werden.
- Akademietagungen und die Ausrichtung von Landpädagogischen Kongressen zu drängenden Bildungsfragen und einer Einbeziehung des Landes in die sich formierende Bildungsreform in der Zweiten Hälfte der 60er Jahre: 9. Schuljahr, weiterführende Schulen zur „Mobilisierung der Bildungsreserven auf dem Lande", ein durchlässiges Schulsystem, Universitäts-Neugründungen auf dem platten Land (wie Paderborn), qualifizierte Berufs-

bildungswege auch in der Landwirtschaft als Fachhochschulstudiengänge (wie Soest).

- Auch in der Entwicklung der ländlichen Räume tat sich in der Bundesrepublik vieles. So kam es 1965 zum Erlass eines Bundesraumordnungsgesetzes, das „gleichwertige Lebensbedingungen in allen Teilräumen der Bundesrepublik" festlegte. Landesgesetze und Raumordnungsberichte ergänzten die enormen Anstrengungen zur Verbesserung der Infrastruktur: Verkehrserschließung, öffentliche und private Versorgung auch in befriedigendem Umfang auf dem Lande.
- Begleitende Akademietagungen zum Strukturwandel in der Landwirtschaft, zur Dorfschule, zum öffentlichen Nahverkehr auf dem Land und zur ärztlichen Versorgung (Gemeinschaftspraxen) fanden großen Widerhall und Gehör in der Politik.

1967 war das Jahr der Veröffentlichung der Fredeburger Denkschrift zum landwirtschaftlichen Familienbetrieb. Noch 1969 beruft sich der Brüssler Argarkommissar Mansholt gegenüber Bundesminister Höcherl auf die Fredeburger Denkschrift. Was war vorausgegangen? Die Getreidepreissenkung von 1964, die den innerlandwirtschaftlichen Verdrängungswettbewerb anheizte und die fortgesetzte Tabuisierung des Familienbetriebes, die in vielen Betrieben zu Rat- und Hoffnungslosigkeit führte. Die Denkschrift der Akademie macht Aussagen über die Zukunft insbesondere der kleinen Vollerwerbsbetriebe, nicht zuletzt weil in vielen Kleinbauernregionen das Phänomen der Sozialbrache auftauchte und eine negative Auslese unter den Hofnachfolgern drohte. Vielleicht war die Denkschrift zum Familienbetrieb der größte Achtungserfolg der Akademie: Der Berufstand öffnete sich einer unabwendbaren Entwicklung und konnte damit den Strukturwandel positiv begleiten. Es erfolgte beim Deutschen Bauernverband und in allen Landesbauernverbänden die Gründung von Nebenerwerbsausschüssen, eine Umstellungsberatung der Betriebe, eine Umschulungs- und Sozialberatung und als agrarpolitische Forderung die Betriebsaufgaberente in Verbindung mit der Altersrente.

Viele Akademietagungen und Vorträge draußen im Land begleiteten die Umsetzung der Denkschrift, so z. B. zur Kostensenkung durch Spezialisierung und Kooperation in Produktion, Vermarktung und Dienstleistungen. Hier lag auch der Beginn der Genossenschaftstagungen, einer gemeinsamen und sehr fruchtbaren Zusammenarbeit mit der Akademie Deutscher Genossenschaften.

Auch im Bereich der außerschulischen Jugendbildung forschte die Akademie und gab praktische Hilfestellungen und qualifizierende Jugendleiterseminare. In Abständen von je zehn Jahren wurden durch eine repräsentative Umfrage in der deutschen Landjugend ihre Lebenslage, ihre Motivationen und Lebenseinstellungen ermittelt. So konnte die zukunftweisende Bildungsarbeit den Bedürfnissen der Landjugend angepasst werden.

Das Europa der Sechs, seit dem 1. Januar 1973 erweitert um Großbritannien, Irland und Dänemark, wird zu einer festen Größe auch im Bewusstsein der deutschen Landwirtschaft. Daraus folgt ein intensiver Austausch auf dem Bildungssektor mit Tagungen in den europäischen Mitgliedsländern. Die Bundesrepublik nimmt vor allem in der Berufsbildung eine Spitzenstellung ein. Die Akademie macht sich in Brüssel beim Verband der Europäischen Bauernverbände (COPA) und beim Europäischen Landbildungszentrum (CEPFAR) durch ihre fachlich qualifizierte Mitarbeit einen Namen.

Am 4. Januar 1976 wurde der erste Studienkurs „Landwirtschaft und Interessenvertretung“ eröffnet. 32 Bauernhochschulkurse waren bis zum Frühjahr 1975 gelaufen. Das Konzept hatte sich überlebt, die Bildungsreform auf dem Lande hatte voll gegriffen. Dienten die alten Bauernhochschulkurse ursprünglich den Teilnehmern der weiteren Berufsfindung, so wussten die Jugendlichen bis Anfang Zwanzig jetzt längst, was sie wollten. Und sie hatten ja auch viel bessere Schulabschlüsse weiterführender Schulen und solide Berufsausbildungen.

Was hingegen weiterhin nötig, ja sogar verstärkt nötig war, war die Qualifizierung für ehrenamtliche Aufgaben des landwirtschaftlichen Berufstandes im weiten Feld der Gesellschaft. Das neue Konzept bestand aus selbstmotivierendem Lernen, einem Lernen und Aufnehmen von Informationen wie im Ernstfall bei einer Führungskraft. Die Kursteilnehmer sollten sich mit ihrer ganzen Persönlichkeit einbringen können, sich mit ihrem Charakter, ihren Stärken und Schwächen auseinandersetzen, Rhetorik und Verhandlungsgeschick erlernen. Sie sollten exemplarisch an Fallstudien und durch Planspiele lernen können und danach das Gelernte in Begegnungen mit Führungskräften anwenden und kritisch prüfen können. Außerdem sollte es durch das Auswahlverfahren über die Landesbauernverbände eine Auszeichnung sein, sich in diesem Studienkurs für künftige Führungsaufgaben qualifizieren zu können. Die Erfolge haben für das Konzept gesprochen. Auch heute im Jahr 2006 ist der Studienkurs, der sich weiter fortentwickelt hat, noch das Spitzenangebot der Akademie.
Im ländlichen Raum war die Landflucht längst einer Zuwanderung städtischer Bevölkerung gewichen. Das Leben auf dem Land war attraktiv geworden, Wertpluralismus hat die negativen Seiten der dörflichen Sozialkontrolle abgebaut, günstig waren die Bedingungen, Haus- und Grundeigentum zu bilden. Die bäuerliche Bevölkerung war längst zu einer Minderheit geworden, die nun um ihre Rechte kämpfen musste. „Bleib auf dem Lande und wehre dich täglich“ lautete der Slogan eines Landjugendverbandes. So wurde Kommunalpolitik aber auch die Wahrung von Rechten landwirtschaftlicher Grundeigentümer z.B. bei Planfeststellungsverfahren zu wichtigen Seminar- und Tagungsthemen.

Der 21. März 1984, das war der Tag, an dem ein lang gehegter Wunsch in Erfüllung ging: der Tag der feierlichen Eröffnung der neuen Akademie in Bonn-Röttgen. In seiner Grußansprache überbrachte Bundestagspräsident Barzel auch die Grüße und Wünsche der „Altfredeburger Fraktion“ im Deutschen Bundestag. Das machte uns natürlich stolz, weil es eine besondere Form der Anerkennung unserer Arbeit darstellte.

Der neue Standort brachte vielerlei Vorteile: Die bessere Erreichbarkeit, die Fühlungsvorteile zur großen Politik, Weltbauerntag und COPA-Ausschuss- oder Präsidialsitzungen und die CMA-Veranstaltungen brachten Multiplikatoren in das Haus, die den Ruf der Akademie nach draußen trugen. Zwei der Dozenten blieben im Haus Fredeburg, das nun nur noch Dependance war. Es kam zu einer sinnvollen Arbeitsteilung: In Röttgen die kurzen, aktuellen und agrar-, sozial-, struktur- und bildungspolitischen Tagungen, in Fredeburg die pädagogischen, sozialpädagogischen und musisch-kulturellen Veranstaltungen von meist längerer Dauer. Beide Häuser konnten bis 1995 ihre jeweilige Funktion gut erfüllen.

Neu war die berufsbegleitende Fortbildung für Jugendsozialarbeiter auf dem Land, nachdem die Jugendbildungsreferenten der Landjugend schon seit langem von der Akademie fortgebildet wurden. Die neue Klientel musste in die ländlichen Lebensverhältnisse mit ihren ganz anderen Erfordernissen als in den Städten eingeführt werden.

Die Akademie bemühte sich stets, Kontakte zur Landwirtschaft jenseits des Eisernen Vorhanges zu pflegen. Das Innerdeutsche Ministerium anerkannte diese wichtige Aufabe, weshalb es die Begegnungsmaßnahmen förderte und ab 1985 die organisatorische Leitung der großen jährlichen DDR-Forschertagungen der Akademie übertrug. Den agrarfachlichen Themenkreis konnte die Akademie eigenverantwortlich gestalten. Die Studienkurs-Absolventen profitierten von Exkursionen in die DDR-Landwirtschaft. Wandel durch Annäherung war das Ziel. Ein Höhepunkt war der Praktikantenaustausch mit der DDR, an dessen Zustandekommen und Durchführung von 1987 an die Akademie maßgeblich beteiligt war.

Ab 1988 konnte das Haus Fredeburg noch einmal das berufständische Interesse auf sich lenken: Es wurde der Veranstaltungsort für die neu geschaffenen bundeszentralen Klausurtagungen, zu denen Präsident Heereman einmal jährlich die Kreisverbandsvorsitzenden der Landesbauernverbände zur Fortbildung in das Sauerland einlud. Wichtig waren auch die Umschulungsangebote des Vereins Landbildung, die für Fachagrarwirte für Landtechnik, für Qualitätskontrolle oder für das Besamungswesen gemacht und auf das Haus Fredeburg konzentriert wurden.

Nach dem Fortfall wesentlicher Bundes- und Landesmittel gegen Ende der 90er Jahre musste die Akademie neu strukturiert werden, sie ist heute ein Fortbildungszentrum in unternehmerischen und berufständischen Fragen für junge Landwirte und Landwirtinnen wie zuvor aus allen Teilen Deutschlands. Seit 2001 trägt sie den Namen Andreas Hermes Akademie, nach dem Begründer der Deutschen Bauernhochschule Fredeburg und ersten Präsidenten des Deutschen Bauernverbandes von 1948 bis 1954.

Durch Konzentration auf die Kernaufgaben des Berufstandes ist das Haus Fredeburg nach und nach überflüssig geworden. 2003 ist das Haus, das bis 1952 der Stadt Fredeburg gehörte, von der 1975 gebildeten Stadt Schmallenberg zurückerworben worden. Damit ist ein Zeitraum von 55 Jahren zu Ende gegangen, auf den man mit Stolz und mit Genugtuung zurückblicken kann. Die Deutsche Bauernhochschule und die spätere Deutsche Landjugend-Akademie hat eine Leuchtturmfunktion für den bäuerlichen Berufsstand in ganz Deutschland besessen, und dieser Leuchtturm stand in Fredeburg im Hochsauerland.

Die Katholische Landjugendbewegung, der Landfrauenverband Westfalen-Lippe mit seinen Kreis- und Ortsgruppen, der Westfälisch-Lippische Landwirtschaftsverband und die Katholische Landvolkhochschule „Anton Heinen“ Hardehausen begleiten die Entwicklung der Bauernfamilien und des ganzen ländlichen Raumes nach wie vor mit ihren Bildungsangeboten. Auch sie haben vielfältige Entwicklungen durchlaufen und sie haben es mit viel Engagement geschafft „ruhender Pol in der Erscheinungen Flucht“ zu bleiben und dem Landvolk zu dienen.

„Kunstwiesen“ im Lennetal

Ein Beispiel intensiver Grünlandwirtschaft aus dem 19. Jahrhundert im Raum Altenhundem

Werner F. Cordes

Am 24. Oktober 1814 schlossen drei Eigentümer von Grünflächen in Altenhundem einen Vertrag[1] über die Bewässerung ihrer oberhalb des Ortskerns auf dem „Lenohle” gelegenen Wiesen. Voraussetzung dafür war eine in der Lenne „neu angelegte Schlacht”.

Die getroffenen Vereinbarungen bezogen sich zum einen auf den Grundflächenausgleich für einen Haupt- und einen Nebengraben, durch welche das aus der Lenne abgezweigte Wasser auf die einzelnen Grundstücke geleitet werden sollte, sowie die Kosten für die eingebauten „Schütze” (ndd. „Schütts”), zum anderen auf die Rechte der drei Beteiligten.

Danach durfte der erste „bey kleinem und mittelmäßigem Wasser” von samstags ab vier Uhr morgens bis dienstags zur selben Zeit das Wasser für die Flutung seiner Flächen nutzen. Dem zweiten sollte dieses Recht von dienstags bis freitags zu den genannten Zeiten zustehen. Der dritte Partner, der offensichtlich kleinere Flächen besaß und weniger zu den Bau- und Erdarbeiten beigetragen hatte, durfte dagegen die Bewässerungsmöglichkeiten nur von Freitag morgens vier Uhr bis samstags zur entsprechenden Zeit wahrnehmen.

Schlacht, Gräben und Schütze brachten einen hohen Kapital- und Arbeitsaufwand mit sich, wenn sie funktionsfähig bleiben sollten. Ein besonderer Kostenpunkt war die Erhaltung der Schlacht, für die schon aus dem Jahre 1841 wieder Rechnungen über Zimmerarbeiten, Steinebrechen und Maurerarbeit vorliegen. Auch das enge Netz flacher Gräben auf den einzelnen Grundstücken bedurfte intensiver Pflege. So wurden in den Monaten April, Mai und Juni 1848 durch einen der Bauern bis zu 10 Tagelöhner für Erdarbeiten auf den Wiesen beschäftigt.

Während der Altenhundemer Vertrag vorwiegend einen Einblick in die rechtlichen Voraussetzungen einer Bewässerungsanlage bietet, erweist sich „Der Knauersche hundertjährige Kalender”, welcher 1840 im Verlag von C. Th. Stein in Werl erschien, als nützliche Quelle für ein genaueres Verständnis der im 19. und in der ersten Hälfte des 20. Jahrhunderts in Südwestfalen weit verbreiteten Art der Wiesenbewirtschaftung.[2]

Nach den „Haupt-Regeln über den Wiesenbau” beruht dieser auf drei Grundsätzen, die hier wörtlich zitiert seien. Demnach geht es darum: „1. eine ausreichende Menge Wassers auf die Wiese zu bringen, 2. dieses Wasser über die Wiese in einer zweckmäßigen Stärke gleich zu verbreiten und dafür zu sorgen, daß es auf dem Rasen nirgends stille stehet, sondern allenthalben mit sichtbarer Bewegung überrieselt, 3. das Wasser zur gehörigen Zeit von der Wiese wieder abzuleiten." [3]

Um eine kontrollierte Wasserführung in den Zu- und Ableitungsgräben sowie in dem der

Wehranlage nach Georg Agricola 1556

gleichmäßigen Überflutung dienenden Netz flacherer Gräben zu erreichen, werden sehr genaue Nivellements und außerdem Bodenuntersuchungen gefordert. Bei verschiedenen Bodenarten, wie Lehm, Sand oder Torf, muß eine Vermengung der tieferen Schichten angestrebt werden, aber so, „daß die bessere obere Dammerde (dunkler Humusboden) nicht in die Tiefe vergraben wird, sondern wieder unmittelbar unter den Rasen zu liegen kommt."[4]

Je nachdem, ob es sich um Hanglagen oder ebene Flächen handelt, ist bei der Oberflächengestaltung unterschiedlich zu verfahren. Unter Berücksichtigung der Bodenart und der zur Verfügung stehenden Wassermenge ist zu entscheiden, ob der sogenannte Hangbau oder die Schaffung künstlicher „Rücken" zu bevorzugen ist.

Damit die „Kunstwiesen" dauerhaft einen höheren Futterertrag erbringen als normal bewirtschaftete Grünflächen, sind die Sauberhaltung und Pflege der Gräben oberstes Gebot. Als spezielle Werkzeuge dienen das „Wiesenbeil" und die „Stechschüppe", mit deren Hilfe jegliche Krümmungen und Aufhöhungen vermieden bzw. beseitigt werden sollen.

Zur Erhaltung einer guten Grasnarbe müssen bestimmte Bewässerungszeiten innerhalb des Jahres eingehalten werden.

Im Frühjahr und im Sommer orientiert sich das Überfluten der Wiesen ganz an der Witterung. Allgemein gilt, daß bei trübem Wetter gewässert wird, bei sonnigem allenfalls nachts.

Ab Ende September/Anfang Oktober soll das zu dieser Zeit noch viele Nährstoffe enthaltende Wasser bis zu einem halben Zoll stark über die Flächen geleitet werden. Trübes Flutwasser ist für das Wässern nicht geeignet. Zur Herbstbewässerung gilt nach dem „Hundertjährigen Kalender" die Regel: „niemals wird eine Wiese von einem guten Fluß- oder Bachwasser im Oktober und November zu viel, aber viele Wiesen zu wenig bewässert."(5)

Im Winter darf bei heller und kalter Witterung zur Vermeidung von Eisdecken kein Wasser auf die Nutzflächen. Schneewasser soll wegen seiner Nährstoffarmut nicht genutzt werden.

Wie sorgfältig auf die Qualität des Lennewassers geachtet wurde, zeigt die beim Ministerium für Handel, Gewerbe und öffentliche Arbeiten in Berlin eingereichte Beschwerde eines der Wieseneigentümer auf dem Lenohl in Altenhundem. Sie wendet sich gegen den Beschluß der königlichen Regierung in Arnsberg vom 18. September 1858, dem Friedrich Imler aus Bonn die „Anlage eines Wassertriebwerks zum Betriebe der auf Flur III. Nr. 16 der Gemeinde Altenhundem zu errichtenden Eisenhütte" zu gestatten.Der Rekurs bezieht sich besonders auf die Annahme, „daß der Untergraben der anzulegenden Eisenhütte den an der Lenne belegenen Wiesen den Pochsand der Schlacken oder Erzwäsche zuführen werde."

Der zitierte Satz findet sich in einem anderen Zusammenhang schon fast wörtlich in dem 1556 erschienenen Buch „De Re Metallica" von Georg Agricola. Dort heißt es in Verbindung mit der Gewinnung von Zinnerz: „Wenn dann im Herbst oder Winter der Bach oder Fluß das Gelände überflutet, werden die Schützen der Wehre geschlossen, so daß die Gewalt des Wassers den mit Zinnerz vermischten Schlamm in den Graben führt."(6)

Was im Fall der Wiesenbewässerung unerwünscht war, sollte nach Agricola der Erzgewinnung dienen. Die wichtigsten Details der als Holzschnitt wiedergegebenen erklärenden

Heuernte auf dem Lenohl 1942

Pause im trocken liegenden Hauptgraben der Bewässerungsanlage

Die „Schlacht" als Freibad für eine Klasse der Rektoratschule Altenhundem um 1940

Zeichnung im Werk Agricolas werden mit Begriffen bezeichnet, die auch in der Bewässerungswirtschaft zentrale Bedeutung haben: „Der Fluß, das Wehr, der Schützen, der Graben und die Wiese." Dadurch werden die gleichartigen technischen Voraussetzungen für den Wiesenbau und die ältere Eisengewinnung deutlich.

Die beklagte Hütte in Altenhundem wurde zwar nie gebaut, doch beweist der Vorgang, daß derartige Planungen im Hinblick auf die zu erwartende Belastung der Umwelt schon damals kritisch beobachtet wurden.

Die Entwicklung des „Siegenschen Kunstwiesenbaus", wie er schon im „Hundertjährigen Kalender" von 1840 bezeichnet wird, wurde begünstigt durch den topographisch kleinteiligen und durch die im Siegerland herrschende Realerbteilung zersplitterten Grundbesitz.

August Finke erklärt dazu: „Aus der begrenzten Futterfläche und aus der engen Bindung zu den mit Wasserkraft betriebenen Hüttengebläsen, Hammerwerken und Mühlen entwickelte sich bereits vor 1800 ein kunstgerechter Wiesenbau." (7)

Lothar Irle benennt den Siegener Bürgermeister und Fabrikanten Adolf Albert Dresler als den eigentlichen Urheber der zwischen 1750 und 1780 entstandenen neuen Wiesenwirtschaft. (8)

Dazu ist zu bemerken, daß auch vor 1750 schon ähnliche Formen der Wiesenbewässerung in der Literatur beschrieben werden. (9)

Die aus dem Kreis Olpe vor dem Bau der Eisenbahnen täglich durch das Siegerland fahrenden Fuhrleute haben mit einiger Sicherheit die Neuerungen frühzeitig wahrgenommen und in ihre Heimatdörfer übertragen, so daß auch im Lennetal Kunstwiesen schon lange bestanden, als im Jahre 1853 in Siegen eine „Wiesenbauschule" gegründet wurde, mit der die Blütezeit des „Siegerländer Wiesenbaus" in der zweiten Hälfte des 19. Jahrhunderts begann.

Ein Beispiel für die direkte Übernahme der neuen Wiesenwirtschaft aus dem Siegerland ins Sauerland bietet sich bei der Gründung der „Carlshütte" (von Viebahn und Weber). Einer der beiden Gründer, Philipp Weber aus Schneppenkauten (Weidenau) war nämlich Wiesenbaumeister aus der Siegener Schule. Er baute ab 1857 die Wasseranlage des ehemaligen Hammerwerks „Kleehammer" bei Langenei für die Antriebe eines Puddel- und Walzwerks aus, wobei das „Oberwasser" gleichzeitig zur Bewässerung der tiefer gelegenen Wiesen nutzbar gemacht wurde. [10]

Fährt man heute durch die Täler des Sauerlandes, so findet man nur noch wenige Spuren der ehemals weit verbreiteten Bewirtschaftung der Talauen mit Hilfe der Bewässerung. Die Gründe, aus denen diese intensive Wirtschaftsweise etwa seit der Mitte des vorigen Jahrhunderts weitgehend aufgegeben wurde, sind bei geringen zeitlichen Unterschieden überall gleich. Mit der fortschreitenden Mechanisierung, dem verstärkten Einsatz von künstlichen Düngemitteln, der zumindest teilweisen Verunreinigung der Gewässer, dem Mangel an Arbeitskräften und dem sprunghaft gestiegenen Wohlstand dürften die wichtigsten Ursachen für das fast vollständige Verschwinden des „Siegenschen Kunstwiesenbaus" benannt sein.

Quellen:

(1) Alle zitierten Akten in Privatbesitz.

(2) Der Knauersche hundertjährige Haus- und Landwirtschafts Kalender. Umgearbeitet, sehr vermehrt und verbessert von P. Pape. Verlag von C.Th. Stein, Werl 1840.

(3) Hundertj, Kal. (wie Anm. 2), S.147.

(4) Hundertj. Kal. (wie Anm. 2), S.151f. Zu den verwendeten Geräten vgl. Hinrich Siuts, Bäuerliche und handwerkliche Arbeitsgeräte in Westfalen, Münster, 2002, S.104 - 107, Tafeln 53 und 54 (S. 105 und 106).

(5) Hundertj. Kal. (wie Anm. 2), S. 153.

(6) Georgius Agricola, De Re Metallica, Basel 1556, Faksimileausgabe der Reichsdruckerei Berlin 1928, S. 276.

(7) August Finke, Landwirtschaft - auch im Siegerland? In: Wilhelm Güthling u.a., Siegerland zwischen gestern und morgen, Siegen 1965, S. 91.

(8) Lothar Irle, Unser Siegerland, Eine Heimatkunde, Siegen, 3.erw. Auflage 1959, S. 55.

(9) Vgl.: Francisci Philippi Florini, Oeconomus prudens et legalis oder allgemeiner kluger und Rechtsverständiger Haus-Vatter, Nürnberg, Frankfurt und Leipzig 1750 (erste Ausgabe 1702), S.630f. (Wie die Wiesen zu dungen und zu wässern).

(10) Norbert Grüter, Sie hinterliessen Spuren, Begegnung mit Walzwerksunternehmern im Kreis Olpe, erscheint 2006, S. 129.

Die Landwirtschaft im Spiegel zweier Rechenbücher aus der Zeit um 1900

Marita Völmicke

Rechenmeister Heinrich Knoche aus Holthausen

Mathematik und Rechenbücher begleiten seit langem jeden Schüler. Sie sind auch ein Spiegel der jeweiligen Zeit und es lassen sich Gemeinsamkeiten und Veränderungen erkennen.Im Rechenbuch des Lehrers Heinrich Knoche sind die Aufgaben auf das Lebensumfeld der Schüler abgestimmt. Lehrstoff und reales Leben ergänzen sich. Etliche Aufgaben beziehen sich auf die Landwirtschaft. Der Schüler lernt auszurechnen, was für das Leben nützlich sein kann: „Nicht für die Schule, sondern für das Leben lernen wir“ (non scholae, sed vitae discimus). Ob die Schüler das bei den Textaufgaben auch so gesehen haben, das mögen die Schülergenerationen beurteilen.

Heinrich Knoche wurde am 19. März 1831 in Holthausen (heute Stadt Schmallenberg) geboren. Er besuchte das Lehrerseminar in Büren und war bis zu seiner Pensionierung 1897 Lehrer in Herdringen (heute Arnsberg), wo er am 22. Oktober 1911 verstarb. Die von ihm verfaßten Grundrechenhefte und Rechenbücher erlebten über 100 Auflagen und wurden in mehr als 6 Millionen Exemplaren verbreitet.

Die Beispiele und Erläuterungen beziehen sich auf die sechste Auflage des 1903 im Verlag von J. Stahl in Arnsberg erschienenen „Rechenbuch für Rektoratschulen, Präparandenanstalten, höhere Mädchen-, Bürger- und Fortbildungsschulen“. Laut weiterem Titel ist es die Fortsetzung von Heft I, II und III der Ausgabe B. des Rechenbuches für Volksschulen von demselben Verfasser. Es richtet sich also an Schüler, die die Volksschule abgeschlossen haben und zur Fortbildung eine weiterführende Schule besuchen.

3. Die wichtigsten Nährstoffe sind: Eiweiß, Fett und Kohlehydrate (Stärkemehl und Zucker). Den Wert des Eiweiß rechnet man gewöhnlich 5 mal, den des Fettes 3 mal so hoch als den der Kohlehydrate und bestimmt hiernach die Menge der Nährwerteinheiten, indem man 1 g Kohlehydrate als Einheit nimmt. Weißbrot enthält unter 1 kg 520 g Kohlehydrate, 5 g Fett und 55 g Eiweiß. 1 kg Weißbrot enthält demnach 520 + (3 × 5) + (5 × 55) = 810 Nährwerteinheiten.

Berechne hiernach die Nährwerteinheiten folgender Nahrungsmittel:

1 kg	**Weißbrot**	**55 g Eiweiß,**	**5 g Fett,**	**520 g Kohlehydrate**	
„	Schwarzbrot	50 „ „	5 „ „	480 „ „	
„	Hafergrütze	125 „ „	60 „ „	600 „ „	
„	Weizenmehl	90 „ „	10 „ „	720 „ „	
„	Reis	60 „ „	5 „ „	770 „ „	
„	Erbsen u. Bohnen	170 „ „	20 „ „	500 „ „	
„	Kartoffeln	15 „ „	2 „ „	190 „ „	
„	Rindfleisch (mager)	160 „ „	50 „ „	—	
„	Schweinefleisch	100 „ „	300 „ „	—	
„	Gesalzene Heringe	150 „ „	120 „ „	15 „ „	
„	1 l Kuhmilch	35 „ „	35 „ „	45 „ „	
„	Butter	10 „ „	900 „ „	—	
„	Käse	200 „ „	40 „ „	24 „ „	
„	Frische Äpfel	0,5 „ „	— —	14 „ „	
„	Bier	0,7 „ „	3—4 „ Alkohol,	7 „ „	
„	Wein	0,2 „ „	7—10 „ „	4 „ „	
„	Branntwein	—	35 „ „	0,1 „ „	

Das Buch gibt auch Umrechnungshilfen, alte Maße und neue Maße werden gegenübergestellt. So gibt er an:

1 Elle = 0,6669 m
1 Fuß = 0,3139 m
1 Rute = 3,7662 m
1 Morgen = 0,2553222 ha
1 m = 1,4994 Ellen
1 m = 3,1862 Fuß
1 m = 0,2655 Ruten
1 ha = 3,916317 Morgen
1 Schacht-Rute = 4,4519 cbm
1 cbm = 0,2246 Schacht-Rute
1 Klafter = 3,3389 cbm
1 cbm = 0,2995 Klafter
1 Ohm = 1,374 hl
1 Quart = 1,145
1 hl = 0,7278 Ohm

Bei Heinrich Knoche steht die Freude am Rechnen im Vordergrund. Einige Beispiele sollen dies verdeutlichen:

Ein Viehhändler fordert für ein junges Schwein 17 4/5 M. Jemand bietet ihm für seine sämtlichen jungen Schweine 800 M. Der Viehhändler berechnet, daß er hierbei 54 2/5 M zu kurz kommt. Wieviel junge Schweine hat er?[1]

Wieviel kosten 6 Waggon Kartoffeln, jeder Waggon zu 5000 kg, wenn 100 kg 5 M kosten?[2]

Aber auch die Entwicklung der Landwirtschaft spiegelt sich bei Knoche. In einer Aufgabe geht es um die Rentabilität einer Dampf-Dreschmaschine; heute erledigt diese Aufgabe der Mähdrescher auf dem Feld.

3 Ökonomen legen eine Feldscheune nebst einer Dampf-Dreschmaschine an. A gibt dazu 2500 M, B 3000 M und C 3500 M her. A benutzt die Maschine in einem Jahr 90 Stunden, B 100 Stunden und C 120 Stunden. Außerdem arbeitet die Maschine 774 Stunden für andere Landwirte, welche pro Stunde 6 M zahlen müssen. Die Auslagen für Bedienungsmannschaften etc, welche die Besitzer selbst tragen, machen im ganzen 1302 M aus. A. Wieviel erhält jeder von dem baren Überschusse? B. Zu wie viel Prozent rentiert sich das Anlagekapital?[3]

Häufig verwendet Knoche in seinen Beispielen das Nahrungsmittel Kartoffel und an Getreidearten Hafer, Gerste, Roggen, selten Weizen. Das Lebensbild von heutigen Schülern ist eher von den Veredelungsprodukten Pommes-Frites, Chips oder den Weiterverarbeitungsprodukten Brot, Brötchen, Kuchen geprägt. Als Futtergetreide kommen diese Produkte nur sehr begrenzt ins Blickfeld.

Jemand vertauscht 315 hl Hafer gegen Roggen, den Roggen vertauscht er gegen Weizen und diesen gegen Gerste. Für 8 hl Hafer tauscht er 41/2 Roggen, für 10 1/2 hl Roggen 7 1/2 hl Wei-

C. Zusammengesetzte Regeldetri.

Beispiel: 6 Pflüge bestellen in 3 Tagen 4½ *ha* Land; in wieviel Tagen bestellen 8 Pflüge 7 *ha* Land?

Ansatz:

? Tg. 8 Pflüge 7 *ha*; 6 Pflüge 4½ *ha* 3 Tg.

Bruchsatz:

$$\frac{3 \cdot 6 \cdot 7}{4\frac{1}{2} \cdot 8}$$

Setze die Zahl des Bedingungssatzes, zu welcher eine gleichnamige Zahl gesucht werden soll, stets **rechts** an das Ende. Dann sprich in obigem Beispiele: 6 Pflüge bestellen 4½ *ha* in 3 Tagen (setze 3 hin und mache sofort den Bruchstrich darunter); **ein** Pflug bestellt 4½ *ha* in 6 mal so **viel** Tagen (6 **über** den Bruchstrich); 8 Pflüge bestellen 4½ *ha* in 8 mal so **wenig** Tagen (8 **unter** den Bruchstrich); 8 Pflüge bestellen **ein** *ha* in 4½ mal so **wenig** Tagen (4½ **unter** den Bruchstrich); 8 Pflüge bestellen **sieben** *ha* in 7 mal so **viel** Tagen (7 **über** den Bruchstrich).

Die Ausrechnung geschieht wie bei der einfachen Regeldetri. Beim Kopfrechnen schließt man eben so, doch folgt dabei nach jedem Schlusse die Ausrechnung, während beim Tafelrechnen die Multiplikation und Division nur dadurch angedeutet werden, daß man die betreffende Zahl **über** oder **unter** den Bruchstrich setzt.

zen und für 5 1/4 hl Weizen 11 2/3 hl Gerste. a. wieviel Roggen, b.wieviel Weizen, c. wieviel Gerste erhält er?[4]

Wenn ein Ökonom seinen 6 Pferden täglich 9/10 hl Hafer gibt, so reicht sein Vorrat 12 Wochen 4 Tage aus. Wie lange wird der Vorrat ausreichen, wenn jedes Pferd täglich 1 l Hafer mehr erhält?[5]

Daß Rechenbücher nicht nur einfache Aufgaben zeigen, sondern lebensnah und anspruchsvoll sind, zeigt auch ein weiteres Rechenbuch „Rechnen fürs Leben, Aufgabensammlung für Oberklassen der Volksschule und Fortbildungsschulen. Als Ergänzungsheft zu jedem Rechenbuche im Sinne des Ministerial-Erlasses vom 31. Januar 1903, bearbeitet von K. Kamp (Rektor in Bochum) und J. Kemper (Hauptlehrer in Altendorf), 1904 erschienen im Kommissionsverlag von Joseph Braun in Bochum.

Hier lernt der Schüler die deutschen und ausländischen Münzen, Maße und Gewichte kennen, und erfährt etwas über die Vereinheitlichung aller dieser Einheiten, die nach der Reichsgründung 1871 nur noch im Volksmund gebräulich waren. Lebensnah ist die Zinsberechnung und auch die Hilfe zur Einkommens- und Ergänzungssteuer. Posttarife, der Eisenbahnfahrplan, Eisenbahnverkehr, das heißt Tarif und Beförderungskosten für Personen und Fracht sind weiter Teil des Lehrstoffs. Auch der Berliner Kursbericht, sprich die Kurse von Aktien und Anleihen werden behandelt. Nach diesen Beispielen kommen Lehraufgaben aus den Bereichen Hauswirtschaft, Landwirtschaft, dem Obst- und Gartenbau, dem Tierschutz, der Nahrungsmittellehre, der Gesundheitspflege.

Beispielhaft einige Aufgaben:
Im Bereich Eisenbahnverkehr heißt es:
Transport von lebenden Tieren: Rindvieh, Fohlen, Esel: 1 Stück und 1 km 0,10 M, für jedes weitere 0,03 M. Dazu Abfertigungsgebühr 0,60 M für jedes Stück.[6]

Einteilung
der früheren Münzen, Maße und Gewichte nebst Angabe ihres Wertes nach jetzigen Münzen, Maßen und Gewichten.

A. Münzen.

1 Taler = 30 Silbergroschen = 3 M.
1 Silbergroschen = 12 Pfennige = 0,10 M.
1 südd. Gulden = 60 Kreuzer = 1,71 M.

B. Längenmaße.

1 preuß. Meile = 2 000 Ruten = 7,5 325 *km.*
1 Rute = 12 Fuß = 3,7 662 *m.*
1 Fuß = 12 Zoll = 0,31 385 *m.*
1 Zoll = 12 Linien = 2,615 *cm.*
1 Elle = 0,66 694 *m.*

C. Flächenmaße.

1 □ Meile = 5 673,8 *ha.*
1 Morgen = 180 □ Ruten = 25,532 *a.*
1 □ Rute = 144 □ Fuß = 14,185 *qm.*
1 □ Fuß = 144 □ Zoll = 0,0 985 *qm.*
1 □ Zoll = 144 □ Linien = 6,8 406 *qcm.*

D. Körpermaße.

1 Schachtrute = 144 Kubikfuß = 4,4 519 *cbm.*
1 Kubikfuß = 1 728 Kubikzoll = 0,030 916 *cbm.*
1 Kubikzoll = 1 728 Kubiklinien = 17 891 *ccm.*
1 Klafter = 108 Kubikfuß = 3,3 389 *cbm.*
1 Wispel = 24 Scheffel = 13,191 *hl.*
1 Scheffel = 16 Metzen = 54,961 *l.*
1 Metze = 3,4 351 *l.*
1 Ohm = 120 Quart = 137,4 *l.*
1 Anker = 30 Quart = 34,351 *l.*
1 Quart = 1,145 *l.*

E. Gewichte.

1 Centner = 100 Pfund = 50 *kg.*
1 Pfund = 30 Lot = 0,5 *kg.*
1 Lot = 10 Quentchen = 16,6 667 *g.*
1 Quentchen = 10 Cent = 1,6 667 *g.*
1 Cent = 10 Korn = 1,6667 *cg.*

Im Bereich Landwirtschaft heißt es:
Landwirt Bunte verkauft ein Kalb von 50 kg Lebendgewicht. Der Metzger zahlt für 1 kg Lebendgewicht 75 Pf. Für das gelöste Geld kaufte Herr Bunte 20 kg Rotkleesamen und behielt noch 15,50 M übrig. Wie teuer bezahlte er 1 kg Kleesamen?[7]

Der Landwirt Simon hat eine Wiese, mit deren Erträgen er nicht zufrieden ist. Er ver-

sucht sie mit Kunstdünger zu verbessern und streut Thomasmehl und Kainit hinein. Die Wiese ist nach den Angaben des Herrn Simon 5 Morgen und 60 Ruten groß. Auf 100 a rechnet man 3 dz Thomasmehl à 8,25 M und 10 dz Kainit à 2,35 M. Für die Arbeit bringt man für 100 a 5,50 M in Rechnung. Die Wiese brachte in den folgenden 2 Jahren 26 dz Heu mehr ein als früher. a) Wie hoch kamen die Ausgaben für die Düngung? b) Wieviel brachte die Wiese in den zwei Jahren mehr ein, 1 dz Heu zu 5,60 M gerechnet? c) Zu welchem Prozentsatze hatte sich das aufgewandte Kapital verzinst?[8]

Landwirt Schöne kaufte zwei Zugochsen für 525 M. Die Tiere arbeiteten an 203 Tagen und er verdiente mit denselben im Tage 5,25 M. An Dünger lieferten sie 192 dz. à 3,10 M. Herr Schöne verfütterte an diese Tiere 25 dz Heu à 4,80 M, 22 dz Runkeln à 1,20 m, und zur Streu gebrauchte er 11,5 dz Stroh à 4,50 M. Für Reparatur an den Wagen und Geschirren berechnete er 45 M. Das Anlagekapital sollte sich mit 4 % verzinsen. Wie hoch stellte sich der Reinertrag?[9]

Im Bereich Tierschutz heißt es:
Ein Fuhrknecht sucht seinen armen Karrengaul anstatt mit Hafer mit der Peitsche zu füttern. Eines Tages bekommt er wegen Mißhandlung des Pferdes ein Strafmandat von 10 M. a) Wieviel Hafer hätte er dafür bekommen, 1 hl zu 6,50 M gerechnet. b) Wie lange hätte er mit dem Hafer füttern können, wenn er täglich 8 l verabreichte?[10]

Im Bereich Nahrungsmittellehre heißt es:
Milch enthält ungefähr 88 % Wasser, 3,5 % Fett, 3,5 % Eiweiß, 4,5 % Zucker und 5 % Asche. Das spezifische Gewicht ist 1,030. Wieviel g enthalten 5 l Milch an Wasser, Fett, Eiweiß und Zucker?[11]

Im Bereich Geistige Getränke heißt es:
Der 18. Teil aller geernteten Kartoffeln wandert in die Branntweinbrennerei. Wieviel t Kartoffeln raubt der Branntwein in einem Jahre, wenn jährlich 2083515 t geerntet werden?[12]

Die Beispiele zeigen, dass es nicht nur ums Rechnen geht.

Es sind auch Rückschlüsse auf andere Gewohnheiten üblich. Die Fracht von Lebendvieh per Eisenbahntransport wird heute per LKW abgewickelt. Die Düngung von Wiesen zur Ertragssteigerung ist auch heutigen Landwirten geläufig, wenn auch nicht mehr mit Kainit (ein Salzmineral, Grundstoff des Kalidüngers). Die Feldbewirtschaftung mit Ochsen ist längst durch den Traktor abgelöst, aber Rentabilitätsberechnungen sind immer noch notwendig. Das Füttern der Tiere mit Heu und Runkeln ist selten geworden, ebenso das Lagern auf Stroh. Interessant ist es, den Tierschutz unter Kostengesichtspunkten zu betrachten. Das Beispiel zeigt bestimmt nicht die Regel, aber Tiere sind als Nutzvieh Betriebskapital. Besonders deutlich kommt der pädagogische Aspekt in der Aufgabe über geistige Getränke zum Vorschein. Hier soll dem Missbrauch des Alkohols entgegen gewirkt werden.

Quellen

[1] *H. Knoche, Rechenbuch für Rektoratschulen, Präparandenanstalten, höhere Mädchen-, Bürger- u. Fortbildungsschulen, 6. Auflage, Arnsberg 1903, S. 50.*

[2] *Ebenda, S. 62.* [3] *Ebenda, S. 98.* [4] *Ebenda, S. 67.*

[5] *Ebenda, S. 71.*

[6] *K. Kamp, J. Kemper, Rechnen fürs Leben. Aufgabensammlung für Oberklassen der Volkschule und Fortbildungsschulen. Als Ergänzungsheft zu jedem Rechenbuche im Sinne des Ministerial-Erlasses vom 31. Januar 1903, Bochum, 1904, S. 12.*

[7] *Ebenda, S. 15.* [8] *Ebenda, S. 15.* [9] *Ebenda, S. 16.*

[10] *Ebenda S. 18.* [11] *Ebenda, S. 18.* [12] *Ebenda, S. 21.*

Johann Friedrich Joseph Sommer – Westphalus Eremita

Wissenschaftler, Publizist, Politiker und Bauernadvokat

Martin Vormberg

Am 13. November 2006 jährt sich zum 150. Mal der Todestag von Dr. Johann Friedrich Joseph Sommer, eines der bedeutendsten Söhne Kirchhundems. Geboren wurde er dort am 26. Januar 1793. Seine Eltern waren Johann Heinrich Sommer aus Kirchhundem und Maria Franziska Liese aus Olpe. Die Vorfahren väterlicherseits stammten vom Hof Sommer in Flape, sind aber seit dem 18. Jahrhundert als Gutsbesitzer des Laymanns oder Bugges Gutes sowie als Reidemeister in Kirchhundem nachweisbar. In der mütterlichen Ahnenreihe finden sich ebenfalls Eisen- und Kupfergewerke. Der Vater bestand 1788 die Prüfung zum Advokaten, nachdem er zuvor zum „magister philosphiae" promoviert worden war. Johann Friedrich Joseph Sommer erhielt seinen ersten Unterricht durch einen emigrierten französischen Geistlichen, der im elterlichen Wohnhaus untergebracht war. Danach besuchte er die Lateinschule in Olpe und machte im Alter von 15 Jahren das Abitur. An der Landesuniversität in Gießen studierte er Rechts- und Staatswissenschaften, Forstwissenschaft und Geschichte. Sein Fakultätsexamen bestand er 1811 mit „summa cum laude". Nach einem weiteren Jahr bestand er im Alter von erst 19 Jahren sein Examen beim großherzoglich-hessischen Hofgericht und der Regierung in Arnsberg. 1813 erhielt er die Ernennung zum Hofgerichtsadvokaten. In der Zeit danach unterstützte er seinen Vater in seiner Praxis in Kirchhundem und führte diese nach dessen Tod 1818 weiter. Im selben Jahr verlieh ihm die Fakultät in Gießen für sein im Verlag Aschendorff, Münster, erschienenes Werk „Von deutscher Verfassung im Germanischen Preußen und im Herzogthum Westfalen" den Doktortitel.

*Johann Friedrich Josepf Sommer, *1793 in Kirchhundem; †1856 in Arnsberg*

Nach der Brandkatastrophe in Kirchhundem 1819, bei der auch seine gesamte Bibliothek verbrannte, war Johann Friedrich Joseph Sommer Mitglied der Baukommission für den Wiederaufbau des Dorfes. Insofern wirkte er maßgeblich an der heutigen Gestalt Kirchhundems mit. Im öffentlichen Leben seiner Heimat übte er für kurze Zeit, von 1827 bis 1828, die Funktion als zweiter Beigeordneter der Bürgermeisterei Bilstein aus und stand damit seinem Bruder, dem Bürgermeister Adam Engelbert Sommer, zur Seite.

Am 30. September 1824 heiratete Sommer Klementine Schlinkert, Tochter des Justizamtmanns Franz Bernhard Schlinkert aus Geseke. Aus der Ehe gingen fünf Töchter und ein Sohn hervor.

Die Kreise Siegen, Wittgenstein und Olpe wählten Dr. Johann Friedrich Joseph Sommer am 16. März 1826 zu ihrem Abgeordneten im 4. Stand der Landgemeinden für den ersten Westfälischen Provinziallandtag. Dabei verzichteten die Wahlmänner der Kreise Siegen und Wittgenstein ohne Berücksichtigung lokalpatriotischer Gesichtspunkte darauf, ihre Majorität zur Wahl eines Abgeordneten aus ihren Kreisgebieten auszunutzen. Dies unterstreicht das Ansehen, das Dr. Sommer auch in diesen beiden Kreisen genoss. Während seiner Abgeordnetentätigkeit geriet er aufgrund seiner liberalen Haltung und abweichenden Meinungen insbesondere in Konflikt mit dem Freiherrn von und zum Stein. Während Stein ihn noch im Herbst 1826 als *„geistvollen und gelehrten Schriftsteller"* beurteilte, der bei den Landtagsverhandlungen *„von großem Nutzen"* sein könnte, fiel sein Kommentar bereits Anfang des Jahres 1827 erheblich ungünstiger aus. Mit Missmut und Unwillen denke er an die Verhandlungen über die Ordnung zur Ablösung der Bauerngüter. Beide Seiten, die Berechtigten wie die Verpflichteten, zeigten ein starres Bestehen auf unbilligen Ansprüchen. Während die ersteren übertrieben, wollten letztere den Wohlstand der Gutsbesitzer untergraben. *„Sie* [die Abgabepflichtigen] *überließen sich ganz dem Einfluss eines eitlen, oberflächlichen, bei den hiesigen Ober- und Untergerichten wenig geschätzten Landadvokaten Sommer, der nicht Wahrheit und Billigkeit im Auge hatte, sondern nur seinen Adelshass, seine revolutionäre Gleichheitsidee, seine Begierde zu glänzen."* Kern der Auseinandersetzung in der Ablösungsfrage war, ob die Grundherren durch eine reine Geldentschädigung oder durch eine Landabgabe abgefunden werden sollten. Stein trat für eine Regelung ein, die den Grundherren beide Optionen offen hielt. Aufgrund der zerstreuten Lage der Bauerngüter im Herzogtum Westfalen und der berechtigten Befürchtung, durch eine Landabgabe komme es zu einer Schwächung der Leistungskraft der Bauerngüter, schlossen sich selbst mehrere Adelige der Auffassung an, eine Geldabfindung sei die bessere Lösung. Mit 40:23 Stimmen wurde gegen die Landabgabe gestimmt. Eine weitere Auseinandersetzung, bei der Stein eine Niederlage erlitt, war die Frage der Besetzung der Kreistage und Gemeinderäte. Stein wollte dort den Rittergutsbesitzern automatisch Sitz und Stimme zugesichert wissen. Da diese aber nur 6 % der Grundsteuern zahlten, schlug Sommer vor, ein Drittel der Stimmen dem großen Grundeigentum als solchem, nicht aber als Rittergütern zu geben. Als er sich auch mit dieser Vorstellung durchsetzte, reagierte Stein mit dem Vorwurf, Sommer wolle die adligen Gutsbesitzer durch eine Bauernaristokratie ersetzen.

In einem Brief Sommers an Benzenberg drückte er einerseits seine Hochachtung vor Stein aus, betrachtete ihn andererseits aber auch kritisch: *„Dem großen Minister war es freilich empfindlich, die Versammlung nicht immer leiten zu können wie er wollte. ... Es ist eine eigene Mischung in diesem Manne, überzeugt man sich von seinen tiefen Kenntnissen,* *von seinem tüchtigen Willen, so kann man nicht anders, als ihn hoch verehren; hört man aber den Ministerdespoten absprechen, kommt man, wie ich, bei der Ablösungsordnung mit dem Gutsherrn von Kappenberg in Berührung, sieht man die Schwächen des Alters wirken und den Widerspruch nur ungern ertragen, hört man mitunter ziemlich veraltete Meinungen... Unangenehm war es mir freilich, daß gerade ich manchmal die Lieblingsmeinungen des Ministers bestreiten und für die Freiheit der Versammlung sprechen mußte."*

Im Sommer 1828 verlegte die Familie Sommer ihren Wohnsitz von Kirchhundem nach Arnsberg. Durch die Einführung des Allgemeinen Preußischen Landrechts im Gebiet des früheren Herzogtums Westfalen 1825 hatte sich auch die Prozessordnung geändert. In der Hauptsache war nunmehr das mündliche Verfahren vor Gericht vorgesehen, sodass Johann Friedrich Joseph Sommer Prozesse nur unter ungünstigen Bedingungen von Kirchhundem aus hätte führen können. In Arnsberg wirkte Dr. Sommer weiterhin überaus erfolgreich. Der preußische Staat honorierte dies mit dem Titel ‚Justizrat'. Die Berufung an das Obertribunal in Berlin lehnte er allerdings ab; auch das Angebot einer Professur nahm er nicht an.

Kirchhundem 1895; Das Gebäude westlich vorm Kirchturm (mit Mansarddach) ist das sogenannte Sommer (Bugges) Haus, das von J.F.J. Sommer nach dem Dorfbrand 1819 erbaut wurde. Foto: Josef Grobbel, Fredeburg

Einen letzten Höhepunkt seines politischen Lebens erlebte Johann Friedrich Joseph Sommer 1848 mit der Teilnahme an der preußischen Nationalversammlung in Berlin. Dabei vertrat er den Kreis Brilon und fand sich als Gemäßigter in der Parteienbildung im Zentrum der Versammlung wieder, d.h. bei der die Rechte des Königtums verteidigenden konservativen Partei.

Das Wirken Dr. Sommers war geprägt durch eine überaus fruchtbare schriftstellerische Tätigkeit. Seine Werke veröffentlichte er zum Teil unter dem Pseudonym „Westphalus Eremita", womit er der von den Zentren des Geisteslebens abgeschiedenen Lage seines ursprünglichen Wohnortes Kirchhundem Rechnung trug. Er korrespondierte mit bedeutenden Persönlichkeiten wie dem Kulturphilosophen Friedrich von Schlegel (1772 – 1829) und Joseph Görres (1776 – 1848), der als katholischer Publizist und Herausgeber des Rheinischen Merkur in Erscheinung getreten ist.

In Kirchhundem verfasste Johann Friedrich Joseph Sommer einige seiner bedeutendsten Werke. Dazu zählen seine bereits erwähnte Doktorarbeit und die ebenfalls 1819 in der Aschendorff'schen Buchhandlung in Münster erschienene Schrift *„Von der Kirche in dieser Zeit"*, worin er sich mit der Gleichberechtigung der katholischen Kirche im protestantisch geprägten Preußen auseinandersetzte. In einem Begleitschreiben, mit dem er das Werk an J. v. Görres sandte, bemerkte er: *„Ich verehre Ihnen die beiligende Schrift von der Kirche; die erste Veranlassung derselben war die gewöhnliche Ansicht der Altpreußen, daß Katholischsein und Nichtbeitrostesein so ziemlich eins sei; solchem Dünkel mußte entgegengearbeitet werden."* 1845 veröffentlichte Sommer eine zweite Auflage der Schrift, in der er sich in einem besonderen Kapitel mit der Bewegung der Deutschkatholiken (Ronge/Czerski) auseinandersetzte.

Das Werk *„Darstellung der Rechtsverhältnisse der Bauerngüter im Herzogthum Westfalen nach älteren und neueren Gesetzen und Rechten"* erschien 1823 bei Schulz und Wundermann in Hamm und Münster.

Die antisemitische Einstellung Sommers, die in seinem 1819 erschienenen Artikel *Ueber die Glaubwürdigkeit des deutschen Juden* offenbar wird, mag aus heutiger Sicht eine Schattenseite des bedeutenden Gelehrten darstellen. Zu verstehen ist sie sicherlich nur aus einer Gesamtbetrachtung der Geschichte der Juden in Deutschland sowie der damals beginnenden jüdischen Emanzipation.

In Arnsberg schrieb Dr. Sommer das zweibändige Werk *„Geschichtliche und dogmatische Entwickelung der bäuerlichen Rechtsverhältnisse in Deutschland. Handbuch über die älteren und neueren bäuerlichen Rechtsverhältnisse"*, das als Fortsetzung des 1823 veröffentlichten Buches über die Rechtsverhältnisse der Bauerngüter gedacht war und sich den übrigen rheinisch-westfälischen Gebieten widmete. Die Veröffentlichung erfolgte 1830 in der Schulz'schen Buchhandlung Hamm.

Aufsätze veröffentlichte Dr. Sommer in den Zeitschriften *„Westfälischer Anzeiger", „Hermann – Zeitschrift für Westfalen", „Neuer Rheinischer Merkur", „Hamburger Deutscher Beobachter", „Neuer Deutscher Beobachter" und „Historisch Politische Blätter"*. Als Mitherausgeber trat er bei der Zeitschrift *„Neues Archiv für Preußisches Recht und Verfahren sowie für deutsches Privatrecht"* auf, die von 1834 bis 1854 in 16 Jahrgängen erschien.

Landwirthschaftliche Mittheilungen

der

Landeskultur-Gesellschaft für den Regierungs-Bezirk Arnsberg.

Verantwortlicher Herausgeber Justiz-Rath Dr. Sommer.

Nro. 8. **1. November** **1847.**

Verhandlungen

der Generalversammlung der Landeskultur-Gesellschaft für den Regierungs-Bezirk Arnsberg

zu Berleburg am 9. 10. August 1847.

In der heutigen General-Versammlung der Landeskultur-Gesellschaft des Regierungsbezirks Arnsberg hatten sich nachstehend verzeichnete Mitglieder von nah und fern eingefunden:

NB. Den Namen der Vorsteher der Kreis-Vereine ist ein † vorgesetzt.

1. Albrecht regierender Fürst zu Sayn-Wittgenstein-Berleburg,
2. Alexander, regierender Fürst zu Sayn-Wittgenstein-Hohenstein.
3. Abresch, Kammer-Rath aus Laasphe.
4. Althaus jun., Kaufmann und Rathsherr aus Berleburg.
5. Bergmann, Lehrer aus Berleburg.
6. Bimberg, Gutsbesitzer aus Eickelburg bei Iserlohn.
7. v. Bose, Hofrath aus Emmaburg bei Laasphe.
8. † Böse, Landrath aus Meschede,
9. Brüning, Gutsbesitzer aus Vasbach.
10. Conradi Christ., Oekonom aus Laasphe.
11. Costers, Kreiswundarzt und praktischer Arzt aus Berleburg.
12. Delius, Regierungs-Assessor aus Arnsberg.
13. Dettke, Amtmann aus Berghausen.
14. Dickel, Steuerempfänger aus Berleburg.
15. Dietz, Land- u. Stadt-Gerichts-Rath aus Siegen.
16. Dürr, Steuerempfänger aus Laasphe.
17. Dyckerhoff, Justiz-Rath aus Berleburg.
18. Eckhard, Amtmann aus Erndtebrück.
19. Fischer, Franz, Oekonom aus Laasphe.
20. Franz, Prinz zu Sayn-Wittgenstein-Berleburg, Durchlaucht.
21. Fresenius, Steuerkontroleur aus Berleburg.
22. † Freusberg, Reg.- und Land-Rath aus Olpe.
23. Gastreich, Gutsbesitzer aus Saalhausen.

Landwirtschaftliche Mitteilungen

Johann Friedrich Joseph Sommer wurde 1817 Ehrenmitglied des Literarischen Vereins für die Grafschaft Mark in Altena und war 1824 Mitbegründer des Vereins für vaterländische Geschichte und Alterthumskunde Westfalens. Er befürwortete einen pragmatischen Umgang mit der Geschichte und wandte sich gegen eine Geschichtsforschung, die sich in Einzeldaten verlor.

Für das Konversationslexikon von Brockhaus verfasste er Beiträge zu theologischen Fragen.

Von 1842 bis 1852 war Johann Friedrich Joseph Sommer verantwortlicher Herausgeber der *Landwirthschaftlichen Mittheilungen der Landeskultur-Gesellschaft für den Regierungsbezirk Arnsberg* (LM). In der ein- bis zweimal monatlich erscheinenden Zeitschrift wurden in der Regel die Protokolle der Generalversammlungen der Landeskultur-Gesellschaft sowie der nachgeordneten landwirtschaftlichen Kreisvereine veröffentlicht. Darüber hinaus wurden hier das Verbreitungsgebiet betreffende landwirtschaftliche Probleme erörtert. Sommer teilte in ihr außerdem interessante landwirtschaftliche Artikel mit, die aus anderen überregionalen Zeitschriften entnommen wurden. In den Mitteilungen finden sich auch verschiedene Rezensionen Sommers zu landwirtschaftlicher Literatur. In dem Artikel Mist-Literatur (LM 5/1843) setzte er sich beispielsweise mit einer Abhandlung des Königlich Preußischen Kammerherrn Ludwig von Breitenbauch auseinander, die jener unter dem Titel *„Der Mist und sein Gefolge, nicht chemisch, nicht physiologisch, nicht agronomisch, nein, rein calculatorisch"* 1842 in der Zeitschrift für die Landwirtschaft veröffentlicht hatte. Sommer zeigte bei seinen Artikeln immer auch ein Herz für die ärmeren, benachteiligten bäuerlichen Schichten. In dem Artikel *„Über Gewerbefreiheit"*, der vom Siegener Kultur- und Gewerbeverein übernommen wurde (LM 4/1842), kam der Wunsch nach Beschränkung häuslicher Niederlassungen zum Ausdruck, um dem Problem der Verarmung entgegenwirken zu können. Sommer kommentierte dies folgendermaßen: „... *Was sollen uns die Heimathlosen? Die Niederlassung ist die erste Bedingung der Gesittigung und öffentlichen Sicherheit. Gottes Erde ist für Alle da. Wenn Jeder für den Staat kämpfen muß, darf ihm auch die Niederlassung in demselben nicht ohne Noth verschränkt werden. Man muß an das eine denken, und auch an das andere. Man muß gerecht, auch gegen den Armen sein. Man darf keine Klasse Unzufriedener sich ansammeln lassen. Daher ist es auch so sehr gewagt, die Erlangung von kleinem Eigenthum erschweren zu wollen."* An anderen Stellen zeigte sich Sommer als entschiedener Gegner des aufkommenden Kommunismus, wie beispielsweise in dem Aufsatz *„Ueber das Gemeinthum, das Armenthum, den Bauern und den Arbeiter, und das Christenthum"* (LM 8/1844). Seine Auseinandersetzung mit der Bick'schen Erfindung, den Boden ohne Dünger anzubauen (LM 13/1843) gipfelt mit der Bemerkung: *Das Gräuel des Communismus sind Kinderspiel gegen diese Erfindung.*

In der Extra-Beilage zu Nr. 4 der Landwirthschaftlichen Mittheilungen des Jahrgangs 1852 teilte Sommer mit, der Hauptverein der Landeskultur-Gesellschaft habe den Vorschlag gemacht, sich der Landwirthschaftlichen Zeitung und Verkehrs-Blatt für Westphalen anzuschließen. Korrekt lautete der Titel *Landwirthschaftliche Zeitung für Westfalen und Lippe.* Sie erschien seit 1843 und lieferte als Zugabe den *Westfälischen Anzeiger und Gewerbe-Blatt für Westfalen.* Sommer kommentierte:

„Das Münstersche Blatt ist ganz gut, oblgeich es, wie fast alle landwirthschaftlichen Blätter in Deutschland – auch das unsre – meist nur Mittheilungen andrer Blätter wieder geben kann, gleich den Apothekern, die – wie, wenn wir nicht irren, einst Sterne im Tristram Shandy gesagt – aus zehn Gläsern das elfte zusammenbrauen. Es kann nicht immer neues erdacht werden, es ist auch gut, das schon Gedachte in Umlauf zu bringen, und namentlich beim Landwirthe, der selten in der Lage ist, sich mehrere landwirthschafltiche Zeitschriften anzuschaffen. Der Verwaltungs-Ausschuß würde übrigens die inländischen und selbst einige außerpreußische landwirthschaftliche Vereinsblätter, welche gegen unsere Mittheilungen in Tausch gegeben werden, verlieren. Nicht unerhelbich sind übrigens auch die mit dem Münsterschen Blatte verbundenen Verkehrberichte. – Die Sache der Vereinigung hat also ihre zwei Seiten, und ist von der Generalversammlung der Beschluß zu erwarten."

Der Anschluss kam zustande, denn Vereinsnachrichten der Landeskultur-Gesellschaft für den Regierungsbezirk Arnsberg wurden fortan in der überregionalen Zeitschrift bekanntgegeben.

Außer seiner Tätigkeit als Herausgeber der Landwirthschaftlichen Mittheilungen übte Johann Friedrich Joseph Sommer Vorstandsfunktionen in der Landeskultur-Gesellschaft für den Regierungsbezirk Arnsberg aus. 1842 war er als stellvertretender Sekretär im Verwaltungssausschuss; 1849 wurde er anlässlich der Generalversammlung in Siegen zum stellvertretenden Präsidenten gewählt.

Als Jurist machte sich Dr. Sommer vor allem als Bauernadvokat einen Namen. Seine Tochter berichtete von der Dankbarkeit, die ihm acht Dörfer der Soester Börde entgegenbrachten, die er erfolgreich wegen ihrer Abgabepflichten gegen die Stadt Soest vertreten hatte. Die Dörfer verehrten ihm einen silbernen Pokal mit der Aufschrift: *„Ihrem lieben Dr. Sommer, dem wackeren Verteidiger des Rechts."* Noch zwanzig Jahre nach diesem Ereignis schenkten ihm dieselben Dörfer in Erinnerung an seinen Erfolg einen silbernen Tabakskasten in Form eines Fässchens mit der Widmung: *„Ihrem lieben Dr. Sommer dieses kleine Christgeschenk von den Ortschaften der Soester Börde."*

Zwei Schlaganfälle, der Tod seiner Frau am 8. Dezember 1855 und der Tod seiner Tochter Paula Duelberg geb. Sommer am 28. Februar 1856 waren für Johann Friedrich Joseph Sommer schicksalhafte Ereignisse, von denen er sich nicht wieder erholte. Am 13. November 1856 starb er in Arnsberg im Alter von 64 Jahren. Auf seinem Totenzettel heißt es: *„Als echt wissenschaftlich gebildeter Mann war er den Gelehrten, als Verteidiger der Rechte des Bauernstandes allen Landleuten, als stets bereiter, freundlicher Helfer seinen Mitbürgern bekannt. Dabei war er eine liebenswürdige Persönlichkeit durch seine stets heitere Stimmung, seine Zufriedenheit mit den Wechselfällen des Lebens, durch seine wohlwollende Beurteilung anderer und die treue, anhängliche Liebe zu denen, die seinem Herzen als Freunde und Verwandte nahe standen."* Auf dem alten Friedhof zu Arnsberg fand Dr. Johann Friedrich Joseph Sommer seine letzte Ruhestätte.

Quellen:
Manfred Wolf: Dr. Joseph Sommer, der erste Abgeordnete des Kreises Olpe für den Westfälischen Provinziallandtag. In: Heimatstimmen aus dem Kreise Olpe. 115. Folge, 1979, S. 57ff.
Clemens Plassmann: Heinrich Sommer 1841 – 1863. Leben und Umwelt. Krefeld 1951.

Staatsbibliothek zu Berlin. Preußischer Kulturbesitz. Abteilung Historische Drucke. Signatur 4“ Ou 13208.
Landwirthschaftliche Mittheilungen der Landeskultur-Gesellschaft für den Regierungsbezirk Arnsberg. 1842 – 1847, 1849 – 1852.
Historisch-politische Blätter für das Katholische Deutschland. 111, 1893. Darin: I(da).A(rndts): Westphalus Eremita. S. 81 – 93.
Wilhelm Liese: Westphalus eremita. In: Trutznachtigall 2, 1920, S. 46 49.
Wihlem Liese: Westphalus Eremita. In: Zeitschrift für vaterländische Geschichte und Altertumskunde. 82. 1924. S. 184ff.
Allgemeine Deutsche Biographie. 34, 1892. Darin: Joh. Friedr. Schulte: Johann Friedrich Josef Sommer. S. 605f.

Roggenteyt

Diär't Roggenfeld, op smalem Paad
- van Nachtdau sind die Halme näou naat -
giäht lanksamen Schriees ne allen Mann.
„Heer Guatt, dät ik düen nit mehr mäggen kann!
Mannshäouge et Sträouh, met Öhren swor,
wat is dütt wier'n gesiägenet Johr!"
Un doch: Wai gaiht näou diär Wiese un Feld?!
Wai fröggetsiek näou an Guarres Welt!
Wai siet ussem Hiärguatt näou Luaf un Dank
fiärt dägleke Bräout diär ne Sunndagesgesank
met Frau un Kind diär diän gräouten Däoum,
dai sik wölwet tüsker Eere un Wolkensäoum?
In stickegen Stuawen bey Spiel un Dans
vergiätet se Sunne un Steerenglans.
Natiuer brett weyt de Aarmens iut:
„In Guarres schoine Welt, in't Freye riut!"

Christine Koch

Zur Wohlfahrt der Leser wesentlich beitragen

Das Landwirtschaftliche Wochenblatt Westfalen-Lippe und seine Geschichte

Gisbert Strotdrees

Woche für Woche donnerstags bringt es der Postbote auf alle Bauernhöfe zwischen Siegen und Soest, zwischen Altena und Arnsberg: Nicht nur im Sauerland, sondern in ganz Westfalen-Lippe ist das „Landwirtschaftliche Wochenblatt Westfalen-Lippe" das Fach- und Familienblatt der Bäuerinnen und Bauern bzw. der Familien auf dem Land. Das Wochenblatt, das überdies zahlreiche Stammleser in angrenzenden Regionen wie dem Niederrhein, dem Osnabrücker Land und dem südlichen Emsland sowie im nordhessischen Waldecker Land hat, erscheint seit mehr als 160 Jahren und erreicht derzeit (2006) eine verkaufte Auflage von rund 63.000 Exemplaren.

Das Wochenblatt ist aus der „Landwirthschaftlichen Zeitung" hervorgegangen. Sie erschien erstmals am 3. Januar 1844 in Münster. Doch das „grüne Blatt" bzw. „Bauernblatt", wie das Wochenblatt meist kurz genannt wird, hat weitere Vorläufer – und eine der ältesten ist im Sauerland zu finden. Dort gab es schon zwei Jahre zuvor, also 1842, eine regelmäßig erscheinende Fachzeitschrift für Land- und Forstwirte. Sie trug den Titel „Landwirthschaftliche Mittheilungen" und war das offizielle Organ der 1809 gegründeten „Landescultur-Gesellschaft für den Regierungs-Bezirk Arnsberg". Aufgabe dieses Vereins war es unter anderem, seinen Mitgliedern Bildung und aktuelle Fachinformationen zu vermitteln – zu einer Zeit, als es nur wenige halbwegs erschwingliche landwirtschaftliche Fachbücher und noch keine landwirtschaftlichen Fachschulen gab. Zeitschriften wie die „Landwirthschaftlichen Mittheilungen" sollten diese Lücke füllen.

Zeitung machen im Kutschen-Zeitalter

Die Arnsberger „Mittheilungen" wurden erstmals 1842 gedruckt. Diese „späte Geburt" – immerhin im 33. Jahr des Vereinsbestehens – hatte mehrere Gründe. Die verwickelte Geschichte des Vereins, der lange Zeit ein „Beamtenverein" war, ist da ebenso zu nennen wie die Blockade durch schier unüberwindliche Hindernisse in Druck, Papier und vor allem Vertrieb. Diese Hindernisse waren im ersten Drittel des 19. Jahrhunderts nur schwer beiseite zu räumen. Wie etwa sollten der regelmäßige Versand und die pünktliche Zustellung im noch wenig erschlossenen Sauerland des Kutschenzeitalters organisiert werden? Wer sollte die Textbeiträge liefern? Wie sollte das Blatt finanziert werden? Wer sollte es redigieren?

Zumindest die letzte Frage konnte gelöst werden, als sich der legendäre „Bauern-Advokat", der Arnsberger Justizrat Johann Friedrich Josef Sommer (1793-1856), des Vorhabens einer Mitgliederzeitschrift annahm. Er, der sich für die Agrarfragen seiner Zeit stark interessierte, eine Reihe Bücher zu Agrarfragen veröffentlicht hatte und zu den Motoren landwirtschaftlicher Vereinsbildung im südlichen Westfalen zählte, zeichnete als Redakteur für Inhalt und Erscheinen der Zeitschrift verantwortlich. Zehn

Landwirthschaftliche Zeitung.

Nro. 14. Münster den 3. April **1844.**

Wöchentlich erscheint 1 Bogen. Der Abonnementspreis ist jährlich 15 Sgr. Bekanntmachungen über Gegenstände der Landwirthschaft werden gegen Entrichtung von 2 Sgr. für die Zeile, oder deren Raum, in diese Blätter aufgenommen, und sind unter der Adresse: „An die Redaction der landwirthschaftlichen Zeitung" porto- und bestellgeldfrei einzusenden. (Auflage 1600 Exemplare.)

Durch die Fluren strömt das Leben,
Fessellos enteilt der Bach,
Bäume knospen schon und Reben
Und der Sperling auf dem Dach
Freit mit ungestümen Sehnen
Um die Liebe seiner Schönen —
Frisch zur Arbeit, lieber Stoffel,
Rüste wacker mir die Hufen;
Sieh, es keimt schon die Kartoffel
Und der Kukuk hat gerufen;
Kraut und Rüben, flinke Sette,
Pflanze mir, doch mit Verstand,
Lein für dich zu Tisch und Bette
Sä' ich heut mit eigner Hand.

Jahre lang blieb Sommer der verantwortliche Redakteur, ehe 1852 das Erscheinen der „Mittheilungen" eingestellt wurde.

Die Auflagenhöhe der Zeitschrift ist nicht bekannt. Ihr Bezug dürfte sich aber im wesentlichen auf die Mitglieder der Landeskulturgesellschaft beschränkt haben. Nach einem „Namentlichen Verzeichniß der ordentlichen und Ehren-Mitglieder", veröffentlicht in den Landwirtschaftlichen Mitteilungen des Jahres 1847, gehörten dem Verein 239 Mitglieder sowie weitere 22 Ehrenmitglieder an. Landräte, Pfarrer, Lehrer, Stadtrichter, Steuerkontrolleure befanden sich unter den „ordentlichen Mitgliedern", außerdem Gastwirte, Taxatoren, Kaufleute, „Secretaire" sowie natürlich zahlreiche Gutsbesitzer, „Domainenraethe" und Landwirte.

Landwirthschaftliche
Mittheilungen
der
Landescultur-Gesellschaft
für
den Regierungs-Bezirk Arnsberg.

Herausgegeben

von

Justiz-Rath Dr. Sommer

in Arnsberg.

Sechster Jahrgang 1847.

Arnsberg,

Gedruckt mit Schriften der Wittwe W. L. Curth.

Blick in die Zeitschrift 1847

Die „Landwirthschaftlichen Mittheilungen" wurden in Arnsberg „mit Schriften der Wittwe W. L. Curth" gedruckt, wie es im Impressum hieß. Die Zeitschrift wies einen Umfang von acht Druckseiten auf und erschien in unregelmäßigem Rhythmus. Mal lagen 14 Tage zwischen zwei Heften, mal waren es zwei Monate. Und was war in den „Mittheilungen" zu lesen? Blättern wir in einem Jahrgang – dem des vorrevolutionären Hunger- und Krisenjahres 1847:

- „Über das Verhältnis der Kartoffelbrennereien zum Ackerbau" dreht sich gleich in Heft 1 vom 1. Januar 1847 der Beitrag eines Autors, der mit „Koppe, Wollup" vorgestellt wird; offenbar war er mit den Ortsverhältnissen im südlichen Westfalen nur wenig vertraut, so dass der Redakteur Sommer dem Beitrag eine Ergänzung bzw. Erwiderung folgen ließ, verfasst vom Forstdirektor Jäger aus Laasphe.

- In Heft 2, erschienen am 30. März 1847, fand sich ein Beitrag mit dem Titel „Erzielung einer zweifachen Kartoffel-Erndte", verfasst von Heinrich Ernst Eymann, der den Lesern als „Oeconom auf Hohensyburg bei Dortmund" vorgestellt wurde.

- In Heft 4 vom 22. Mai 1847 stellte ein Beitrag die Kultur und den Nutzen von Mais bzw. des „Welschkorns" vor, wie die Pflanze damals noch allgemein genannt wurde: „Über den Anbau des Welschkorns (Türkischer Weizen) als Grünfutter in Norddeutschland" lautete der Titel des Erfahrungsberichtes, dessen Autor nicht namentlich genannt wird.

- In den Heften 8 und 9 vom 1. und 15. November 1847 war ein zweiteiliger, umfangreicher „Beitrag zur Verbesserung der Landwirthschaft im Kreise Wittgenstein" veröffentlicht, niedergeschrieben vom „Fürstlich Wittgenstein'schen Hofverwalter" Krämer.

- In Heft 11, erschienen am 15. Dezember 1847, führt ein Autor, der mit den Initialen „H. S., Soest" vorgestellt wird, die Leser in Fragen der Düngung ein – unter der denkwürdigen Schlagzeile „Der Landwirthe Wundermänner".

Überdies finden sich in den Heften Korrespondenzberichte etwa aus dem preußischen Landesökonomie-Kollegium, Abdrucke aus anderen landwirtschaftlichen Zeitschriften jener Jahre wie dem „Archiv der Deutschen Landwirthschaft", amtliche Mitteilungen und auch Protokolle aus Verhandlungen der preußischen Landeskultur-Gesellschaft.

Alles in allem spiegeln die Beiträge, von Justizrat Sommer ins Blatt gehoben, die damals aktuellen Probleme der Landwirtschaft wider und geben in der historischen Rückschau einen wertvollen, alltagsnahen Einblick in die Arbeitswelt und die Landwirtschaft des Sauerlandes bzw. des Siegerlandes und des Wittgensteiner Landes in der ersten Hälfte des 19. Jahrhunderts.

Im Jahr 1852 kam das Ende der Zeitschrift. Die Vorstände der Arnsberger Landeskulturgesellschaft sowie der Landwirtschaftlichen Hauptvereine in Minden-Ravensberg und im Paderborner Land erklärten die „Landwirthschaftliche Zeitung" aus Münster zu ihrem Vereinsorgan. Diese Zeitung nannte sich seitdem im Untertitel „Vereinsschrift sämmtlicher landwirthschaftlicher Vereine der Provinz Westfalen".

„Förderung der Sittlichkeit“

Die „Landwirtschaftliche Zeitung“ war erstmals 1844 in Münster erschienen und sollte – gemäß einem in Soest gefassten Beschluss führender Vertreter der westfälischen landwirtschaftlichen Vereine – „zunächst für die größere Masse der gewöhnlichen westfälischen Landwirte berechnet (sein), daher vorzugsweise, praktischen, weniger wissenschaftlichen Inhalts und ganz populär gehalten“. Am 3. Januar 1844 war die „Landwirthschaftliche Zeitung“ erstmals in einer Auflage von 1600 Exemplaren und in einem Umfang von acht Seiten erschienen. Sie hatte sich als Fach- und Vereinsblatt verstanden, aber auch einen moralischen Anspruch erhoben: Die Zeitung werde es sich „hauptsächlich mit zur Aufgabe machen, auf Förderung der Sittlichkeit, Einfachheit, Mäßigkeit und überhaupt der Moralität unter den Landleuten hinzuwirken“, war in der ersten Ausgabe zu lesen. Außerdem beschrieb der damalige Chefredakteur Karl von Brandenstein 1844 das Ziel der Berichterstattung mit folgenden Worten:

„Sie, die landwirthschaftliche Zeitung, entbietet bei ihrem ersten Auftreten den Landwirthen ihren freundlichen Gruß und gibt das Versprechen: daß sie mit Treue und Wahrheit berichten, daß sie keine Rathschläge geben wird, von deren Richtigkeit und Anwendbarkeit sie sich nicht für versichert zu halten Grund hat, daß sie sich ernstlich angelegen sein lassen will, klar, bündig und möglichst Ueberzeugung gebend ihre Gegenstände vorzutragen, und unter denselben diejenigen zuerst zur Sprache zu bringen, welche, wie das Fundament eines Gebäudes, der nächsten Beachtung bedürfen, und daß endlich ihr ganzes Bestreben sein soll, zur Wohlfahrt ihrer Leser wesentlich beizutragen. Und so wollen wir hoffen, daß kein Leser die Nummer der Zeitung aus der Hand legen wird, ohne darin auch für sich etwas Nützliches gefunden zu haben.“

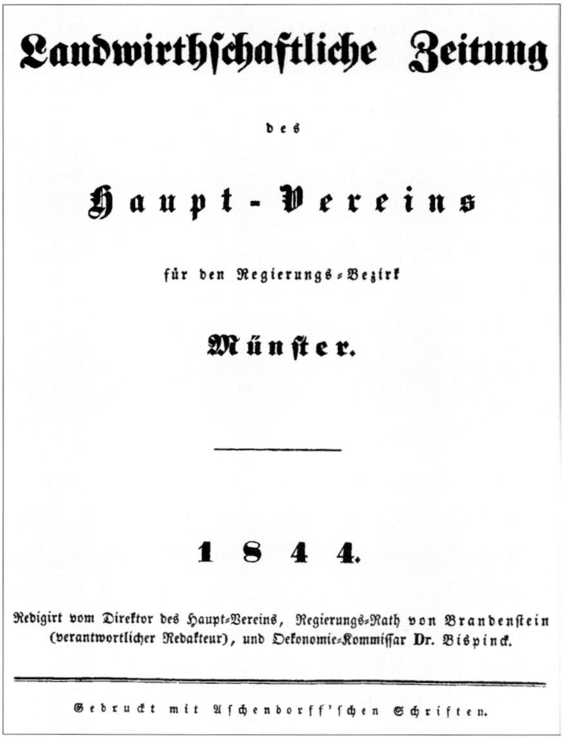
Landwirthschaftliche Zeitung

des

Haupt-Vereins

für den Regierungs-Bezirk

Münster.

1844.

Redigirt vom Direktor des Haupt-Vereins, Regierungs-Rath von Brandenstein (verantwortlicher Redakteur), und Oekonomie-Kommissar Dr. Bispinck.

Gedruckt mit Aschendorff'schen Schriften.

Die „Landwirthschaftliche Zeitung“ aus Münster hatte keineswegs nur Themen und Beiträge zur Landwirtschaft des Münsterlandes veröffentlicht, sondern sich von Beginn an der gesamten preußischen Provinz Westfalen verpflichtet gesehen. So finden sich schon im ersten Jahrgang 1844 „Auszüge aus dem Protokoll über die fünfte General-Versammlung des landwirtschaftlichen und Gewerbs-Vereins des Kreises Meschede“ – oder auch ein Portrait der „landwirthschaftlichen Sonntags-Schule zu Siegen“, verfasst vom Arnsberger Justizrat Sommer.

Am 10. August 1854 wurde der „Landwirtschaftliche Provinzialverein für Westfalen und Lippe“ ins Leben gerufen; ihm schloss sich die

Arnsberger Landeskulturgesellschaft an, ebenso auch die regionalen landwirtschaftlichen Hauptvereine Minden-Ravensbergs, des Paderborner Landes sowie des Münsterlandes. Zum Vereinsorgan des Provinzialvereins wurde die in Münster erscheinende „Landwirthschaftliche Zeitung“ erklärt. Sie nannte sich fortan „Landwirthschaftliche Zeitung für Westfalen und Lippe“.

Die Auflage entwickelte sich bescheiden. Noch 1869, im Jahr des 25-jährigen Bestehens, hatte die Fachzeitschrift kaum mehr als 2800 Exemplare. Erst 30 Jahre später, 1899, erreichte die Auflage über 10.000 Exemplare.

In jenem Jahr 1899 löste sich der Provinzialverein auf. An seine Stelle rückte die neue Landwirtschaftskammer für die preußische Provinz Westfalen. Das Wochenblatt wurde deren „amtliches Organ“. In den nächsten Jahren konnte der Umfang des Blattes von acht auf zwölf Seiten erweitert werden. Neue Sonderbeilagen wie etwa „Das westfälische Pferd“ oder „Mitteilungen des Obstbauverbandes Westfalen-Lippe“ kamen hinzu. Bis kurz vor Kriegsbeginn 1914 erreichte das Wochenblatt über 13.000 Landwirte in Westfalen.

In stürmischen Zeiten

Nach dem Ersten Weltkrieg und der Revolution 1918/19 hinterließ der demokratische Umbruch auch in der Landwirtschaft und im Wochenblatt seine Spuren. Hatten bislang die ‚Honoratioren’ größerer Höfe bzw. Adelsgüter den Ton in den landwirtschaftlichen Vereinen und den bäuerlichen Interessenverbänden wie dem zentrumsnahen „Westfälischen Bauernverein“ angegeben, so hieß es im Februar 1919 im Wochenblatt: „Es sollen jetzt auch die kleinen und kleinsten Landwirte und die Landarbeiter und vor allem auch ihre Frauen und Töchter teilnehmen. Diese alle wirken an der landwirtschaftlichen Erzeugung mit. Die Erfahrungen, die Fortschritte der Landwirtschaft dürfen ihnen nicht fremd bleiben.“

Wenig später erhielt das Wochenblatt einen neuen regelmäßigen Schwerpunkt: „Die westfälische Landfrau“ mit Informationen zu Haus und Garten, zu Geflügel und Milchviehhaltung – damals eine Domäne der Bäuerinnen und Mägde – sowie mit Berichten aus den jungen Landfrauenvereinen. In den 1920er Jahren erreichte die Landwirtschaftliche Zeitung mit einem Umfang von 24 Seiten eine Auflage von 25.000 Exemplaren.

In der Nazi-Zeit

Im Oktober 1933 kam das Aus für die unabhängige Fachzeitschrift. Die westfälische Landwirtschaftskammer, seit 1931 geführt von dem aus Olsberg stammenden nationalkonservativen Gutsbesitzer Ferdinand Freiherr von Lüninck, hatte sich wenige Monate zuvor selbst gleichgeschaltet und sich den Nazis unter- und in deren Landesbauernschaft eingeordnet.

Noch 1933 zerschlugen die westfälischen NS-Agrarfunktionäre auch die traditionsreiche Fachzeitschrift. An ihre Stelle setzten sie ein Propaganda-Blatt mit dem Titel „Westfälischer Bauernstand“. Es erschien erstmals am 2. November 1933. Holzschnittartig zeigte der Titelkopf Fachwerk, Kopfweiden, einen Bauern am Pflug und das Hakenkreuz. Es signalisierte, dass das neue Blatt in die Politik der NSDAP bzw. des Hitler-Regimes eingespannt war. Bereits 1935 benannten die Nazis ‚ihr’ Bauernblatt um: „Wochenblatt der Landesbauernschaft Westfalen – Amtliches Organ des Reichsnährstandes" hieß es fortan – und bis zum bitteren Untergang im Frühjahr 1945. Ende 1938 soll die Auflage auf 49.000 Exemplare gestiegen sein. Für die Kriegsjahre gibt es keine verlässlichen Zahlen mehr.

Aus der Fachzeitschrift war ein Propaganda-Organ der Nazis geworden: zwischen den Machtinteressen der Landesbauernschaft und des Reichsnährstandes einerseits und der diktatorischen Pressesteuerung des Goebbels'schen Apparates andererseits, zwischen Führerkult und Blut-und-Boden-Ideologie, zwischen „Erzeugungsschlacht" und Kriegsvorbereitung, zwischen Rassenwahn und – in den Kriegsjahren offen propagierter – „Endlösung der Judenfrage". Als Beispiel sei zitiert aus dem besonders perfiden – und gerade deswegen aussagekräftigen – Leitartikel: „Wir oder die Juden!", verfasst vom Landesobmann F. Merk der Landesbauernschaft Baden, den das Wochenblatt der Landesbauernschaft Westfalen am 17. Juli 1943 in pompöser Aufmachung veröffentlichte:

„Die nationalsozialistisch-faschistische Neuordnung beruht auf der rassisch-völkischen Leistungs- und Schaffenskraft freier, unabhängiger Nationen im soldatischen Kampf an den Fronten. Im Schaffen auf dem Bauernacker und im Rüstungsbetrieb äußert sich die neue Volksgemeinschaft, die bereit und willens ist, sich für ein höheres Ziel und nicht bloß für das eigene Ich einzusetzen." Diese „Ordnung" sei „der jüdischen Interessenpolitik unerträglich", deshalb müsse die „jüdische Weltdiktatur" bekämpft werden. Und weiter: „Heute muss der Jude vernichtet werden, damit die gesunden und rassisch guten Kräfte in der Welt auf bäuerlich-natürlicher Grundlage eine neue Welt- und Lebensordnung gestalten können."

Solche Sätze radikalster nationalsozialistischer Hass- und Rassenmord-Propaganda stehen im Blatt neben scheinbar nüchtern-fachlichen Themen, die die agrarischen Seite der heimischen Kriegswirtschaft dokumentieren – und auch den Alltag auf den Höfen Westfalens aufscheinen lassen. So finden sich im selben Wochenblatt des 17. Juli 1943 Beiträge unter Überschriften wie „Maßnahmen im Getreidewirtschaftsjahr 1943/44", „Der Zweck der Kalkdüngung", „Sorgfältige Mohnernte", „Hausschlachtungsbestimmungen in Westfalen" oder „Bäuerin, spare Brennstoff"; außerdem abgedruckt ist eine „Anordnung über die Einsatzbedingungen der Ostarbeiter in den landwirtschaftlichen Betrieben des Wirtschaftsgebietes Westfalen-Niederrhein".

Im Herbst 1944 wurden die Druckerei und der Verlag nach Steinhagen unweit Bielefelds verlegt – offenbar auf Grund der Protektion des letzten westfälischen NS Landesbauernführers Ernst Kienker, der aus der Nähe Steinhagens stammte. In den Räumen einer ehemaligen Kornbrennerei wurde Ende März 1945 die letzte Ausgabe des Nazi-Bauernblattes für Westfalen in Bleilettern gesetzt und gedruckt. Kurz danach marschierten Alliierte Truppen auch in Steinhagen ein. Die Druckpressen wurden angehalten und konfisziert.

Der Neuanfang

Gut ein Jahr verging, ehe den Bauern wieder ein Fachblatt zugestellt werden konnte. Im April 1946 erschien es erstmals – von nun an unter dem Titel „Landwirtschaftliches Wochenblatt für Westfalen und Lippe". Es zählte zu den ersten Fachzeitschriften, für die die britischen Besatzungsbehörden eine Drucklizenz erteilten. Aus ihrer Sicht sollte damit die Leistung der Landwirtschaft gefördert werden.

Landwirtschaftliches Wochenblatt für Westfalen und Lippe

Amtliches Fach- u. Verkündungsblatt für Land- und Forstwirtschaft

Veröffentlicht unter Zulassung Nr. 37 der Mil.-Reg. — Verlagsort: Steinhagen (Westf.).

Nr. 1/2 — Münster (Westf.), den 20. April 1946 — 103. Jahrgang

An die Bauern von Westfalen und Lippe!

This is a farmers paper, not new to most of you but reborn. As such I should like to address this first article to the farmers of Westfalia and Lippe, not that I think this paper will be read exclusively by farmers. I hope it won't. At all events you both have a great duty to perform.

Westphalia is a province of many contrasts and varied problems comprising, as it does, the wooded hills of Sauerland, the fertile plain of Soest, Münsterland, the rolling countryside of Minden and Lippe, to the industrial Ruhr.

There is no need to emphasise the gravity of the food situation.

But if times are bad for you in the country remember it is far worse in the towns.

A lot has already been asked of you and more may come. You must however always bear in mind your responsibility to your fellow countrymen less fortunate than yourselves.

It is the duty of everyone in country or town to cultivate every square inch of ground so that next winter can be looked forward to with confidence and not forboding.

Look to it, and don't fail yourselves.

R. B. Purvis, Lt.Col.,
Comd. Westfalen Regional Food Team.

Dies ist ein Bauernblatt, den meisten von Ihnen nicht unbekannt, sondern nur wieder auferstanden. Deshalb möchte ich diesen ersten Artikel an die Bauern von Westfalen und Lippe richten, wenn ich auch nicht annehme, daß nur Landleute diese Zeitschrift lesen werden. Ich hoffe, daß dies nicht der Fall sein wird. Wie dem auch sei, Sie beide, Stadt und Land, haben eine schwere Pflicht zu erfüllen.

Westfalen ist eine Provinz mit vielen Gegensätzen und mannigfachen Problemen, umfaßt sie doch die Waldberge des Sauerlandes, die fruchtbare Soester Ebene, das Münsterland, die wellige Landschaft von Minden und Lippe und das Industriegebiet der Ruhr.

Es ist unnötig, den Ernst der Ernährungslage zu betonen. Aber wenn Sie auf dem Lande schwere Zeiten haben, so denken Sie daran, daß es in den Städten noch viel schlimmer aussieht.

Viel ist bereits von Ihnen verlangt worden und vielleicht noch nicht das Letzte. Da müssen Sie sich jedoch immer Ihre Verantwortlichkeit Ihren Landsleuten gegenüber vor Augen halten, die in einer weniger glücklichen Lage sind als Sie selbst.

Es ist Pflicht eines jeden in Stadt und Land, jeden Zoll Bodens zu bestellen, damit der nächste Winter statt mit düsteren Vorahnungen mit Vertrauen erwartet werden kann. Halten Sie sich heran und lassen Sie sich nicht selbst im Stich!

R. B. Purvis, Lt. Col.,
Comd. Westfalen Regional Food Team.

An das westfälische Landvolk!

Das „Landwirtschaftliche Wochenblatt" kommt in einer ernsten Zeit zu Ihnen. Es will Ihr Weggenosse und Berater in allen Angelegenheiten sein, die Sie als Ernährer der westfälischen Bevölkerung bewegen. Es wird deshalb nicht nur amtliche Bekanntmachungen bringen, sondern soll Ihnen auch klare Richtlinien und Anregungen geben, vor allem in den Fragen, von denen heute die erforderliche schnelle Steigerung der Erzeugung wichtigster Nahrungsgüter abhängt. Wir erwarten, daß sie von Ihnen ernsthaft bedacht und befolgt werden. In vielen landwirtschaftlichen Betrieben sind noch Verbesserungen möglich und erforderlich. Intensivste Arbeit auf dem Acker und strengste Auslese in den Viehbeständen müssen den vorläufigen Mangel an Düngemitteln, Maschinen und anderen landwirtschaftlichen Bedarfsgütern wenigstens zum Teil ausgleichen.

Denken Sie immer an Ihre vornehmste Pflicht, für die Ernährung der noch ungleich härter geprüften Bevölkerung unserer Großstädte, besonders die des schwer arbeitenden Kohlenreviers, zu sorgen. Sie kann nur erfüllt werden, wenn jeder Erzeuger dem Boden das Letzte abringt, seiner Ablieferungsverpflichtung bis zum Äußersten nachkommt, den Eigenverbrauch einschränkt und nicht den Versuchungen nachgibt, die Schwarzhändler und Hamsterer an ihn herantragen.

Die Britische Militärregierung hilft uns durch Einfuhr von Nahrungsmitteln und Saatgut. Aber zuerst kommt die Selbstverantwortung. Wir müssen uns deshalb auch klar bleiben, daß die Grundlage unserer Versorgung der Bauer schaffen muß. Dabei will ihm das Wochenblatt helfen. Es wird immer bemüht sein, in engster Verbindung mit der Praxis zu bleiben. Auch aus den Kreisen des Landvolkes werden Mitarbeiter ihre Erfahrungen und Anregungen zur Verfügung stellen müssen, um den rechten Weg zu finden. Wenn jeder seine Pflicht tut, mit Gottvertrauen und der dem westfälischen Bauern eigenen Beharrlichkeit, wird dieser Weg wieder aufwärts gehen.

Dr. Hermann Heukamp,
Leiter des Landesernährungsamtes und der Landesbauernschaft Westfalen.

Wöchentlich allerdings konnte das Wochenblatt am Anfang nicht erscheinen. Wegen Papiermangels gab es das Wochenblatt anfangs nur 14-tägig – und das auch nur mit acht dünnen Seiten. Das Blatt waren ebenso mager wie die Zeiten, in denen es erschien. Erst im Oktober 1948, gut ein Vierteljahr nach der Währungsreform, konnte genug Papier beschafft werden, damit das Wochenblatt auch tatsächlich wöchentlich erschien.

1950 erhielt es schließlich sein Markenzeichen, den lindgrün eingefärbten Umschlag. In diesem Jahr hatte das Wochenblatt bereits einen Gesamtumfang von 1842 Seiten. Zum Vergleich: Der erste Nachkriegsjahrgang 1946 hatte noch auf insgesamt 152 Seiten Platz gefunden; 1949 waren es bereits 1388 Seiten – und dann „explodierte“ das Blatt: Es mangelte weder an Papier noch an Anzeigen aus der Industrie; sie alle wollten teilhaben am stürmischen Aufschwung gerade im landwirtschaftlichen Sektor der Nachkriegswirtschaft. In den 50er Jahren kam es nicht selten vor, dass dem redaktionellen Teil zunächst einmal zehn Anzeigenseiten vorausgingen.

Die Auflage stieg in den folgenden Jahren auf mehr als 65.500 Exemplare (1961). Neben dem umfangreichen Fachteil, der sich traditionell vornehmlich an die männliche Leserschaft wandte, wurde in den 50er Jahren der Magazinteil „Für die Landfrau“ eingerichtet und systematisch aufgebaut. Seine Berichterstattung machte es zum Begleiter des Strukturwandels auf dem Land – und gibt aus heutiger Sicht eine erstaunlich umfangreich sprudelnde historische Quelle ab. Wer etwa über die erste Waschhausgenossenschaft Westfalens, eröffnet im Juli 1952 in Benolpe bei Lennestadt, oder über die erste Dorfgefrieranlage Westfalens, eröffnet im November 1953 in Neheim-Hüsten, mehr erfahren möchte, wird im Wochenblatt ebenso fündig wie derjenige, der Hinweise zum Wandel in der Milchviehhaltung oder über die ersten Maisanbauversuche im Sauerland der 50er und 60er Jahre sucht.

„Landleben nicht als schicker Lifestyle”

Im zurückliegenden Vierteljahrhundert hat sich mit der Landwirtschaft auch das Wochenblatt gewandelt. Es ist längst nicht mehr reines Fachblatt mit ‚Familienanhang‘, sondern ein umfangreiches, praxisnahes Magazin zu allen Themen des Landlebens in und um Westfalen-Lippe geworden. Bereits seit Ende der 50er Jahren waren etwa sechs bis zehn Druckseiten pro Ausgabe der Landfrau und der Familie reserviert. Später kamen schrittweise neue Themen und Schwerpunkte hinzu. Garten und Gesundheit etwa haben seit den frühen 60er Jahren ihren festen Platz, seit Beginn der 80er Jahre auch geschichtliche, landeskundliche und kulturelle Themen aus Westfalen; seit Oktober 1987 gibt es eine Kinderseite. Im Mai 2002 richtet das Wochenblatt die Rubrik „Natur und Jagd“ ein. Sie wendet sich an Landwirte, Jäger, Hobby-Tierhalter und andere Interessierte und bietet Aktuelles und Informatives rund um Naturschutz, Jagd und heimische Tier- und Pflanzenwelt.

Nicht eigens aufgeführt sind in dieser Liste der Neuerungen all die kleinen Veränderungen und regelmäßigen Beilagen und Schwerpunkte: die traditionellen fünf Ausgaben zur Frühjahrsbestellung etwa, die Auswertung der Getreide-Sortenergebnisse, die regelmäßigen Schwerpunkte zur „Veredlung kompakt“, die Auslandsreportagen etwa zur Landwirtschaft in Frankreich, den Niederlanden, Polen oder Russland, die Analysen und Berechnungen etwa zur Ferkelproduktion oder zur Tiergesundheit, zur Pferdehaltung oder auch zu aktuellen

Entwicklungen aus Landtechnik und Industrie. Für Leser im südlichen Westfalen besonders wichtig: Im August 1991 legt das Wochenblatt erstmals einen flächendeckenden Milchpreisvergleich für Westfalen bzw. Nordwestdeutschland vor, gegen vielerlei Bedenken und zum Teil massive Widerstände. Dieser Milchpreisvergleich, der Berechnung nach im Prinzip unverändert, wird seither jährlich im Wochenblatt veröffentlicht.

„Es ist diese Mischung aus Fach-, Familien- und regionaler Heimatzeitung, die das ‚Landwirtschaftliche Wochenblatt Westfalen-Lippe' in den ländlichen Teilen seines Verbreitungsgebiets zu einer Institution werden ließ und ihm ein neues Publikum erschloss", so urteilte die renommierte „Neue Zürcher Zeitung" am 25. Juli 2003 in einem umfangreichen Portrait über das westfälische Wochenblatt. Und weiter: „Hier ist das Landleben nicht als schicker Lifestyle zu besichtigen, sondern als komplexe soziale Wirklichkeit in Zeiten rasanten Wandels. Das ‚Wochenblatt' ist da ein recht verlässlicher Führer, weil es selber auf diesen Wandel immer wieder kreativ reagiert hat."

Quellen:
Westfälischer Bauernstand. Das Blatt der Bauern in Westfalen und Lippe, hg. von der Landesbauernschaft Westfalen 1933 - 1935 (ohne Jahrgangszählung).
Landwirthschaftliche Mittheilungen der Landescultur-Gesellschaft für den Regierungsbezirk Arnsberg. Jg. 1 (1842) bis 11 (1852).
Landwirthschaftliche Zeitung des Haupt-Vereins für den Regierungsbezirk Münster. Jahrgang 1 (1844) (=Nachdruck Münster-Hiltrup 1969).
Landwirtschaftliche Zeitung bzw. Landwirtschaftliche Zeitung für Westfalen und Lippe Jg. 1 (1844) - Jg. 90 (1933).
Wochenblatt der Landesbauernschaft Westfalen (Reichsnährstand) 1935 - 1945.
Landwirtschaftliches Wochenblatt Westfalen-Lippe, Jg. 103 (1946) - Jg. 163 (2006).
Crone-Münzebrock, August: Landwirtschaftliches Vereinswesen und Landwirtschaftskammern. In: Engelbert von Kerckerinck zur Borg (Hg.): Beiträge zur Geschichte des Westfälischen Bauernstandes. Berlin 1912, S. 531-557.
Krägeloh, Konrad: Geschichte der Landeskulturgesellschaft für den Regierungsbezirk Arnsberg 1809 - 1959. Münster-Hiltrup 1959.
Reininghaus, Wilfried und Horst Conrad (Hg.): Für Freiheit und Recht. Westfalen und Lippe in der Revolution 1848/49. Münster 1999. (dort auf S. 218: Kurzbiographie von J. F. J. Sommer).
Seifert, Heribert: Wenn Nicht-Bauern Bauernblätter lesen. Das „Landwirtschaftliche Wochenblatt Westfalen-Lippe". In: Neue Zürcher Zeitung, 25. Juli 2003.
Strotdrees, Gisbert: Höfe, Bauern, Hungerjahre, Zur Geschichte der westfälischen Landwirtschaft 1890 - 1950. Münster-Hiltrup 1991.

De Suerländer 1925

Der Mond ist aufgegangen

Meinungen zur alten Frage, ob man sich bei der Gartenarbeit nach Mondphasen richten soll oder nicht

Martin Vormberg

Seit gut 20 Jahren versuche ich mich in meinem Heimatort Wirme in der Kunst des Gemüseanbaus. Jahr für Jahr bemühe ich mich, trotz kurzer Vegetationsperiode und im permanenten Kampf gegen Blattläuse, Schnecken und Wühlmäuse, etwas Gesundes für den Küchentisch heranzuziehen, das man mit Appetit verspeisen kann. Wenn ich allerdings daran denke, dass ich einen Kopf Salat im Supermarkt schon für 49 Cent erhalte, komme ich natürlich ins Grübeln, ob sich der Aufwand überhaupt noch lohnt. Doch meine Frau weiß mich zu trösten: „Denk mal daran, was du im Naturkostladen für biologisch-dynamisch angebautes Gemüse zahlen müsstest. So gesehen lohnt sich der Garten schon.“ Pestizide oder Blaukorn sind bei mir verpönt. Gedüngt wird ausschließlich mit selbst erstelltem Kompost, Hornspänen oder Kalk, selten auch mal mit Guano. Unkraut wird solange gejätet, bis der Sommerurlaub beginnt; nach zwei Wochen Abwesenheit hat die wuchernde Miere den Garten aber endgültig erobert.

Anfängliche Erfolge wurden von Nachbarn und Verwandten gerne mit der Bemerkung: „Ihr habt ja auch ausgeruhten Boden,“ kommentiert. Hartnäckig hielt sich diese These etwa 15 Jahre lang. Wenn die Ernte aber einmal nicht so reichhaltig wie erwartet ausfällt, wird gefragt: „Achtest du beim Pflanzen und Säen auch auf den Mond?“

Der Mond. Nun ja, er soll ja so manchen Einfluss auf unser irdisches Leben haben, von den Gezeiten der Meere mal abgesehen. Deshalb bin ich beispielsweise bei Vollmond immer ganz besonders vorsichtig im Straßenverkehr, denn da sind die merkwürdigsten Verhaltensweisen von Autofahrern oder Fußgängern zu beobachten. Auch bei Menschenansammlungen – etwa bei der Chorprobe – meine ich, einen Einfluss des Vollmondes zu verspüren, was sich an verstärkter Unruhe, einem erhöhten Geräuschpegel ausmachen lässt. Aber im Garten? Nie habe ich mir Gedanken darüber gemacht, wann ich was wegen der jeweiligen Mondphase in die Erde bringen darf. Entscheidende Faktoren hierfür waren bislang vielmehr wann ich dazu Zeit hatte, wann die Witterung günstig war und wann ich mich dazu aufraffen konnte. Sehr entgegen kamen mir dabei immer die Weisheiten meiner Nachbarn, dass die Gartenbestellung in Wirme vor Mitte Mai wegen der kalten Nächte wenig Zweck habe. Außerdem wachse es erst so richtig ab dem Johannestag (24. Juni).

Aber man soll sich ja neuen Erkenntnissen nicht verschließen. Und da gerade im Gartenbau neue Erkenntnisse oft auf uralten fußen, war es spannend, einmal in alten Dokumenten nachzuforschen, ob dort etwas zum Säen und Pflanzen nach Mondphasen vorhanden ist. Im Archiv Vasbach (Gemeindearchiv Kirchhundem) fand ich die folgenden aus der Mitte des 19. Jahrhunderts stammende Notizen:

Bemerkungen für den Garten

Kohlraben werden gesäet einige Tage nach dem Vollmond, gepflanzt vor oder nach dem Vollmond, vor oder nach Johannistag.

Kappus weißen, gesaet im März in frisch gedüngtes feuchtes Land u(nd) im wachsenden Mond. Winterkappus im halben August in nicht zu trockenes Land im abnehmenden Mond.

Wirsing wird gesaet in frisch gedüngtes feuchtes Land und im abnehmenden Mond. März – April.

Zwiebeln werden gesaet im März – April in frisch gedüngtes, feuchtes Land u(nd) im abnehmenden Mond.

Pottlack im halben Mai in frisch gedüngtes trockenes Land u(nd) im wachsenden Mond.

Porre, im März – April in frisch gedüngtes, feuchtes Land im wachsenden Mond.

Romelaschen, Juni – Juli in frischgedüngtes oder auch altgedüngtes feuchtes Land u(nd) im abnehmenden Mond.

Kappus, rother im März, in frischgedüngtes, trockenes Land und im abnehmenden Mond.

Runkelrüben im März in frischgedüngtes, trockenes oder feuchtes Land, im abnehmenden Mond.

Sellerie im März in frischgedüngtes trocken-feuchtes Land, im abnehmenden Mond.

Scorzanerwurzeln im März in altgedüngtes, trockenes Land im wachsenden oder abnehmenden Mond.

Schalotten im Febr(uar) – März in altgedüngtes, feuchtes Land u(nd) im abnehmenden Mond.

Spinat im Febr(uar) bis Mai in frischgedüngtes, trocken – feuchtes Land, im wachsenden Mond.

Tapp- oder Carottenwurzeln im März – April in altgedüngtes trockenes Land im wachsenden od(er) abnehmenden Mond.

Vitsbohnen im halben Mai im frischgedüngten, trockenen Land u(nd) im abnehmenden Mond.

Zuckerwurzeln im März in altgedüngtes trockenes Land u(nd) im abnehmenden Mond.

Beim Säen und Pflanzen ist vorzüglich zu bemerken:
a. daß man so viel als möglich nicht im Regen säe oder pflanze, weil alsdann gern abgefressen wird;
b. muß man dabei dem Nordwind ausweichen;
c. daß der frische Samen der sicherste gegen das Abfressen sei, obschon einiger überjähriger Samen ergiebiger ist;
d. Feldsalat-Same muß überjährig sein.

Samen aus mäßig guten und mäßig trockenen Jahren ist der beste.

Weil auch der Nebel viel Unfruchtbarkeit verursacht, indem der Same nicht zur Reife kommen kann, so muß man die Pflanzen gleich nach dem Nebel mit einer Lauge von Seife, Tabak, Wermuth und Weinraute gegen Abend kalt besprengen, so ist den Pflanzen geholfen und bekommen keine Kolben.
Auch ist diese Lauge sehr gut gegen Erdflöhe.

Das Abbrechen der Blätter, woran sich Raupennester befinden, ist das beste Mittel, besonders ehe sie auseinandergegangen sind.

Die Samen müssen an mäßig trockenen Orten aufbewahrt und gegen Rauch geschützt werden.

Samen, der zu einer Klasse gehört, z(um) B(eispiel) Kappus, Kohl u(nd) s(o) w(eiter) darf beim Reifwerden nicht zusammen stehen, da es sonst Bastarde gibt.

Vorstehende Bemerkungen sind von dem Klosterbruder Martin zu Brenschede, einem sehr tüchtigen Gärtner.

Mondwechsel

Ueberhaupt läßt sich der ganze Feld- und Gartenbau nach den 4 Mondvierteln in folgende 4 Theile theilen:

I: Was über sich in Kraut, Blätter und Stengel, als Salat, Kohl, Kraut pp. zu wachsen pflegt, das soll man säen und pflanzen zwischen dem neuen Mond und ersten Viertel, nämlich 3 – 4 Tage nach dem neuen Licht; denn im alten soll es sehr faulen.
II. Was Blumen bringen soll, als Lilien, Nelken, Tulpen pp das kann man zwischen dem 1t(en) Viertel und Vollmond stecken.
III. Was Samen und Früchte bringen soll, als Sommerweizen, Gerste, Linsen, Hanf pp, das wird im abnehmenden Mond, besonders zwischen dem Vollmond u(nd) letzten Viertel gesäet.
VI. Was unter sich in Wurzeln wachst, als: Rüben, Rettig, Möhren, Zwiebel pp kann zwischen dem letzten Viertel und dem Neumond gesäet werden.

Also:
a. Unter allen Samen werden die Kappest- u(nd) Möhrensamen wie auch alle Küchen Kräuter und Gartengewächse am frühesten gesäet, und zwar gegen die Hälfte des März hin. Hier darf man auch das Mondesalter so groß nicht achten; will es sich aber schicken, so ist der zunehmende Mond der beste. Rüben, Rettige und Salat hingegen lieben den abnehmenden Mond und können früh und spät gesäet werden. Die gelben Wurzeln, welche man in dem letzten Viertel säet, sollen keinen harten Kern bekommen.

b. Sommerkorn und Sommerweizen wird gleich nach dem Vollmond gesäet, da er noch einen großen Schein hat, indem sie sodann im zunehmenden Monde aufzugehen und wohl zu gerathen pflegen. Bei der Saat dieser Sommerfrucht meidet man diejenigen Tage, an welchen der Mond seinen Lauf in dem Zeichen des Schützen hat. Sonst wird Buchweizen insgemein im Mai gesäet, wenn der Roggen aufzuschießen beginnt. Winterkorn, Weizen und Roggen können schon im September gesäet und damit im Octob(er) – November und Dezember, ja sogar bis Lichtmeß, wenn anders das Wetter gut und das Land offen und nicht gefroren ist, fortgefahren werden.

Der Hafer wird sobald gesäet, als man mit dem Pflügen in die Erde kommen kann, weil ihm die Kälte nicht leicht schadet. Man kann auch ohne Unterschied des Mondsviertels diese Saat verrichten, wenn man nur auf gute Aspecten und eine feine Witterung wohl Acht hat, wie wohl hierzu als die beste Zeit das erste und das letzte Viertel gehalten wird.

Mit der Gerste darf man nicht zu frühe in die Erde eilen, weil sie wenig Kälte ausstehen kann, vielmehr eine warme Witterung und temperierten Boden liebt. Die beste Saatzeit ist nach dem Vollmond im April, Mai und noch im Juni, nachdem das Land und auch das Wetter feucht oder trocken ist.
Die Lein- und Hanfsaat geschieht füglich ums erste und letzte Mondsviertel, weil unsere Vorfahren fest geglaubt haben, daß der ums erste

Viertel gesäete Lein und Hanf einen guten langen Faden bekomme, der ums letzte Viertel gesäete aber reich an Samen werde. An etlichen Orten säet man den Lein in der elften Woche vor Jacobi, allein es soll in der neunten besser sein, weil er alsdann kleinhärig wird. Andere säen ihn zu drei verschiedenen Malen, als: 1t(ens) zwei Tage vor oder nach Mariä Verkündigung; 2t(en) um den Palmtag und in der Marterwoche; 3. der Tag vor oder nach Georg. Insgemein wird der Lein im Mai, wenn der Roggen anfängt aufzuschießen, gesäet. Wer alten Lein hat, der 3 – 4 Jahre gelegen, der gieße nur ein oder zwei Tage vorher, ehe er gesäet wird, Bier darauf und säe ihn in gut Land, so wird er schönen Flachs bekommen.

Hierse, Wicken, Linsen und alle Schotenfrüchte werden zeitig, und zwar gern im abnehmenden Monde gesäet, weil sie nachher desto eher abblühen und reif werden. Erbsen und Bohnen aber werden zwei Tage vor und nach dem vollen Lichte gesäet.

Erbsen bei zunehmenden Licht gesäet blühen immerfort und setzen wenig Schoten.

Lein im Vollmond gesäet, erhält guten, im abnehmenden Mond dagegen schlechten Bast.

Nur im abnehmenden Mond müssen Schafe gezogen werden.
Einzuschlächten ist am besten im abnehmenden Mond.

Alles, was außer der Erde über sich in die Höhe wächset, das soll im zunehmenden Mond und wenn der Mond über der Erde ist, gesäet werden. Hingegen:
Alles, was unter der Erde sich wurzelt, oder in die Tiefe wächst, das soll im abnehmenden Mond und wenn der Mond unter der Erde ist, gesäet werden.
Soll man zum Säen und Pflanzen diejenigen 4 Tage meiden, an welchen der Mond entweder neu oder voll ist, sein erstes oder letztes Viertel hat.

Bauer bei der Gartenbestellung und Gemüseernte. Repro: Gemeindearchiv Kirchhundem

Wegen der hoch und niedrig gelegenen Felder ist zu bemerken, daß die hohen und trockenen am besten im zunehmenden Mond und zuerst, die niedrigen und feuchten aber im abnehmenden Monde und zuletzt bestellt werden.

Natürlich wurden bereits im 19. Jahrhundert die Überlegungen, nach Mondphasen zu pflanzen und zu säen kontrovers diskutiert. Recht deutlich zeigt das der nachfolgend wiedergegebene Artikel *Der Mond* von einem Autor namens Bergmann, der in Nr. 16 der *Landwirthschaftlichen Mittheilungen der Landeskultur-Gesellschaft für den Regierungsbezirk Arnsberg* vom 30. Dezember 1950 veröffentlicht wurde und der für dieses Blatt aus der *Agronomischen Zeitung* entnommen worden war:

Der Landwirth muß vorurtheilsfrei sein, muß Selbstdenker werden, muß beobachten lernen, nicht länger blindlings glauben, was man ihn glauben ließ in der vergangenen Zeit, wo die Naturkunde ebenso wenig Eigenthum der Landwirthschaftslehre war als die Scheidekunst (Chemie).

Die Landwirthe und deren Frauen müssen selbst wahrnehmen lernen, dürfen nicht länger rücksichtsvolle Anhänger hergebrachter Meinungen bleiben.

Der Landwirth muß daher aufhören, dem Mond einen Einfluß einzuräumen auf das Keimen der Saatkörner, auf das Wachsen und Gedeihen der Feld- und Gartenpflanzen, namentlich der Knollengewächse, auf die Blüthenzeit der Erbsen, auf die Obstbäume, auf die Blüthenfülle mehrerer Blumen u.s.w.
Der Landwirth muß aufhören an den Einfluß des Mondes auf die Witterung zu glauben, namentlich an den durch die Mondveränderungen bedingt sein sollenden Witterungswechsel. Der Glaube an den Einfluß des Mondes muß aufhören, ebenso wie der Glaube an den Kalender.

Der denkende Landwirth und seine umsichtige Hausfrau mögen nur einige Zeit lang die Witterung, welche in irgend einem Kalender steht, mit der wirklichen Witterung aufmerksam vergleichen, und die vorgefaßte Meinung an den herkömmlichen, zur Gewohnheit gewordenen Kalenderglauben beginnt zu wanken, noch einige Zeit lang beobachtet, verglichen und aufgeschrieben, und der Glaube an Mond und Kalender verschwindet, hört auf ferner einen nachtheiligen Einfluß auf verschiedene Wirthschaftseinrichtungen auszuüben. Bei den Verpflanzungen der Blumenstöcke, bei dem Pfropfen der Obstbäume, beim Pflanzen der Gemüse, bei dem Pflanzen der Knollenfrüchte, beim Säen der Erbsen, des Leins u.s.w. wird man dann nicht länger den Mondschein berücksichtigen, und durch diese lächerliche Berücksichtigung die passende Zeit und günstige Witterung verabsäumen, sondern Garten- und Feldarbeiten vornehmen, wenn Zeit und Witterung es verlangen.

Mir haben fünfjährige sehr genaue tägliche Aufzeichnungen über Witterungsverhältnisse und Witterungswechsel gelehrt, daß binnen dieser Reihe von Jahren in der Umgegend von Waldheim und wahrscheinlich auch anderswo, der Mondwechsel gar keinen Einfluß auf die Witterungsverhältnisse ausübte, daß nicht die geringsten Folgerungen von einem Mondviertel zum anderen oder von dem Vollmond zum Neumond oder umgekehrt mit Sicherheit zu machen sind. Bei dieser Gelegenheit heißt es aber wie nur zu oft bei hergebrachten Meinungen: Trifft es zu, ist es gut; trifft es nicht zu, schadet es nichts. Nur zu oft wird durch das Harren auf den Mondwechsel und auf dessen gehofften oder gefürchteten Einfluß auf das Pflanzenleben die günstigste Zeit zum Säen oder Pflanzen verabsäumt.

Nur meine ich, bemerkt zu haben, daß in hellen Mondscheinnächten um die Zeit des Vollmondes oft der Thau stärker fällt, als es wohl sonst stattfindet, und so kann es wohl vorkommen, daß eine Saat zur Vollmondzeit, die man zufällig oder geflissentlich über Nacht frei liegen ließ, den Einwirkungen eines starken Thaues aussetzte und erst am anderen Morgen schnell und früher eineggte, ehe die Sonne den Thau, der die Saatkörner benetzt hatte, austrocknen konnte; daß eine solche bethaute Saat um einige Tage früher keimte, als eine ganz gleiche Saat, die an demselben Tage, selbst in gleicher Stunde ausgestreut, aber untergebracht wurde, ehe der Thau fiel, demnach trockner unter die schützende Decke der Erde kam. Aber dieser etwaige Einfluß des Mondes, oder vielmehr der Einfluß des Thaues ist, selbst wenn die vorausgesetzte Vermuthung völlig begründet wäre, viel zu abhängig von der Saatzeit, Arbeitszeit und Witterung, als daß dieser zufällige Umstand könnte von Landwirthen in Beachtung gezogen werden. Das regelmäßige Einweichen der Samenkörner in eine laugensalzsaure Flüssigkeit ist viel sicherer, viel weniger zufällig, viel vorzüglicher, bringt einen größeren Nutzen, als der Glaube an den Einfluß des Mondes.

Mit dem Glauben an den Einfluß, welchen der Mond auf Knollengewächse, auf Gemüse und auf die Blüthenfülle mehrerer in den Tagen des zunehmenden Mondes umgepflanzter Blumen haben soll, ist es vollends Nichts. Die mannichfachsten, Jahre lang fortgesetzten Beobachtungen, welche ich dieser weitverbreiteten Sage zum Opfer brachte, haben mir als Endergebniß meiner vielen Mühen die einfache Thatsache gebracht, daß bei der Versetzung der Gemüsepflanzen, das Umsetzen der Blumen in gute Erde, sorgfältige Pflege bei günstiger Witterung die Erfolge bringt, welche der Aberglaube dem Monde zuschreibt. Die Versetzung der Pflanzen in einen ammoniakhaltigen, das Umsetzen der Blumen in einen laugensalzhaltigen Boden bewirken die sogenannten Wunder, nicht der liebe Vollmond oder der dunkle Neumond.

Völlig einflußlos ist ferner der Mond im ersten wie im letzten Viertel, im Vollmond ebenso wie im Neumond, auf den Pflanzenwuchs. Die feuchtwarmen Sommernächte üben den sichtlichen Einfluß auf das Wachsthum der Pflanzen aus, der allerdings bei einigen Rankengewächsen, z.B. Kürbisse, Gurken, Bohnen u.s.w. in manchen Nächten oft fabelhaft stark ist. Aber die Wärme in den feuchten Sommernächten ist die Triebkraft, nicht der zunehmende Mond. Ginge diese vom Monde aus, so müßte sie gleichmäßig sein, oft wochenlang andauern, während aber in der That das Verhältniß ein völlig anderes, ein sehr ungleiches ist. Heute z.B. wächst die Ranke einer Bohne in einer warmen Nacht sieben Zoll, und morgen, wo der Mond ebenfalls noch zunimmt, es aber kühler ist, nur drei Zoll.
Bergmann

So – nun steh ich da, ich armer Tor, und bin so klug als wie zuvor.

Wie ich mich künftig verhalte? Mit an Sicherheit grenzender Wahrscheinlichkeit werde ich es wohl wie bisher halten und meine Gartenarbeit nach Zeit und Witterung und danach ausrichten, wann ich mich dazu aufraffen kann.

Quellen:
Gemeindearchiv Kirchhundem, Archiv Vasbach, Nr. 105.
Landwirthschaftliche Mittheilungen der Landeskultur-Gesellschaft für den Regierungsbezirk Arnsberg. Nr. 16 vom 30. Dezember 1950.

Von „elenden Sommergerippen“ und starken Landschweinen

Skizzen über Viehrassen des Sauerlandes im 19. Jahrhundert

Bernward Selter

Bis weit ins 19. Jahrhundert hinein betrieben die Sauerländer Bauern Viehzucht unter dem Aspekt der Selbstversorgung. Die Vermarktung von Fleisch und Milch standen eher im Hintergrund. Die Milchleistung einer Kuh spielte, solange es keine Molkereien gab, nur eine untergeordnete Rolle. Die Höhe des Viehbestandes, die Zugtauglichkeit der Tiere und ihre Düngerproduktion waren von zentraler Bedeutung, weniger die Zucht bestimmter Viehrassen. Die mangelhaft ernährten und im Vergleich zu heute kleineren Tiere irrten oft auf weitläufigen Brach-, Heide- und Waldflächen herum, die Milchleistung der Kühe war sehr niedrig. Auch war es nicht selbstverständlich, als Zugtier Pferde einzusetzen. Vielmehr kamen häufig Ochsen und auch Kühe als Zugvieh zum Einsatz.

Das Pferd

Eine professionelle Pferdezucht gab es im 19. Jahrhundert im Sauerland noch nicht. Lediglich auf den größeren Gütern und Bauernhöfen wurden einige Tiere gezüchtet. Ansonsten zog man es vor, die benötigten Pferde einzukaufen. *„Zum großen Theil werden die Pferde, welche hier vorzugsweise zum Betrieb der Ackerwirthschaft statt der Zugochsen benutzt werden, aus dem Münsterlande, der Eifel, und aus dem Fürstenth. Waldeck eingeführt“,*[1] schrieb die Mescheder Kreisstatistik 1874. Verbreitet war der kräftige, westfälische Landschlag (Warmblut), *„in den höher gelegenen Theilen des Kreises bei Winterberg sieht man einzelne Exemplare der derberen kleinen sogenannten Berleburger Race“,*[2] vermerkte die 1865 erschienene Statistik des Kreises Brilon.

Allerdings lag die ehemals berühmte Berleburger Pferdezucht mit ihren gleichnamigen Pferden Mitte des 19. Jahrhunderts wohl schon darnieder. Nach der Ablösung der bäuerlichen Abgaben und Dienste entfielen die für die gräfliche Pferdzucht wichtigen Naturallieferungen. Zumindest beklagt die Statistische Beschreibung des Kreises Wittgenstein (1875), dass es kaum noch Bestände der einst berühmten *„Berleburger Pferderace“*[3] gebe. Eine Wiederbelebung der Pferdezucht sei bislang gescheitert. Auch in den übrigen Kreisen verfügten viele Landwirte nach den Markenteilungen und Ablösungen nicht mehr über genügend Weidefläche für die Pferde; zudem ging das Fuhrgewerbe zurück. Der Einsatz von Zugochsen war für viele eine willkommene Alternative (mehr Dünger, weniger Abnutzung).

Nachdem die 1899 gegründete Landwirtschaftskammer 1904 die Einrichtung des „Westfälischen Pferdestammbuches“ initiiert hatte, verliefen die Einkreuzungen der verschiedenen Rassen in geordneteren Bahnen: *„Gezüchtet wird ein warmblütiger und ein kaltblütiger Pferdeschlag. Zuchtziel ist im Warmblut ein kräftiges, gutgebautes, gängiges Reit-, Wagen- und Arbeitspferd, und zwar sind zulässig: englisches Vollblut, Hannoveraner, Oldenburger und diesen nahe verwandte, gleicharti-*

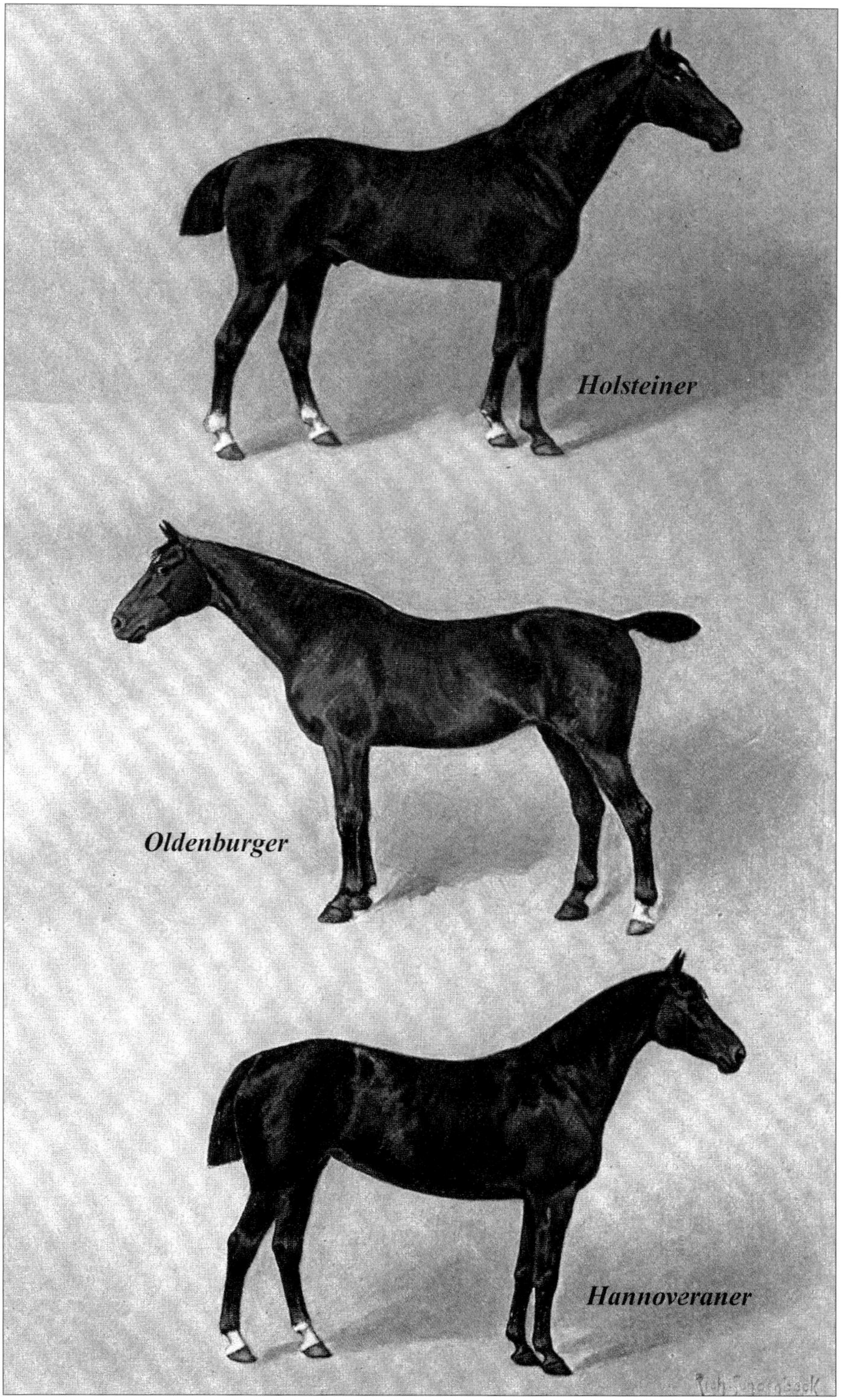

Verschiedene Pferderassen, Abbildung aus: Schlipfs populäres Handbuch der Landwirtschaft, Berlin 1917, Tafel XV

Bezeichnung	Anteil in Prozent			
	Zuchtpferde	Gebrauchspferde	zusammen	Bezeichnung des Schlages
Kreis Arnsberg				
A. Warmblut	3	25	28	4/100 Hannoveraner, 2/100 Oldenburger 6/100 Ostpreußen, 16/100 Landschlag
B. Kaltblut	15	30	45	30/100 Ardenner, 15/100 Belgier
C. Ponys	2	25	27	
Im ganzen	20	80	100	
Kreis Brilon				
A. Warmblut	5	10	15	15/100 Landschlag
B. Kaltblut	30	45	75	75/100 Kreuzungen von belgischen Hengsten und Landstuten mit überwiegend belgischen Typus.
C. Ponys	-	10	10	
Im ganzen	35	65	10	
Kreis Meschede				
A. Warmblut	15	60	75	10/100 Oldenburger 10/100 Ostpreußen, 1/100 Vollblut 54/100 Landschlag, 10/100 Belgier 5/100 Ardenner
C. Ponys	-	5	5	
Im ganzen	20	80	100	
Kreis Olpe				
A. Warmblut	1	20	21	10/100 Hannoveraner 6/100 sogen. Waldecker 5/100 verschiedene Schläge
B. Kaltblut	2	74	76	30/100 Ardenner, 15/100 Belgier 10/100 Franzosen 15/100 Münsterländer 6/100 verschiedene Schläge
C. Ponys	-	3	3	
Im ganzen	3	97	100	
Kreis Siegen				
A. Warmblut	-	67	67	
B. Kaltblut	-	33	33	
C. Ponys	-	-	-	
Im ganzen	-	100	100	
Kreis Wittgenstein				
A. Warmblut	-	3	3	
B. Kaltblut	-	97	97	
C. Ponys	-	-	-	
Im ganzen	-	100	100	

Tabelle: Übersicht über den Pferdebestand in den Kreisen Arnsberg, Brilon, Meschede, Olpe, Siegen und Wittgenstein 1899, Quelle: Jahresbericht über den Zustand der Landeskultur in der Provinz Westfalen für das Jahr 1899, Münster, S. 56-61 ge Rassen; in Kaltblut ein kräftiges, breites, gutgebautes und gängiges Arbeitspferd, und sind hier Ardenner, Belgier, und diesen nahe verwandte, gleichartige Rassen zulässig.“[4] Während man für die Feldarbeiten immer mehr Kaltblüter bevorzugte – durch die Einkreuzung des „Belgischen“ oder „Ardenner Kaltbluts“ konnte schon in der zweiten Hälfte des 19. Jahrhunderts die Zugleistung der westfälischen Kaltblüter enorm gesteigert werden –, waren als Kutschpferde oft Warmblüter im Einsatz.

Das Rindvieh

Bis zur Mitte des 19. Jahrhundert lag die sauerländische Rindvieh- und Kuhhaltung sehr im Argen. *„Und an allem diesem unseligen Wesen sind blos die Gemeinheiten Schuld! Jeder will sein Recht daran benutzen, er jagt also sein Vieh mit dem der Andern hin, und hält dessen mehr, als er den Winter durchbringen kann. Die elenden Sommergerippe werden im Winter noch zehnmal elender“,*[5] berichtete Johann Nepomuk von Schwerz von seiner zwischen 1816 und 1818 unternommenen Reise durch Westfalen, die ihn auch ins Sauerland geführt hatte.

Man hielt vielfach noch das damals in den deutschen Mittelgebirgen oft anzutreffende mitteldeutsche Höhenvieh. Die Tiere waren kleiner und magerer als beispielsweise auf dem Hellweg und in ihrer Größe mit heutigem Rindvieh kaum vergleichbar. Lediglich zwischen 250 und 300 Pfund und im fetten Zustande 400 bis 600 Pfund brachten die Kühe im Kreis Meschede in den 1870er Jahren auf die Waage. Die Milchleistung war dementsprechend niedrig: Aus dem Kreis Olpe und Wittgenstein werden rund 1.200 Quart Milchertrag pro Kuh und Jahr überliefert (ca. 1.375 Liter).[6] Im Jahre 1939 werden für den Kreis Wittgenstein immerhin 3.000 kg pro Kuh und Jahr angegeben.[7] Derzeit liegt die Durchschnittsleistung einer Kuh in Deutschland bei 6.500 kg Milch, bei speziellen Züchtungen fast das Doppelte.[8]

Im Kreis Meschede war in der zweiten Hälfte des 19. Jahrhunderts das einheimische (so der Schwarzbunte Westfälische Tieflandschlag) und Wittgensteiner bzw. Berleburger Vieh (Rotblessen) verbreitet, teils aber auch schon die vorwiegend rotbunten Holsteiner, schwarzbunte Ostfriesische sowie Allgäuer und Schweizer Rassen (wobei nicht selten die Allgäuer als „Schweizer“ bezeichnet wurden). Die in günstigeren Lagen oft anzutreffenden schwarzbunten Rinder wurden später v.a. durch das meist rotbunte Rheinländische Niederungsvieh verdrängt. Insgesamt gesehen war im Sauerland, anders als etwa im benachbarten Siegerland und im Wittgenstein'schen eine eher planlose Kreuzung verschiedener Rassen mit Schwerpunkt der Niederungsrassen zu beobachten. *„Soviel kann man aber wohl sagen, daß der geeignete Schlag nie unter dem Niederungsvieh (Holländer, Friesen, Holsteiner u.s.w.) zu suchen sein wird. Diese Schläge sind einseitig und ausschließlich auf Milchproduktion gezüchtet. Die wichtige Eigenschaft der Zugtauglichkeit, welche wir unbedingt von unserem Schlage fordern müssen, geht ihnen ganz ab“,*[9] beklagte sich der Autor eines Beitrags im Jahresbericht der landwirtschaftlichen Winterschule des Kreises Meschede noch 1897.

In den Kreisen Wittgenstein, Siegen und Olpe hielt man eher kleineres, gedrungeneres Rindvieh, v.a. braunblessiges Vieh, aber auch einfarbiges Rotvieh. Beide Rassen gaben in äußerer Gestalt, Kopfform und Stellung der Hörner noch ein relativ einheitliches Bild ab. Allerdings wurden auch hier Tiere beispielsweise

Fahrochsen (Rotvieh) vor dem Pflug, Bildarchiv Verband Westfälischer Rotviehzüchter

der Westerwälder und Waldecker Rasse eingeführt. Schon 1833 fand eine erste Ochsenschau auf dem Stünzel statt. Das Wittgensteiner Vieh eignete sich sehr gut für seine Aufgaben als Arbeits- und Zugvieh.[10] Dabei war diese Berleburger Rasse etwas schwerer und stärker. In der Marsberger Gegend, insbesondere auf den schon separierten größeren Gütern, sollen auch – hier war die Stallfütterung Mitte des Jahrhunderts bereits eingeführt – Tiere der Waldeckischen, Vogelsberger und Friesischen Rasse gehalten worden sein.

Aus Wittgenstein wurde berichtet: „*Allgemein verbreitet ist im Kreise die sogenannte Wittgensteiner Race, ein Rindviehschlag, der mit dem Vogelsberger und Westerwälder Schlage nahe verwandt ist, ohne es zu einem gleich ausgebreiteten Rufe wie dieses gebracht zu haben. Vielmehr wird das Wittgensteiner Rindvieh, obgleich es eine ganz constante Race bildet (...) nicht selten wohl als Westerwälder Vieh in den Handel gebracht. Kreuzungen des Landschlags sind mit Holländer, Schwyzer, Berner, Vogelsberger und Waldecker Bullen ausgeführt worden, haben indeß die Vorliebe des Wittgensteiners für die einheimische Race nicht zu verdrängen vermocht.*

Das hiesige Rindvieh kennzeichnet sich durch eine kaum mittlere Größe, welche mit einem kräftigen proportionirten Körperbau verbunden ist. Der Knochenbau ist vorherrschend fein mit regelmäßig hochgestellten Gliedmaßen und fester, besonders ausgebildeter Muskulatur. An einen verhältnißmäßig feinen, mit aufgeworfenen, weißen und glänzenden Hörnern besetzten Kopf schließt sich ein wohlgeformter Hals mit schönem Triel, eine durchgehends mehr schmale und hohe, als weite und tiefe Brust. Die Rippen, welche aus einem meist gerade gestreckten und nur selten etwas gesenkten Rückgrate entspringen, sind weit und bilden einen tonnenförmig abgerundeten kurzen Leib mit vorherrschend tief liegenden Flanken. Das Hintertheil, welches in weiten Hüften ruht, ist nicht selten spitz auslaufend mit ziemlich hoch angesetztem Schweif und schmalen hohen Schenkeln. Die Haut ist stark, aber lose und beweglich und trägt eine ziemlich rauhe Behaarung. Die Farbe ist durchgängig rothbraun mit weißem Spiegelkopf, zuweilen auch einfarbig roth, selten hell. Die bemerkenswerthesten Eigenschaften dieses im Uebrigen ziemlich sicher vererbenden Viehschlages beruhen in einer besondern Tauglichkeit zum Zuge und vereinigt er Lebhaftigkeit, Beweglichkeit, Ausdauer und Genügsamkeit.“[11]

Zwar gab es für den Regierungsbezirk Arnsberg bereits 1845 eine Zuchtstier-Kör-Ordnung, die in den Kreisen Brilon, Olpe, Siegen und Wittgenstein durch eine besondere Zuchtstier-Kör-Ordnung vom 15. März 1865 ersetzt wurde, doch bot sich Ende des Jahrhunderts immer noch das Bild eher planloser Kreuzungen des einheimischen Rindviehs mit den eingeführten Rassen.

Eine wesentliche Verbesserung der Verhältnisse und eine einheitliche Gestaltung der Rindviehzucht erreichte man mit der Gründung des „Verbandes zur Hebung der Rindviehzucht im Sauerlande" am 14. Dezember 1900. Zu ihm gehörten die landwirtschaftlichen Kreisvereine Arnsberg, Altena, Brilon, Meschede, Iserlohn und Schwelm sowie die im Kreis Siegen bestehende „Siegerländer Herdbuchgesellschaft", der sich schon 1894 der Kreis Olpe angeschlossen hatte. Rindviehhaltung und Milchwirtschaft erfuhren einen enormen Aufschwung. Nach Hörung der landwirtschaftlichen Kreise einigte man sich auf die Förderung folgender Schläge:

„1. Rotbunter Westfälischer Tieflandschlag: (...): im Regierungsbezirk Arnsberg in den Kreisen Altena, Hagen, Hamm, Lippstadt und Schwelm.

2. Schwarzbunter Westfälischer Tieflandschlag: (...) im Regierungsbezirk Arnsberg in den Kreisen Arnsberg, Hörde, Iserlohn und Soest (...)

3. Höhenvieh wird nur im Regierungsbezirk Arnsberg gezüchtet.

a) Einfarbig rotes Höhenvieh in dem Kreise Siegen.

b) Rotblässen im Kreise Wittgenstein.

4. Zwei Zuchtrichtungen befinden sich in folgenden Bezirken:

(...) b) Roter Tieflandschlag und einfarbig rotes Höhenvieh. Im Regierungsbezirk Arnsberg: Roter Tieflandschlag in dem nördlichen Teil der Kreise Brilon, Meschede und Olpe, im südlichen Teil dieser Kreise wird das Höhenvieh gezüchtet. Dieses doppelte Zuchtziel der Kreise fußt auf dem streng gebirgigen Charakter der südlichen Bezirke. (...)".[12]

Im Kreis Wittgenstein gründete sich eine eigene Herdbuch-Gesellschaft am 18. Januar 1899. Zunächst waren dort nur „Blessen" eingetragen, später (ab 1917 nur noch) auch Rotvieh.[13] Am 5. Dezember 1910 schließlich wurde der Verband Westfälischer Rotviehzüchter ins Leben gerufen.

Die Schweine

Die Schweinehaltung hat in Westfalen und im Sauerland eine weit zurückreichende Tradition. Man denke nur an die schon im Mittelalter ausgeprägte Waldmast der Schweine oder den berühmten Westfälischen Schinken. An Schweinerassen fand auch im Sauerland zunächst nur das alte westfälische Landschwein weitere Verbreitung. Seine äußeren Merkmale waren ein lang gestreckter und starkknochiger, hochbeiniger Körperbau, große Speckseiten und eine schmutzig weiße Färbung. Es galt als genügsam, widerstandsfähig und war an den ständigen Weidegang und die Waldmast gewöhnt.

Durch die großflächige Einführung des Kartoffel- und Futtermittelanbaus konnte man in der zweiten Hälfte des 19. Jahrhunderts auf die Stoppelweide sowie auf die Fettmast durch den herbstlichen Eintrieb der Tiere in die nahe gelegenen Wälder verzichten; die durchgehende Stallmast der Schweine setzte ein. Man begann mit der Einkreuzung englischer Rassen – etwa des Berkshire-, oder Suffolk-Schweins –, um die Größe, Fruchtbarkeit und Widerstandsfähigkeit der heimischen Landschläge weiter zu erhöhen. Die Tiere waren nun runder gebaut, wurden zusehends fetter und schwerer und übertrafen damit die heutigen Mastschweine. *„Das Produkt dieser Kreuzungen war das ‚veredelte Landschwein', das über Westfalen hinaus bald schon zur führenden Rasse in der gesamten deutschen Landwirtschaft wurde."*[14] Diese Tiere brachten nach 7- bis 8-monatiger Mast nicht selten über 100 kg auf die Waage.

Über das weiße veredelte Landschwein vermerkte „Schlipfs populäres Handbuch der Landwirtschaft":

Eigenschaften eines guten Zucht-schweins.

Der Nacken von a nach b sei breit und voll; das Hintertheil von b nach c weit und rund; ebenso der Rumpf von c nach d; die Rippen in f seien breit gewölbt, tonnenförmig; das Schulterblatt bei g nicht hervorstehend; die Flanke von c nach e tief und voll; die Beine k seien kurz, fein und möglichst nackt. Der Rüssel i muß spitz und lang, die Backenmuskeln bei h sollen stark entwickelt, hängend sein. Dazu kommen feine, spitze, aufrechtstehende Ohren, klare, helle Augen, ein langgestreckter Leib, der von der Seite gesehen möglichst ein längliches Rechteck darstellt, und eine völlige Uebereinstimmung zwischen allen einzelnen Körpertheilen.

Abbildung aus: Hamm, Wilhelm (Hg), Das Ganze der Landwirthschaft in Bildern, Augsburg 1997, S. 42

„Der Kopf der veredelten Landschweine ist klein und kurz, mit dicken Backen, sie haben ein rundes Kreuz, walzenförmigen Leib mit feinen Knochen, namentlich sehr kurzen und feinen Beinen, feinen Borsten. Je mehr Borsten, je länger und schmaler der Körper, je länger Kopf, Schnauze und Ohren, desto weniger sind die Tiere veredelt, um so mehr herrscht die Eigenschaft des Landschweines noch vor.“[15]

Die Schafe

Anders als heute war die Schafzucht bis ins 19. Jahrhundert hinein sehr bedeutend im Sauerland. Die Nachfrage nach Wolle war groß, die Schafhaltung erreichte um 1860 ihren Höhepunkt. Der hohe Anteil an Gemeinheiten und Waldmarken erleichterte die Aufzucht der Schafe. Zudem gaben sich die Tiere selbst mit den kümmerlichsten Gras- und Heideflächen zufrieden, auf denen eine Erhaltungsfütterung von Rindvieh undenkbar war. Meist hielt man unveredelte und nur wenige halbveredelte Landschafe. Ein Durchschnittsschaf erreichte im 19. Jahrhundert ein Schlachtgewicht von 25 bis 35 kg und konnte bis zu drei Pfund Wolle liefern.

Die halbveredelten Exemplare erhielt man vermutlich u.a. durch Einkreuzen spanischer Widder, was auf mehreren Gütern des ehemaligen Herzogtums Westfalen, besonders in den Ämtern Erwitte, Werl, Brilon, Belecke, Meschede, Menden, Rüthen und Marsberg wohl praktiziert wurde.

Über die frühen Versuche mit ganz veredelten Tieren lautet das Fazit der Briloner Kreisstatistik 1865: *„In früheren Jahren und noch vor kurzer Zeit glaubten größere Grundbesitzer mit Vortheil ganz veredelte Schafe züchtigen zu können, es hat sich aber die Unzweckmäßigkeit dieser Ansicht herausgestellt, da der höhere Erlös für die Wolle dieser hochfeinen Schafe mit dem Aufwande und der sorgfältigen Pflege und Schonung, der dieselben namentlich in dem hiesigen Klima bedürfen, sowie mit den unverhältnismäßig großen Verlusten durch Krankheiten nicht im Einklange stand.“*[16]

Auch die Einfuhr englischer Fleischschafe ab den 1870er-Jahren war von wenig Erfolg gekrönt. Dort, wo man auf den knappen und hängigen Weiden in den gebirgigen Landstrichen auf die Schafe nicht verzichten wollte, stellte später der an der Landwirtschafskammer angesiedelte Ausschuss für Schafzucht Mittel zur Einführung von Oxfordshire- und Hampshire-Böcken zur Verfügung.

Anmerkungen:

[1] *Statistische Darstellung des Kreises Meschede 1861-1873, Meschede 1874, S. 71. In Warendorf war bereits 1826 das Westfälische Landgestüt durch die preußische Gestütsverwaltung gegründet worden.*

[2] *Droste zu Padtberg, Maximilian Freiherr von (Bearb.), Die statistischen Verhältnisse des Kreises Brilon, Brilon 1865, S. 109.*

[3] *Statistische Beschreibung des Kreises Wittgenstein, Berleburg 1875, S. 63.*

[4] *Die Einrichtungen der Landwirtschafts-Kammer für die Provinz Westfalen, Münster 1905, S. 24.*

[5] *Schwerz, Johann Nepomuk von, Beschreibung der Landwirthschaft in Westfalen und Rheinpreußen, erster Theil, Stuttgart 1836, ND Münster-Hiltrup o. J., S. 404.*

[6] *Der Kreis Olpe um 1873, „Topographisch-statistische Kreisbeschreibung", unveränd. Nachdruck der Statistik des Kreises Olpe, Köln 1875, Olpe 1983, S. 84; Statistische Beschreibung des Kreises Wittgenstein, Berleburg 1875, S. 64.*

[7] *Busch, Wilhelm, Das Gefüge der westfälischen Landwirtschaft, Münster 1939, S. 28.*

[8] *Mielke, Heinz-Peter, Milchstraße, Auf der Wanderung durch die Kulturgeschichte der Milch, Köln 2005, S. 47.*

[9] *Oberdick, Die Rindviehzucht in den höheren Teilen des Sauerlandes und Mittel zu ihrer Hebung, in: Jahresbericht der landwirtschaftlichen Winterschule des Kreises Meschede zu Eslohe 1896/1897, S. 8.*

[10] *So beschrieb es die Topographisch-statistische Beschreibung nebst Ortschafts-Verzeichniß des Regierungs-Bezirkes Arnsberg, Arnsberg 1868, S. 104.*

[11] *Statistische Beschreibung des Kreises Wittgenstein, Berleburg 1875, S. 64.*

[12] *Die Einrichtungen der Landwirtschafts-Kammer für die Provinz Westfalen, Münster 1905, S. 28.*

[13] *Friedrich, Paul, Die ersten 100 Jahre des Landwirtschaftlichen Kreisvereins, in: Henrich, Gottfried (Hrsg.), 150 Jahre Landwirtschaftlicher Kreisverein Wittgenstein 1832-1982, Erndtebrück, S. 11-85, hier S. 36ff.*

[14] *Albers, Helene, Die stille Revolution auf dem Lande, Landwirtschaft und Landwirtschaftskammer in Westfalen-Lippe 1899-1999, Münster 1999, S. 113.*

[15] *Schlipfs populäres Handbuch der Landwirtschaft, 19. Aufl., Berlin 1917, S. 493.*

[16] *Droste zu Padtberg, Maximilian Freiherr von (Bearb.), a.a.O. S.110f.*

Wittgensteiner Herdbuchkühe

Versicherungen der Bauern –

heute Versicherungen für alle

LVM – Landwirtschaftlicher Versicherungsverein Münster

1896 gründeten in Münster unter der Führung von Burghard Freiherr von Schorlemer-Alst Bauern den Landwirtschaftlichen Versicherungsverein Münster auf Gegenseitigkeit. Inzwischen firmiert das Unternehmen als LVM-Versicherungen.

Schon vor der Reichsgründung 1871 hatten sich Landwirte zu regionalen Interessenverbänden, den Bauernvereinen, zusammengeschlossen. Sie sahen ihre Aufgabe darin, auf die Agrarpolitik und die Zollgesetzgebung Einfluß zu nehmen und den angeschlossenen Mitgliedern billige Einkaufsquellen für Maschinen, Saatgut, Zuchttiere und Düngemittel zu erschließen. Früh kümmerten sich die Bauernverbände auch um die Versicherungen der Mitglieder und versuchten, ihnen preiswerten Versicherungsschutz in der Feuer- und Hagelversicherung, später auch in der Lebensversicherung zu beschaffen. Zu diesem Zweck handelten sie mit Versicherungsunternehmen sogenannte Vergünstigungsverträge aus, die den Mitgliedern Versicherungsschutz zu Sonderbedingungen einräumten.

Als die Frage einer Haftpflichtversicherung für Landwirte anstand, dachte der Bauernverein zunächst nicht an eine eigene Gründung, sondern suchte ein Unternehmen, dass nach dem bewährten Muster wie in der Feuer-, Hagel- und Lebensversicherung, auch einen Vergünstigungsvertrag für die Haftpflichtversicherung ermöglichen konnte.

Dies gelang in der Haftpflichtversicherung nicht. Dadurch wurde der Westfälische Bauernverein veranlaßt, eine eigene Haftpflichtversicherung zu gründen. In der Planungsphase kam als weiterer Partner der Landwirtschaftliche Provinzialverein für Westfalen und Lippe, Vorläufer der Landwirtschaftskammer, hinzu.

Am 29. August 1896 erteilte der preußische Innenminister für Landwirtschaft, Domänen und Forsten dem „Haftpflichtversicherungsverein für Landwirte der Provinz Westfalen und der niederrheinischen Kreise Rees, Mülheim a.d. Ruhr, Duisburg und Essen“ die Genehmigung. Die endgültige Urkunde trägt das Datum vom 6. Oktober 1896. Mit der Arbeit begann der LVM unmittelbar nach Erhalt der Genehmigung im September 1896, die ersten Versicherungsscheine wurden am 1. Oktober 1896 ausgestellt. Versichert werden konnten nur Mitglieder der beiden Grün-derorganisationen. Ende der 1920er Jahre waren etwa die Hälfte der Mitglieder des Bauernvereins in der LVM versichert.

Auf ständiges Drängen der Mitglieder ging der LVM 1907 dazu über, auch die mit der Landwirtschaft verbundenen gewerblichen Nebenbetriebe zu versichern. Genossenschaften und landwirtschaftliche Vereine wurden einbezogen, ebenso die Beschäftigten der landwirtschaftlichen Organisationen. Ab 1908 wurde die Haftpflichtversicherung auch für Tierschaufeste und Körungen zugelassen. Zwischen 1908 und 1928 wurde in Kooperation die als risikoreich eingeschätzte Viehversicherung hinzugenommen.

Die schwierigen Verhältnisse brachten den LVM dazu, sich dem 1920 gegründeten „Verband Deutscher gemeinnütziger landwirtschaftlicher Haftpflichtversicherungsanstalten“ in Kassel anzuschließen, einer Rückversicherungsgesellschaft. In der Inflationszeit wurde wegen der laufenden Geldentwertung ein Roggentarif eingeführt. Ab September 1923 wurde mit dem Roggen nicht nur gerechnet, sondern er diente auch tatsächlich als Währung. Nach der Währungsstabilisierung wurde er 1924 verkauft. Ab 1926 führte der LVM eine eigene Viehversicherung ein.

Nachdem die Provinzial Leben 1927 die Unfall-, Haftpflicht- und Kfz-Versicherung aufgenommen hatte, kam es zu einer engeren Zusammenarbeit mit diesem Unternehmen. Die Provinzial verpflichtete sich, im Haftpflichtbereich alle landwirtschaftlichen Risiken an den LVM zu empfehlen, umgekehrt gab der LVM nichtlandwirtschaftliche Haftpflichtrisiken an die Provinzial und empfahl sie auch in den Sparten Leben und Unfall.

Der Bauernverein wurde 1933 gleichgeschaltet. Der LVM gelang es, die Selbständigkeit zu bewahren, war aber Teil des Systems. Die enge Bindung an den westfälischen Bauernverein war aufgelöst, die Versicherung wurde nun auch für landwirtschaftliche Organisationen mit anderer politischer oder konfessioneller Ausrichtung interessant. Auch räumlich dehnte sich das Beschäftigungsfeld aus. Die Versicherung wuchs und wurde nun der Reichsaufsicht für das Versicherungswesen unterworfen. Vorher lag die Aufsicht beim Regierungspräsidenten in Münster.

In den 1950er Jahren verlagerte sich das Schwergewicht des LVM von der landwirtschaftlichen Betriebshaftpflichtversicherung zur Autohaftpflichtversicherung. Ab 1955 weitete sich der LVM auch regional weiter aus. Ebenfalls begann er sich für weitere Sparten zu öffnen. Er hörte auf, ein reiner Haftpflichtversicherer zu sein. Die seit 1928 bestehende Kooperation mit der Westfälischen Provinzial wurde beendet. 1974 wurden die letzten Beschränkungen des versicherbaren Personenkreises aufgehoben. Der LVM konnte in ganz Deutschland jedes beliebige Risiko versichern und war zum normalen Versicherer geworden.

Aus einem christlich geprägten Bauernverein - „von Bauern gegründet, von Bauern geführt, von Bauern kontrolliert“ – wurde ein allen Bevölkerungsschichten offenes Versicherungsunternehmen, aus der rein landwirtschaftlichen Haftpflichtversicherung, ein umfassendes Versicherungsangebot mit Schwerpunkt um das Automobil. Noch heute spielt die Landwirtschaft beim LVM eine maßgebliche Rolle. In den Organen der LVM-Versicherungen sind Repräsentanten der Landwirtschaft überdurchschnittlich vertreten. Nach wie vor hält der LVM für seine landwirtschaftlichen Mitglieder bedarfsgerechte Policen bereit.

Quelle:
Arno Surminski,
100 Jahre LVM-Versicherungen.
1896-1996, Münster 1996.

Die Provinzial-Versicherung

Am 6. Januar 1836 genehmigte Friedrich Wilhelm III. von Preußen die Gründung der „Provinzial-Feuersozietät der Provinz Westfalen", die ihre Tätigkeit zum 1. Januar 1837 aufnahm. Die früheren Sozietäten im Bereich Westfalen, die erste ging auf einen preußischen Erlaß von 1722 zurück, wurden in dieser Gesellschaft zusammengefasst. Versichert waren nur Gebäude.

Die Entwicklung verlief am Anfang zufriedenstellend, danach machten sich überdurchschnittliche Schadenshäufigkeit und wachsende Konkurrenz bemerkbar. Die Sozietät war verpflichtet, alle ihr angetragenen Gebäude-Feuerversicherungen anzunehmen, nur besonders feuergefährdete Betriebe mußte sie nicht aufnehmen. Bei vorsätzlicher Brandlegung entfiel die Entschädigungspflicht, ebenso bei Kriegsschäden. Gefordert wurden ordentliche und außerordentliche Beiträge. Die ordentlichen Beiträge waren in sieben Tarifklassen unterteilt. Die außerordentlichen Beiträge waren praktisch ein Nachschuß. Die Höhe richtete sich nach den vorausgegangenen Schadensfällen, war stark schwankend und erreichte in manchen Jahren die gleiche Höhe wie der ordentliche Beitrag oder lag sogar darüber. Dies führte dazu, dass der Versicherungsbestand nach anfänglichen Wachstum sich verringerte. Nicht nur die ungünstige Bestandmischung sondern auch eine Reihe von großen Schadensfällen (Ortsbrände) in der Zeit zwischen 1837 und 1852 war dafür verantwortlich. Auf Wunsch des Provinzial-Landtages wurde die Versicherung im Jahre 1851 nicht von privaten Versicherern übernommen, sie sollte besonders für den Schutz der ärmeren Bevölkerung stehen.

1852 begann mit einer königlichen Verordnung die Sanierung der Sozietät. Die fast unbeschränkte Annahmepflicht wurde eingeschränkt. Schlechte Risiken konnten abgelehnt werden, bereits bestehende Versicherungen von schlechten Risiken wurden gekündigt. Zum Ende der 1850er Jahre wurden die Geschäftsergebnisse besser. Ab 1863 bestand dann auch die Möglichkeit, das Mobiliar mit zu versichern. Das Geschäftsfeld weitete sich von der ländlichen Bevölkerung auch verstärkt auf die Städte aus. In diesen Jahren wurde auch die Nachschusspflicht abgeschafft. Das Unternehmen war nun verpflichtet, einen Reservefond zu bilden, auch wurden die Beiträge erhöht.

Der Bestand wuchs stetig. 1867 waren drei Viertel aller Haupt- und zwei Drittel aller Nebengebäude der Provinz Westfalen bei der Sozietät versichert. Am 1. Juli 1880 wurde die Sozietät in die Provinzialverwaltung überführt, sie war nun eine Provinzialanstalt.

Fachwerkbauten auf dem Land blieben immer noch ein schlechtes Risiko, in den größeren Orten und in den Städten dagegen formierten sich immer mehr Feuerwehren, deren Ausrüstung sich stetig verbesserte. Stadtbrände wie in früheren Jahrhunderten, denen ganze Viertel zum Opfer fielen, gab es praktisch nicht mehr. Schadensfeuer konnten meist bald lokalisiert und gegen benachbarte Gebäude abgeschirmt werden. Auf dem Lande dagegen war die Feuerwehr, wenn sie überhaupt bestand, weniger gut ausgerüstet und weniger schnell zur Stelle.

Die Provinzial-Anstalt stellte ein zunehmendes Interesse der Großindustrie an ausreichenden Versicherungsschutz fest. Unternehmen, wechselten verstärkt zur öffentlich-rechtlichen Anstalt.

Ab 1908 erweiterte die Versicherung ihr Angebot um die Waldbrandversicherung. Das Jahr

1911 brachte die Einführung der Einbruchdiebstahl- und Beraubungsversicherung, der Glas-, Leitungswasser- sowie der Mietverlustversicherung. 1927/28 kam die Neuwertversicherung von Wohngebäuden hinzu, 1937 die Einführung der Sturmversicherung. Mit der 1915 gegründeten „Provinzial-Lebensversicherungs-Anstalt“ ging man 1970 eine Verwaltungs- und Organisationseinheit ein. Die Westfälische Provinzial-Feuersozietät wurde zu einem Vielspartenversicherer mit einem weitgefächerten Angebot, heute unter dem Namen Westfälische-Provinzial-Versicherungen.

Quelle:
(Hg.) Westfälische Provinzial Versicherung der Sparkassen, Von der Feuerversicherung zur Versicherung in allen Sparten. 250 Jahre Westfälische Provinzial-Feuersozietät, o.O, o.J. (1972).

Dieses Schild sah man noch bis in die 1960er Jahre an vielen Häusern im Sauerland

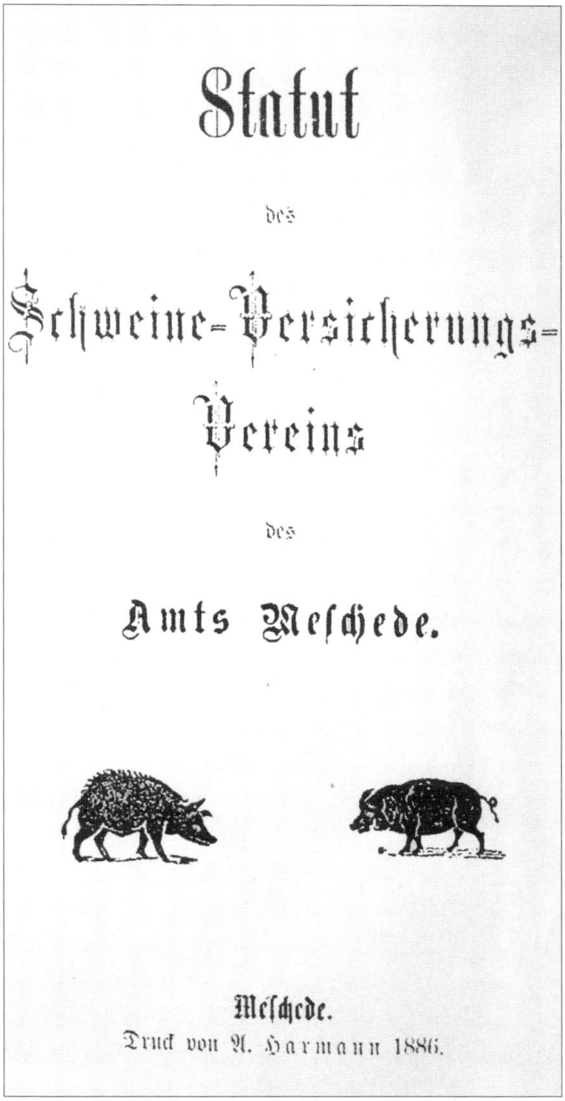
Statut
des
Schweine-Versicherungs-
Vereins
des
Amts Meschede.

Meschede.
Druck von A. Harmann 1886.

Die Schafhaltung im „Alten Testament“

Michael Senger

Schafherde im ‚Alten Testament'. Im Hintergrund der Kirchspielmittelpunkt Hellefeld mit der St. Martinskirche, ca. 1910, Foto: Grobbel/GLS

Wenn von Schafhaltung im ‚Alten Testament' die Rede ist, denkt man unwillkürlich an die Herden Abrahams, Isaaks oder Jakobs und verbindet dieses Bild mit den Wanderungen der Israeliten durch die Wüste, ins Gelobte Land oder während ihres Abzugs aus Ägypten:

„Lot aber, der mit Abraham zog, hatte auch Schafe, Rinder und Zelte“, so berichtet das Buch Moses über Abrahams Wegzug aus Ägypten, nachdem er dort wegen einer Hungersnot in Kanaan für eine Zeit lang Zuflucht gefunden hatte (1.Mose 13,5). Isaak, der Sohn Abrahams, *„hatte Herden von Schafen und Herden von Rindern und ein großes Gesinde. Darum beneideten ihn die Philister.“* (1.Mose 26,14) Jakob, Isaaks Sohn, zieht nach Mesopotamien, um dort für sich eine Frau zu suchen. Am Ziel angekommen, *„sah er auf dem Felde einen Brunnen, an dem lagerten gerade drei*

Herden Schafe; denn aus dem Brunnen pflegte man die Herden zu tränken“.(1.Mose 29,2) Auch das Bild von Joseph, der mit seinen Brüdern die Schafe hütet, spiegelt den Alltag der nomadisierenden Israeliten wider.(1.Mose 37,3). Angesichts wiederholter Dürren im Lande Kanaan holt Joseph seine Brüder und seinen Vater Jakob sowie deren Familien nach Ägypten und stellt sie dem Pharao vor: *„Mein Vater und meine Brüder sind mit ihren Schafen und Rindern und ihrer ganzen Habe aus dem Land Kanaan gekommen.“*(1.Mose 47,1)

Der Begriff ‚Altes Testament', der üblicherweise die Bücher der Bibel bis zur Geburt Christi bezeichnet und diese vom Neuen Testament abgrenzt, hat im Sauerland allerdings noch eine weitere Bedeutung. Er meint eine Landschaft, die im Wesentlichen mit dem heutigen Kirchspiel Hellefeld (Stadt Sundern) identisch ist. Die Herkunft und Bedeutung dieses für eine Gebirgsgegend in Deutschland ungewöhnlichen Namens, zum ersten Mal bei Friedrich Wilhelm Grimme belegt(1), konnte nie schlüssig geklärt werden. Allgemein gehen die Heimatforscher davon aus, dass damit das hohe Alter des Kirchspiels Hellefeld, das bis in die karolingische Zeit zurückreichen könnte, gemeint sei.

Das ‚Alte Testament' im Sauerland mit seinen Ortschaften Altenhellefeld, Hellefeld, Herblinghausen, Linnepe, Meinkenbracht, Visbeck und Westenfeld ist eine seit Jahrhunderten von Ackerbau und Viehzucht geprägte Landschaft. Das Gebiet wurde aus Sicht der Freienohler Amtsverwaltung bis zur kommunalen Neugliederung im Jahre 1975 als Oberamt Freienohl geführt.

Schafe wurden in dieser Gegend, wie auch anderswo, bis in die 1870er Jahre vor allem für den häuslichen Bedarf an Wolle zur Herstellung von Stoffen und Kleidung gehalten. Überschüsse, die bei größeren Herden erwirtschaftet wurden, konnten, solange noch keine billigere ausländische Wolle (auch Baumwolle) den Markt beherrschte, mit Gewinn verkauft werden.

Nahezu auf jedem Hof im Kirchspiel Hellefeld war bis Mitte des 19. Jh. eine kleinere Anzahl Schafe anzutreffen. Die Zahlen bewegten sich zwischen 4 bis 10 Tieren. Einige Bauern hielten auch größere Herden. Für fast jeden Hof ist für diese Zeit ein Schafstall nachweisbar.(2) In der 2. Hälfte des 19. Jh. nimmt die Zahl der Schafhalter ab, dafür erhöht sich die Anzahl der Tiere pro Kleinherde. Bis in das 18. Jh. hatte jeder Ort im ‚Alten Testament' seinen eigenen Dorfschäfer. Zum Unterhalt des Schäfers mußten alle Schafbesitzer beitragen, den Schäfer im Winter einen Tag beköstigen und von dessen Schafen zwei durchfüttern. Ein geringer Lohn wurde ebenfalls bezahlt. Zusätzlich wurde dem einzelnen Schafhalter auferlegt, der Gemeinschaft eine Wiese oder Weide für den Weidegang der Tiere vom Herbst bis Frühjahr zu überlassen.(3)

Die ‚Pirkordnung' regelte den Einsatz und die Verteilung des Pirks unter den Bürgern. Eine solche Regelung wurde für das dem ‚Alten Testament' benachbarte Grevenstein noch 1826 neu gefasst. Wer also zur Verbesserung bzw. Düngung seiner Nutzflächen das Aufstellen des Pferchs (Pirks) wünschte, musste dies im Herbst rechtzeitig bei der Gemeinde anmelden. „Die verlangten Hördenschläge sollen alljährlich am Tage, wenn die Herde aufs Winterfutter getrieben ist, angegeben werden, damit der Wintergang darauf gerichtet werden kann.“(4)

Durch die innerhalb der Hürden dicht stehenden Schafe wurde die jeweilige Fläche ein oder

Statistische Hinweise zur Schafhaltung im Kirchspiel Hellefeld 1849 - 1897

		1849	1852	1855	1858	1861	1864	1867	1892	1897
Altenhellefeld	M./v.	-	-	-	-	-	-	9 (M.)	-	-
	h. v.	-	-	-	-	-	-	-	-	-
	unv.	403	491	615	536 (S.)	519 (S.)	423 (S.)	557 (S.)	315 (S.)	370 (S.)
Hellefeld	M./v.	-	-	-	-		-	237 (M.)	-	-
	h. v.	-	-	-	-		-	-	-	-
	unv.	252	289	319	221 (S.)		217 (S.)	28 (S.)	151 (S.)	281 (S.)
Herblinghausen *1	M./v.	-	-	-	-	-	-	-	-	-
	h. v.	-	-	-	-	-	-	-	-	-
	unv.	399	217	250	327 (S.)	327 (S.)	298 (S.)	297 (S.)	16 (S.)	261 (S.)
Linnepe *2	M./v.	-	-	-	-	-	-	-	-	-
	h. v.	333	320	336	-	-	-	-	-	-
	unv.	-	-	-	340 (S.)	325 (S.)	321 (S.)	541 (S.)	228 (S.)	307 (S.)
Meinkenbracht	M./v.	-	-	-	-	-	-	25 (M.)	-	-
	h. v.	-	-	-	-	-	-	-	-	-
	unv.	195	167	198	154 (S.)	112 (S.)	180 (S.)	184 (S.)	167 (S.)	122 (S.)
Visbeck	M./v.	-	16	-	-	-	-	59 (M.)	-	-
	h. v.	-	-	-	-	-	-	-	-	-
	unv.	178	173	57	138 (S.)	206 (S.)	251 (S.)	152 (S.)	171 (S.)	158 (S.)
Westenfeld *3	M./v.	-	-	-	-	-	-	-	-	-
	h. v.	-	-	-	-	-	-	-	-	-
	unv.	319	186	325	316 (S.)	394 (S.)	498 (S.)	717 (S.)	80 (S.)	9 (S.)
Grevenstein *4	M./v.	-	-	-	-	-	-	-	-	-
	h. v.	-	-	-	-	-	-	-	-	-
	unv.	379	372	607	515 (S.)	464 (S.)	667 (S.)	548 (S.)	192 (S.)	165 (S.)

Abkürzungen:
M. = Merinos
v. = veredelte Schafe
h. v. = halb veredelte Schafe
unv. = unveredelte Schafe
S. = nicht mehr differenziert, sondern nur noch als "Schafe" bezeichnet

*1 Herblinghausen einschließlich Erlenbruch, Frenkhausen, Fuesthof, Hülsebrink und Wengeler Hof
*2 Linnepe einschließlich Linneper Hütte und Weninghausen
*3 Westenfeld einschließlich Bainghausen, Schnellenhaus, Selschede und Milmke
*4 Grevenstein gehört nicht zum Kirchspiel Hellefeld, wird hier nur als Vergleichswert geführt

Quellen: Die Aufstellung der Urlisten 1840 - 1865, Amtsarchiv Freienohl, Nr. 2168
Die Volks- und Viehzählung pro Dezember 1867, Amtsarchiv Freienohl, Nr. 2175

zwei Nächte lang intensiv gedüngt. Danach konnte der Pirk umgestellt werden. Die Pirkordnung legte Häufigkeit und Dauer der „Hörden“-Nutzung nach den „alten Regelungen“ fest.

Seit den 1880er Jahren setzten sich zunehmend neue Düngemittel wie Knochenmehl, Chilesalpeter und Guano durch. Auch diese Entwicklung verursachte neben den schlechteren Absatzmöglichkeiten von heimischer Schafwolle einen ab 1880 deutlich zu beobachtenden Rückgang der Schafszahlen im Sauerland.

Die ältesten Hinweise auf die Schafhaltung im ‚Alten Testament' begegnen im Zusammenhang mit steuerähnlichen Abgabenleistungen der Bauern bzw. Höfe an das Erzbistum Köln, genauer an die Oberkellnerei in Arnsberg, die die Verwaltungsaufgaben für den erzbischöflichen Grundherrn im Herzogtum Westfalen übernahm. Solche Abgaben waren bis 1368 an den älteren Rechtsinhaber, den Grafen von Arnsberg, zu leisten. So sind im Jahre 1694 für den Bereich des Gerichtes Hellefeld – flächenmäßig im Wesentlichen identisch mit dem Kirchspiel Hellefeld – jährlich 19 „Hämmeln“ an die Oberkellnerei abzuliefern. Auch der ‚Zehnte', ursprünglich der kölnischen Kirche gehörig und über die Grafen von Arnsberg weiter verliehen, beinhaltete die Abgabe von Schafen und Lämmern. So erhielt das Kloster Rumbeck von den Zehntpflichtigen in Altenhellefeld und Visbeck 1643: 3, 1683: 8 und 1685: 9 Lämmer.[5] Die im Jahre 1760 von der erzbischöflichen Verwaltung beschlossene Viehsteuer betrug – für die Jahre 1760, 1768, 1773, 1777 und 1781 – einen Groschen für jedes Schaf pro Jahr, ohne die neuen zur Welt gekommenen („dieses Jahr fallenden“) Lämmer.[6]

Das Stift Meschede, zu dem bereits im 14.Jh. ca 300 abgabepflichtige Hofgüter gehörten, bezog u.a. von seinen Höfen in Visbeck über Jahrhunderte Hammelgeld, d.h. Naturalabgaben in Geldform, später z.T. wieder in Hammeln zu zahlen.[7]

Für den Einzugsbereich des Gerichts bzw. Kirchspiels Hellefeld lassen sich für das Jahr 1773 930 Schafe belegen. Die Einwohnerzahl bewegt sich im gleichen Zeitraum (1779) bei 800 Personen[8], wobei Altenhellefeld mit der höchsten Einwohnerzahl (162) die größte Anzahl an Schafen aufweist (246). Die höchste Zahl an Schafen ist mit 110 Stück bei einem einzigen Schafhalter zu diesem Zeitpunkt eher eine Ausnahme. Danach folgen 50-, 30- und 20-köpfige Kleinherden, ansonsten ausnahmslos Größenordungen unter zehn Tieren pro Hofstelle. Die Konzentration der Herden auf einzelne Höfe verstärkt sich in der 2. Hälfte des 19. Jh.

Die im Sauerland bis gegen Ende des 19.Jh. gehaltenen Schafe gehörten – mit Ausnahme der durch Merinos veredelten Tiere – zu einer robusten weißköpfigen Landrasse, die eine grobe Wolle lieferte. Eine eigene Rassebezeichnung ist für diese Tiere nicht nachweisbar. Bereits im frühen 19. Jh. versuchten die sauerländischen Schafhalter- und Herdenbesitzer, ähnlich wie ihre Berufskollegen in Württemberg, Baden und Bayern, wegen der Nachfrage nach feinerer Wolle Merinoschafe in die vorhandenen Landrassen einzukreuzen. Das raue Klima und die relativ hohe Niederschlagstätigkeit bekamen dieser neuen Linie nicht, so dass sich das veredelte Landschaf in der Region nicht durchsetzen konnte.

Mit der Einfuhr von Baumwolle, der Aufhebung von Garnzöllen und billigerer Wolle aus Übersee wurden Schafe als Wollproduzenten im sauerländischen Mittelgebirge am Ende des 19. Jh. unrentabel.

Das Zuchtziel änderte sich mit Beginn des 20. Jh. Durch die Einkreuzung englischer Oxfordshire- und Hampshireschafe entstand in Westfalen, so auch im Sauerland, eine neue eigenständige Schafrasse, das westfälische Schwarzkopfschaf. In den Jahren 1949 und 1951 wurden in Westfalen zur Stabilisierung der gewünschten Rasseeigenschaften nochmals Hampshire-Böcke aus England eingeführt.

Insgesamt ging die Zahl der auf den Höfen gehaltenen Schafe gerade bei den Kleinhaltern, vor allem auf Grund eines zunehmend differenzierten Stoffangebots auf dem freien Markt, seit 1890 deutlich zurück.

Die Viehzählungen im Bereich des ‚Alten Testaments' aus der zweiten Hälfte des 19. Jh. – siehe vorstehende Tabelle – belegen diesen Trend bereits seit ca 1860, der sich dann nach 1890 verstärkt.(9) Auch im benachbarten Amt Allendorf ist die gleiche Entwicklung zu beobachten. Hier sinkt die Zahl der Schafe von 3348 im Jahre 1847 auf 634 im Jahre 1911 ab.(10)

Heute sieht man im ehemaligen Oberamt Freienohl nur noch kleine Schafherden, vor allem hat sich die Koppelhaltung durchgesetzt. Die bevorzugten Rassen sind Schwarzkopf, Texel, Milchschaf und weißköpfiges Fleischschaf. Auch Heidschnucken und Bergschafe sind hier und dort zu beobachten. Selbstversorgung mit Fleisch und auch die Eignung zur Landschaftspflege sind Hauptgründe für die derzeitige Schafzucht und -haltung im ‚Alten Testament'.

Anmerkungen:

(1) *Friedrich Wilhelm Grimme, Das Sauerland und seine Bewohner, hg. von Magdalena Padberg, Fredeburg 1983, S.109.*

(2) *Die Aufstellung der Urlisten 1840-1865, Amtsarchiv Freienohl, Nr.2168.*

(3) *Clemens Liedhegener, Das Kirchspiel Hellefeld, Münster 1933, S.64.*

(4) *„Über die Beziehung des Hördenaufschlages der hiesigen Schafherde betreffend", in: Die Kommunal-Viehhude – das Halten des Zuchtviehs und Anordnung der Hirten 1809 ff, Amtsarchiv Freienohl, Nr.509.*

(5) *Liedhegener a.a.O, S.28, S.58.*

(6) *Ebd. S.32. Teils auch zur Deckung der hohen Schulden durch den 7jährigen Krieg verwendet. Für jede Kuh mussten 9 Groschen gezahlt werden.*

(7) *Ebd.S.40.*

(8) *Ebd. S.33.*

(9) *Vgl. Die Viehzählung am 1. Dezember 1892, Amtsarchiv Freienohl, Nr. 2182, ebenso Die Viehzählung am 1. Dezember 1897, Amtsarchiv Freienohl, Nr. 2186.*

(10) *Vgl. dazu die einschlägigen Volks- und Viehzählungsakten im Stadtarchiv Sundern.*

Die hl. Agnes, Schutzpatronin der Lämmer. Ihr Feiertag ist der 21. Januar.

Waldnutzung und Landwirtschaft

Vom Lebensraum Wald zum Wirtschaftsraum Wald

Bernward Selter

Als der sauerländische Oberförster Holzapfel am 2. Mai 1821 zusammen mit einem seiner Förster mit einer Fichtenanpflanzung im Sorpetal beschäftigt war, erschienen mehrere Bauern am Ort des Geschehens, *„alle mit Hacken und Axten bewaffnet"*, und machten – so vermerkte es der angegriffene Staatsdiener in seinem späteren Bericht – ihrem Unmut über die Aufforstungen freien Lauf: *„wer Herr im Lande seye, ihr Förster, oder der König? Wer wann gibt ihnen den Befehl, unser Eigenthum noch weiter zu verderben (...); ihr Förster thuet das alles aus euch selbst – der König weis nichts davon, ihr wollet uns zupflanzen und so einschränken, daß wir nicht mehr zur Thür heraus können. Hierauf rissen die Bauern dem Förster Schmitt das Band wonach gepflanzt wurde, fort - danach den Arbeitern 3 Hacken und eine Axt fort - und rissen sodann alle Pflanzen, denen 460 Stück waren, aus, und warfen sie um sich her".*[1]

Derartige Szenen waren damals an der Tagesordnung. Überall regte sich Widerstand gegen die Aufforstungen mit dem schnell wachsenden Nadelholz. Die Bauern sahen hier einen Angriff auf ihre althergebrachten Waldrechte. Schließlich konnten viele von ihnen noch nicht auf die Weide auf den Heideflächen und in den Waldungen verzichten, war so mancher froh über Waldstreu, Heide und Plaggen, die diese Areale als landwirtschaftliche Reservefläche boten.

Über Jahrtausende hinweg hat der Wald und seine Produkte die Bedürfnisse des alltäglichen Lebens befriedigt. Von der ersten Besiedlung bis hin zu den wirtschaftlichen Notzeiten zu Beginn des 20. Jahrhunderts wurde wie in vielen anderen Mittelgebirgsregionen so auch im südwestfälischen Bergland der Wald, heute würde man sagen, multifunktional genutzt. Im Wald weideten die Menschen ihr Vieh, nutzten Laub und Waldfrüchte als Nahrungsergänzung. Waldboden und Krautschicht lieferten Dünger und Stallstreu, in der Strauch- und Baumschicht wuchsen Bau- und Nutzholz in den verschiedensten Sortimenten heran. Brennholz und Holzkohle waren neben Nahrung und Futter praktisch die einzige Energiequelle. Engpässe in der Holzversorgung und die sich verändernden Waldfunktionen führten v.a. seit der Frühen Neuzeit immer wieder zu Konflikten um die Waldnutzungen.

Traditionelle Formen der Landwirtschaft

Um 1800 lebten noch gut 80 % der Bevölkerung von der Landwirtschaft. Die Erträge der traditionellen Landwirtschaft waren verglichen mit den heutigen außerordentlich bescheiden. Überdies waren viele Bauern weder persönlich frei, noch konnten sie frei über das von ihnen bewirtschaftete Land verfügen. Dienste (Hand- und Spanndienste, Fuhr- und Jagddienste usw.), Abgaben (Natural- und Geldleistungen) an die Grundherren sowie Steuern und Zehnt setzten die ohnehin geringe Wirtschaftskraft der nur schwach marktorientierten Höfe erheblich herab. Gemeinschaftliche Nutzungsrechte Dritter

Waldarbeit in alter Zeit, Aufnahme aus dem Jahr 1936, Foto: Bildarchiv v. Elverfeldt

(z.B. Weiderechte) beeinflussten nicht nur die Bewirtschaftung der „Gemeinheiten", sondern auch diejenige privater Äcker, Wiesen und Wälder.

„Haben wir uns weiter vom Hofe entfernt, das Dungland und die Wechselländer, von denen einige Stücke nach langjähriger Weidenutzung schon ein recht wüstes Aussehen haben, hinter uns gelassen, so gelangen wir ohne merklichen Übergang in die Heide hinein. Sie zieht sich die steilen Hänge herauf und findet größere Ausdehnung auf den Höhen. Aber hier und da, in kleinen Einmuldungen des Geländes oder flacheren Lagen, stoßen wir noch auf einige bearbeitete Parzellen. Es ist das sogenannte Schiffel- oder Schüffelland, ein regelrechter Vorposten der Ackerkultur gegen das Heideunland."[(2)] Die hier für den Raum Eslohe auf der Grundlage der Katastralabschätzung beschriebenen Flächen gingen schließlich in einen fließenden Übergang in die Nieder- und Hochwaldungen über.

Feldbau und Viehzucht weiter Teile des Sauerlandes zeigten zu Beginn des 19. Jahrhunderts fast noch archaische Züge. Der Zunahme der Bevölkerung standen eine Verknappung des Bodens und eine schwindende Bodenfruchtbarkeit gegenüber. Der Nahrungsspielraum war sehr begrenzt. Durchgehend bebautes Ackerland kannte man nur im Ruhrtal, an wenigen Stellen auf der Briloner Hochfläche und in einigen Randlandschaften im Südosten. Für die

Umgebung Meschedes zählte der Agrarökonom J. N. von Schwerz, der auf seinen zwischen 1816 und 1818 unternommenen Reisen durch Westfalen auch das Sauerland kennen gelernt hatte, folgende Fruchtfolgen auf: 1. Jahr Klee, 2. Klee, 3. Klee gedüngt, 4. Roggen, 5. Gerste, 6. Mengkorn, 7. Erbsen, 8. Hafer mit Klee, 9. Klee.

In den höher gelegenen Regionen waren extensive Feldweide- und Feldgraswirtschaften verbreitet. Bei letzteren lagen die hofnahen Feldstücke – die so genannten Binnen- oder Dungländer – nach mehrjährigem Anbau längere Zeit brach, überzogen sich mit einer Gras- und Krautdecke und standen zwischenzeitlich als Weidefläche zur Verfügung (Dreeschsystem).(3) Die weiter entfernt liegenden und nur kurzzeitig bebauten „Wildländer“ oder Außenländer, weiträumige, teils mit Heide überzogene Gemeinheitsflächen und nicht zuletzt der angrenzende Wald bildeten landwirtschaftliche Reserveflächen. Die Haltung von Rindvieh und Schafen war oft die einzige Möglichkeit, dem kargen Lande einen bescheidenen Ertrag abzugewinnen. Ein Beispiel für diese ungünstigen Verhältnisse bietet die Winterberger Region: 1) 6-15 Jahre Dreische, 2) Kartoffeln gedüngt, 3) Roggen oder Gerste, 4) Flachs, 5)-10) Hafer.(4)

Da eine Düngung vieler dieser Flächen bei meist fehlender Stallfütterung nicht mit Stallmist erfolgen konnte, griff man im Sauerland mit dem „Torfen“ zu einer sehr extensiven Form der Bodenverbesserung.(5) Bei dieser Methode wurde die Bodennarbe der Außenfelder zusammen mit Gestrüpp und Holzteilen verbrannt und anschließend als Aschendünger auf das karge Land gefahren. Nur die Innen- oder „Dungländer“ bekamen auch Stallmist, dazu noch Asche, Kalk, Mergel und Knochenmehl als Dünger. Der Anbau von Klee und anderen Futterpflanzen fand erst in den letzten beiden Jahrzehnten des 18. Jahrhunderts schleppend Eingang in die sauerländische Landwirtschaft.

Gegen Ende des 18. Jahrhunderts lag in den Höhenlagen das Verhältnis zwischen Aussaatmenge und Ernteertrag im Schnitt nur bei etwa 1:2 bis 1:4 (Hafer) und in den günstiger gelegenen Landstrichen bei 1:6 bis 1:8 (Roggen). Der Anteil des unbearbeiteten Kulturlandes (Brache) war hoch, in Bödefeld beispielsweise wurden 1807 lediglich 28,6 % des Ackerlandes ständig bebaut.(6) Die Ernteerträge beim Roggen lagen um 1816 im oberen Sauerland bei ca. 6,3 dz gegenüber 7,47 dz in Westfalen (1802).(7) Brotgetreide mussten viele Gegenden des Sauerlandes vom Hellweg sowie aus niederrheinischen und niederhessischen Gebieten einführen.(8) Ähnlich wie der Feldbau lag auch der Wiesenbau im Argen. Außerhalb der Talregionen war der Zustand der meist einschürigen Wiesen mangelhaft, die Heuernten gering.

Der Wald als Nährwald

Weder der Anblick der früher vielseitig und intensiv genutzten Wälder, noch viele ihrer Produkte sind uns heute noch geläufig. Der Wald in der Nähe eines sauerländischen Dorfes vor 200 Jahren würde nicht unseren Vorstellungen von einem „normalen“ Wald entsprechen. Auch das gesamte Landschaftsbild würde uns überraschen. Denn die Wälder früher ließen sich weder ihrer Funktion nach noch räumlich eindeutig von der umgebenden Feldflur trennen. Festgelegte Grenzen zwischen Wald und Feld, wie sie für unsere heutige Landnutzung selbstverständlich sind, entstanden erst, als Landwirtschaft und Waldwirtschaft getrennte Wege gingen. Bis dahin aber war für die meisten Menschen die landwirtschaftliche Nutzung unserer

Wälder ebenso wichtig wie deren Wert als Lieferant des Rohstoffes Holz.

Die schon geschilderten kümmerlichen Getreideernten zwangen die Bauern zur viehbetonten Wirtschaftsweise, da sie nur so dem kargen Land einen bescheidenen Ertrag abgewinnen konnten. Weil jedoch geeignete Weideflächen fehlten, gehörte eine chronische Unterversorgung der Tiere mit Futter und Stroh zur Tagesordnung. Der Wald bot hier einen willkommenen Ausweg: besonders in Siedlungsnähe wurde er neben den Stoppelfeldern, verstrauchten Außenfeldern und kargen Heideflächen zur Ersatzweide umfunktioniert. Vom Beginn der menschlichen Besiedlung an bis ins späte 19., ja einsetzende 20. Jahrhundert hinein gehörte die Waldweide (Waldhute, Hute) zu den wichtigsten Waldnutzungen. Man unterteilte sie in die Großviehweide (auch Hornviehweide), die Schweinemast und die Waldweide mit Schafen und Ziegen.

Fette Schweine nur aus dem Wald

Gemeint sind hier nicht Wildschweine, sondern die Hausschweine, die über viele Jahrhunderte Teile der sauerländischen Wälder bevölkerten. Es gab lange Zeit kaum eine einträglichere landwirtschaftliche Nutzung des Waldes als die Schweinemast. Aus wirtschaftlicher wie rechtlicher Sicht war ihre Bedeutung immens, obwohl die Schweinezucht in der bäuerlichen Wirtschaft noch bis weit ins 19. Jahrhundert hinein gegenüber der übrigen Nutztierhaltung eine untergeordnete Rolle spielte. Aber die Mastberechtigung der Höfe bildete oft die Grundlage zur Ermittlung aller anderen bäuerlichen Forstnutzungsrechte. Daneben konnte sich die Mast als einzige Waldweidenutzung des Wohlwollens von Landesherrn und Forstleuten sicher sein. Aufgrund der oft hohen Ein-

Schweineweide in Braunshausen, um 1920, Foto: Bildarchiv Volkskundliche Kommission für Westfalen, Münster

nahmen aus der Mast ließen sie den Wert der Wälder so manches Mal eher nach der Anzahl der einzutreibenden Schweine als nach den Holzvorräten taxieren. Die Einkünfte aus der Waldmast übertrafen nicht selten die Holzeinnahmen, da viel Holz aufgrund der Forstrechte oft umsonst abgegeben wurde.

Warum aber trieb man die Schweine in den Wald? Der Stellenwert eines Stück Viehs wurde in früheren Zeiten besonders an seiner Tauglichkeit als Zugtier sowie seinem Beitrag zur Düngung gemessen. Die Fleischerzeugung trat in den Hintergrund. Das erklärt auch die bis in die zweite Hälfte des 19. Jahrhunderts nur geringe Viehdichte bei den Schweinen. Im Gericht Bödefeld kamen 1777 durchschnittlich 2,7 Schweine auf einen Hof. Der Anteil der Schweine am gesamten Viehstapel war um 1800 fast bedeutungslos.[9] Der Grund lag darin, dass das Hausschwein in der bäuerlichen Ökonomie eher einen Nischenplatz einnahm. Denn die Schweine durften nicht den Nahrungsvorrat des übrigen Viehbestandes gefährden. Obwohl es als anspruchsloser Allesfresser sowie Fett- und Fleischversorger beliebt war und auch in bescheidenem Maße Geldeinkünfte sicherte (Westfälischer Schinken), konnte seine Fütterung vor der großflächigen Einführung des Kartoffel- und Futtermittelanbaus nur auf den Stoppelweiden oder auf den Höfen durch Fütterung mit Getreide, Hülsenfrüchten und Nahrungsabfällen erfolgen. Eine über die Erhaltungsmast hinausgehende Fettmast war meistens nur über den Eintrieb der Tiere in die nahe gelegenen Wälder möglich.

Nicht selten wurde die Mast in großen Waldgebieten sogar an Auswärtige verpachtet, wie es etwa im Arnsberger Wald oder im Rothaargebirge üblich war. In den Wäldern des Klosters Grafschaft wurden neben Tieren vom Hellweg und aus der Grafschaft Mark sogar Schweine aus dem Raum Aachen gehütet. Schenck bemerkt über das vormalige Fürstentum Siegen, dass dort aufgrund fehlender Hochwaldungen und schlechten Ackerlandes die Schweinezucht *„nicht von Bedeutung“* sei, und die Einwohner daher viele Tiere aus dem Bergischen, Nassauischen und dem Herzogtum Westfalen bezögen.[10] Besonders im 16. und 17. Jahrhundert mögen in besseren Jahren an die 10.000 Schweine die Marken des Arnsberger Waldes bevölkert haben. Das meiste Borstenvieh stammte jedoch aus den umliegenden Dörfern und Städten, von Klöstern und Adligen, aber auch vom Landesherrn selbst.

Dem Wald sorgte also für die eigentliche Fettmast der Schweine. Um überhaupt in Erfahrung zu bringen, wie viele Schweine die Berechtigten in die Marken auftreiben konnten, galt es zunächst den Anfall der Eicheln und Bucheckern abzuschätzen. Die volle Mast oder „Fratmast“ bzw. Fettmast trat je nach Standort nur alle 5-10 Jahre ein; daneben gab es eine „Halbmast“, „Sprengmast“ (Viertelmast, auch „Faselmast“) oder auch gar keinen Mastanfall. Im Spätsommer ermittelten die Forstbedienten unter Hinzuziehung des Markenaufsichtspersonals und der Berechtigten die anfallende Mast. Man machte den „Anschlag“. Nicht selten geschah das per Besteigung ausgewählter Bäume. Anschließend wurde bestimmt, welche Höfe bzw. Haushalte wie viel Schweine in den Wald treiben durften (man nannte dies „Saetesetzung“). Die Stadt Arnsberg beispielsweise besaß zwei Schweineherden. Die eine wurde von den so genannten „Wakenbesitzern“, d. h. den alten Markgenossen in die alte Stadtmark eingetrieben (pro Hausstätte bei Vollmast vier Schweine), die andere in zwei von der Stadt 1507 und 1667 selbst angekaufte Distrikte, wobei das hieraus erlöste halbe Mastgeld der Kommune zufloss.[11]

Spätestens zum Zeitpunkt des Fruchtabfalls, mancherorts aber schon mit dem Bartholomäustag (24.8.), blieben dann die betroffenen Wälder für das übrige Vieh gesperrt. Regional verschieden, aber in der Regel Mitte Oktober trieb ein Sauhirt gegen ein Hutegeld die mit speziellen Brandzeichen versehenen Schweine für durchschnittlich 6-14 Wochen in die Wälder. Zwischen dem 30. November und Weihnachten oder Neujahr endete dann die Vormast. Bei ausreichender Mast konnten danach noch für einige Zeit die jungen Zuchtschweine („Faselschweine“) zur Nachmast in die Wälder getrieben werden. Für jedes Schwein hatte sein Besitzer ein festgelegtes Mastgeld an den Grund- bzw. Landesherrn zu entrichten. Zu diesem Zwecke wurden spezielle Mastregister angelegt, in denen man sowohl die Zahlen der im jeweiligen Jahr einzutreibenden Tiere, als auch die erwarteten Einnahmen verzeichnete.

Vermerkt wurde auch die Dauer der Mast sowie die genau festgeschriebenen Anteile – im Arnsberger Wald nannte man sie „ideelle Quoten“ –, welche die einzelnen Höfe und Kotten aufgrund ihrer Mastrechte besaßen und nach denen die Verteilung der einzutrei-

Ausschnitt aus einem Mastregister für die Marken des Arnsberger Waldes (1634) mit Angaben über den Ort, den Namen des zur Mast Berechtigten, seine Funktion sowie die Anzahl der einzutreibenden Schweine. Das Mastnutzungsrecht besaß man als Inhaber eines Hofes, der in der Mark „beerbt“ war. Kamen besondere Aufgaben hinzu, konnten zusätzliche Schweine in den Wald getrieben werden. So konnte der Hof „Heinrich oder Johan Scheper“ (rechts, 7. Zeile von oben) in Theiningsen allein aufgrund seines Scharamtes („1 Schar“; die Inhaber des Scharamtes hatten in der Mark eine gewisse Aufsichtsfunktion) z.B. schon vier Schweine in die Delecker Mark eintreiben. Bildquelle: StA. Ms, Hzm. Westfalen, Forstarchiv, Nr. 458

benden Schweine geschah. Aufgrund ihrer Forsthoheit und der üppigen Hofhaltung war den Kölner Kurfürsten der freie Eintrieb einer bestimmten Anzahl an Schweinen, die so genannte „Obtrift“, gestattet. Die Mastregister vermerken sie als „Herrenschweine“, neben den „Küchenschweinen“ der anderen geistlichen und weltlichen Herren. Hinzu kam ein weiterer „Aufschlag“ ebenfalls frei einzutreibender Schweine als Entgelt für die Mühewaltung des Forst- und Markenpersonals. Für die Beschaffung des Stegs, d. h. der Umzäunung, worin die Schweine nachts eingetrieben wurden, wurden extra Stegschweine gehütet, die „Zehrschweine“ dienten zur Deckung der Kosten bei der „Saetesetzung“.

Die Tiere bevorzugten die Früchte der so genannten „fruchtbaren Bäume", in Westfalen waren das v.a. Eichen und Rotbuchen, aber auch Kastanien, Wildobst, Nussbaum und Haselnuss, Speierling etc.

Man unterschied zwischen der Obermast aus dem Eckerich aus Eicheln, Bucheckern, auch Nüssen, Kastanien usw. und der Unter- oder Erdmast, die aus Wurzeln, Pilzen, Würmern, Larven usw. bestand. Zeitgenössische Schätzungen kalkulierten, dass ein Schwein bei voller Mast 25 Eichen für seine Nahrung *„und an Grund zu diesen Eichen 2 Magdeburger Morgen 85 1/2 Ruthen"* benötige.[12]

Wie bei kaum einer anderen traditionellen Waldnutzung passen Mast und Nährwald zusammen. Die Schweinemast besaß einerseits den Vorteil, dass sie einen Waldtyp beförderte, der Futter- und Bauwald in einem war. Andererseits trug sie durch den Schutz und den Erhalt der fruchtbaren Bäume auch noch zur Nachzucht des Waldes bei. Charakteristisch für die Mastwälder war ihr mittelwaldartiger Aufbau mit Stockausschlägen, lichtem Unterbewuchs und einem Kernwuchs aus alten Eichen und Buchen. Neben der Mast hatten diese Walddistrikte meist auch den Bauholzbedarf zu decken. Somit ist über Jahrhunderte in Westfalen die Ausbreitung der Eiche begünstigt worden. Die Pflanzung junger Eichen zählte zu den Pflichten der Beerbten und war gleichsam die Gegenleistung für die Gewährung des angewiesenen Bauholzes aus den Marken: *„und so offt ein fruchtbar Baum gewiesen, drey Bäum oder Heisteren wiederumb pflantzen, und mit Stöcken oder Dörnen umbwinden, daß sie vom Wildt oder anderem Vieh nicht verdorben werden"*, hieß es in § 4 der westfälischen Holzordnung von 1666.[13]

Der Rückgang der Waldmast setzte nach dem 30-jährigen Krieg ein. Die Bauholzkonjunktur und die Expansion des Gewerbes versprachen wesentlich höhere Einkünfte als die Mast. Der aufziehende herrschaftliche Jagdpomp führte zur Abschottung vieler Wälder, nicht selten mussten die Bauern die Eicheln dem Schwarzwild überlassen. In der zweiten Hälfte des 18. Jahrhunderts setzte sich mehr und mehr der Anbau der Kartoffel (erste Erwähnung in Westfalen um 1740) durch. Sie verbreiterte nicht nur die menschliche Ernährungsgrundlage, sondern war auch eine wichtige Voraussetzung für die spätere Stallmast der Schweine. Mit der Intensivierung der Landwirtschaft nach den Markenteilungen des 19. Jahrhunderts schließlich ging man zur eigentlichen Stallmast der Schweine über, die Waldmast bildete die Ausnahme. Die Aufzucht mit neuen Futtermitteln brachte erheblich höhere Gewichtszunahmen. Das robustere, an den ständigen Weidegang gewöhnte und dadurch eher hochbeinige, starkknochige und lang gestreckte Landschwein wich neueren, veredelten Züchtungen, die in kürzerer Zeit ein wesentlich höheres Schlachtgewicht erreichten.

Die Waldweide mit Großvieh, Schafen und Ziegen

Die Waldweide bot aufgrund fehlender geeigneter Weideflächen im Offenland einen Ausweg aus der Futtermisere. An eine ganzjährige Stallhaltung der Tiere dachte im südwestfälischen Bergland bis weit ins 19. Jahrhundert hinein niemand. Vom Beginn der menschlichen Besiedlung an bis ins späte 19., ja einsetzende 20. Jahrhundert hinein zählte die Waldweide (Waldhute) zu den wichtigsten Waldnutzungen, die in Andauer und Wirkung unübertroffen blieb.

„Anstatt Stallfuetterung, Kleebau und andere kuenstliche Fuetterungsarten zu finden, sind große oede Heiden, wilde Holzungen und dergleichen, die fast einzigen Mittel, das Vieh zu erhalten“,[14] kritisierte der märkische Oberforstbeamte von Hobe 1791 den beklagenswerten Stand der Viehzucht in den westfälischen Gegenden südlich der Ruhr. Im Gegensatz zur Waldmast nahm die Waldweide oder „Hute“ im 17. und 18. Jahrhundert noch einmal drastisch zu. Dies ist sowohl auf die Bevölkerungsvermehrung als auch auf die ungenügende Futterversorgung der Tiere zurückzuführen.

Anders als etwa an den Ufern von Ruhr und Lippe fehlte es bis ins 19. Jahrhundert hinein besonders in den höher gelegenen Gebieten an geeigneten Weidegründen. Dazu kamen die Hindernisse der alten Flurorganisation und -nutzung. Flurzwänge und gemeinsame Nutzungsrechte Dritter (v.a. Weiderechte) beeinflussten nicht nur die Bewirtschaftung gemeinschaftlicher Flächen, sondern auch diejenige privater Äcker, Wiesen und Wälder. Die Wintermonate verbrachte das Vieh zwar im Stall, wurde dort aber nur dürftig mit Heu, Spreu, Stroh und Futterlaub durchgefüttert. Kam es im Frühling dann an die frische Luft, müssen sich nicht selten Szenen abgespielt habe wie diejenige, die 1844 der Mescheder Forstmeister Grashoff mit folgenden Worten schilderte: *„Es nagt nur am Hungertuche und kaum erholt es sich so weit, daß es selbst, ohne menschliche Hülfe, (...) über die Stallschwelle kommen kann, so tritt der Herbst schon wieder ein, der Winter hindert das fernere Austreiben und das eben zu Blut gekommene Vieh beginnt den mit Lebensgefahr kaum überstandenen homöopathischen Cursus zum andern Male“.*[15] Die mangelhafte Futteraufnahme durch die langen Triftwege und das Herumirren auf den weiten Brach- und Heideflächen und in den Wäldern führte nicht selten zum Gewichtsverlust der Tiere und einer sehr geringen Milchleistung der Kühe.

Gegen Mitte des 19. Jahrhunderts dienten zur Überwinterung einer mittelgroßen Kuh in Südwestfalen gut 0,5 ha Wiese oder bis zu 5 ha Wildland als Bemessungsgrundlage. Gut 3 ha veranschlagte man 1824 für die Sommerfütterung einer Kuh in den Marken des Arnsberger Waldes.[16]

Im Sommer blieben den Tieren neben den so genannten „Dreischländern“ (mit Gras und Kräutern überzogenen Brachen) und Heideflächen hauptsächlich die Holzungen als Weideland. Das heißt, die Weidezeiten mussten sich in der Feldflur genau dem Jahresablauf der Feldarbeiten, im Wald nach den festgelegten Schonungsfristen richten. Auf den wenigen Wiesen, Fettweiden und Kuhkämpen, die natürlich auch das Heu für den Winter produzieren mussten, regelten eigens erlassene Vor- und Nachhutetermine die Beweidung. Die im Herzogtum Westfalen gültige kurkölnische Polizeiordnung von 1723 ordnete an, dass nur bis zum „Maytag“ (1. bzw. 16. Mai) und dann nicht eher als nach „Galli“ (16. Oktober) oder Martini (11. November) gehütet werden dürfe.

Allgemein konnten die Bewohner der Städte und Dörfer – falls sie Haus- bzw. Hofbesitzer waren – ihre Tiere unentgeltlich in die Marken eintreiben. Diejenigen, die keinen Hof und daher mindere Nutzungsrechte besaßen, zahlten für den Eintrieb ihres Viehs manchmal einen Beitrag in die Gemeindekasse. Faktisch war die Zahl des in den Marken aufzutreibenden Viehs unbegrenzt, die Bemessungsgrundlage der so genannten „Überwinterungsfähigkeit“ wurde aber sehr großzügig ausgelegt. Viele Bauern hielten vor der Einführung einer ganzjährigen Stallfütterung meist erheblich mehr Tiere, als ihre Ländereien versorgen konnten.

Kuhherde im Wald, Bad Laasphe, um 1930. Ein Beispiel dafür, dass in agrarstrukturell und naturräumlich benachteiligten Regionen die Viehweide in futterarmen Zeiten auch noch im 20. Jahrhundert im Wald ausgeübt wurde. Foto: Bildarchiv Volkskundliche Kommission für Westfalen, Münster

Fast alle Tiergattungen wurden damals in den Wald getrieben. Unter Aufsicht eines Hirten (die Kuhhirten hießen im Sauerland oft „Heier“, der Sau- oder Schweinewirt „Schwähn“)[17] hielten sich besonders Rinder, Schweine und Schafe, aber auch Pferde und Ziegen ganztägig, ja oft auch die Nacht über im Freien auf. Die Tiere suchten sich ihr Futter selbst und legten dabei nicht selten kilometerlange Wege zurück. Rund 30% des Fredeburger Stadtwaldes – meist *„verwilderte Huden und Heidberge“ – waren 1812 für den Vieheintrieb vorgesehen, „besonders an Koppen, Teufelskopp, Ochsenkamp, Törfe, Rimberg, Kahleberg, Sontelt, Wichtendennest, Auf der Laar, Windbrake und Robbeke. Die besonders schädliche Schafhude ist am Hömberg ausgeübt worden.“*[18]

In Bödefeld konnte das Rindvieh nur in den Kommunalwaldungen gehütet werden, da die immens hohe Zahl an Schafen, die jedoch nur einer kleinen Zahl von Bauern gehörten, die gesamte Hute in der Feldmark beanspruchte. Der Oberförster der Kommunaloberförsterei Winterberg klagte 1831:
„Die größten Mißbräuche bey der Forst-Wirthschaft sind die Hude, was besonders bey Bödefeld der Fall ist. Diese Gemeinde hat eine sehr beträchtliche Anzahl Rindvieh, die wegen der vielen Schafe (Bödefeld und Westernbödefeld

besaßen immerhin über 500, B.S.), die nur einige Bürger halten, und die die Feldhute allein bedürfen, das Rindvieh den ganzen Sommer im Wald weiden muß."[19] Die Gemeindevertreter kannten diese Problematik, gaben jedoch der Schafhaltung wegen der Dünger- und Wollproduktion den Vorzug. Besonders Beilieger waren die Leidtragenden dieser Verhältnisse, da die überproportionale Schafhaltung der großen bäuerlichen Betriebe eine Gefährdung ihrer Viehhaltung bedeutete.

Die Schafzucht nahm im 19. Jahrhundert noch einen breiten Raum ein. Die Nachfrage nach Wolle war groß, die Schafhaltung erreichte um 1860 ihren Höhepunkt. Der hohe Anteil an Gemeinheiten und Waldmarken erleichterte die Aufzucht der Schafe, außerdem gaben sich die Tiere selbst mit den kümmerlichsten Gras- und Heideflächen zufrieden, auf denen eine Erhaltungsfütterung von Rindvieh undenkbar war.

Wesentlich unbeliebter als Waldweidetier waren die Ziegen. Aufgrund ihrer Genügsamkeit und ihrer Kletterkünste war kaum ein Jungtrieb bzw. eine Baumrinde vor den „schwarzen Heuschrecken" oder „Rasiermessern des Waldes" sicher. In nahezu jeder Marken- und Forstordnung wurde die Ziegenhute verboten, ihr Aufenthalt in den Holzungen von den Förstern heftig bekämpft. Doch blieben selbst drakonische Maßnahmen meist wirkungslos, denn mit wachsender Bevölkerung war besonders für die unterbäuerlichen Schichten, die oftmals gar kein Rindvieh halten konnten, die Haltung der „Kuh des armen Mannes" von existenzieller Notwendigkeit.

Es war ein Teufelskreis: Dem Ackerland wurden durch die Ernte der Feldfrüchte Nährstoffe entzogen, gelangten aber nur zum Teil wieder dorthin. Denn die Exkremente des Viehs landeten meist auf den Triften, den wenigen Weideflächen oder im Wald. Durch Heranziehung weiterer nicht bebauter Flächen in den Wirtschaftskreislauf (Plaggen, Heidekraut der Wild- und Heideländer, Laub und Gras aus den Wäldern) konnte man den Ernteertrag und Viehbestand einigermaßen konstant halten, doch verarmten auf diese Weise immer mehr Böden auf

Sie wurden „Rasiermesser des Waldes" oder „schwarze Heuschrecken" genannt. Vor den Ziegen war aufgrund ihrer Genügsamkeit und ihrer Kletterkünste kaum ein Jungtrieb oder eine Baumrinde sicher. Die sich durch Jahrhunderte ziehenden Verbote der Ziegenhute in den Wäldern hatten nur sehr begrenzt Erfolg. Die Aufnahme stammt aus den 1950er-Jahren. Foto: Bildarchiv Forstliche Dokumentationsstelle, Landesbetrieb Wald und Holz NRW

den Heideflächen und in den Wäldern aufgrund des Nährstofftransfers von dort zum Ackerland.

Die Bauern dagegen sahen in der Waldweide einen Teil eines nützlichen Kreislaufes, denn das Vieh verlichtete die Wälder durch den ständigen Verbiss und das Zertreten des Jungwuchses. Der dadurch höhere Lichteinfall begünstigte den Anwuchs von Gräsern und Kräutern, die dann wiederum als Futter zur Verfügung standen. Verständlicherweise traf die Anlegung von Schonungen und Kulturen im Wald häufig auf den Widerstand der Bevölkerung.

Die zunehmende Verheidung ehemaliger Hutewälder führte bereits ab dem 16. Jahrhundert zu Reglementierungen und Verboten der Hute. Der schlechte Zustand der Wälder sowie das gestiegene Interesse an der Holzvermarktung hatten immer häufiger Anlegung großflächiger Schonungsflächen und damit die schleichenden Verdrängung der landwirtschaftlichen Nutzungen zur Folge. Anfang des 19. Jahrhunderts konnten die Waldbesitzer bei Schlaghölzern und Hagebergen ein Viertel, bei Hochwaldungen und Niederwaldungen ein Fünftel, *„zur Beförderung der Holzkultur“* in Zuschlag legen. „Eichelgärten“ (Vorläufer der Forstbaumschulen) durften überhaupt nicht beweidet werden. Noch 1857/ 1858 folgten für weite Teile Westfalens Vorschriften über die Ausübung der „Nebennutzungen“ sowie Schutzvorkehrungen in den Wäldern der Gemeinden und „öffentlichen Anstalten“. Im „Reglement über die Forstnutzungen in den Communal-Waldungen zu Bödefeld“ wurde folgendes festgesetzt:

„(...) 2. Die Weide darf nur mit Rindvieh und Schweinen benutzt werden. Die Ziegen- Schaaf- und Pferdehude bleibt untersagt.
3. Das Weidevieh darf nur in gemeinschaftlichen Heerden unter Aufsicht tüchtiger, vom Gemeinde-Vorstande anzustellender Hirten in den Wald getrieben werden. Diese Hirten sind für die vorkommenden Contraventionen verantwortlich und müssen bei der zweiten vorkommenden Contravention vom Gemeinde-Vorstande sofort entlassen werden, worauf sie bei ihrer Annahme aufmerksam zu machen sind.
4. Jedes Gemeinde-Mitglied darf nur das Vieh seiner eigenen Wirthschaft und welches er mit selbstgewonnenem Futter durchwintern kann, dem Hirten vortreiben. Ein Stück darf jedoch jedes Gemeinde-Mitglied auftreiben. An Auswärtige darf die Waldweide nicht überlassen werden.
5. In jeder Rindviehheerde muß eine angemessene Stückzahl Vieh, insbesondere dasjenige, welches sich bei der Heerde nicht zu halten pflegt, mit Glocken versehen werden.“[20]

Das Weidevieh durfte nur in gemeinschaftlichen Herden unter Aufsicht eines angestellten Gemeindehirten von morgens bis abends in die Holzungen getrieben werden. Ziegen, Schafe und Pferde sollten dem Wald ganz fernbleiben; auch war die Nachthute untersagt. Fand sich kein von der Gemeinde besoldeter Hirte, versahen diese Aufgabe häufig Kinder und Jugendliche. Die einzelnen Hutebezirke waren meist mit Zäunen, Hecken, Gräben oder Strohwischen begrenzt. Nachts musste das Vieh wieder ins Dorf zurückgetrieben werden. Forstwirtschaftlichen Grundsätzen entsprechend wurde die Schonungszeit im Niederwald bei Eichen auf acht Jahre, bei Buchen auf zwölf Jahre, im Hochwald auf zwölf bzw. 15 Jahre festgesetzt. Für die Fichtenkulturen setzte man eine Frist von acht Jahren, die Weide in ihnen wurde aber nur in seltenen Fällen ausgeübt.

Während die Waldmast relativ positive Auswirkungen auf den Waldbestand hatte (Auflockerung des Bodens, günstiges Keimbett für den Jungwuchs), wurde die Waldweide von den Forstleuten im Allgemeinen als Wald schädigend eingestuft. Der Viehverbiss am Jungwuchs führte zur Auflichtung der Bestände, Lücken entstanden und Licht liebende Pflanzenarten drangen ein. Die über Jahrhunderte fortgesetzte Weide setzte eine Entwicklung in Gang, die vom geschlossenen Wald über verschiedene Stadien gelichteter Wälder bis hin zur freien Trift und großflächigen Verheidung ging. Im hängigen Gelände kam es infolge der Überweidung zu Bodenerosionen, in ebenen Lagen zur Vergrasung und Verheidung; die den Niederschlägen mehr ausgesetzten Böden wurden ausgewaschen, ausgelaugt und versauerten.

In den Mittelgebirgen wie etwa dem Sauerland führte die starke Beweidung in den Wuchsgebieten der Buchenwälder auf Silikatböden vor allem zur Ausbreitung von Wacholderheiden. Gab es noch Buchennachwuchs, dann waren dies oft nur strauchartige Gebilde. Je nach Beweidungsintensität, Verbissresistenz und Regenerationsfähigkeit der Bäume kam es zu Artenumschichtungen zugunsten regenerationsfreudiger Arten und vor allem aber zu einer Weideselektion zugunsten der „Weideunkräuter"; das waren bewehrte Pflanzen wie Schlehe, Weißdorn, Wildrosen, Wacholder oder die Stechpalme (Ilex aquifolium). Pflanzengemeinschaften, wie z. B. die Calluna-Heide, konnten sich ansiedeln. Die Bäume in den Hutebezirken wiesen breitere Kronen auf und waren erst ab der Höhe, wo das Vieh nicht mehr heranreichte, beastet, so genannte Fraßlinien bildeten sich aus.[21]

Im Laufe des 19. Jahrhunderts ging die Waldweide immer weiter zurück. Markenteilungen und Zusammenlegungen versetzten die Bauern in die Lage, ihre Äcker und Wiesen frei zu bewirtschaften und nach und nach intensivere

Hutebuche im Arnsberger Wald, am alten Forstweg zwischen Hüsten und dem südwestlichen Teil der Möhnetalsperre. Um den Aufwuchs von Setzlingen vor dem Viehverbiss zu schützen, wurden gleich mehrere Jungpflanzen (Heister) in ein Pflanzloch gesteckt (Büschelpflanzung). Später wuchsen dann die Heister zusammen; in etwa zwei bis drei Meter Höhe teilte sich der Stamm dann wieder auf. Spuren der Weide sind die Wucherungen an den Wundrändern und alte Verbissspuren. Foto: Friedhelm Ackermann

Bodennutzungssysteme einzuführen. Futter- und Kartoffelanbau, die Anlegung künstlicher Weiden und die Einführung der Sommerstallfütterung erlaubten eine Vergrößerung der Rindviehbestände. Die Ziegenhaltung nahm ebenfalls zu - ein Indiz für die Zunahme der sozialen Unterschichten, die nach den Markenteilungen mangels ausreichender Weideflächen meist nicht mehr in der Lage waren, Kühe zu halten.

Große Umstrukturierungen erfassten auch die Schafhaltung. Sie erlebte nach ihrem Höhepunkt in den 1860er-Jahren einen rasanten Niedergang. Einerseits schränkte die Bebauung (Besömmerung) der Brache mit Kartoffeln und Klee das Weideareal der Schafherden stark ein. Andererseits machten billige Wolleinfuhren aus Übersee die Wollproduktion unrentabel.

Ohnehin hatten die Nadelholzaufforstungen und die Ablösung der Forstrechte die alte Waldweide immer weiter zurückgedrängt. Das bereits genannte Forstnutzungs-Reglement für Bödefeld vermerkte dazu: *„Alle Besaamungs-, Licht- und Abtriebsschläge, alle Saaten und Pflanzungen, überhaupt der junge Nachwuchs in den Hochwaldungen, wie auch in den Niederwaldungen sollen mit der Hude so lange verschont bleiben, bis nach dem Ermessen der Forstverwaltung das Holz durch das Vieh nicht mehr verdorben werden kann.“*[22]

Von Futterlaub und Grasheu

Die traditionelle Landwirtschaft kannte zwei Arten, mit Hilfe des Waldes den Futtermangel zu bekämpfen. Neben der Beweidung des Bodens sind auch Laubschneiden (Laubschneitelung), Laubstreifen und -harken sowie die Gräserei als Formen der Vorratswirtschaft überliefert. Grasheu konnte man in den lichten Hutewäldern sowie auf kahl geschlagenen Blößen gewinnen.

Die Futterlaub- und Grasgewinnung wurde meist in den lichten Hutewäldern, viel in den Nieder- und Kopfholzbeständen sowie auf Blößen ausgeübt. Den Eichenniederwald sah man als eine der futterreichsten Waldformen an, das Laub der Pappel als das nahrhafteste. In den lückenhaften Mittelwäldern fanden sich ausgedehnte mit Gras bewachsene Distrikte, die Beschirmung des Waldbodens durfte also nicht zu groß sein. Vier Formen der Schneitelung sind in Nordwestdeutschland überliefert: je nach Höhe des Abtriebs am Stamm Stockschneitelung, Kopfschneitelung, Astschneitelung, und daneben das einfache Rupfen des Laubs (Laubstreifen). Verbreitet war v.a. das Ausästen und Abschneiden von Blättern und Zweigen in Baumhöhe. Buchen und Eichen wurden weniger geschneitelt, beliebt war dagegen das Laub von Ahorn, Linde, Hainbuche und Esche. „Fraxinus“ lässt sich vom lateinischen „frangere“ für „brechen“ ableiten; der botanische Name der Hainbuche (carpinus betula) kommt von „carpere“ = „rupfen“, „greifen“. Noch in den Notzeiten zwischen den beiden Weltkriegen wurde in Westfalen die Laubschneitelung betrieben.

Buchen-Kopfholzbestand im Bonner Stadtwald, Bonn-Venusberg, Aufnahme um 1900. Der Stockausschlag wurde bei der Kopfholzwirtschaft in eine Höhe verlegt, an der das weidende Vieh nun nicht mehr die jungen Triebe und Äste verbeißen konnte. Foto: Bildarchiv Forstamt Bonn

Insgesamt gesehen nahm die Futtergewinnung aus den Wäldern im 19. Jahrhundert noch einmal zu. Denn nach den Gemeinheitsteilungen verschwanden viele extensive Weideflächen, und die Tiere mussten entsprechend länger im Stall zubringen. Die für die Stallfütterung notwendigen Futtermittel fehlten aber zunächst auf vielen Höfen, da eine Intensivierung des Feldbaus in der Regel längere Zeit in Anspruch nahm als die per Gesetz eingeräumte Freiheit des Eigentums.(23) Für eine Übergangsperiode ging an einer Futterergänzung aus den Wäldern kein Weg vorbei. Selbst Nadelholzkulturen wurden nicht immer verschont: *„Es können um den Graswuchs in jüngeren (unter 8 Jahren) Fichtenkulturen und in Buchenverjüngungen nutzbar zu machen, diese Orte zur Gräserei freigegeben werden (...). Von Seiten einer Gemeinde liegt ferner ein Antrag um Abgabe von Heidelbeerstreu vor, und es steht zu erwarten, daß noch andere Gemeinden nachkommen werden, da das Roggenstroh vielfach unter das Futter geschnitten wird,“*(24) berichtete der Mescheder Gemeinde-Oberförster Walloth 1893.

Streunutzung und Plaggenhieb

Futtermittel und Stalleinstreu sind für die Viehzucht ebenso unerlässlich, wie die Düngung für den Ackerbau. Die extensiven Feldgras- und Feldweidewirtschaften hatten relativ schlechte Getreideernten, dürftige Strohvorräte, einen chronischen Düngermangel und Engpässe in der Futterversorgung zur Folge. Vielen Bauern blieb im Winter nichts anderes übrig, als das ohnehin knappe Stroh an ihr Vieh zu verfüttern und Streu aus den Waldungen zu holen. Streunutzung, Plaggenhieb und Heidhackerei bildeten einen festen Bestandteil der traditionellen Mehrfachnutzung unserer Wälder. Der Jahresbericht des Winterberger Kommunaloberförsters vermerkte 1847 über die Verhältnisse im Amt Fredeburg: *„Die Heidhackerei und die Waldhude sind der Waldwirthschaft sehr hinderlich und bei der zunehmenden Ackerkultur steigert sich das Bedürfniß an Heidstreu, weil der Viehstand in hießiger Gegend durchgängig viel zu groß und daher das sämmtliche Stroh zur Fütterung erforderlich ist.“*(25)

Heideflächen und auch die Wälder mussten dort Abhilfe schaffen, wo der Einsatz künstlichen Düngers noch Zukunftsmusik war. Die abgestorbene organische Substanz von Bäumen und Teilen der Bodenvegetation fand Verwendung als Ersatzdünger; zusätzlich verwendete man sie als Einstreumaterial in den Stallungen.

Umfang und Technik der Streunutzung waren unterschiedlich und richteten sich nach den Bedürfnissen und Gegebenheiten vor Ort. Während bei der Streunutzung die abgestorbenen Teilen der Bodendecke zusammengeharkt oder auch Pflanzenreste abgeschnitten wurden, nutzte man beim „Heidhacken“ oder „Heidehauen“ die Pflanzendecke, beim Plaggenhieb zusätzlich die darunter liegenden Bodenbestandteile. Im Allgemeinen waren Heidhackerei, Streu- und Plaggennutzung in fast allen Regionen Westfalens gebräuchlich. Bei der Streunutzung harkte man mit Rechen die Laubschicht bzw. obere Bodendecke zusammen. Eingesetzt werden durften nur hölzerne Harken, da sie das Wurzelwerk nicht so stark schädigten wie Sensen oder eiserne Rechen. Die in Haufen zusammengerechte Streu wurde in Bunde oder Tragetücher gepackt und dann häufig von Frauen und Kindern nach Hause getragen. Größere Mengen an Material transportierte man mit einspännigen Ochsen-, Esel- oder Pferdekarren ab. Die so genannten „Forstunkräuter“, wie Heidekraut, Ginster, Farn, Binsen o.ä., schnitt man mit der Sichel ab, rupfte sie einfach mit den Händen aus oder harkte sie mit einem „Heideschrupper“ ab. Einige Autoren bezeichneten sie auch als Pflanzenstreu.(26)

Heide- und Rasenplaggen wurden zumeist außerhalb des Waldes auf Heideflächen, Triften und lückigen Hutewäldern gewonnen. Beim Heidhacken, „Heidehauen“, „Heedthacken“ oder Plaggenhieb nutzte man im Gegensatz zur Streunutzung die Pflanzendecke und die darunter liegenden Bodenbestandteile. Durchaus nicht nur im Flachland mit seinen oft sandigen Böden war das Plaggenstechen üblich. Aber auch in den Höhenlagen des südwestfälischen Berglandes dehnten sich in den letzten Jahrhunderten Heideflächen aus, die turnusgemäß gehackt wurden. Dass hier kein Wald mehr stockte, kam der Landwirtschaft also entgegen. Die sauerländischen Heidberge z.B. wurde alle 24 bis 30 oder sogar 50 Jahre *„plaggenweis gehackt und der so abgeschälte Heid zur Streue benutzt“,* wie es ein zeitgenössischer Reisebericht schilderte.

Je nach Bedarf fanden Streuplaggen im Stall (Unterstreu), als Kompostmasse in Dung- oder Faulhaufen (Dungplaggen) oder auch als Brennplaggen (torfige getrocknete Masse zur Verbrennung in Öfen und Herden) Verwendung. Nutzte man Streu und Plaggen als Unterstreu, vermischte man sie nach Gebrauch mit dem übrigen Stallmist und schichtete sie auf dem Hof in Faulhaufen zwecks Verrottung auf (Waldmist, Holzmist). Die Plaggen ließ man zunächst einige Wochen lang trocknen, bevor sie mit Stallmist vermengt in Plaggendunghaufen aufgeschichtet und später auf die Felder gefahren werden konnten.

Ihren eigentlichen Höhepunkt erlebten diese Nebennutzungen in Südwestfalen erst in der zweiten Hälfte des 19. Jahrhunderts. Die neu eingeführte Sommerstallfütterung entlastete natürlich den Wald von der Viehweide, doch nahm im Gegenzug dazu die Waldstreunutzung noch einmal zu. Kartoffel- und Futterbau steigerten zwar die Produktion an Nahrungsmitteln für Mensch und Tier, an Stroh mangelte es aber aufgrund der schnell ansteigenden Viehbestände weiterhin. Witterungsbedingte Ernteausfälle nach 1870 sowie sehr niedrige Agrarpreise auf dem Weltmarkt verschärften die Situation weiter. Viele Höfe waren nach den Markenteilungen und Ablösungen verschuldet und konnten keinen Kunstdünger zukaufen. Erst die staatlich geförderte Verbesserung der Düngerversorgung und die dadurch ermöglichte effektivere Strohproduktion trotz zurückgehender Getreideanbauflächen konnten gemeinsam mit dem intensivierten Futterbau und gezielten Aufforstungsbeihilfen für den Privatwald hier Abhilfe schaffen.

Wohl bei keiner Waldnutzung unserer Breiten ist der menschliche Eingriff in die Vegetation und Bodenzusammensetzung so gravierend gewesen wie bei der Streunutzung und dem Plaggenhieb. Die intensive Streunutzung ließ die Waldböden degradieren (Senkung der Wasserspeicherkapazität, Austrocknen des Oberbodens, Erosionserscheinungen, verminderte Humusbildung, Podsolierung) und versauern. Das Ausmaß der Bodenverarmung durch Streunutzung und Heidhackerei war sicherlich mit ein Grund für den Baumartenwechsel im Sauerland. Denn auf den so übernutzten Standorten wuchsen beispielsweise die anspruchsloseren Fichten eher als die heimischen Laubbaumarten Buche und Eiche. Die „Abschwächung des Holzzuwachses” wurde in der Forstwissenschaft klar erkannt, daher auch die Streunutzung heftig bekämpft. 1856 stellte der Jahresbericht der Landeskulturgesellschaft in Arnsberg fest: *„Die Wald-Wirthschaft macht zwar in den sich sichtbar mehrenden Nadelholz-Cultu-*

ren erhebliche Fortschritte, kann aber einestheils ihre Erbfeinde: den Plaggenhieb, das Streu- und Laubsammeln und die Hude nur nach und nach aus dem Felde schlagen".[28]

So füllten sich die Forstakten und Forstordnungen mit Klagen über das maßlose Laubsammeln und Streurechen auch in den Sommermonaten bei gänzlicher Entblößung des Waldbodens. In unseren Breiten kam es aber erst Mitte des 19. Jahrhunderts zu ernsthaften Bemühungen, die Wald schädigende Streunutzung einzudämmen. Dazu noch einmal das Bödefelder Forstnutzungs-Reglement von 1858:

„1. Diejenigen Districte, in denen Streulaub zu entnehmen, sind jährlich durch die Forstverwaltung zu bezeichnen. Es ist hierbei Grundsatz, daß in Laubholz-Hochwaldbeständen die Laubstreu-Nutzung nicht vor dem 60. Jahre eintreten, und auf derselben Fläche nur alle 6 Jahre wiederkehren darf. Erschöpfte Bestände, magerer Boden, die Sonnenseiten der Berge, die Mittel- und Niederwaldungen sind für immer von dem Streusammeln ausgeschlossen.

2. Die Laubstreu-Nutzung darf nur im Monat October an zwei vom Gemeinde-Vorstande festzusetzenden Wochentagen, welche nicht zugleich Holztage sein dürfen, unter Aufsicht des Forstbeamten ausgeübt werden. Der Gebrauch von eisernen Rechen ist hierbei untersagt. Nur in Fällen ganz besonderen Mangels an Streu kann die Forstverwaltung in einzelnen Districten auch das Sammeln von Laubstreu im Frühjahre von 2 bis höchstens 3 vom Gemeindevorstande zu bezeichnenden Tagen gestatten.

3. Die Laubstreu darf nur zum eigenen Gebrauche verwendet und nicht an Andere überlassen werden. Wer hiergegen fehlt oder nur überhaupt Streumaterialien aus seiner Wirthschaft verkauft, wird für das folgende Jahr von der Laubstreu-Nutzung ausgeschlossen.

4. Der Plaggenhieb in den mit Holz bestandenen Waldflächen ist verboten, jedoch bleibt es dem Ermessen der Forstverwaltung überlassen, bei der Ausführung der Kulturen und in jungen Nadelholzpflanzungen die streifenweise Plaggen-Nutzung unter specieller Controle des Forstbeamten zu gestatten. Auf den Heideköpfen, welche als solche von der Forstverwaltung und dem Gemeinde-Vorstande bezeichnet sind, können die zur Theilnahme an den Gemeinde-Nutzungen berechtigten Gemeindeglieder Heidstreu zum eigenen Bedarf entnehmen, solange diese Heideköpfe nicht mit Holz angebaut sind. Beim Plaggenhieb daselbst sind die mit Rücksicht auf die Kultivirung der Flächen zu treffenden Anordnungen der Forstverwaltung zu befolgen, nachdem sie in ortsüblicher Weise bekannt gemacht worden.

5. Das Abschneiden von Heidekraut, Heidelbeeren und Farrenkraut darf nur mit der Sichel zum eigenen Bedarf und nur in solchen Districten geschehen, in welchen es Seitens der Forstverwaltung erlaubt wird. Auch kann die Ausübung dieser Nutzung Seitens des Gemeinde-Vorstandes auf bestimmte Wochentage beschränkt und von der Lösung eines Erlaubnißscheines abhängig gemacht werden."[29]

Viele Einschränkungen und Verbote dieser forstlichen „Nebennutzungen" scheiterten lange Zeit am Widerstand der Bevölkerung. Mit Bodenplaggen oder Holzasche gedüngter Boden warf höhere Erträge ab, der Einsatz künstlicher Düngestoffe war für viele Bauern bis Ende des 19. Jahrhunderts noch Zukunftsmusik. Da Streunutzung und Waldweide im von der Forstwirtschaft favorisierten Nadelwald kaum noch ausgeübt werden konnten, blieben die Ressentiments gegen die Fichtenaufforstungen und Eingrenzung der Nebennutzungen bestehen.

Der langwierige Trennungsprozess zwischen Land- und Forstwirtschaft war ständig von Interessenkonflikten zwischen der Forst- und Holzwirtschaft auf der einen und der Landwirtschaft auf der anderen Seite begleitet. Was aus forstlicher Sicht praktikabel erschien, lag für viele Bauern noch lange Zeit außerhalb des wirtschaftlich Möglichen. Die flächenhaften Fichtenaufforstungen ab Mitte des 19. Jahrhunderts scheiterten häufig am Widerstand vieler Viehbesitzer, die zu dieser Zeit auf die Waldweide und die verschiedenen Ersatzstoffe aus den Wäldern noch nicht verzichten konnten. All das änderte sich erst Schritt für Schritt, als die Einführung von Stallfütterung und Wiesenbau sowie das Wegbrechen des Kohlholz- und Brennholzmarktes die alte Mittel- und Niederwaldwirtschaft unrentabel machten und begleitend dazu Agrarreformen und forstliche Förderung auch in den geoklimatisch ungünstigeren Regionen unseres Landes griffen.

Wald-Feldbausysteme im Ausschlagwald

Je nach Intensität der menschlichen Besiedlung und Art der Nutzung haben sich in einigen Gebieten des südwestfälischen Berglandes aus natürlichen Waldformationen so genannte Wald-Feldbausysteme entwickelt. Durch Wegfall der natürlichen Verjüngung und dem regelmäßigen „auf den Stock setzen“ junger Bäume entstanden so Formen des Ausschlagwaldes (Buchen-Niederwälder, Eichen-Birken-Niederwälder). Die Produkte dieser Wälder ließen sich bereits von derselben Generation ernten, die sie angepflanzt hatte. Ausschlagwälder waren dem damaligen, notgedrungen kurzfristigen Wirtschaften in der Landwirtschaft am besten angepasst. Boten sich zusätzlich noch weitere Möglichkeiten des Erwerbs – wie etwa die Eisenerzgewinnung und -verarbeitung im Siegerland – so bildeten sich im Laufe der Zeit Niederwaldformen aus, die es erlaubten, land- und waldwirtschaftliche Betriebsformen auf einer Fläche zu kombinieren. Aus der begrenzten Verfügbarkeit der Ressourcen Holz und Getreide entwickelte sich mit der modifizierten Niederwaldwirtschaft im 15. und 16. Jahrhundert ein Waldbausystem, welches bis zu einem gewissen Zeitpunkt die Versorgung von steigender Bevölkerung und expandierendem Gewerbe sicherstellen konnte. Die Haubergswirtschaft des Siegerlandes ist wohl das bekannteste Beispiel für eine zyklische Form des Waldfeldbaus mit meist 16- bis 22-jährigen Umtriebszeiten.

Das Gewerbe war insbesondere am Stangenholz (Kohlholz für die Meilerköhlerei) interessiert. Hinzu trat je nach Region die Gewinnung der Eichenrinde oder Eichenlohe (als Grundstoff für die Lederherstellung, Lohgerberei) im Eichenschälwald. Im feldbaulichen Bereich dienten die frisch geschlagenen Niederwälder rotationsmäßig als Ackerfläche (Roggen, Hafer, Buchweizen, Kartoffeln, Hülsenfrüchte). Zuletzt fand natürlich auch die Viehweide sowie die Streu- und Laubgewinnung in den heranwachsenden Stockausschlagwäldern ihren Platz.

Typische Holzarten der Niederwälder waren vor allem Eiche, Birke, Hainbuche, Buche, aber auch andere Laubhölzer. Aufgrund ihrer über Jahrhunderte dauernden Nutzung als Brenn- und Kohlholzlieferant wurde die Rotbuche jedoch aus den Niederwäldern Südwestfalens fast vollständig verdrängt. Wie das Beispiel des Siegerlandes zeigt, bevorzugte die dortige Eisenindustrie das Buchenkohlholz, was jedoch bei ständig steigendem Bedarf zu immer kürzeren Umtriebszeiten im Niederwald führte. Das überstieg die natürliche Regenerationsfähigkeit der Buchen, Lichtbaumarten wie Eiche und Birke mit ihrer weit entwickelten Fähigkeit zur vegetativen Verjüngung setzten sich durch.[30]

Übermäßige Nutzungen führten schon ab 1467 zu landesherrlichen Regulierungen der Niederwaldwirtschaft. Besonders bekannt wurde die 1711 erlassene „Güldene Jahnordnung" des Fürsten Friedrich Wilhelm Adolph. Nach dieser Verordnung wurden die Haubergsgemarkungen samt genau festgesetzter Zahl von Haubergsschlägen (die Umtriebszeit wurde auf 15-18 Jahre festgelegt) vermessen und die Abfolge der Schläge in den Haubergen geregelt.[31]

Die großflächige Umwandlung der Hauberge in Fichtenhochwaldbestände setzte erst nach 1900 ein, zu einem Zeitpunkt, als die Holzkohle längst entbehrlich und die Eichenlohe ebenfalls durch andere Gerbemittel ersetzt worden war. 1903 wurden im Kreis Siegen noch 33.070 ha Niederwald gezählt, von denen während der folgenden 30 Jahre aber 7.275 ha in Nadelholzhochwald, 1.984 ha in Laubholzhochwald und 662 ha in Weiden umgewandelt wurden. Anfang der 1980er-Jahre gab es immerhin noch 12.000 ha Haubergswald, den man zur Brennholznutzung heranzog.[32]

Von Eichenschälwäldern und Lohegewinnung

Die bekannteste waldwirtschaftliche Nutzung der Niederwälder war der Schälwaldbetrieb. Einen Aufschwung erlebte er im 18. Jahrhundert, als man daran ging, die schon seit dem Mittelalter in bäuerlichem Nebenerwerb betriebene Lohgerberei als Großgewerbe weiterzuentwickeln. Auch stieg der Bedarf an Leder durch Militär und Gewerbe) immer mehr an.

Wohl im gesamten rheinischen Schiefergebirge befanden sich Standorte von Gerbereien und Eichenschälwälder; und zwar überall dort, wo Eichenmischwälder und viel Quellwasser mit niedrigen Härtegraden zur Verfügung standen. Eines der Hauptverbreitungsgebiete des Schälwaldes waren das Sieger- und Sauerland (Hauberge). Erzeugt wurde hier die Eichenrinde (Lohe), die als Gerbmittel weite Verbreitung fand. In der Saftzeit der Bäume, wenn sich die Rinde besonders einfach vom Holz lösen lässt, schlitzte man an stehenden, gut armdicken Eichenstämmen die Rinde mit einem dafür speziell entwickelten Gerät, dem Lohlöffel, von unten nach oben der Länge nach auf und löste sie dann bis auf den obersten Teil vom Holz. Die vier bis fünf Meter langen Rindenstreifen ließ man bis zu zwei Wochen an den Stämmen hängen, um sie dann gebündelt zu den Lohgerbereien zu transportieren.

Eichenschälwaldbetrieb im Siegerland, Foto: Bildarchiv Forstliche Dokumentationsstelle, Landesbetrieb Wald und Holz NRW

1890 sollen im Siegerland 92 Gerbereien produziert haben, die pro Jahr 156.000 Häute und 28.000 Zentner Sohlleder verarbeiteten. Insgesamt 300.000 Zentner oder 700.000 „Bürden“ (21 kg trockene Lohe) Eichenrinde waren hierzu erforderlich. Das Siegerland lieferte davon 210.000 Bürden. Pro ha 140 Bürden gerechnet, brauchte man damals bei einem 18-jährigen Umtrieb eine Haubergsfläche von 27.000 ha.[33]

War mit der Mitte des 19. Jahrhunderts einbrechenden Holzkohlenkonjunktur eine Einnahmequelle aus den Waldungen verschwunden, so konnten einige Niederwälder zumindest noch als Eichenschälwald ein gewisses Auskommen sichern. Im Siegerland blieb daher die Haubergswirtschaft bestehen. Doch hatte der Eisenbahnbau schon in den 1860er-Jahren der ausländischen Lohe (aus den Ardennen, aus Ungarn, Sizilien und Afrika) den Weg geebnet. Mit Beginn der 1880er-Jahre schließlich konkurrierten argentinisches Quebracho-Holz und andere importierte Gerbstoffe immer mehr mit der Rindenlohe; später kamen auch noch synthetische Gerbmittel hinzu. Dennoch wurde erst 1887/1888 der Höhepunkt der rheinisch-westfälischen Spiegelrindenproduktion erreicht. Das lag zum einen an den Einfuhrzöllen für ausländische Gerbmittel und zum anderen an der besseren Qualität des Leders, das mit dem traditionellen Gerbverfahren mit Eichenrinde in den Lohegruben bearbeitet worden war. Noch in den 1870er-Jahren hat man von offizieller Seite die Anlegung weiterer Eichenschälwaldungen propagiert. 1903 gehörten in den Kreisen Siegen, Altena, Olpe, Iserlohn, Meschede und Arnsberg noch eine Fläche von 68.509 ha zum Eichenschälwald, das waren immerhin 23 % der gesamten Holzfläche.[34]

Quellen:

(1) Forstliche Dokumentationsstelle, Landesbetrieb Wald und Holz NRW, Akten Forstamt Glindfeld.

(2) Taschenmacher, Willi, Wandlungen einer Waldgebirgslandschaft. Studien zu einer Bodenbilanz im westfälischen Raum, in: Raumforschung und Raumordnung 2 (1938), S. 612-624, hier S. 617.

(3) Müller-Wille, Wilhelm, Der Feldbau in Westfalen im 19. Jahrhundert, in: Westfälische Forschungen 1 (1938), S. 302-325, hier S. 307f., 400f.

(4) Schwerz, Johann Nepomuk von, Beschreibung der Landwirthschaft in Westfalen und Rheinpreußen. Erster Theil, Stuttgart 1836, ND Münster-Hiltrup o. J., S. 418.

(5) Vgl. Selter, Bernward, Waldnutzung und ländliche Gesellschaft. Landwirtschaftlicher ‚Nährwald' und neue Holzökonomie im Sauerland des 18. und 19. Jahrhunderts, Paderborn 1995, S. 159ff.

(6) StA Münster (StA Ms), Grhzm. Hessen IX, Nr. 82; vgl. Selter, Waldnutzung, Paderborn 1995, S. 123. Die Katasterunterlagen notierten für die im Kreis Meschede gelegenen Gemeinden Eversberg und Velmede Ende der 1820er-Jahre für Roggen in den ersten drei Ackerklassen den durchschnittlich 6,6-, 4,75- und 2,44-fachen Ernteertrag (StA Ms, Reg. Arnsberg Katasterverwaltung, Nr. 679, Bl. 4).

(7) Hömberg, Albert, Siedlungsgeschichte des oberen Sauerlandes, Münster 1938, S. 96; Teuteberg, Hans Jürgen, Der Einfluß der Agrarreformen auf die Betriebsorganisation und Produktion der bäuerlichen Wirtschaft Westfalens im 19. Jahrhundert, in: Blaich, Fritz (Hrsg.), Entwicklungsprobleme einer Region: Das Beispiel Rheinland und Westfalen im 19. Jahrhundert, Berlin 1981 S. 167-276, hier S. 204.

(8) Vgl. Müller-Wille, Wilhelm, Westfalen. Landschaftliche Ordnung und Bindung eines Landes, Münster 1952, S. 227f. Noch in den 1860er-Jahren konnten die höheren Teile des Kreises Brilon ihren Bedarf an Roggen nicht selbst decken (Droste zu Padtberg, Die statistischen Verhältnisse des Kreises Brilon, Brilon 1865, S. 103).

(9) StA Ms, Hzm. Westfalen Landstände, Nr. 2041.

(10) Schenck, Karl Friedrich, Statistik des vormaligen Fürstenthums Siegen, Siegen 1820, ND Kreuztal 1981, S. 133f.

(11) Vgl. Seissenschmidt, Wilhelm, Die Mastbetreibung in der Arnsberger Mark, in: Blätter zur näheren Kunde Westfalens 8 (1870). S. 19-26, hier S. 22f.

(12) Hobe, Johann Wilhelm Freiherr von, Freymüthige Gedanken über verschiedene Fehler bey dem Forsthaus-

halt, insbesondere über die Viehhude in den Holzungen, deren Abstellung und Einschränkung, Thal-Ehrenbreitstein 1805, S. 181f.

(13) *Scotti, J. Josef (Hrsg.), Sammlung der Gesetze und Verordnungen, welche in dem vormaligen Churfürstenthum Cöln (...) über Gegenstände der Landeshoheit, Verfassung, Verwaltung und Rechtspflege ergangen sind (...). 1. Abtg, 1. Teil, Düsseldorf 1830, Nr. 114, S. 299.*

(14) *Hobe, Johann Wilhelm Freiherr von, Anweisung zu einer bessern Holzkultur besonders in den Grafschaften Mark und ähnlichen Ländern, Münster 1791, S. 110.*

(15) *Grashoff, Etwas über die Sauerländische Landwirthschaft in Bezug auf künstliche Holzcultur und diese selbst, in: Landwirthschaftliche Mittheilungen der Landeskultur-Gesellschaft für den Regierungs-Bezirk Arnsberg 3 (1844), S. 12-15, hier S. 13.*

(16) *Forstliche Dokumentationsstelle, Landesbetrieb Wald und Holz NRW, Akten Oberförsterei Rumbeck.*

(17) *Dazu Michels, Bärbel, Von Hirten und Herden, in: Jahrbuch Hochsauerlandkreis 1990, S. 10-17, hier S. 11, 15.*

(18) *Herzog, Helmut, Stadtwald Fredeburg in Vergangenheit und Gegenwart, Fredeburg 1963, S. 35.*

(19) *StA Ms, Kreis Meschede, Nr. 630.*

(20 *In StaA Schmallenberg, D, Nr. 405*

(21) *Vgl. dazu u.a. Pott, Richard, Geschichte der Wälder des südwestfälischen Berglandes unter dem Einfluß des Menschen, in: Forstarchiv 63 (1992), S. 171-182.*

(22) *In StaA Schmallenberg, D, Nr. 405.*

(23) *Dazu Selter, Waldnutzung, Paderborn 1995, S. 169ff.*

(24) *StA Ms, Reg. Arnsberg, III B, Nr. 2583.*

(25) *StA Ms, Kreis Meschede Landratsamt, Nr. 630.*

(26) *Dazu u.a. Cotta, Heinrich, Grundriß der Forstwissenschaft, 6. Aufl., hrsg. von seinen Enkeln Heinrich und Ernst von Cotta, Leipzig 1872, S. 191ff.*

(27) *Hesse, Skizzen über das Amt Bilstein, in: Vaterländische Blätter für das Herzogthum Westphalen, erster Jahrgang, zweiter Band, Arnsberg 1811, S. 271-281, hier S. 275.*

(28) *Abgedruckt in: StA Münster, Oberpräsidium Münster, Nr. 1765,1, Bl. 129.*

(29) *In StaA Schmallenberg, D, Nr. 405.*

(30) *Pott, Richard, Historische Waldnutzungsformen Nordwestdeutschlands. Heimatpflege in Westfalen. Rundschreiben des Westfälischen Heimatbundes 3 (1990), H. 2, S. 1-9.*

(31) *StA Ms, Fürstentum Siegen, Landesarchiv 6 b, Nr. 15.*

(32) *Vgl. Selter, Bernward, Holz als vorindustrieller Energieträger und universaler Werkstoff im „hölzernen Zeitalter", in: Schulte, Andreas (Hrsg.), Wald in Nordrhein-Westfalen, Bd. 1, Münster 2003, S. 189-201, hier S. 198.*

(33) *Becker, Alfred, Der Siegerländer Hauberg. Vergangenheit, Gegenwart und Zukunft einer Waldwirtschaftsform, Kreuztal 1991.*

(34) *Bericht des Regierungs- und Fortrats von und zur Mühlen über die Förderung der Forstkultur im Niederwaldbezirke des Regierungs-Bezirks Arnsberg und auf den Aussenfeldern des Kreises Wittgenstein, Arnsberg 1904, Anlage A.*

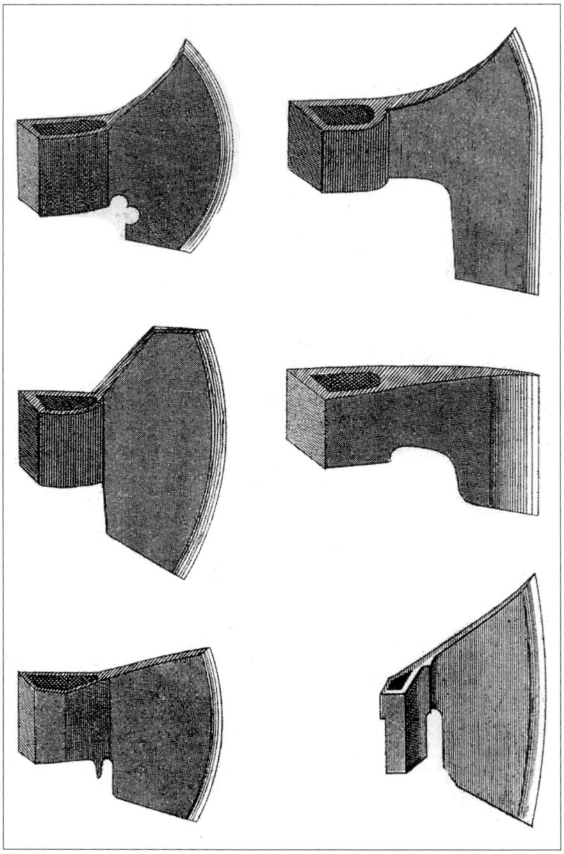

Werkzeuge des Waldarbeiters Abbildungen aus dem Katalog der Firma Gabriel, Eslohe, ca. 1900

Wie man mit Pilzen Feuer macht

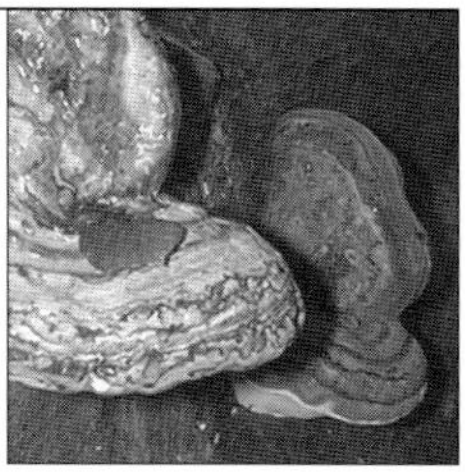

Zur ehemaligen Schwammklöpperei in Fredeburg

Berward Selter

Was für uns eine Selbstverständlichkeit ist, war vor gut 200 Jahren völlig anders: gemeint ist das Feuermachen. Es ist schon viel über das Holz als zentralen Energieträger der vorindustriellen Zeit erwähnt worden, über den Hausbrand und das Verkohlen des Brennholzes in Meilern. Doch wie machte man Feuer, wenn Feuerzeug und Streichhölzer fehlten. Nun, die zündende Idee, einen Funken zu schlagen, kam den Menschen schon vor hunderttausenden von Jahren. Doch wie kommt man vom Funken an die Flamme?

Als leicht brennbares Material diente den Menschen schon seit der Jungsteinzeit das filzige Gewebe eines Pilzes, der in Europa v.a. in Schweden und Ungarn, aber auch im Hochsauerland, insbesondere auf dem Hunau-Kamm, heimisch ist. Es handelt sich um polyporus fomentarius, ein Baumpilz, der auf abgestorbenen Buchen und Birken wächst. Dieser auch als Feuer-, Zunder- oder Buchenschwamm bekannte Pilz taugte freilich nach mehreren Bearbeitungsschritten als sehr leicht entzündliche Unterlage.

„Der Pilz wurde zunächst zwei, drei Wochen in eine Salpeterlösung gelegt, um seine Entzündbarkeit zu erhöhen. Dann kam das aufgequollene Material in eine Presse, um es zu entwässern. Danach wurde der Pilz in Streifen geschnitten. Die Streifen wurden stundenlang weich geklopft. Das Endprodukt werden samtweiche Streifen, die Feuer fingen, sobald ein Funke übersprang.“[1] Eine gute Alternative zum auch häufig verwendeten verkohlten Leinengewebe.

Diejenigen, die diese Verarbeitung vornahmen, die Schwammklöpper, bauten seit Anfang des 19. Jahrhunderts einen eigenen Gewerbezweig in Fredeburg mit zwei kleinen Fabriken auf. Langsam ging jedoch das in der Umgebung gewonnene Rohmaterial aus. In immer weniger Wäldern wuchs der benötigte Buchenschwamm. Das hatte etwas mit den Übernutzungen (u.a. durch Köhlerei), aber auch sicher mit ersten Durchforstungen bzw. Nadelholzaufforstungen zu tun, denn der Zunderschwamm tritt meistens als Schwächepilz auf, der an geschädigtem, nicht weggeräumtem Buchenholz wächst. Importe aus dem Harz und später aus Schweden füllten die Lücken. Damals gründete Johann Friedrich Becker dafür eigens eine Handelsgesellschaft.

Der Siegeszug des Streichholzes ab den 1860er-Jahren beendete jäh das blühende Gewerbe der Schwammklöpper. Die Mescheder Kreisstatistik nennt noch die Feuerschwammfabrikation in den Firmen *„Becker, Sapp u. Comp. sowie Gebrüder Becker“*, die in den 1860er-Jahren noch zwischen 250 und 350 Zentner Feuerschwamm mit maximal 25 Arbeitern produzierten.[2] In Spitzenzeiten waren einmal mehr als doppelte soviel Menschen dort beschäftigt. Schon 1890 musste Johann Wilhelm Becker die Pforten seiner Fabrik in Fredeburg schließen.

[1] *Pelzer, Wolfgang, Feurige Pilze aus dem Sauerland, in: Westfalenspiegel 5 (2002), S. 58f., hier S. 18.*
[2] *Statistische Darstellung des Kreises Meschede 1861-1873, Meschede 1874, S. 78ff.*

Wie kam das Holz aus dem Wald?

Zur Entstehung des Waldwegenetzes

Klaus Sternemann und Bernward Selter

Sauerland und Wittgensteiner Land sind von Natur aus verkehrspassive Regionen. Eine Orientierung hin zum Rheinland oder anderen Gewerbegebieten und Handelsplätzen war lange Zeit unmöglich bzw. mit großem Aufwand verbunden. Gegenüber den Gebieten an den Handelswegen im Norden (Hellweg) war das südwestfälische Bergland eindeutig benachteiligt. Allerdings besaß die Region mit dem in reichlichem Maße vorhandenen Holz einen Aktivposten. Noch bis in die zweite Hälfte des 19. Jahrhunderts war Holz die vorindustrielle Zentralressource.

Da man das Holz aber besonders in Gebieten ohne ausgebaute Wegenetze oder flößbare Gewässer kaum über weite Strecken transportieren kann, bot gerade seine Weiterverarbeitung zu Holzkohle, Pottasche u.a. Stoffe die Möglichkeit, das großvolumige und schlecht transportable Holz in eine Form zu bringen, welche die Erschließung auch entlegener Waldgebiete für den Markt erlaubte. Holzkohle war wesentlicher Standortfaktor für das Eisengewerbe. Die sauerländischen Wälder haben nicht nur die einheimischen Hütten- und Hammerwerke mit dem nötigen Rohstoff versorgt, sondern beispielsweise den Bedarf der Siegerländer Eisenindustrie zu einem beträchtlichen Teil gedeckt. Damals wanderte noch die Kohle zum Eisen.

Wollte man hingegen das Holz selbst über weitere Strecken transportieren, benötigte man dafür entsprechende Wege und Transportmittel. Die ersten Wege, die durch die Wälder führten, waren Verbindungswege von regionaler oder überregionaler Bedeutung zwischen den menschlichen Siedlungen. Mit diesen Wegen wurden aber noch keine Wälder erschlossen. Solange die wirtschaftliche Bedeutung des Waldes in erster Linie zur Bedarfsdeckung der umliegenden Dörfer und Städte diente, erfolgte keine geregelte Erschließung der Wälder. Karren- und Schleifwege waren hier ausreichend. Auch die vorindustriellen Holzgroßverbraucher wie Glashütten und Pottaschesiedereien durchzogen die umliegenden Wälder bis zu deren völligen Zerstörung. Die Produktionsstätten verlegten dann ihre Standorte in andere Waldgebiete, zogen also dem Rohstoff hinterher.

Heute noch bezeugt die riesige Zahl von rund 20.000 ehemaligen Meilerstellen in den Wäldern Nordrhein-Westfalens den großen Bedarf an Holzkohle in früheren Zeiten. Die fertige, abgelöschte Kohle füllte der Köhler in Korbkarren oder Säcke, die mit Tragtieren bis zur nächsten Verlademöglichkeit transportiert wurden. Der Abtransport in Gebiete mit besonders hohem Holzkohlebedarf, so z. B. ins Siegerland, erfolgte mit speziellen Kohlekarren, die zugleich auch als Maßeinheit dienten. Zum Transport der Holzkohle reichte somit das überörtliche Handelswegenetz.

Erst mit der Industrialisierung und dem Übergang zur geregelten Forstwirtschaft änderte sich vieles. Die Gewerbe verließen den

Waldwegebau im Sauerland zu Beginn des 20. Jahrhunderts. Noch bis in die 1950er-Jahre war Handarbeit beim forstlichen Wegebau die Regel. Die Erstellung des Planums und der in der Regel bergseitigen Wegeseitgräben ebenso wie die anschließende Befestigung mit einer Setzpacklage geschahen per Hand. Diese Setzpacklage war eine Tragschicht aus sortiertem, grobem Steinmaterial, gesetzt und verkeilt in Form einer angestrebten uhrglasförmigen Wölbung. Die so entstandene Tragschicht wurde mit einer Verschleißschicht aus Splitt abgedeckt. Foto: Bildarchiv Forstliche Dokumentationsstelle, Landesbetrieb Wald und Holz NRW

Wald und mit der steigenden Nachfrage nach Nutzholz drang die Infrastruktur (zunächst die Schiene, dann die Straße) allmählich in die Wälder vor. Regelmäßige Transporte größerer Holzmengen waren die Folge. Über große Entfernungen waren diese ab Mitte des 19. Jahrhunderts durch die zunehmend zur Verfügung stehenden Eisenbahnen möglich geworden.

Die Erschließung des Waldes selbst zur Nutzung des Rohstoffes Holz war nun unumgänglich. Vor diesem Hintergrund und mit Hilfe der aus der neuen Landvermessung gewonnenen Informationen wurden Ende des 19., Anfang des 20. Jahrhunderts im öffentlichen Wald und in vielen größeren privaten Forstbetrieben Wegenetze geplant und ausgebaut. Das damals entstandene Wegenetz bildet in großen Teilen auch heute noch in vielen Forstbetrieben das Grundgerüst der Haupt- und Zubringerwege. Für den Forstschutz wurde es durch so genannte „Begangspfade“ verdichtet.

Der Verlauf der Wegetrassen war zunächst nur nach den Gegebenheiten der Zeit auf Pferdezug und in der Regel auf Bergabtransport ausgerichtet. Das Höchstgewicht für einen beladenen Wagen betrug für ein Doppelgespann auf guter Straße in der Ebene und bergab 4.000 bis 6.000 kg, bergauf jedoch nur 1.000 kg. Die Tagesleistung bei einer einfachen Entfernung von 10 km lag bei zehnstündiger Arbeitszeit bei maximal zwei Fahrten. Seit etwa 1920 gewann der Holztransport mit Lastkraftwagen zunehmend an Bedeutung, zunächst noch unter bescheidenen Startbedingungen.

Mitte der 1930er-Jahre erklärte die NS-Führung neben Kohle und Stahl Holz zum drittwichtigsten Rohstoff. Neben der chemischen Verarbeitung zu neuen Bau- und Werkstoffen, Sperrholz für den Flugzeugbau, Zellwolle und Schießpulver, sollte Holz vor allem auch als „Festkraftstoff" für Holzgas-Generatoren dienen, die während des Zweiten Weltkriegs Tausende von Kraftfahrzeugen antrieben. Auch die Lieferung sehr großer Mengen von Grubenholz für die Kohlezechen und von Schwellenhölzern für den Ausbau des Eisenbahnnetzes gehörten zu den politischen Zielsetzungen.

Ungelöste Transportprobleme waren mit die größten Hindernisse für die massenhafte Bereitstellung von Holz. Die erste Antwort auf diese Herausforderung war unter anderem die Entwicklung gigantischer Kurzholz-Transportzüge mit ca. 30 m Länge und einer Transportkapazität von 80 Raummeter (rm), entsprechend 40 t Nutzlast und 52 bis 67 t Zug-Gesamtgewicht. Angetrieben wurden diese LKW-Riesen von Dieselmotoren mit 150 PS, denn stärkere Motoren fanden damals noch unter keiner Motorhaube Platz. Die zweite Antwort auf die Lösung der Holz-Transportprobleme war im Rahmen der Autarkiebestrebungen des Dritten Reichs der Bau von Holzabfuhrwegen in Handarbeit unter Einsatz des „Reichsarbeitsdienstes".

Der große Siegeszug des LKW-Transports begann jedoch erst nach dem Ende des Zweiten Weltkriegs. Es zeigte sich nunmehr, dass das auf Pferdezug ausgerichtete Wegenetz nicht mehr modernen Anforderungen den des LKW-Transports entsprachen, insbesondere hinsichtlich der Längsneigungen der Wege und der Möglichkeit des Bergauf-Transports. Ausserdem mußte eine Anpassung der Linienführungen erfolgen, vor allem hinsichtlich angemessener Kurvenradien.

Eine Besonderheit stellte der Einsatz von Waldeisenbahnen dar. 1882/1883 soll schon eine in der Kgl. Oberförsterei Rumbeck angelegt worden sein. Auch im Kottenforst bei Bonn wurde 1885 eine Waldeisenbahn mit Pferdezug zum Bahnhof Kottenforst in Betrieb genommen. Im Klever Reichswald war von 1917 bis 1944 eine 60 cm-Schmalspur-Waldeisenbahn mit zunächst zwei Dampflokomotiven in Betrieb, der 1944 zum Munitionstransport noch einmal besondere Bedeutung zufiel. In den Forstämtern Schmallenberg, Attendorn und Arnsberg weisen noch heute entsprechende Forstortsbezeichnungen auf ehemalige Waldeisenbahnen hin. Die Schienen, Weichen und Loren waren in manchen Forstbetrieben in den 1970er-Jahren noch vorhanden.

Diese Waldeisenbahnen sind später, als im Staatswald planmäßig der Ausbau forstlicher Wege forciert wurde, auch für Wegebauzwecke eingesetzt worden. Hierzu wurde an einer möglichst hoch gelegenen Stelle der Wegetrasse natürlich vorkommendes Wegebaumaterial erschlossen. Dieses Befestigungsmaterial wurde mit Loren, auf denen ein Waldarbeiter als Bremser mitfuhr, zum Einbauort transportiert und sodann die leeren Fahrzeuge mit Pferdezug wieder zum Ausgangsort zurückgebracht. Viele kleine Steinbrüche an den Forstwirtschaftswegen im Mittelgebirge, zeugen heute noch von

Mit der Einführung und Ausdehnung des Holztransports per LKW und der kontinuierlichen Erhöhung der Achslasten begann in den 1950er-Jahren die Befestigung vorhandener Erdwege und zunehmend auch die Neuanlage von Wirtschaftswegen wie hier in Saalhausen 1951. Foto: Bildarchiv Forstliche Dokumentationsstelle, Landesbetrieb Wald und Holz NRW

dieser Technik. In den Mittelgebirgsforstämtern waren seinerzeit zu diesem Zweck bewährte Waldarbeiter zu „Sprengmeistern" ausgebildet worden.

1963 beauftragte deswegen das damalige Landwirtschaftsministerium das Forsteinrichtungsamt des Landes Nordrhein-Westfalen, einen Generalwegebauplan für alle staatlichen Forstämter der Landesforstverwaltung zu erstellen. Neben dem Bau ganz neuer Wege wurden auch viele der vorhandenen Wege hinsichtlich ihrer Linienführung, der Kurvenradien und der Wegebreite modernen Erfordernissen angepasst. Hierzu gehörte auch, dass statt der Holzlagermöglichkeiten oberhalb der Wege für die früher übliche LKW-Beladung mit Seilwinden heute für die zum Standard gewordene Kranverladung die Bankette entsprechend breit genug für die Holzlagerung sein mussten.

Auch im Privat- und Körperschaftswald gewann der forstliche Wirtschaftswegebau zunehmend an Bedeutung, insbesondere als mit Beginn der 1960er-Jahre die Förderung des forstlichen Wirtschaftswegebaus durch den „Grünen Plan" und später als Teil der Bund-Länder-Gemeinschaftsaufgabe (GA) möglich wurde. Überall im Betreuungswald plante man neue Wegenetze, hier häufig ohne die Notwendigkeit zur Berücksichtigung bereits vorhandener befestigter Wege. Im Kleinprivatwald erfolgte die Planung und Anlage neuer Wegenetze auch in Zusammenarbeit mit den Flurbereinigungsbehörden im Zuge von Waldflurbereinigungsverfahren. Beispielhaft genannt sei hier das Verfahren Felbecke, das um 1960 in Zusammenarbeit zwischen dem damaligen Forstamt Meschede, der Landwirtschaftskammer Westfalen-Lippe und dem Amt für Agrarordnung in Arnsberg durchgeführt wurde. Als besonders gelungen wurde es sowohl auf der Westfalenschau in Hamm als auch auf der Grünen Woche 1966 in Berlin der Öffentlichkeit präsentiert.

Die Zeit zwischen 1964 und dem Ende der 1980er-Jahre erlebte in einigen Regionen einen regelrechten „Wegebauboom" im Privat- und Körperschaftswald. Diese Entwicklung hatte ihren ersten Höhepunkt etwa 1975 und erreichte durch die Bildung zahlreicher Forstbetriebsgemeinschaften einen zweiten Höhepunkt Mitte der 1980er-Jahre. Für den erheblichen zusätzlichen Arbeitsaufwand durch Planung, Ausschreibung und Bauüberwachung wurden im Zuge der forstlichen Neuorganisation 1970 in vielen Forstämtern „Funktionsbeamte für Wegebau" bestellt. Die Erschließung der Körperschafts- und Privatwälder war nur möglich durch den Einsatz erheblicher Fördermittel des Landes und des Bundes. Bauträger der forstlichen Wirtschaftswege waren meist Forstbetriebsgemeinschaften, Gemeinden, eigens zu diesem Zweck gegründete Wegebauverbände und private Forstbetriebe. Die Forstämter planten die Wege, schrieben die Maßnahmen namens und im Auftrag der jeweiligen Bauträger aus, erteilten mit deren Vollmacht die Aufträge und überwachten die Bauausführung.

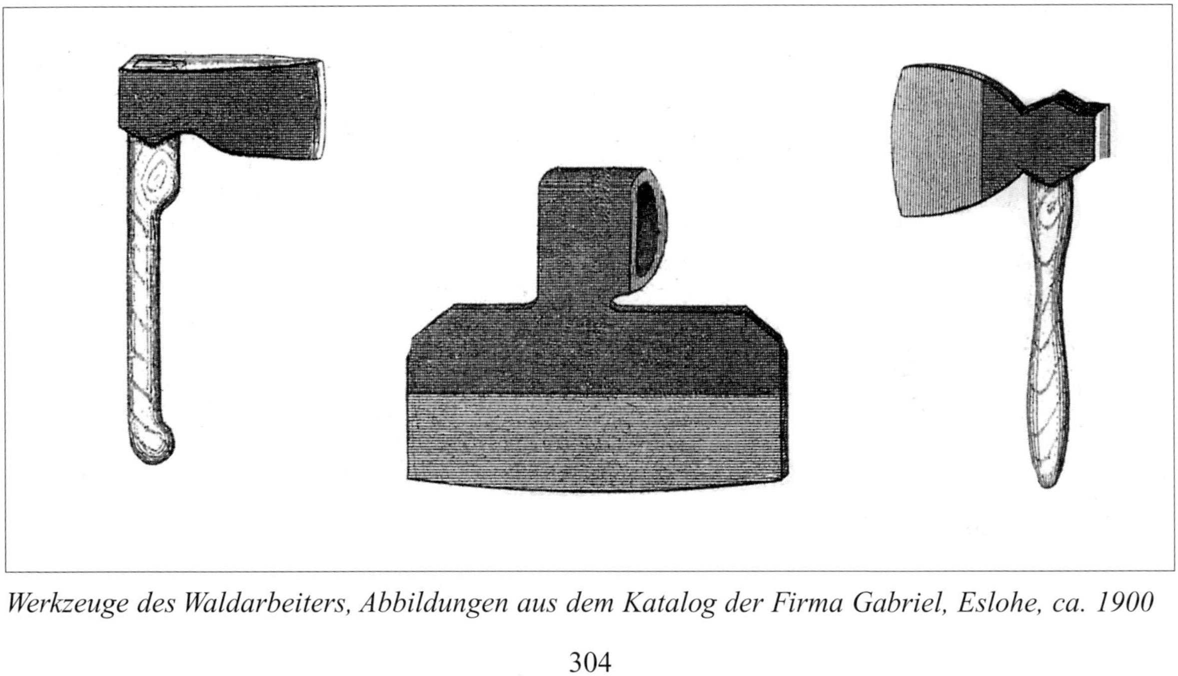

Werkzeuge des Waldarbeiters, Abbildungen aus dem Katalog der Firma Gabriel, Eslohe, ca. 1900

Eine Rarität: Die Knochenmühle in Isingheim

Wilhelm Feldmann

„Nun läuft sie wieder!" Franz Stratmann, Besitzer der Knochenmühle in Isingheim, bei Eslohe im Sauerland gelegen, war froh, als 1992 eine überfällige Reparatur des drei Meter hohen eisernen Wasserrades abgeschlossen wurde. Die Knochenmühle, eine der wenigen, die es in Westfalen noch gibt, ist seitdem wieder funktionstüchtig. Die 1985 als technisches Denkmal vom Landschaftsverband Westfalen-Lippe unter Schutz gestellte Mühle dient seit Jahrzehnten nicht mehr dem Broterwerb. Doch ein paar abgekochte Knochen hat Franz Stratmann immer noch bereitliegen, um interessierten Besuchern den Betrieb der Mühle erklären. zu können.

Isingheim, war schon immer ein günstiger Standort für einen Mühlenbetrieb. Die Wasserkraft des Esselbaches nutzend, wurde dort bereits zu Anfang des 19. Jahrhunderts eine Mühle betrieben. Die preußischen Landvermesser vermerkten 1831 in ihren Kartierungen, daß hier eine Sägemühle vorzufinden war. Diese ist später, in der zweiten Hälfte des 19. Jahrhunderts, durch die Errichtung der heute bestehenden Mühle ersetzt worden. Anfangs nur als Ölmühle genutzt, wurde recht bald der Betrieb auf das Knochenmahlen umgestellt.

Das war eine Anpassung an die Bedürfnisse der hiesigen Landwirtschaft. Während ein Großteil der landwirtschaftlichen Flächen regelmäßig zwecks Regeneration sich selbst überlassen waren und brachlagen, gingen die Landwirte mehr zur Dauernutzung des Bodens über. Das war nicht nur durch Fruchtwechsel zwischen Getreide, Hack- und Blattfrüchten zu erreichen, sondern insbesondere durch eine verbesserte Düngung des Bodens. Es hatte sich herausgestellt, daß die Phosphorsäure unter den verschiedenen Kernnährstoffen eine besonders wichtige Stellung einnimmt. Die Böden des Sauerlandes sind jedoch seit je her arm an diesem unentbehrlichen Nährstoff. Da die Phosphorsäure im tierischen und pflanzlichen Eiweiß, im Knochengerüst und in den Körnern und Samen der Kulturpflanzen enthalten ist, kam dem Einsatz des Knochenmehls in der Landwirtschaft bereits seit 1830 immer mehr Bedeutung zu.

Die Isingheimer Knochenmühle hatte damals keine Vorreiterrolle hier im Raum inne. Eine 1865 in Enkhausen bei Meschede errichtete Knochenmühle gilt als Erste dieser Art. Neunzig Jahre später war sie jedoch mitsamt des ganzen Dörfchens Enkhausen im Wasser der zweiten Hennesee-Talsperre versunken.

Das ‚Herz' der Isingheimer Knochenmühle ist, wie bei jeder Wassermühle, das mächtige Wasserrad. Es ist ein sog. ‚oberschlächtiges' Rad und wurde erst 1952 neu eingebaut. Da die Kraft des fließenden Wassers hier nicht ausreicht, das Rad unterschlächtig zu betreiben, wird das Wasser der Essel, früher auch „Cobbenroder Bach" genannt, über einen 350 Meter langen verrohrten Kanal von oben auf das Rad geleitet. Dieses setzt sich durch den Druck und durch Ausnutzung des Wassergewichtes von 40 Kilogramm pro Schaufel in Drehbewegung. Je größer das Wasserrad gebaut ist, um so mehr Kraft kann es auf das Mahlwerk übertragen. Deshalb war das vormals eingebaute alte Mühlrad aus Eichenholz größer, wurde jedoch am 10. April 1945 von einer amerikanischen Panzergranate zerstört. Es würde sich sonst wohl noch heute drehen.

Franz Stratmann stellte neuerdings, besonders jedoch in den Sommermonaten fest, daß der Wasserzulauf des Esselbaches nachgelassen hat. Bedingt durch die trockenen Sommer und die viel zu milden Winter ist der Grundwasserspiegel in den letzten Jahren extrem abgesunken. Da er kaum eine Staumöglichkeit hat, kann seine Mühle nicht mehr die volle Kraft entfalten, die sie in ihrer aktiven Zeit nötig hatte, als noch pro Jahr 1000 Zentner Knochen zu Mehl verarbeitet wurden. Das ist schon bald 100 Jahre Geschichte. Doch Franz Stratmann weiß dies aus Erzählungen seines Vaters Fritz zu berichten.

Dessen Schwiegervater Franz Bruder bezog die Knochen waggonweise aus weitem Umkreis. Mit drei oder sogar vier Pferdefuhrwerken fuhr er des nachts um zwei Uhr mit Hilfe seiner Nachbarn zum Freienohler Bahnhof. Bis acht Uhr mußte der Eisenbahnwaggon entladen sein, sonst waren zwei Mark Standgeld fällig. Grund genug, früh aufzustehen. Sonst ging es hier recht beschaulich zu, wenn man bedenkt, daß ganz früher das Holzrad eine alte Kreuzschlagmühle antrieb, wo noch jeder Knochen einzeln hineingesteckt werden mußte. Die langwierige ‚Knochen'-Arbeit wurde mit dem Einbau eines hölzernen Stampfwerkes erleichtert und auch beschleunigt. Mehrere 65 Kilogramm schwere Stempel zermalmten die Knochenmassen, denen zuvor durch Abkochen Flüssigkeit und Fett entzogen worden war. Das Endprodukt, Knochenmehl, wurde bis zum Beginn des Zweiten Weltkrieges an die Bauern verkauft. In den Kriegszeiten wurde das Knochenmahlen jedoch untersagt, da das Knochenmaterial für kriegswichtige Zwecke nutzbar war. Die darin enthaltenen Fette und Öle wurden in der Rüstungsindustrie verwertet.

Nach Kriegsende mahlten Stratmanns nur noch für ihren Eigenbedarf, da noch eine kleine Landwirtschaft im Nebenerwerb betrieben wurde.

Die alte Volksweise „Es klappert die Mühle am rauschenden Bach" ist ein Teil erlebter Vergangenheit. Die in die heutige schnelllebige Zeit herübergeretteten Zeugen früheren Broterwerbs sind unbedingt erhaltenswert. Zuviel ist schon übereilt vernichtet worden. Die Isingheimer Knochenmühle wird jedoch der Nachwelt erhalten bleiben.

Die Knochenmühle in Isingheim

Die "Bullenhalle" in Meschede

Bernd Schulte

Die 'Bullenhalle' in Meschede, Foto: Bildarchiv Bernd Schulte

Im Jahre 1923 begannen im Altkreis Meschede 24 „Bäuerliche Bezugs- und Absatzgenossenschaften" ihren Dienst ganz im Sinne der Landwirte und Verbraucher. Schon 1925 erfolgte die Fertigstellung des Kornhauses in Meschede mit Gleisanschluss nördlich des Bahngeländes. Ein Jahr später lagen Pläne zum Bau einer Halle auf dem Tisch. Beispiele dazu gab es in Münster und Hamm. Das neue Projekt sollte eine zentrale Viehversteigerung im kurkölnischen Sauerland ermöglichen. Clemens Graf von Westfalen, Vorsitzender des landwirtschaftlichen Kreisvereins stellte kurzfristig den Bauplatz und das Bauholz kostenlos zur Verfügung. Seit 1927 steht die „Halle Sauerland", im Volksmund kurz und bündig „Bullenhalle" genannt. Hier wird an markanter Stelle im Norden der Kreisstadt hochwertiges Zuchtvieh aus dem Sauerland und darüber hinaus in alle Welt per Auktion zu veräußert.

Die Pflugfabrik Berens in Bremke

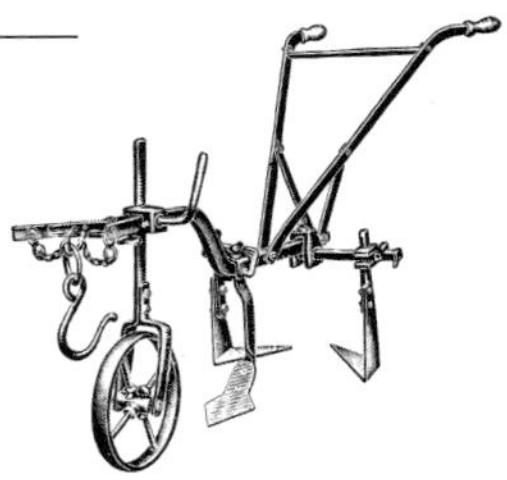

Gudrun Schulte

Firma Berens in Bremke, 1972, Foto: Bildarchiv Maschinen- und Heimatmuseum Eslohe

Anton Berens (1846-1940) betrieb in Bremke (Gemeinde Eslohe) eine kleine Huf- und Wagenschmiede. Seit 1868 baute er Wendepflüge, deren Rahmen aus Holz bestand, aber bereits über eine geschmiedete Stahlschar verfügten.

Sohn Clemens Berens (1880-1958), ebenfalls gelernter Huf- und Wagenschmied, verbrachte seine Gesellenjahre in Essen-Kupferdreh bei Johannes Sprungmann. Bei ihm erlernte er den speziellen Pflugbau. Im Oktober 1903 kehrte Clemens Berens in den väterlichen Betrieb zurück und gründete die Pflugfabrik Berens.

Gefertigt wurden Holz- und Eisenpflüge sowie Eggen. Zudem führte man aber auch die klassischen Aufgaben einer Dorfschmiede aus, wie Pferdebeschlag oder Reparaturen. Der erste Stahlwendepflug wurde Ende November 1903 an einen Bauern in Reiste verkauft. Es handelte sich dabei um ein sog. ‚Rückenriester-Modell' in rheinischer Bauart.

Die neuartigen Stahlwendepflüge der Firma Berens erhielten Namen wie ‚Reformator', ‚Diktator' und ‚Unterwender'. Der ‚Reformator' wurde nach rheinischem System gebaut. In einem Werbeprospekt der Firma heißt es dazu: „Bei diesem Pflugsystem, wo der Pflug mit der Vorderkarre (zweirädrig) durch Ketten verbunden ist, kann und muss, je nach Bodenart der Pflug trotz Selbstführung noch etwas gehalten werden, und darum ist dieses Pflugsystem auch für dünnackrige, steinige Gebirgsfelder sehr gut geeignet."

Gleiches galt für den ‚Unterwender', ein System, bei dem nur der Pflugkörper gewendet wurde, während der sog. Grindelbaum sich nicht mitdrehte. Die Drehachse war doppelt gelagert und leicht auswechselbar.

1907 begann Clemens Berens Stahlwendepflüge mit geteilten Riestern zu bauen. – Riester sind die großen Streichbleche über den Scharen des Pflugkörpers. – Der ursprüngliche Sauerländer Holzpflug wurde immer weiter verdrängt, denn der neue Pflugtyp besaß gerade auf den steinigen Feldern des Sauerlandes größere Vorzüge.

Berens nahm weitere Verbesserungen seiner Modelle vor. 1913 wurde neben der alten, ca. 50 Quadratmeter großen Hufschmiede, eine neue Schmiede gebaut. Sie war doppelt so groß. 1922 wurde die alte Schmiede abgerissen. Ende der 20er Jahre baute Berens sog. Pendelkippflüge. Sie basierten auf den Vorgänger-Modellen, zeichneten sich aber durch leichteren Gang und bequemere Handhabung aus. Am Ende der Ackerfurche brauchte der Pflug nicht mehr gedreht werden, sondern man kippte ihn. So konnte man sofort wieder in die Gegenrichtung ziehen. Nach dem 2. Weltkrieg wurde die Firmenfläche auf 250 Quadratmeter erweitert.

Berens-Pflüge fanden ihr Hauptverbreitungsgebiet im Sauer- und Siegerland. Bereits Clemens Berens reiste über Land, um seine Produkte den Bauern zu empfehlen. Seine Söhne Anton und Robert taten es ihm gleich. Robert und Anton Berens erlernten beide den Pflugbau im väterlichen Betrieb. Anton verbrachte einige Zeit bei der bekannten Pflugbaufirma Sack in Leipzig, um sich weiterzubilden. Robert absolvierte einen dreimonatigen Landmaschinenlehrgang bei der DEULA (Deutsche Landkraftführerschule) in Zeesen bei Berlin.

Berens-Pflüge gingen in alle Gegenden Deutschlands, aber auch vereinzelt nach Australien oder Afrika. Hier waren es überwiegend Missionare, die aus dem Sauerland stammten, die die Vorzüge der Berens-Pflüge zu schätzen wussten und sie deshalb exportierten. Zwei Beispiele seinen hier genannt: ein Bischof Hennemann bekam ein Ochsengespann, das er zu seiner Mission am Kap der Guten Hoffnung mitnahm. Ein Missionar aus Langenholthausen (Balve) erhielt Gespannpflüge für seine Mission in Neuguinea.

Gespannpflüge baute die Firma Berens bis 1949. Eine jede Serie umfasste 10-12 Stück. Sie wurde in der Regel für einen bestimmten Auftraggeber gefertigt. Zehn Mitarbeiter sorgten für den Ablauf der Produktion. Nach 1949 wurde die Produktion auf Schlepperpflüge umgestellt. Diese Pflüge produzierte das Unternehmen aber nur von Herbst bis Frühjahr. Ab März wurden überwiegend Häufel- und Hackpflüge hergestellt, weil man im Sauerland die Kartoffeln im Juni anhäufelt. In der übrigen Zeit fertigte Berens Heuschwänze und Eggen. Ab 1965 gehörten auch Ladewagen zur Produktion.

Seit 1959 produzierte die Firma Drehwinkelpflüge, bei denen der Bauer nicht mehr zu wenden brauchte. Bekannt wurde der ‚Spute-dich' (in Anlehnung an den ersten russischen Satelliten ‚Sputnik'). Bei zahlreichen Landwirtschaftsschauen, wie in Lüdenscheid oder Hamm, zeigte die Firma ihre Produkte. Auf anderen Ausstellungen und Pflugwettstreiten im In- und Ausland (Hamburg, Paris, Straßburg, Belgien, Holland) sammelte man neue Ideen, um die eigenen Pflüge immer weiter zu verbessern.

Bis 1970 führten die Brüder Robert und Anton das Unternehmern gemeinsam. Danach wurde Robert Berens Alleininhaber.

Hydraulik-Wechselpflug, bei Fellinghausen, ca. 1966,
Foto: Bildarchiv Maschinen- und Heimatmuseum, Eslohe

Ende der 60er/ Anfang der 70er Jahre bekam auch die Firma Berens die erste Rezession der bundesdeutschen Wirtschaft zu spüren. Vorübergehend wurden Leitplankenstandhalter, Rollbänder für die Industrie, Tauchbäder für Farbtränkanlagen u.a. hergestellt. Zudem führte man Schweißarbeiten für die Firma Ketten-Wulf, Stammsitz Kückelheim, aus. Gefertigt wurden außerdem Schneepflüge. Deren Produktion wurde 1979 an die Firma Josef Jürgens in Felbecke abgegeben. 1977 wurde der letzte Berens-Pflug geschmiedet. Im September 1979 wurde die Firma aus gesundheitlichen Gründen aufgegeben.

Exkurs: ein Pflug entsteht

Die Bleche, Spezial-Panzerbleche, die aus einer Eisen-Stahl-Eisenschicht bestanden, kamen fertig geschnitten von Zubringerfirmen zu Berens. Diese Bleche wurden zunächst gebohrt, dann im Koksofen auf 800 bis 1000 Grad erwärmt und in Pressmatrizen gebogen, anschließend in Öl gehärtet und danach geschliffen. So entstanden die Riester und Pflugscharen in einem zusammenhängenden Arbeitsgang. Währenddessen wurde an einer anderen Produktionsstelle aus zugeliefertem Flachstahl das Gestell gefertigt. Hier wurden auch die Räder für Gespannpflüge hergestellt. Die Exzenter-Motorschere schnitt Bleche bis zu einer Stärke von 22 mm und Rundeisen bis zu 45 mm Durchmesser spielend. So konnten bis zu fünf Gespannpflüge oder drei Schlepperpflüge pro Tag bei Berens in Bremke gefertigt werden.

Quellen:

Firmenarchiv der Familie Robert Berens, Bremke, im Besitz des Maschinen- und Heimatmuseums Eslohe

Verschiedene Ausgaben der Mescheder Zeitung von 1904-1918

Westfalenpost vom 26. November 1953

Werkzeuge für Land- und Forstwirtschaft aus Eslohe

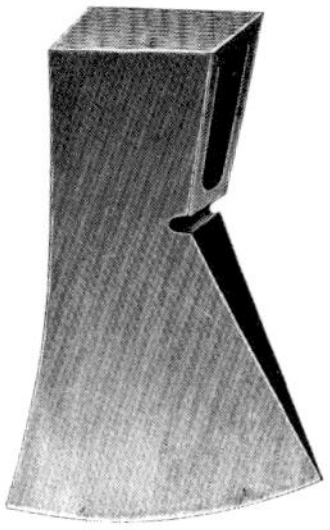

Gudrun Schulte

Mindestens seit dem 15. Jahrhundert, wahrscheinlich schon früher, wurde in Eslohe Metallverarbeitung betrieben. Es gibt frühe Hinweise. 1825 erteilte die königliche Regierung zu Arnsberg die Konzession für ein Hammerwerk in Niedereslohe. Es gab mehrere Vorbesitzer des Hammers. Vermutlich 1846 übernahm Ferdinand Gabriel (1802-1864) den Hammer zunächst als Pächter. Zum Unternehmen Gabriel gehörten weitere Hämmer in Sieperting, Frielinghausen und Lochtrop.

Nach 1866 baute Gabriel den Stahlhammer in einen Raffinierhammer um, der mit Steinkohle und Holzkohle betrieben wurde. Er bestand aus zwei Schmiedefeuern, einem Geschläge und einem Zylindergebläse. Im ersten Jahr wurden von drei Raffinierschmieden bereits 630 000 Pfund Raffinierstahl im Wert von 5670 Talern produziert. 1868 bekam auch Lochtrop einen Raffinierhammer.

Ferdinand Gabriel benötigte raffinierten Frischfeuerstahl für seine Werkzeugfabrik. Für Schneiden und hochbelastbare Werkzeuge wie Beile und Äxte hatte sich raffinierter Rohstahl bestens bewährt. Rohstahl ging der Ruf des Besonderen voraus, und so konnte er sich bis in die 90er Jahre des 19. Jahrhunderts auf dem Markt halten, bis der Gussstahl, der erste in flüssigem Zustand gewonnene Werkzeugstahl, nach und nach den alten Rohstahl ersetzte.

Die Werkzeugfabrik in Niedereslohe

1870 baute Ferdinand Gabriel jun. (1837-1919) in Eslohe zusammen mit Hugo Schüren eine Werkzeugfabrik. Sie entstand auf dem Gelände des ehemaligen Kupferhammers mit insgesamt zehn Feuern und einer Schleiferei. Im Oktober des Jahres suchte die Firma erstmals Zuschläger und Schleifer. 1871 annoncierte man für Äxte und Beile. Bereits im folgenden Jahr produzierten 23 Arbeiter Werkzeuge wie Äxte, Beile und Hacken mit einem Geldwert von 16000 Talern. Der Betrieb wurde nach dem Hauptprodukt zunächst ‚Äxteschmiede' genannt. Ab 1871 wurden sowohl die Werkzeugfabrik als auch die Hämmer in Niedereslohe und Lochtrop mit Steinkohle beschickt, während Frielinghausen und Sieperting weiterhin mit heimischer Holzkohle befeuert wurden. Die Rohhämmer arbeiteten der Werkzeugfabrik zu. Sie produzierten bei gesichertem Absatz an Rohstahl, Mittel-Köhr, Raffinierstahl und gefrischtem und vorgerecktem Eisen noch einige Jahrzehnte, als die Hammerwerke im Sauerland zumeist schon verschwunden waren.

Wie erfolgreich die Produktion der „Werkzeugindustrie der Gewerkschaft Gabriel und Schüren" gewesen sein muss, belegt folgende Zeitungsnotiz von 1877: „Das Kriegsministerium hat von vielen eingeholten Mustern das Schanzzeug dieser Firma als das beste festgestellt und wird es bei allen Infanterie-Truppenteilen einführen."

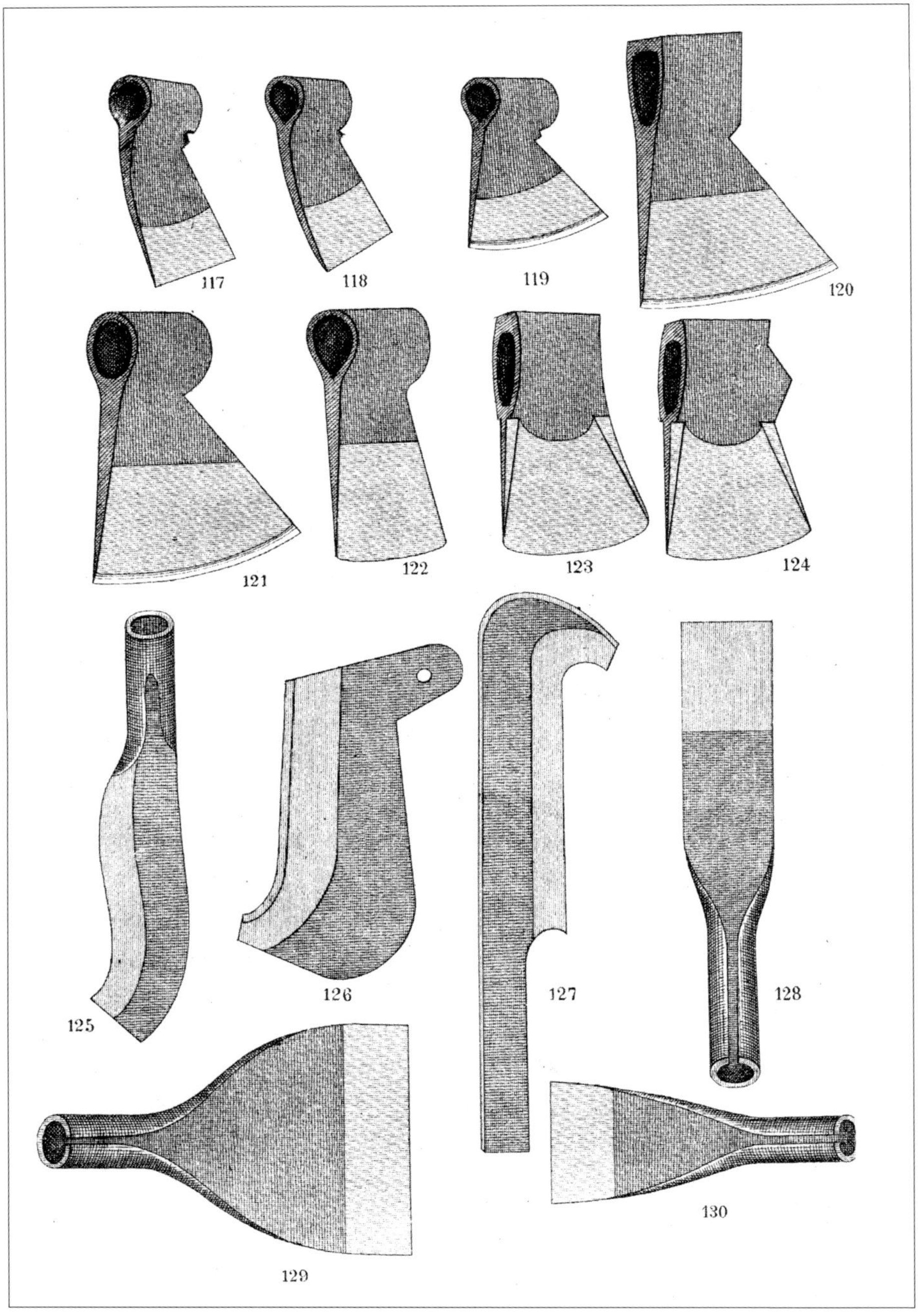

117. Aexte mit rundem Auge und gebogenem Blatte, engl. Facon; 118. dito americ. Facon; 119. Kleines Rundaugenbeil; 120. Beil mit breitem Kopf, grossem oval. Auge und dopp. Wate; 121. dito mit rundem Auge und dopp. Wate; 122. Axt mit rundem Auge und geradem Blatte; 123. Spaltaxt mit abgeflachtem Karton; 124. Spaltaxt mit abgeflachter Kante und 2 Schneppen; 125. Haepe mit Dülle; 126. Haepe, breite mit Erl und Loch und dopp. Wate; 126a. Dieselbe Haepe mit Dülle; 127. Haepe, lange mit Erl; 128. Pflanzer; 129. Spaten; 130. Pflanzer
Abbildung: Werkzeugkatalog Christoph Gabriel, Eslohe o.J. (ca. 1900)

Einige Jahre firmierte das Werk dann unter dem Namen Werkzeugfabrik Christoph Gabriel und Schüren, später nur Christoph Gabriel. In den folgenden 90 Jahren fertigte man Sensen, Strohmesser, Hacken, Schuppen, Plantagengeräte, Geräte für Feld- und Wiesenbau, Eisenbahnen, Bergwerke, Militär und Feuerwehr etc.

Der Blick in alte Werkzeugkataloge der Firma zeigt wie differenziert das Angebot an Geräten war. Viele Werkzeuge erhielten ihre Namen nach der jeweiligen Region oder dem Arbeitsgebiet für die sie gebraucht wurden. So gab es etwa auf das Deutsche Reich bezogen, die „Berliner Hacke", „Bonner Lehmhacke", „Lothringer Sandhacke" oder die „Erzgebirgische Krauthacke". Gleiches galt für Exportartikel. Geliefert wurde ins europäische Ausland (Belgien, Frankreich, Dänemark, Russland und den „Orient" so die Bezeichnung im Original), aber vor allem auch nach Übersee in die USA, nach Süd- und Mittelamerika, Afrika und Asien. Hauptschwerpunkte lagen in Südamerika und Südostasien

Das Auf und Ab im Geschäftsleben der Werkzeugfabrik Gabriel geht aus den Nachweisungen der Produktion hervor, die uns für die Jahre 1873-1901 vorliegen :

- 1873-75 Hämmer und Schmiedewarenfabrik voll beschäftigt
- 1876-80 Hammer und Werkzeugfabrik wegen Absatzschwierigkeiten mäßig betrieben
- 1881-85 Gabriel beschäftigt 34 Arbeiter, Geschäfte laufen ziemlich gut
- 1886 Gabriel klagt über schlechten Absatz auf dem Weltmarkt, die teure Fracht bis Hagen und über Betriebsstörungen wegen starken Frosts und Wassermangels; die Preise fallen; das Geschäft mit Roh- und Raffinierstahl wird immer unbedeutender
- 1888 der Handel mit Werkzeugen ist recht lebhaft, während der gute Roh- und Raffinierstahl von billigerem Stahl verdrängt wird
- 1889 die Fabriken des Gewerken Gabriel laufen gut und haben reichlich Bestellungen im voraus; der Rohstahlhammer Frielinghausen ist zu einer Werkzeugfabrik umgebaut worden
- 1890 die Gabrielschen Werkzeugfabriken sind mit Aufträgen überhäuft
- 1891 in den Fabriken wird der Wassermangel durch den Einsatz von Dampfmaschinen behoben
- 1892 die Werkzeugfabriken Gabriel sind voll beschäftigt; die Industrie fordert den Bau einer Eisenbahn
- 1893 die Werke der Fa. Ch. Gabriel beschäftigen 50 Arbeiter; es wird ein neuer Sportartikel angefertigt: Schneeschuhe
- 1894 die Fabrik Gabriel in Eslohe ist voll beschäftigt, aber fast nur für den Export; für den deutschen Markt ist das Geschäft tot
- 1901 die Fa. Gabriel nimmt eine Lohnherabsetzung vor

Wilhelm Molitor, Arbeiter bei Gabriel/Koenig von 1919-1948, erinnerte sich später: „In den besten Produktionszeiten stellte die Firma Gabriel, später Koenig, im Rahmen von Grossaufträgen 70-80 000 Werkzeuge her. Jede Region der Welt, fast jede Insel hatte ihre eigenen Werkzeuge. Der größte Teil der Stücke ging in die Kolonien, auch in die ehemaligen Kolonialgebiete Deutschlands. Für die unterschiedlichen Auftraggeber fertigte man spezielle Muster an, die in eine entsprechende Matrize umgesetzt und schließlich zur Pressung der Beile, Äxte etc. verwandt wurden. Die Qualität des Stahls richtete sich nach der jeweiligen Nutzung."

1927 geriet das Unternehmen in wirtschaftliche Schwierigkeiten. 1930 übernimmt Heinrich

Koenig (1872-1955) aus Hohenlimburg das Unternehmen in Eslohe. Sohn Eberhard (1908-1981) produzierte bis 1959 Werkzeuge aller Art in Eslohe, bevor dieser Produktionszweig aus Unrentabilität eingestellt wurde.

Quellen:

Ahnen und Enkel. Sammlung von Ahnen -und Nachkommenlisten, Bd.2, Zusammengestellt von Hans Gabriel und Herta Schulte Möntig, Glücksburg 1958.

Gabriel, Chr., Transportgeräte-Fabrik-Frielinghausen (Hg.), 175 Jahre. 1810-1985, Eslohe 1985.

Mescheder Kreisblatt Nr. 33, 24.04.1877.

Mescheder Zeitung verschiedene Ausgaben.

Von Morsbach, Engelbert, Maschinenschriftliches Manuskript o.J.

Bruns, Alfred, Kirche und Kultus im Raum Eslohe, Esloher Forschungen I, hrsg. v. Rudolf Franzen, Eslohe 1993.

Bruns, Alfred, Höfe, Häuser, Mühlen und Hämmer in den Kirchspielen Eslohe, Wenholthausen ,Cobbenrode, Reiste, in: Esloher Forschungen II. Wirtschaft- und Verkehr im Raum Eslohe, hrsg. v. Rudolf Franzen, Eslohe 1999, S.57-121.

Dornseiffer, Johannes, Geschichtliches über Eslohe, Paderborn 1896.

Fritzsch, Walter/Heutger-Berost, Jutta, Die Stromversorgung im Sauerland 1891-1935.

Richter, Erika, Von der Amtsstube zum Dienstleistungszentrum Hochsauerlandkreis, Meschede 1989.

Schauerte, Felix, Geschichte der Eisenindustrie der Gemeinde Eslohe-Hämmer, in: Esloher Forschungen II. S.263-279.

Schulte, Gudrun, Die Entwicklung der Landwirtschaft im Raum Eslohe, in: Esloher Forschungen II, S. 143-207.

Schulte, Gudrun, Forst- und Waldwirtschaft im Raum Eslohe. Holzverarbeitung, ein wichtiger Faktor in der Gemeinde Eslohe, in: Esloher Forschungen II. S. 232-236.

Schulte, Gudrun, Forst- und Waldwirtschaft im Raum Eslohe. Die Jagd, in: Esloher Forschungen II, S. 243-248.

Schulte, Gudrun, Handel, Handwerk und Gewerbe. Vom Kupferhammer zur Kettenfabrikation, in: Esloher Forschungen II. S. 438-444.

Urbainsky, Gudrun, Sauerländer produzierten für das ferne Afrika, in: Esloher Museumsnachrichten 1993, hrsg. v. Rudolf Franzen, Eslohe 1993, S. 8-13.

Nr. 168.

Kulturhacke Ia. verstählt, auch Tannenpflanzhacke

à Mk. 1,80 ca. Kg. 1,750.

Abbildung: Werkzeugkatalog Christoph Gabriel, Eslohe o.J. (ca.1900)

Gewinnung und Behandlung der Milch einst und jetzt

Fritz Söbbeler

Der Rohstoff Milch – Basisprodukt der sauerländischen Landwirtschaft und unverzichtbares Grundnahrungsmittel

Von den gesamten in der Bundesrepublik Deutschland aus der Rindviehhaltung über Milch- und Fleischverkäufe (Schlacht- und Nutzvieh) z. Zt. (2003,) erzielten Verkaufserlösen in Höhe von rd. 11 Milliarden Euro entfallen 8,52 Milliarden = 77,5% auf den Milchverkauf. Das sind bezogen auf die Summe aller Verkaufserlöse der deutschen Landwirtschaft in Höhe von 36,55 Milliarden Euro immerhin 23,3%.[1] In Grünlandregionen wie z.B. im Sauerland steigt dieser Wert in den zahlreichen Betrieben mit ausschließlicher Milchviehhaltung auf 90% und darüber, d.h. die landwirtschaftlichen Einnahmen basieren hier fast ausschließlich auf dem Milchverkauf.

So wird denn Tag für Tag aus zahlreichen Produktionsstätten - das waren im Jahre 2004 im Bereich des Hochsauerlandkreises etwa noch 570[2] – der Rohstoff Milch zur weiteren Verarbeitung an die Molkereien geliefert. Das geschieht nun schon seit einigen Jahrzehnten in großvolumigen Spezialtankfahrzeugen – im Jahre 2003 tagesdurchschnittlich ca. 385.000 kg.[3] Etwa 90% davon gelangen zum Werk Köln der „Campina“ – niederländisch-deutsche Molkereigenossenschaft mit Verwaltungssitz in Zaltbommel, Niederlande – sowie zur „Humana Milchunion e.G.” in Everswinkel.

Kleinere Milchmengen einiger Liefergemeinschaften gehen auch noch an Molkereien im Münsterland, zur „Hochwald Molkerei e.G.” mit Unternehmenssitz in Thalfang (Rheinland-Pfalz) sowie zur „Upländer Bauernmolkerei e.G.” in Usseln, in der Milch aus ökologischer Erzeugung verarbeitet und vermarktet wird.[4] Aus diesen Erfassungs- und weiteren Verarbeitungsbetrieben geht die Milch zu einer kaum noch überschaubaren Vielfalt von Verkaufsprodukten aufbereitet in den Handel, um dann auf dem Weg über die Verkaufsregale das Bedürfnis der Konsumenten zum Genuss qualitätsvoller, geschmacklich hervorragender sowie preiswerter Milcherzeugnisse zu befriedigen.

Dieser Strom der Milch und der daraus hergestellten Produkte muss jedoch zunächst zum Fließen gebracht, d.h. die Milch muss erzeugt und gewonnen, will heißen, ermolken werden.

Das Melken

Von den zwangsläufig zur Milchviehhaltung gehörenden Arbeitsfeldern wie Fütterung, Dungbeseitigung einschließlich aller Maßnahmen zur Stallhygiene, Pflege der Tiere sowie Milchgewinnung hat zweifellos das letztere primäre Bedeutung. Zweimal, früher häufig dreimal am Tag zur feststehenden Stunde muss gemolken werden – kein längerer Aufschub! Mit Blick auf das Wohlbefinden der Tiere und die Qualität des Gemelkes sind bei diesem Tun Sorgfalt, Sauberkeit und Pünktlichkeit oberstes Gebot.

Handmelken

Länger als manch' andere landwirtschaftliche Tätigkeit, etwa im Zusammenhang mit Bestellung und Ernte, ist das Melken eine rein manuelle Angelegenheit geblieben. Es war keine leichte Arbeit, und es erfordert eine ganz spezielle handwerkliche Fertigkeit. Aufgrund der bei der Melkarbeit vorliegenden besonderen ‚Rahmenbedingungen' war diese auch nicht unbedingt jedermanns Sache.

Von den möglichen Melkmethoden ist das sogenannte Vollhandmelken oder Fausten erfahrungsgemäß das beste, effizienteste und für die Kuh schonendste Verfahren. Ein/e geübte/r Melker/in benötigte bei dieser Methode etwa 7 - 10 Minuten, um 10 Liter Milch zu ermelken, wenn keine besonderen (tierbedingten) Störungen eintraten. Es gab sehr leicht, aber auch schwer zu melkende Kühe. Für jeden Melkvorgang sind in Abhängigkeit von der jeweiligen Milchmengenleistung der Kuh mehrere hundert Handgriffe erforderlich.

Auf Höfen mit kleineren bis mittelgroßen Kuhbeständen – in früheren Größenordnungen gemessen etwa bis zu 15 Kühe – war das Melken einschließlich der Versorgung der Kälber sowie das Reinigen und Pflegen des Melk- und Milchgeschirres seit alters her meistens Frauensache. Zum Personal (Gesinde) gehörte auf vielen Höfen noch bis um die Wende 19./20. Jahrhundert auch die ‚Vieh- oder Kuhmagd'; die übrigen Arbeiten um die Rindviehhaltung blieben den Männern vorbehalten. Lohnarbeitskräfte ausschließlich zum Melken, also hauptberufliche Melker – seinerzeit häufig in einer eher abschätzigen Weise als ‚Kuhschweizer' bezeichnet – waren noch bis in die Melkmaschinenära in Betrieben mit Beständen von 12-15 Kühen aufwärts häufig anzutreffen. Für Herden in Größenordnungen ab 20-25 Kühe wurden durchweg verheiratete Melker, u.U. mit Hilfskraft, eingestellt. Diesen oblag dann die Betreuung des gesamten Rindviehbestandes. Über Jahrzehnte hin, etwa bis Mitte des letzten Jahrhunderts, haben hierzulande auch Holländer als Berufshandmelker gearbeitet. Sie galten als zuverlässig und fachlich kompetent.

Es war nicht immer ein leichtes Los, den Beruf des Melkers auszuüben. Deren Entlohnung war vergleichsweise gut. Die übrigen Rahmenbedingungen, unter denen diese von ihrem Wesen her bereits mit einigen Beschwernissen besonderer Art befrachtete Arbeit zu leisten war, ließen bei objektiver Betrachtung jedoch dann und wann zu wünschen übrig. So waren z.B. die jeweils vorliegenden Bedingungen bezüglich des Zustandes der Stallgebäude und deren Einrichtungen, der gegebenen Futtergrundlage und auch hinsichtlich des Leistungs- und züchterischen Niveaus des zu betreuenden Viehbestandes nicht immer befriedigend. Andererseits sollten die Melker aus den ihnen anvertrauten Herden natürlich möglichst gute Leistungen herausholen. Es blieb denn auch nicht aus, dass es gelegentlich zu Unstimmigkeiten kam, wenn sich herausstellte, dass die Stallverhältnisse im weitesten Sinne (s.o.) den Vorstellungen und Wünschen eines Melkers nicht entsprachen und auf der anderen Seite die erbrachten Herdenleistungen hinter den Erwartungen des Betriebsleiters zurückblieben.

Um den Beruf eines Melkers, dessen Tätigkeit sich unablässig in engem Kontakt mit Großtieren vollzieht, stets im notwendigen Gleichmaß und mit Geduld ausüben zu können, bedurfte es einer ganz besonderen Passion.

Seit Ausbreitung des Maschinenmelkens, vor allem aber aufgrund der Tatsache, dass die

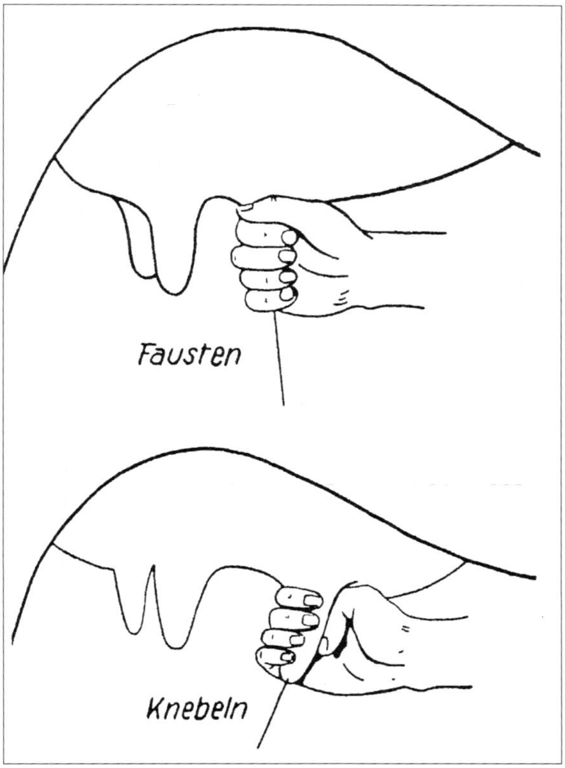

mögliche Melkmethoden
oben: das Fausten oder Vollhandmelken
(übliche Metholde)
unten: das Knebeln
Skizze aus: Pareys Landwirtschaftslexikon, Hamburg 1957

Melken auf der Weide in Olpe/Freienohl auf dreifüssigem Melkschemel, 30er Jahre, Foto: Förderverein Dorfgemeinschaft Olpe

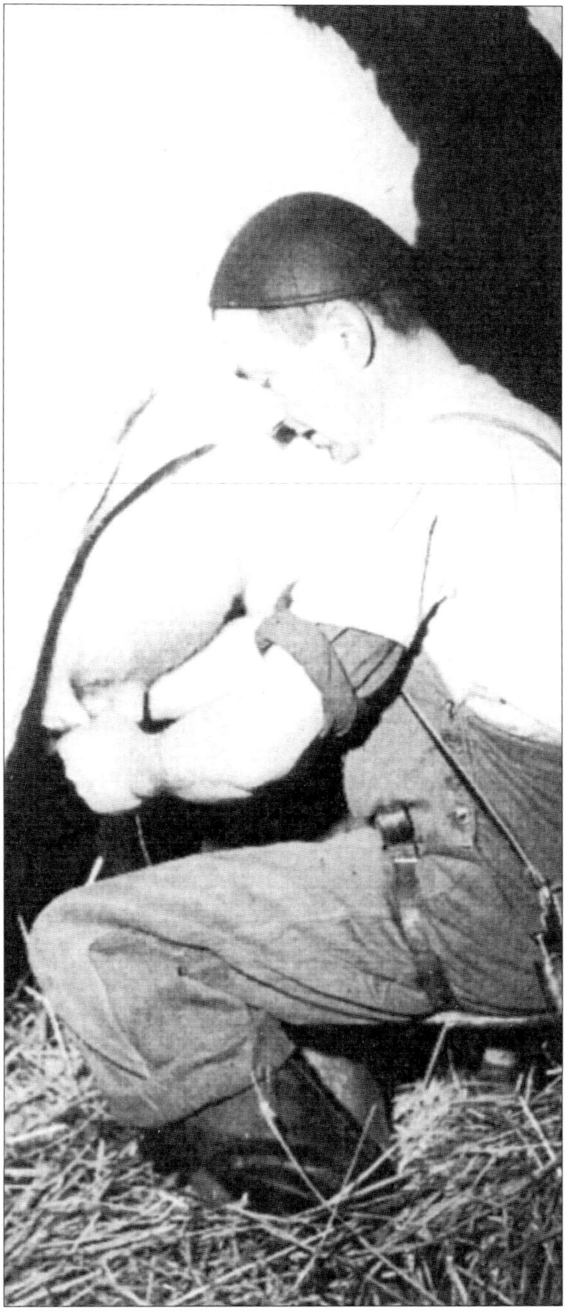

Berufsmelker in Aktion, seine Ausrüstung:
- *schirmlose lederne Kappe*
- *kurzärmelige Bluse*
- *einfüssiger umgebundener Melkschemel*
- *Stiefel*

Foto aus: Johann Thomsen, Vom Hakenpflug zum Mähdrescher, Heide (Holstein), 1984

Wirtschaftlichkeit der Milcherzeugung bei einer Belastung durch Fremdlöhne nicht mehr gegeben ist, ist hierzulande etwa ab den 60er Jahren der ‚hauptberufliche Melker im Lohnverhältnis' nur noch ein sehr selten ausgeübter Beruf. Es sei erwähnt, dass ‚Melker', heute ‚Tierwirt', schon seit vielen Jahrzehnten zu den Ausbildungsberufen gehört. Es gab eine beachtliche Anzahl von Melkerschulen, in Westfalen z.B. in Stromberg, später in Haus Düsse.

Maschinenmelken

Nach Aussagen von Zeitzeugen[(5)] ist im Altkreis Meschede auf einigen wenigen Höfen bereits Ende der 30er, Anfang der 40er Jahre maschinelles Melken praktiziert worden. Die große Mehrzahl der Milchviehbetriebe begann jedoch erst in den Nachkriegsjahren damit, etwa ab 1950, Melkanlagen zu installieren. Man kann davon ausgehen, dass nach Bereitstellung problemlos arbeitender Geräte spätestens seit Mitte bis Ende der 60er Jahre das Handmelken als eine seit Urzeiten zur Landwirtschaft gehörende Haupttätigkeit nur noch ausnahmsweise dann ausgeübt wird, wenn es aus tierpf legerischen Gründen unerlässlich ist.

Zu den bedeutendsten Herstellern von Melkmaschinen gehören u.a. die Firmen ‚Miele', Gütersloh – nach Werksangabe sind dort von 1927 bis 1987 Melkmaschinen gefertigt worden – ‚Westfalia', Oelde und ‚Alfa Laval', Hamburg.

Der Übergang zur maschinellen Milchgewinnung brachte gegenüber dem überkommenen Verfahren in mehrfacher Beziehung einen sehr bedeutenden Fortschritt; zunächst in arbeitswirtschaftlicher Hinsicht, indem manche weniger angenehme mit dem Handmelken zwangsläufig verbundene Begleitumstände entfielen. – Mit dieser Feststellung soll jedoch nicht suggeriert werden, dass heutzutage das Maschinenmelken ein Zuckerschlecken wäre.

In betriebswirtschaftlicher Beziehung ist es von fundamentaler Bedeutung, dass im weiteren Verlauf der Entwicklung der Einsatz der Melkmaschine zusammen mit entsprechenden baulichen Vorrichtungen die Chance bot, mit den in den Betrieben jeweils noch verfügbaren Arbeitskapazitäten Milchkuhbestände in zuvor nicht möglichen Größenordnungen zu halten.

Ebenso bedeutsam, wenn nicht von noch größerer Tragweite ist die mit der Melkmaschinentechnik geschaffene Voraussetzung, das Grundnahrungsmittel Milch auf höchster Qualitätsstufe zu erzeugen und in Verkehr zu bringen. Die Ableitung der Milch im geschlossenen System vom Euter bis zum Sammelbehälter, eine entsprechende Filterung, rasche Tiefkühlung und Kühlhaltung der Milch bis zu ihrer Verarbeitung sind in dieser Beziehung maßgebliche Kriterien.

Wie es nach Einführung neuartiger Techniken mehr oder weniger die Regel ist, so haben auch beim maschinellen Melken mehrere Entwicklungsstufen einander abgelöst, und es kann angenommen werden, dass auf diesem Sektor das Ende der Entwicklung noch nicht erreicht ist. Der Melkautomat lässt grüßen!

Kernproblem bei der Melkmaschinenentwicklung war es, das Saugen des Kalbes auf technisch-mechanischem Wege so nachvollziehen zu können, dass bei vertretbarem Zeitaufwand die vollständige Entleerung des Euters (auch bei hoher Milchleistung) ohne dessen Schädigung gewährleistet war. Nach den ersten vielfach noch mangelhaft arbeitenden Maschinentypen, bei deren Verwendung Probleme, z.B. Eutererkrankungen (Mastitis) auftraten, werden die nunmehr schon seit Jahrzehnten eingesetzten Konstruktionen bei sachgerechter Bedienung allen Ansprüchen der Praxis gerecht.

Zu dem heutigen Vollkommenheitsgrad beim maschinellen Melken haben jedoch auch konsequent durchgeführte züchterische Maßnahmen in Richtung auf eine entsprechende Disposition der Kühe erheblich beigetragen. Dazu gehören bei allen heutigen Milchviehrassen die Herauszüchtung einer ‚melkmaschinengerechten Euteranlage' und die genetisch verankerte Eigenschaft zu rascher Milchhergabe (Milchfluss) während des Melkens.

Die Eimermelkmaschine

Der frühe Typ der Melkmaschine im Ambindestall bzw. im Weidemelkstand (hier i.d.R. mit Antrieb durch den Schlepper) war die Eimermelkanlage. Die im Standmelkeimer aufgefangene Milch wurde, wie auch beim Handmelken üblich, über eine Seihe (Filter) in die häufig auf der Stallgasse abgestellten Transportkannen gefüllt und anschließend in der Milchkammer in entsprechenden Vorrichtungen mehr oder weniger rasch heruntergekühlt und bis zur Abfuhr möglichst kühl gehalten. Seit nunmehr gut drei Jahrzehnten wird die Milch in künstlich gekühlten Großbehältern gelagert. Bei Bedienung der Melkzeuge zeigen sich noch gewisse Parallelen zur Handmelkerei. Die melkende Person muss dabei in die Hocke bzw. in die Knie gehen, um eine Reihe notwendiger Handgriffe auszuführen. Dazu gehören: Reinigen und Anrüsten des Euters, das Ansetzen und unmittelbar nach dem Ausmelken das Abnehmen der 4 Melkbecher und Desinfektion des Euters. Das laufende Umsetzen sowie die Entleerung des Melkeimers kosten Zeit und Kraft. Bei diesem Stand der Technik konnten von einer Person kaum mehr als 2 Melkzeuge bzw. Eimeranlagen gleichzeitig bedient werden.

Die Rohrmelkanlage im Anbindestall

Im weiteren Verlauf der Entwicklung ist in der Mehrzahl der Betriebe die Eimermelkanlage durch eine Rohrmelkanlage ersetzt worden. Die Milch gelangt unmittelbar vom Euter durch eine Rohrleitung aus nicht rostendem Stahl oder Plexiglas zu einem in der Regel wenigstens 2 Tagesgemelke eines Betriebes fassenden Großbehälter. Das hatte in mehrfacher Beziehung weitreichende positive Konsequenzen:

a) im Hinblick auf den Qualitätsstatus der Milch,

b) in betriebswirtschaftlicher Beziehung.

Zu a): Durch den Transport der Milch im geschlossenen System vom Euter bis zu dem vom Stallraum völlig isoliert positionierten Sammelbehälter wurde die Möglichkeit des Eindringens feiner Schmutz- bzw. Staubteilchen ausgeschlossen. Ebenso bestand nicht mehr die Gefahr einer nachteiligen Geschmacks- und Geruchsbeeinflussung der in dieser Hinsicht sehr empfindlich reagierenden Milch durch das Einwirken von in der Stallluft evtl. vorhandenen entsprechend virulenten Ingredienzien.

Zu b): Der mit dem automatischen Milchtransport erzielte Rationalisierungseffekt machte es möglich, in einer bestimmten Zeiteinheit eine größere Anzahl Kühe zu melken. Die Arbeit für den Melker wurde insofern erleichtert, als das Tragen, Entleeren und Reinigen der Melkeimer wegfiel. Die unmittelbar mit dem Melken verbundenen Arbeitsschritte blieben jedoch die gleichen wie bei der Eimermelkanlage.

Das Melkaggregat – Pulsator mit Anschlussstutzen für die Pulsschläuche, welcher bei der Eimeranlage mit dem Eimer eine Einheit bildet, ist hier an einem Tragrahmen angebracht. Dieser wird für den Melkvorgang kopfseitig zwischen je 2 Kühen an einer Halterung befe-

Eimermelkanlage in Betrieb,
Fotos: Fritz Söbbeler

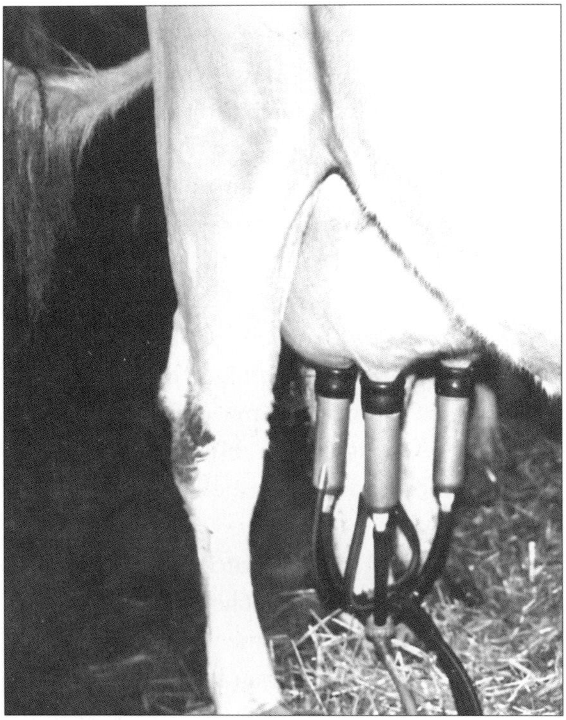

Der Milchfluß ist gut

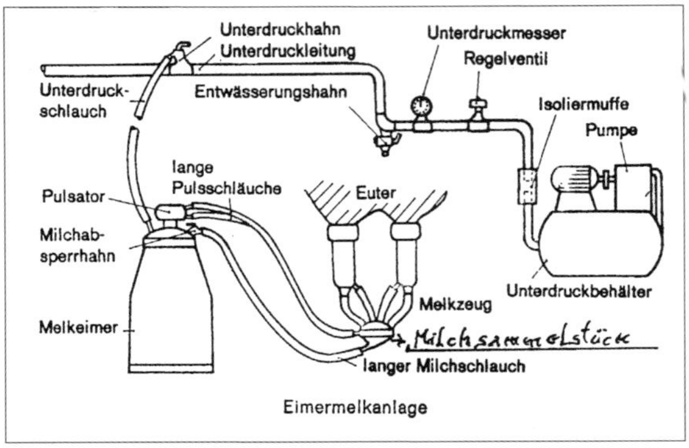

Schema einer Eimermelkanlage, Skizze aus:
Richard Kückelhaus, Die Landwirtschaft, Bd.3
– Landtechnik und Bauwesen, Hiltrup 1968

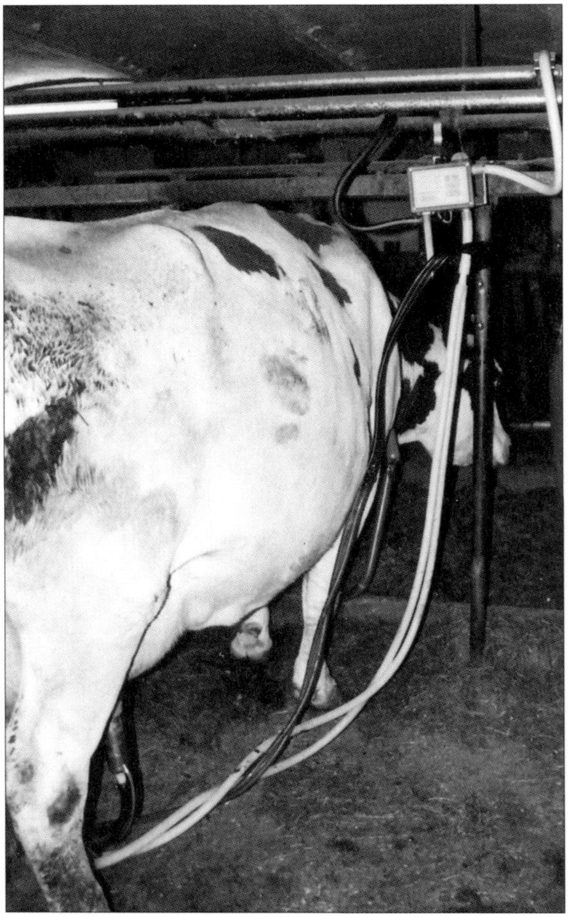

Rohrmelkanlage in Betrieb –
Ableitung der Milch in einen vom Stallraum
getrennt gelegenen geschlossenen Großbehälter

stigt und mittels Gummischlauch, wie bei der Eimermelkanlage, an die vorbeiführende, von einem Unterdruckerzeuger ausgehende Unterdruckleitung (Teilvakuum) angeschlossen. Vom Pulsator führt ein Vakuumschlauch zum Melkzeug bzw. Euter. Das Melkzeug ist per Milchschlauch an die parallel zur Luftunterdruckleitung verlaufende Milch abführende Absaugleitung angeschlossen. Diese mündet in den sog. Milchabscheider, ein 10-20 Liter fassendes geschlossenes Gefäß aus Plexiglas. Von hier wird die Milch jeweils nach Einlauf einer bestimmten Menge in regelmäßigen zeitlichen Abständen über eine hochreinigende Filterschleuse in den Sammelbehälter (geschlossene Wanne oder Tank) außerhalb des Stallraumes gepumpt. An die Stelle der Milchkanne ist der Großsammelbehälter getreten. Der Ersatz der Milchkanne durch Großbehälter sowohl beim Milcherzeuger als auch beim Milchtransport war, abgesehen von den günstigen Auswirkungen auf die Milchqualität, auch mit einem arbeitswirtschaftlich sehr bedeutenden Rationalisierungseffekt verbunden und zwar durch Wegfall der ‚Plackerei mit der Milchkkanne'.

Die Melkstandanlage

Seit etwa Anfang der 70er Jahre war in Betrieben mit dem besonderen Schwerpunkt Milchviehhaltung unter dem ökonomischen Zwang zu weiterer Spezialisierung und weiterem Wachstum (Motto: „Wachsen oder Weichen") die Entwicklung mehr und mehr gekennzeichnet durch den Trend: ‚Weg vom Anbindestall, hin zum Laufstall'. Dieses Haltungssystem, dessen Einrichtung mit allem Zubehör in jedem Fall zwar sehr hohe Investitionskosten verursacht, eröffnet andererseits jedoch auf Grund seiner besonderen arbeitswirtschaftlichen Vorteile (u.a. Flüssigmist, Fütterungstechnik, Milchgewinnung) die Möglichkeit zu einer beträchtlichen Ausweitung der Produktion. Zu den Vorzügen gehört nicht zuletzt auch eine den Tieren gemäße Haltungsweise im Laufstall. Die ersten Ställe dieser Art im Sauerland sind nach Mitte der 60er Jahre größtenteils durch entsprechende Um- und Ausbauten der vorhandenen Stallgebäude entstanden. Dabei war die Anlage der erforderlichen Güllebehälter des Öfteren mit gewissen bautechnischen Schwierigkeiten verbunden. In der Folgezeit sind dann auch zahlreiche, nach einem mehr oder weniger einheitlichen Grundraster konzipierte Neubauten errichtet worden, wenn möglich auf der Hofstelle, aber auch davon getrennt in unmittelbarer Nähe oder inmitten der Betriebsflächen (Grünland).

Im Hochsauerlandkreis wurden im Jahre 2004 etwa 280 Laufställe betrieben für Bestandsgrößen ab 20 bis 150 Kühe.[6]

Der grundlegende Unterschied dieser Form der Stall- und Melkanlagen im Vergleich zu den Verhältnissen im Anbindestall besteht darin, dass der Melker mit der Maschine nicht mehr zur Kuh kommt, sondern umgekehrt diese zu der in einem Melkstand installierten Melkanlage.

Es sind verschiedene Melkstandformen entwickelt worden. Dabei liegt das Hauptunterscheidungsmerkmal in der Ausrichtung der einzelnen Melkbuchten, also der Kühe beim Melken, zum Melkarbeitsgang (Melkgrube). Folgende Ausführungen sind üblich:

a) Längsaufstellung (Autotandemstand): hierbei betreten die Kühe jeweils einzeln die längsseits der Melkergrube angeordneten Melkbuchten und verlassen diese unmittelbar nach dem Ausmelken (Einzelmelkstand mit Einzelwechsel der Kuh).

b) Schrägaufstellung (Fischgrätenmelkstand): die Kühe stehen schräg gestaffelt zur Melkgrube. Sie betreten und verlassen gruppenweise den Melkstand.
c) Queraufstellung (Side by Side - Melkstand): Im Unterschied zu b) stehen die Kühe im rechten Winkel ausgerichtet zur Melkergrube.

Bei den Standtypen a) und b) werden die Melkzeuge bei recht guter Einsicht auf das Tier seitwärts angesetzt. Bei c) geschieht das von hinten zwischen den Hinterbeinen hindurch bei schlechterer Tiereinsicht. Hierzulande ist z. Zt. der Fisch-grätenstand das gebräuchlichste System.

Eine weitere Melkstandform ist das inzwischen technisch weitgehend ausgereifte ‚Melkkarussell'. Es findet sich bei großen Kuhbeständen. Pro Melkplatz erfordert es erheblich höhere Investitionskosten als die anderen Ausführungen. Andererseits zeichnet es sich durch einen arbeitswirtschaftlich sehr hohen Effizienzgrad aus. In der hiesigen Region sind mit einem Melkkarussell ausgerüstete Ställe bisher Ausnahmen.

Zum Verfahrensablauf im Gruppenmelkstand

Die an feste Melkzeiten gewöhnten Tiere betreten in der Regel fast ohne Treibhilfe gruppenweise die beiderseits des tieferliegenden Melkarbeitsganges schräggestaffelt bzw. senkrecht dazu angelegten Einzelmelkstände, je nach Bestandsgröße 4 bis 6 (8) auf jeder Seite (sog. Doppelvierer, -sechser bis Doppelachterstand).

Die Melkzeuge sind an den Melkständen in einer speziellen Halterung für den Melker gut erreichbar angebracht. Bei der Arbeit in der Melkgrube ist es von großem Vorteil, dass die erforderlichen zahlreichen Handgriffe stehend erfolgen können und die melkende Person sich während des Melkvorganges in Sichthöhe zu den Melkzeugen bewegt (Kontrolle). Die Ableitung der Milch erfolgt in gleicher Weise wie bei der Rohrmelkanlage. Der Weg der Milch aus dem Melkstand zum Sammelbehälter über Milchabscheider, Filter und in manchen Betrieben ein dem Tank vorgeschaltetes Vorkühlgerät (Rohr- oder Plattenkühler) ist jedoch kürzer. Bei Ausschöpfung der z. Zt. zur Verfügung stehenden technischen Möglichkeiten, z.B. auch der automatischen Abnahme der Melkzeuge, können bei einigermaßen störungs-freiem Ablauf des Melkvorganges pro melkende Person bis zu 8 Melkzeuge bedient und 50-55 (60) Kühe pro Stunde gemolken werden. Computergesteuert können dabei auch die jeweilige Milchmenge, die Milchflussgeschwindigkeit sowie weitere tierrelevante Werte festgestellt werden. Dem Gebot penibler Sauberhaltung des Melkmaschinenaggregates, des Melkstandes sowie der Milchlagerungseinrichtung wird höchste Beachtung geschenkt. Die Reinigung aller milchführenden Systeme – Rohrleitungen, Schläuche, Melkzeuge u.s.w. – erfolgt nach jedem Melkvorgang durch automatisch ablaufende intensive Spülungen unter Verwendung spezieller Reinigungsmittel; die der Lagerbehälter (Tank oder Wanne) jeweils nach der Entleerung. Verschleißteile, z.B. die Zitzengummis in den Melkbechern, werden grundsätzlich in regelmäßigen Abständen erneuert.

Während der Arbeit im Melkstand ist von der melkenden Person ein Höchstmaß an Beweglichkeit und Konzentration gefordert, um die Tiere und ihr Befinden im Blick und den technischen Apparat im Griff zu behalten. An dieser Stelle ist zu konstatieren, dass nicht nur die Männer, sondern oft genug auch Frauen im Melkstand tätig sind.

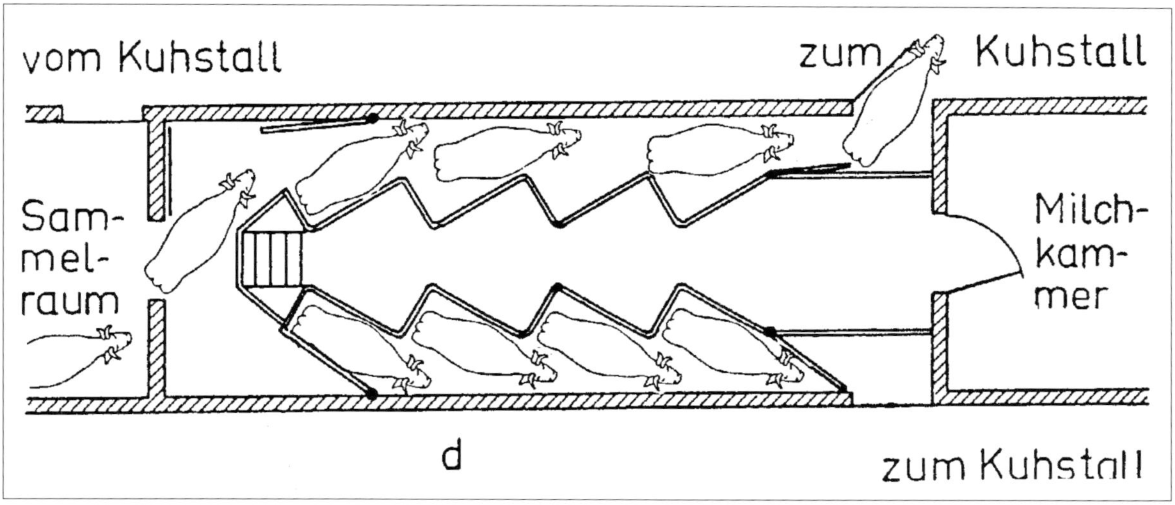

Schemazeichnung eines Fischgrätenmelkstandes; hier: Doppelvierer, aus: C.H. Dencker, Handbuch der Landtechnik, Hamburg 1961

Ansicht des Melkstandes bzw. der Melkgrube eines Fischgrätenmelkstandes

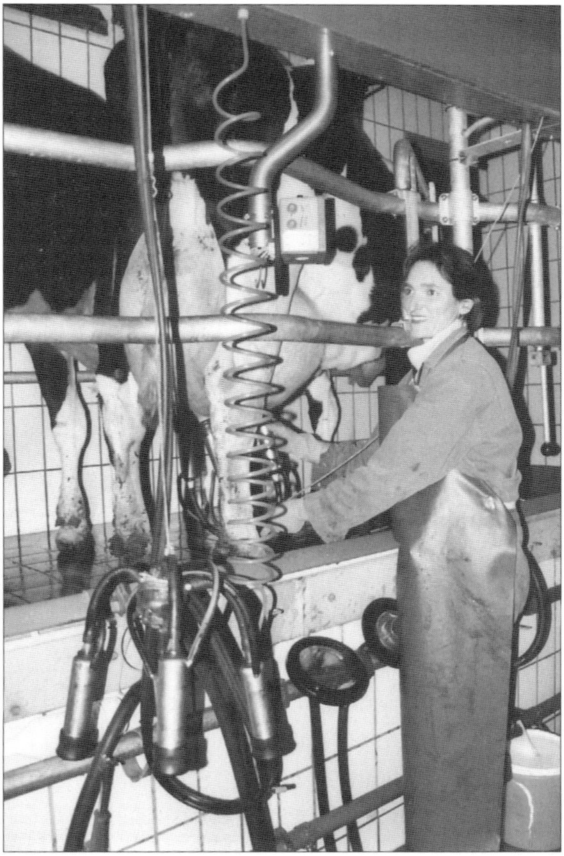

Bei der Arbeit, Fotos: Fritz Söbbeler, 2005

Die Milchbehandlung im Erzeugerbetrieb
Möglichkeiten und Methoden einst und jetzt

Die Art und Weise der Milchbehandlung unmittelbar nach dem Melken, d.h. das Reinigen (Filtern), Kühlen und Lüften der Milch ist von entscheidender Bedeutung hinsichtlich ihrer Tauglichkeit für die Herstellung jeglicher Art von Milchprodukten.

Das Filtern der Milch

In jedem Fall wird die Milch in unmittelbarem Anschluss an das Melken gefiltert (geseiht). In die Milch gelangte Staub- und Schmutzteilchen – beim Handmelken unvermeidbar, beim Maschinenmelken (Eimermelkenlage) nicht immer auszuschließen – werden dabei weitgehend ausgesondert.

Als Filter dienten seit eh und je die Seihtücher, früher aus dünnem Leinen, später aus Baumwollgewebe. Deren gründliche Reinigung war unerlässlich, erfolgte jedoch nicht immer in letzter Vollkommenheit mit daraus sich ergebenden negativen Auswirkungen auf die Milchqualität.

Etwa Mitte der 30er Jahre ist das Seihtuch durch einen Siebsatz aus nicht rostendem Metall, in den ein Baumwollwattefilter eingelegt wird, ersetzt worden. Die Wattefilter werden jeweils nach Durchlauf einer bestimmten Milchmenge (ca. 50-60 l) gegen einen neuen ausgetauscht. Die Milch durchfließt diesen Filter vergleichsweise langsam; die Filterwirkung ist besser als bei Tüchern. Auch feine Schmutzteilchen werden zurückgehalten. In hygienischer Hinsicht ergab sich eine bedeutende Verbesserung.

Beim Maschinenmelken mit Absaugleitung gelangt die Milch unmittelbar vom Euter in den Sammelbehälter (Milchwanne oder Tank) dabei wird die Milch durch ein zu jeder Melkzeit erneuertes, in die Milchleitung integriertes Filtervlies (Milchfilterstrumpf) mit hoher Filterwirkung gepumpt. Der Reinheitsgrad der an die Molkerei gelangenden Milch entspricht weitgehend den heutigen sehr hohen Anforderungen. Das wird u.a. dadurch bewiesen, dass 98 bis 99% der Anlieferungsmilch in die Güteklasse I eingestuft werden[(7)] (bei 3 möglichen Güteklassen). Der Auszahlungspreis für die Milch wird z. T. nach Güteklasse bestimmt. In diesem Zusammenhang sei erwähnt, dass im Gefolge ständig verfeinerter Untersuchungsmethoden seit Jahren laufend strengere Bewertungskriterien angelegt worden sind.[(8)]

Das Kühlen der Milch

Um Bakterienwachstum und Keimentwicklung zu bremsen bzw. zu verhindern, ist es stets das Bestreben gewesen, nach dem Melken die Milch innerhalb kurzer Zeit (2 Stunden) von der ‚Kuhwärme' auf möglichst unter 15°C herunterzukühlen. Sachgerechte, d.h. ausreichende und rasche Kühlung hat früher jedoch häufig Probleme bereitet, vornehmlich in der wärmeren Jahreszeit. Es war allgemein üblich, die gefüllten Milchkannen bis zum Kannenhals in ein Becken mit von unten zugeführtem und oben abfließendem Frischwasser zu stellen. Um die Temperatur von 15°C schnell zu erreichen, wäre eine um wenigstens noch 2°C darunter liegende Temperatur des Kühlwassers erforderlich gewesen. Ob Leitungs- oder Wasser aus anderen Quellen zur Verfügung stand, diese Wassertemperatur war erfahrungsgemäß meistens nicht gegeben, speziell in den Sommermonaten (Gewitterschwüle). Es bestand dann bei unzulänglicher Kühlung die Gefahr des Ansäuerns der Milch in den Kannen. Die Folge: Annahmeverweigerung seitens der Molkerei und Rücksendung an den Erzeuger mit einem an die Kannen gehefteten Hinweis: ‚Die Milch war sauer, besser kühlen'! Der eingetretene Schaden konnte nicht annähernd dadurch wettgemacht werden, dass diese Milch dann ihre Verwertung im Futtertrog finden musste.

Ein anderes seit den 30er Jahren häufiger praktiziertes Kühlverfahren war die Verwendung von Kannenkühlern. Aus um den Hals der Kannen gelegten perforierten Ringen aus Gummi oder Metall rieselte das per Schlauch zugeführte Kühlwasser an den Kannen abwärts, mit einem mehr oder weniger rasch eintretenden Kühleffekt. Zur weiteren Kühlhaltung wurden die Kannen dann in das Wasserbad gestellt.

Eine verbesserte, raschere Kühlwirkung brachten Kannenkühler mit Rührwerk. Durch ein in die gefüllte Kanne gesetztes, sich drehendes kühlwasserdurchströmtes Röhrensystem wurde ein vergleichsweise rasches Herunterkühlen der Milch bei gleichzeitiger Belüftung erreicht. Das weitere Kühlhalten erfolgte im üblichen Kühlbecken.

Alle o. g. Verfahren verursachten einen hohen Wasserverbrauch. Falls sich die Möglichkeit dazu bot, erfolgte hier und da die Milchkühlung auch durch Abstellen der Kannen in ein in Hofes- bzw. Stallnähe verlaufendes Fließgewässer. Auch bei dieser Methode wird der Kühlungseffekt nicht in jedem Fall optimal gewesen sein.

Der Übergang zur Milchlagerung in Großbehältern als Folge der Einführung von Absaugmelkanlagen und Milchabfuhr per Tankfahrzeug führte zu einer grundlegenden Verbesserung des Kühlvorgangs. Die Kühlung in Wanne oder Tank erfolgte jetzt generell durch künstlich erzeugte Kälte. Bei ständigem intervallmäßig erfolgendem Bewegen der Milch durch ein Rührwerk wird in verhältnismäßig kurzer Zeit die seitens der Milchverarbeiter geforderte Temperatur von 4°C erreicht. Dieser Wert wird bis zur Übernahme durch den Tankwagen bzw. bis zum ‚Löschen der Ladung' in der Molkerei gehalten. Um die Dauer des Kühlprozesses im Sammelbehälter noch weiter zu verkürzen, wird in einigen Betrieben die Milch bereits auf dem Weg zum Tank über einen wasserbeschickten Rohr- bzw. Plattenkühler geleitet und dabei auf eine Temperatur von etwa 15°C vorgekühlt.

Durch rasche Tiefkühlung nach vorausgegangener Feinfilterung erreicht die Milch einen optimalen Reinheits- und Haltbarkeitsgrad, Grund-voraussetzung für die problemlose Weiterverarbeitung, zur immer bunter werdenden Palette hervorragender Molkerei- und Käsereiprodukte.

Anmerkungen zum Milchtransport

Voraussetzung für die molkereimäßige Verarbeitung der Milch ist deren Transport vom Erzeuger zur Verarbeitungsstätte. In den ersten Jahrzehnten der Molkereiwirtschaft erfolgte dieser fast ausschließlich mit Pferd und Wagen, teilweise noch bis in die 50er Jahre, so z.B. bei der Molkerei Westheim.(9) Bevor der LKW-Transport die Regel wurde, ist überall dort, wo sich die Möglichkeit dazu bot (Bahnanschluss der Molkerei), die Milch auch per Eisenbahn befördert worden.

Transportbehälter war in aller Regel die 20 l fassende, mit einem Steckdeckel verschlossene Kanne aus verzinntem Stahlblech. Kannen aus Aluminium oder Nirostastahl blieben Ausnahmen. In beschränktem Umfang waren auch 10- 15- und 40-Liter-Kannen in Gebrauch; letztere fast ausschließlich zur Beförderung von Milch, evtl. auch Rahm aus den Molkereien zum Handel bzw. zu den Weiterverarbeitungsbetrieben. Während der Kriegs- und ersten Nachkriegsjahre mussten auch unverzinnte, gegen allzu schnelles Rosten nur mit einem Farbüberzug versehene Kannen aus Eisenblech verwendet werden. Dabei ergaben sich in hygienischer Hinsicht häufiger Probleme. Die Strapazierfähigkeit der Metallkannen war zwar gut, die Haltbarkeitsdauer jedoch bei dem gezwungenermaßen sehr robusten Umgang damit sowie wegen des nach gewisser Zeit sich einstellenden Rostansatzes begrenzt.

Als Vorläufer der Metallkanne wurden bei der früher ausschließlichen hof- bzw. hausinternen Verwertung der Milch zu deren Aufbewahrung und Verarbeitung Holzgefäße verschiedenster Form und Größe verwendet. Ihre einwandfreie Reinigung war schwierig.

Die Milchfuhr mit dem Pferdegespann wurde in der Regel von Kleinlandwirten übernommen. Sie bedeutete für diese eine sichere, regelmäßig fließende Einnahmequelle. Mensch und Tier wurde dabei allerdings einiges abverlangt: Tag für Tag zu sehr früher Stunde begann die Tour – bei jedem Wetter. Sturm und Regen, Hitze, Eiseskälte und Schneeglätte, auch Blitz und Donner waren in Kauf zu nehmen und obendrein häufig miserable Wegeverhältnisse. Die an der festliegenden Route in den Ortschaften an Sammelstellen oder unmittelbar bei den Gehöften zur Abholung bereitstehenden Kannen waren Stück für Stück auf die speziell für den Kannentransport konzipierten Fuhrwerke zu laden, an der Molkerei abzuladen, um nach Entleerung und teilweiser Befüllung mit Magermilch (zur Verfütterung) auf gleichem Wege zurück befördert zu werden. Die dabei für ein Pferdefuhrwerk tagtäglich in angemessener Zeit überbrückbare Wegstrecke war natürlich begrenzt. Sie konnte über eine Distanz von mehr als zehn km zwischen den Standorten der ‚Milchfuhrleute' und der Molkerei kaum hinausgehen, zumal bei ungünstigen topographischen Verhältnissen wie im Sauerland. Die Einzugsgebiete der Molkereien zu Zeiten dieser Art von Milchtransport waren daher nicht sehr groß.

Die in der hiesigen Mittelgebirgslage vorgegebenen Verhältnisse (Topographie, Dichte und Beschaffenheit des Wegenetzes) dürften mit ein Grund dafür gewesen sein, dass hier im Vergleich zu den in dieser Beziehung weniger benachteiligten Regionen die Einrichtung leistungsfähiger Molkereien in größerer Zahl relativ spät einsetzte. Mit der etwa um 1930 aufkommenden Beförderung per LKW änderte sich allmählich diese Situation.

Molkereien, die über einen Bahnanschluss verfügten, konnten jedoch schon zu einer Zeit, als die Milchanfuhr mit dem LKW noch nicht die allgemeine Regel war, die Milch auch aus einem weiteren Umland aufnehmen. So auch die 1928 in Betrieb gegangene Molkerei Meschede. Nach Aussage von Zeitzeugen[10] ist zu dieser Molkerei bis gegen Ende der 30er Jahre aus den entlang der Eisenbahnstrecken von Schmallenberg und Finnentrop über Wennemen nach Meschede gelegenen Ortschaften die Milch per Bahn befördert worden. Im Wechsel dafür verantwortliche Landwirte oder auch fest beauftragte ‚Fuhrleute' besorgten den Transport der Milch aus dem jeweiligen Umland zu den an den o. g. Strecken gelegenen recht zahlreichen Stationen bzw. in die dort nach Meschede abgehenden Kurswagen. Am gleichen Tag war dann zu feststehender Stunde der Rücktransport des ‚Kannenleergutes' angesagt. Das Ganze war eine zeit- und arbeitsaufwendige Sache und im Hinblick auf die Beschaffenheit der Milch alles andere als vorteilhaft, zur damaligen Zeit für die beteiligten Milcherzeuger jedoch ohne Alternative.

Milchwagengespanne vor der Molkerei Allendorf (Sundern), 1907, Foto: A. Voss, Allendorf

Abfuhr der Milch per LKW – Aufnahme der Kannen von einer Milchrampe in Grevenstein – Transport zur Molkerei ‚Ruhrtal' in Neheim-Hüsten, Ende der 50er Jahre, Foto: Mönig, Grevenstein

Transport der Milch per Tankwagen; hier: Übernahme aus einem 300 Liter fassenden fahrbaren Kleintank durch Spediteur Franz Donner aus Berge-Meschede. Abnehmende Molkerei sind die Werke Köln der ‚Campina'.

Der Tankwagen. Täglich zweimal aus dem Raum Berge – nach Köln und zurück, mit Hänger jeweils 25 bis 28.000 Liter Milch, Fotos: Fritz Söbbeler, 2005

Seit Mitte der 30er Jahre erfolgte bei der Molkerei Meschede die Anfuhr im Wesentlichen per LKW. Mit dem Übergang zum Tankwagen, der sich bei allen im Bereich des HSK arbeitenden Molkereien in den Jahren 1965-1970 vollzog, war das Ende des LKW-Transportes besiegelt. Damit hatte auch die Milchkanne ausgedient.

Zur Milchkanne

Für die gesamte Milchwirtschaft auf der Erzeugungs-, Verarbeitungs- und Verteilerstufe war die Milchkanne über einen Zeitraum von etwa 8-9 Jahrzehnten ein zwingend notwendiges Utensil.

Einige ganz spezielle Begleitumstände, die mit ihrem Gebrauch verbunden waren, sollen hier Erwähnung finden. Die Reinigung vollzog sich bis zuletzt mehr oder weniger ausschließlich per Hand und wurde von den damit Tag für Tag konfrontierten Personen nicht ganz zu Unrecht dann und wann als Mühsal empfunden. Worin war diese begründet? Dazu gehörte u.a. die täglich unumgängliche Kannenwäsche, immer mit heißem Wasser bei Verwendung besonderer Reinigungsmittel wie ‚Soda' u.a. (z.B. ‚P3-zinnfest'). Heißes Wasser aus der Leitung stand in der Regel nicht zur Verfügung. Es musste jeweils separat bereitet werden. Das wiederholte Heben und Tragen der gefüllten ca. 25 kg schweren 20-Liter-Kannen, vor allem beim mehrmaligen Be- und Entladen der Transportfahrzeuge sowie die immer sehr zügig bei einer typischen Geräuschkulisse vor sich gehende Entleerung der Kannen in der Molkerei war echte ‚Knochenarbeit'. Im Winter erhielt dieser Arbeitsabschnitt dann noch eine ganz besondere Note, wenn bei strengem Frost in den zur Abholung im Freien abgestellten Kannen oder während der Fahrt zur Molkerei die Verschlussdeckel in den Kannenhälsen anfroren und nur mit sehr großer Mühe gelöst werden konnten. Es kam auch vor, dass der gesamte Kanneninhalt zu Eis gefror und dann für die Verarbeitung nicht verwendbar war.

Bezüglich der Beförderung der Kannen in der Molkerei auf dem Weg vom Transportfahrzeug bis zu den mit Waage versehenen Ausgusswannen brachte ab Anfang der 50er Jahre das Fließband eine wesentliche Erleichterung. In Verbindung damit kamen einige Zeit später auch Kannenspüleinrichtungen zum Einsatz; die Kannen wurden nach Entleerung automatisch gereinigt. Den Milchlieferanten blieb lediglich die Pflicht zur regelmäßigen Sauberkeitskontrolle und evtl. Nachwäsche. Der Wegfall der lästigen Kannenwäsche war ein lange gehegter Wunsch in den Milcherzeugerbetrieben.

In den Molkereien ergab sich mit Inbetriebnahme automatischer Kannenkippvorrichtungen eine wesentliche Entlastung (Hüsten 1960). Damit entfiel die sehr anstrengende manuelle Entleerung der Kannen. Das Lösen der Kannendeckel erfolgte jedoch weiterhin von Hand.

Der Tankwagen setzte dem Gebrauch der Milchtransportkanne und allen daran gebundenen Arbeitsgängen ein Ende.

Anmerkungen:

(1) Rinderproduktion in Deutschland 2003. Ausgabe 2004. Arbeitsgemeinschaft Deutscher Rinderzüchter e.V., Bonn 2004.

(2,3,4) Mitteilung Milchkontrollverband Nordrhein-Westfalen, 2004.

(5) Franz Geueke, Jahrgang 1925, Schmallenberg-Werpe, Anton Mathweis, Jahrgang 1926, Eslohe-Sallinghausen.

(6) Ausk.: Landwirtschaftsk. NRW, Kreisstelle Hochsauerland 2005.

(7) Auskunft: Milchkontrollverband NRW, 2005.

(8) z.B. Keimzahl, somatische Zellen, sog. Hemmstoffe, freie Fettsäuren u.a.

(9) „90 Jahre Molkerei Westheim" in: „Deutsche Milchwirtschaft" Heft 20/1984, S.750.

(10) Franz Geueke, Schmallenberg-Werpe, Anton Mathweis, Eslohe-Sallinghausen, Heinrich Schmidt, Finnentrop-Fehrenbracht, Jahrgang 1926.

(11) Festschrift der Molkereigenossenschaft ‚Ruhrtal e.G.': „75 Jahre Arbeit, Fortschritt, Erfolg – 1890-1965", Neheim-Hüsten 1965.

Molkereien in den Altkreisen des kurkölnischen Sauerlandes sowie im Altkreis Siegen

1997 haben die Milchwerke Köln-Wuppertal e.G. – damals größte deutsche Molkereigesellschaft mit 1,3 Mrd. kg Milchverarbeitung im Jahr und über 6.000 Mitgliedern – die Zusammenarbeit mit der niederländischen Genossenschaftsmolkerei Campina aufgenommen. Diese Zusammenarbeit führte 2001 zur ersten internationalen Molkereigenossenschaft Europas mit über 9.000 bäuerlichen Mitgliedern in Belgien, Deutschland und den Niederlanden.

Aktuell ist diese Genossenschaft im schwierigen Markt in der Lage, verhältnismäßig gute Auszahlungspreise zu leisten. 95 Prozent der in Deutschland erzeugten Milch (ca. 28 Mrd. kg) wird schlechter bezahlt.

Bauern aus dem südwestfälischen Bergland haben diese zukunftsweisende Entwicklung entschieden mitgestaltet. Vorangegangen war 1992 die Fusion der Milchversorgung Rheinland e.G., Köln mit den Milchwerken Bergisches Land/Sauerland e.G., Wuppertal, die zusammen fast 150 Vorläufergenossenschaften hatten.

Diese Entwicklung ist ein eindrucksvolles Beispiel für einen Strukturwandel, der einer eigenständigen Aufarbeitung bedarf.

Geschäftsbericht für 1907.

Zur Anlieferung gelangten 965 623 kg Milch mit einem Durchschnittsfettgehalt von 3,20%. Aus den 965 623 kg Milch sind produziert 72 376 Pfd. Butter = 13,34 kg Milch zu einem Pfund Butter Auf Lager waren am 1. Januar 1907 173 Pfund und den zugekauften 6720 in Summa 79 269 Pfund. Hiervon wurden verkauft 51 360 Pfund zum Preise von Mk. 62 916,13. Durchschnittlicher Erlös für 1 Pfund 122,5 Pfg. mehr als 1906 0 3 Pfg. An die Genossen wurden abgegeben 27 015 Pfund zum Preise von 31 140,35 Mark, ein Durchschnittspreis 115,3 Pfg. pro 1 Pfund, 0,1 Pfennig weniger als 1906. Im Ganzen wurden 78 375 Pfund verkauft, 196 Pfund verschenkt und 238 Pfund gingen beim Verpacken in 1 und 2 Pfundstücken verloren, mithin waren auf Lager am 31. Dezember 1907 460 Pfund. Es wurden 75 801 Ltr. Buttermilch verkauft zum Preise von Mk. 2370,49 = 1 Ltr. 3,12 Pfg.

Geschäftsbericht der Molkereigenossenschaft Allendorf, 1907

Molkerei Allendorf, Mitte der 50er Jahre, Foto: A. Voss

Molkerei Balve, um 1929, Foto: Balve – Buch vom Werden und Sein einer Stadt, Hamm 1930

Molkerei Ruhrtal, Neheim-Hüsten, 1942-1970, Foto: Festschrift Molkereigenossenschaft ‚Ruhrtal', Neheim-Hüsten 1965

Molkerei Niederbergheim, 1888-1977, Foto: Festschrift Hellweg-Molkereien

Molkerei Westheim, 1894-1991, Foto: Festschrift Molkerei Westheim e.G. 1894-1984, Westheim 1984

Molkerei Grevenbrück, Foto: 75 Jahre Milchhof Westfalen-Süd eGmbH Hüttental, Hüttental 1972

Molkerei Hüttental-Geisweid (Siegen) 1897-1992, Foto: 75 Jahre Milchhof Westfalen-Süd eGmbH Hüttental, Hüttental 1972

Molkerei Raumland, 1938-1982, Foto: 75 Jahre Milchhof Westfalen-Süd eGmbH Hüttental, Hüttental 1972

Nicht zu jeder Zeit problemlos: Milchversorgung der Bevölkerung

Wilhelm Feldmann

Die Hausfrau von heute kann täglich frische Ware aus der Milchproduktion im Supermarkt oder im Lebensmittelladen nebenan kaufen. Ein vielfältiges Angebot an Frischmilch oder Produkten der Weiterverarbeitung wie Sahne, Käse, Joghurt, Kefir und vieles mehr ist selbstverständlich. Das gilt erst recht in einem landwirtschaftlich strukturierten Gebiet, wie dem Sauerland, in dem die Milchwirtschaft eine entscheidende Rolle für das Überleben der Landwirtschaft spielt.

Ungünstige Standortbedingungen wie Höhenlage und Klima, erschwerte Anbauverhältnisse durch hängige Lagen forderten die Spezialisierung der heimischen Landwirtschaft in Richtung Milchwirtschaft. Der Strukturwandel der letzten Jahrzehnte zwang unter betriebswirtschaftlichen Gesichtspunkten zu mehr Produktion, zu größeren Einheiten.

Das Massensterben kleiner und mittlerer Betriebe ist schon seit Beginn der siebziger Jahre zu verzeichnen und setzt sich unvermindert fort.

Der Begriff des ‚Butterberges' ist seit langem landläufig bekannt. Durch die Milchquotierung im Jahre 1984 wurde eine künstliche Verknappung der Milchproduktion erreicht, um so die Marktpreise zu stabilisieren und überschaubare Milchsituationen zu schaffen. Heute kann man von einer, für die Milch produzierenden Landwirte, erfolgreichen Regelung sprechen. Leider sind dadurch aber auch Situationen entstanden, die der Landwirtschaft im Allgemeinen nicht weiterhelfen. Das ‚Bauernsterben' konnte nicht verhindert werden. Durch den möglichen Handel von Milchquoten werden selbst mittlere Betriebe zur Aufgabe animiert. Größere, finanziell gut gestellte Betriebe, finden jedoch durch Zukauf von Quoten eine Basis zum Weitermachen. Leider ist dadurch festzustellen, dass Neid und Missgunst in der bäuerlichen Bevölkerung immer dort Einzug halten, wo Unterstützung und Hilfe dringend erforderlich wären.

Die Zeiten sind und waren für unsere heimische Landwirtschaft nicht immer leicht. Selten hatte der einzelne Landwirt die Möglichkeit, selber ins Marktgeschehen einzugreifen, Preise zu beeinflussen, Märkte zu erschließen. Deshalb entstanden bäuerliche Zusammenschlüsse, wie Molkereien und Genossenschaften. Doch auch diese unterliegen heute immer mehr dem Wandel der Zeit. Fusionen, Expansionen und Schließungen sind hier seit Jahren bekannt.

Die Molkereien in Meschede und Allendorf sind beispielsweise zu nennen. Ihre Schließungen waren unvermeidbar, da sie die Ansprüche des Marktes in Bezug auf die gewünschte Angebotsvielfalt nicht mehr erfüllen konnten. In diesem Zusammenhang sei erwähnt, dass der Homert-Kurier im Mai des Jahres 1992 über die Geschichte der Molkerei in Allendorf umgangreich berichtete.

Beide Molkereien sind in den Molkerei-Konzern ‚Milchwerke Wuppertal' eingegangen, zugegebenermaßen zum Wohle des Verbrauchers und auch zum Wohle des noch Milch produzierenden Landwirtes. Gesetzmäßigkeiten des Marktes schaffen ein mehr oder weniger gutes Klima für günstige Verbraucherpreise und für einigermaßen respektable Vermarktungspreise beim Erzeuger. Das augeklügelte Versorgungssystem sorgt für immer frische und ausreichende Angebote in vielfältiger Weise.

Das war nicht immer so: Vor siebzig Jahren beklagte die Mescheder Zeitung den großen Missstand in der Milchversorgung im Bezirk des Amtes Eslohe. In ihrer Ausgabe vom 5. September 1921 begründete sie diesen Zustand damit, dass die Landwirte ihre Milch in Großstädten verkaufen und es so den Bewohnern der ländlichen Gegend, die nicht selbst Milchvieh halten, unmöglich geworden sei, Milch zu beziehen. Es sei eine unglaubliche Tatsache, dass man in Großstädten Milch kaufen könne, während in Milchproduktionsgegenden ein Teil der Einwohner sich ohne Milch begnügen oder kondensierte Milch aus Großstädten beziehen müsse. Ferner denke man in ländlicher Gegend absolut nicht daran, die Preise für Lebensmittel dem allgemeinen Markt anzupassen. Die zuständigen Behörden wurden erbost aufgefordert, sich endlich einmal aufzuraffen und nach dem Rechten zu sehen. Die geschilderte Situation erheitert uns heute, war damals jedoch bittere Realität. Doch diese kleine Episode hatte, zumindest was den Amtsbezirk Eslohe betraf, ein Happy End. Die Mescheder Zeitung teilte ihren Lesern am 21. September 1921 befriedigt mit: „Der Missstand in der Milchbelieferung ist hier beseitigt, da die Landwirte in Sallinghausen heute in entgegenkommender Weise sich bereit erklärt haben, alltäglich die erforderliche Menge Milch bei der Sammelstelle in Eslohe abzuliefern, von der sie zwischen 8 und 9 Uhr morgens gegen eine kleine Entschädigung verkauft wird. Man sieht hieraus wiederum, dass bei richtiger Handhabung und friedlicher Verständigung viel zu erreichen ist und dass noch lange nicht alle Landwirte des Mammons wegen jede Nächstenliebe und Vernunft außer acht lassen."

Milchkannen nach der Reinigung, Foto: Senger

Ablieferung von Zentrifugentrommeln und Butterfässern

Milchbewirtschaftung während und nach dem Zweiten Weltkrieg am Beispiel der Gemeinde Rahrbach

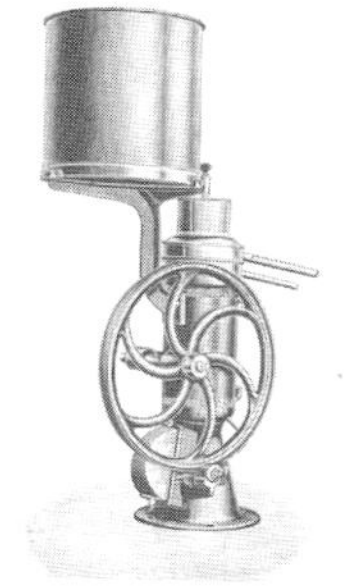

Martin Vormberg

Eine der wichtigsten Aufgaben staatlicher Daseinsfürsorge in Krisenzeiten ist die Versorgung der Bevölkerung mit Lebensmitteln. Während des Ersten Weltkrieges (1914 – 1918) bekam die deutsche Bevölkerung zu spüren, dass das Reich auf eine mehrjährige Handelsisolation und den Entzug von Arbeitskräften für die Landwirtschaft nicht eingestellt war. Die Deutschen litten Hunger. Ein System zur gerechten Verteilung vorhandener Lebensmittel musste quasi erst während des Krieges geschaffen werden.

Bei der Kriegsvorbereitung durch die Nationalsozialisten wurden die Erfahrungen der damaligen Zeit genutzt. Bereits bei Ausbruch des Zweiten Weltkrieges (1939 – 1945) war die Versorgung mit Lebensmitteln und anderen notwendigen Verbrauchsgütern bis ins Kleinste geregelt. Teilweise war es nötig – wie bei der Fettversorgung – schon Jahre vor Ausbruch des Krieges Versorgungssysteme zu schaffen. Durch Ausbeutung der besetzten Länder ging es den Deutschen hinsichtlich der Nahrungsmittelversorgung im Zweiten Weltkrieg relativ gut. Der massenhafte Einsatz ausländischer Zwangsarbeiter und Kriegsgefangener gewährleistete, dass neben anderen Wirtschaftszweigen auch die Landwirtschaft in Deutschland weitgehend aufrecht erhalten werden konnte. Diese Maßnahmen trugen dazu bei, dass die Stimmung im Land stabil blieb. Nicht zu vergessen ist außerdem, dass die schwächsten Glieder der Gesellschaft, wie z.B. Menschen mit Behinderung, als so genannte „unnütze Esser" eliminiert wurden.

Der Landwirt als Erzeuger von Nahrungsmitteln befand sich naturgemäß im Spannungsfeld zwischen dem Bedarf der Allgemeinheit an Lebensmitteln, dem Anspruch auf eine einigermaßen gerechte Verteilung und den eigenen Bedürfnissen. Einschneidende Bestimmungen regelten deshalb, was er von seinen produzierten Gütern, seien es Fleisch, Getreide, Kartoffeln, Eier oder Milch, selbst verbrauchen durfte und was zur Versorgung der übrigen Bevölkerung abzuliefern war.

Am Beispiel der Ablieferungspflicht für Zentrifugentrommeln und Butterfässern – hier dargestellt für die frühere Gemeinde Rahrbach im Amt Bilstein – wird aber außerdem deutlich, dass das während des Zweiten Weltkrieges etablierte Versorgungssystem auch nach der so genannten Stunde Null noch aufrecht erhalten werden musste, ja vielleicht angesichts der Evakuierten-, Flüchtlings- und Vertriebenenproblematik sogar jetzt erst seine eigentliche Bewährungsprobe zu bestehen hatte.

Durch die Verordnung über den Zusammenschluss der deutschen Milchwirtschaft vom 23. März 1934 wurden im Deutschen Reich bereits Betriebe, die Milch erzeugten, bearbeiteten oder verteilten bzw. Milcherzeugnisse herstellten oder damit handelten, zu Milchversorgungsverbänden zusammengeschlossen. Der in diesem Zusammenhang zu nennende Milchversorgungsverband Sauerland hatte seinen Sitz in Arnsberg. Milcherzeuger – ausgenommen die Halter von einer oder zwei Kühen – waren verpflichtet, ihre Milch an Molkereien abzuliefern.

Die Milchlieferungsgenossenschaft eGmbH für den Kreis Olpe und Umgebung wurde am 22. Dezember 1936 gegründet. Am 2. Mai 1937 erfolgte ihre Umbenennung in Molkereigenossenschaft „Lennetal" mit Sitz in Altenhundem. Am 17. Oktober 1937 wurde ihr die Milchlieferungsgenossenschaft Fretter eingegliedert und am 20. März 1938 erfolgte die Verschmelzung mit der Milchlieferungsgenossenschaft in Gleidorf. Einzugsgebiet waren die Ämter Attendorn, Bilstein und Kirchhundem im Kreis Olpe, die Ämter Serkenrode, Schmallenberg und ein Teil des Amtes Fredeburg im Kreis Meschede.

In der Verfügung des Regierungspräsidenten in Arnsberg vom 12. Dezember 1940 kommt die Vermutung zum Ausdruck, dass durch die Erhöhung des Milchpreises und die dadurch bedingte vermehrte Aufstellung von Milchvieh mehr Milch erzeugt werde, die offensichtlich nicht in vollem Umfang an die Molkereien bzw. in den Handel durch Milchverteiler gelange. Die Milch werde vielmehr vom Erzeuger der öffentlichen Bewirtschaftung entzogen, was gegen die gesetzlichen Bestimmungen der Zwangsbewirtschaftung verstoße. Bei den Verstößen handele es sich in der Regel um Selbstverbutterung von Teilen der anfallenden Milch unter Benutzung eigener Zentrifugen. Die gewonnene Butter werde teils zusätzlich verbraucht, teils weiter veräußert. Im Bericht des Kirchhundemer Amtmanns vom 14. Januar 1941 hierzu teilte dieser aber mit, dass Beobachtungen solcher Art nicht gemacht werden konnten.

Das Ernährungsamt des Kreises Olpe verfügte am 16. Juni 1942, dass Zentrifugentrommeln und Butterfässer aufgrund der Anordnung 28 A des Milch- und Fettwirtschaftsverbandes abzuliefern seien. Ziel dieser Maßnahme sollte die restlose Milcherfassung sein. Die abgelieferten Geräte sollten in trockenen und verschließbaren Räumen aufbewahrt werden, wobei die Eigentümer verpflichtet waren, in angemessenen Zeitabständen Wartungsarbeiten vorzunehmen. Zielvorgabe für den Abschluss der Maßnahme war der 1. Juli 1942. Der Gemeindebürgermeister sollte dem Ernährungsamt über ihre Durchführung berichten; für die Gemeinde Rahrbach ist ein solcher Bericht aber nicht dokumentiert. Vielmehr ist auf der Verfügung des Ernährungsamtes handschriftlich vermerkt, dass nach Mitteilung des Ortsbauernführers Berens die Ablieferung erst nach Fertigstellung der Molkerei Finnentrop erfolgen solle. Dies dürfte eine Fehlinformation gewesen sein. Gemeint war wohl eher die Molkereigenossenschaft „Lennetal" eGmbH. Daraus ist jedoch zu schließen, dass die Infrastruktur für eine zentrale Erfassung und Weiterverarbeitung der Milch im Ostteil des Kreises Olpe noch nicht ausreichend war. Am 8. August 1942 wurde in Grevenbrück der Grundstein für ein neues Betriebsgebäude gelegt, das erst im September 1944 fertiggestellt war. Sofern aber die Ablieferungsfrist für Zentrifugentrommeln und Butterfässer bis zur Fertigstellung dieses Gebäudes tatsächlich zurückgestellt worden war, ist es leicht vorstellbar, dass diese nun auch bis zum Ende des Krieges nicht mehr realisiert werden konnte. Anhand der vorliegenden Akten lässt sich eine Ablieferung zumindest nicht nachweisen.

Aufgegriffen wurde die Ablieferungspflicht für Zentrifugentrommeln und Butterfässer im November 1945, also ein halbes Jahr nach Beendigung des Zweiten Weltkrieges. In der Ausga-

Beschlagnahmter Butterkirnenflügel vom Hof Anton Petri, Rahrbach, und Zentrifugentrommel vom Hof der Witwe Heinrich Meckel, Rahrbach. Foto: Gemeindearchiv Kirchhundem

be Nr. 20/1945 des Olper Kreis-Blattes wurde die Anordnung über die Durchführung der Milch- und Butterablieferungspflicht im Kreis Olpe vom 30. November 1945 veröffentlicht. Daraufhin machten Landrat Klever und Kreisbauernführer Schürholz am 2. Januar 1946 die Ablieferungs- und Aufbewahrungsorte bekannt. Für die Orte Fahlenscheid, Kruberg, Rahrbach, Welschen Ennest und Benolpe sollten Zentrifugentrommeln sowie Deckel und Schlagflügel bzw. Stößer von Butterfässern in Welschen Ennest, und zwar in einem Raum der Metzgerei Schmidt aufbewahrt werden. Für Meggen und Maumke stand für die Aufbewahrung ein Raum im Meggener Walzwerk zur Verfügung, und die Geräte aus den Ortschaften Langenei, Kickenbach, Altenhundem, Kirchhundem, Herrntrop, Würdinghausen, Flape und Hofolpe waren in der Volksschule in Altenhundem aufzubewahren.

Die Ablieferungspflicht war so geregelt, dass die Halter von einer Kuh bzw. von zwei Kühen bei einer Versorgung von mindestens 10 Personen nicht abliefern mussten. Befreit waren außerdem die Familien, in denen der Verdacht auf Typhuserkrankung vorlag. Auch Besitzer von Ziegen durften Zentrifugen benutzen. Ansonsten wurde allerdings die Einhaltung der Verpflichtung streng beobachtet. Deshalb ordnete der Grevenbrücker Amtsbürgermeister am 16. Januar 1946 an, dass anhand von Viehzählungslisten genau festgestellt werden sollte, welche Ablieferungspflichtigen ihrer Verpflichtung nicht nachgekommen waren. Säumigen war für den Fall der Weigerung polizeilicher Zwang anzudrohen. Trotzdem stieß die Durchführung der Ablieferungspflicht bei den Betroffenen auf heftigen Widerstand, wie die Verfügung des Grevenbrücker Amtsbürgermeisters vom 21. Februar 1946 zeigt. Erst Mitte März

1946 war in der Gemeinde Rahrbach die Maßnahme offenbar abgeschlossen.

Die Bescheinigung der Kreisbauernschaft Olpe vom 29. April 1947 zeigt, dass eingezogene Zentrifugentrommeln bei Bedarf an diejenigen Landwirte ausgeliehen werden durften, die nicht der Ablieferungspflicht unterlagen. Im Fall dieser Bescheinigung erhielt Franz Dömer aus Welschen Ennest die Zentrifugentrommel der Witwe Maria Baumhoff, da er Ziegenhalter war.

Angesichts der damaligen Verkehrsverhältnisse war es allerdings nicht unproblematisch, die von den Landwirten erzeugte Milch tatsächlich den Molkereien zuzuführen. Das ist der eidesstattlichen Erklärung der Landwirte Heinrich Greiten, Josef Stinn und Heinz Quast aus Fahlenscheid vom 6. März 1947 zu entnehmen, mit der sie bekundeten, dass sie die Zentrifugentrommeln und Schlagflügel der Butterfässer herausgeben würden, sobald die Verkehrslage die Abholung der Milch in Fahlenscheid wieder gestatte. Man fand offenbar für verkehrsungünstig gelegene Höfe Sonderregelungen, die es erlaubten, dass die produzierte Milch nicht verdarb, sondern – wenn auch vorübergehend – von den Erzeugern selbst verarbeitet und vermarktet werden konnte.

Die Kreisbauernschaft Olpe beobachtete die Wartung der eingezogenen Geräte. Am 23. Dezember 1947 forderte sie die (Lebensmittel-) Kartenstelle in Welschen Ennest auf Wunsch der Eigentümer auf, einen Termin für das Nachfetten der abgelieferten Zentrifugentrommeln festzusetzen. Die Trommeln dürften den Eigentümern aber keinesfalls mit nach Hause gegeben werden. Das Nachfetten habe deshalb in der Kartenstelle zu erfolgen. Die Kartenstelle legte diesen Termin daraufhin auf den 17. Januar 1948 fest.

Erst am 6. September 1949 erlaubte die Ernährungsstelle des Amtes Bilstein, die sichergestellten Zentrifugen und Butterfässer an die Eigentümer zurückzugeben, weil diese bei den einschlägigen Firmen wieder in jeder Menge frei verkäuflich seien.

Die in der Gemeinde Rahrbach eingezogenen Zentrifugentrommeln und Schlagflügel der Butterfässer gelangten allerdings nicht alle wieder in den Besitz ihrer Eigentümer zurück. Bei der Übernahme des Archivs der ehemaligen Gemeinde Rahrbach durch das Gemeindearchiv Kirchhundem wurden noch zahlreiche Exemplare – etikettiert und die Zentrifugentrommeln in Leinentücher verpackt – auf dem Dachboden der alten Volksschule in Welschen Ennest gefunden. Exemplarisch wurde jeweils eines der Stücke als Anschauungsobjekt in das Gemeindearchiv Kirchhundem übernommen.

Quellen:
Gemeindearchiv Kirchhundem, Bestand „Gemeinde Rahrbach“ Nrn. 11, 392 und 782.
Gemeindearchiv Kirchhundem, Bestand „Amt Kirchhundem, Teil 2“ Nr. 252.
A.K. Hömberg, Theo Hundt und Horst Ruegenberg: Heimatchronik des Kreises Olpe. Zweite erw. u. verb. Auflage. Köln 1967. S. 419f.

Westfälisches Schieferbergbau-
und Heimatmuseum Holthausen

campina
Campina zählt mit der Premiummarke Landliebe und der Dachmarke Campina zu einem der führenden milchverarbeitenden Unternehmen in Deutschland. Dank innovativer und erfolgreicher Produkte ist Campina in vielen Bereichen Marktführer, u.a. national in den Segmenten Frischmilch und Dessert sowie in Nordrhein-Westfalen mit der 1l-Frischmilch unter der Marke Campina Tuffi.
Landliebe
frische Landmilch
Milchstrudel
Optiwell
TUFFI
Frische Vollmilch
Landliebe
campina
Campina GmbH & Co KG · Wimpfener Str. 125 · 74078 Heilbronn · Tel. 07131-489-0 · Fax 07131-489-300 · www.campina.de

Portal zum Rothaarsteig
ROTHAARSTEIG
Wandern ohne Gepäck, 5 Tage an der frischen Waldluft in unberührter Natur
ab € 215,- p.P.
Individuelle Tourplanung!
Rufen Sie uns an – zum Nulltarif
08 00 -0 11 41 30
täglich von 9.00 bis 21.00 Uhr
WANDERWELT®
Schmallenberger Sauerland
und Ferienregion Eslohe
Poststraße 7 · 57392 Schmallenberg
Tel. 0800-0114130 · Fax 0 29 72-97 40-26
e-mail: info@schmallenberger-sauerland.de
www.schmallenberger-sauerland.de

Westf. Schieferbergbau- und Heimatmuseum Holthausen

Öffnungszeiten: mittwochs, freitags und samstags 15.00-17.00 Uhr; sonntags 10.00-12.00 Uhr
und nach Vereinbarung (Tel. 0 29 74 / 69 32 oder 60 19)

In den 30 Jahren seines Bestehens lockte das Schieferbergbau- und Heimatmuseum Schmallenberg-Holthausen über 400.000 Besucher an. Auf über 2.000 qm Ausstellungsfläche ist alles über Schiefer, vieles über Gesteine, Tiere des heimischen Waldes, Arbeitsgeräte in Vergangenheit und Gegenwart des Hochsauerlandes und z. B. von der Kunst des Eugen Senge-Platten und Hinrich Grauenhorst zu sehen.

Veröffentlichungen des Schieferbergbaumuseums zur Landes- und Kulturgeschichte

Philatelie und Postgeschichte im oberen Sauerland	Band I
Der sauerländische Wald, Dokumentation	Band II
Das Notgeld des kurkölnischen Sauerlandes, Dokumentation – vergriffen –	Band III
Hexen, Gerichtsbarkeit im kurkölnischen Sauerland – vergriffen –	Band IV
Tausend Grüße aus dem Sauerland, Dokumentation – vergriffen –	Band V
Feuer und Feuerschutz im kurkölnischen Sauerland, Dokumentation	Band VI
Schmallenberger Köpfe	Band VII
Volksfrömmigkeit und Vaterlandsliebe, Dokumentation – Bilder aus sauerländischen Stuben	Band VIII
Das Hakenkreuz im Sauerland, – vergriffen –	Band IX
Die Eisenbahn im Sauerland, Dokumentation – vergriffen –	Band X
Sauerländer Schriftsteller, Dokumentation	Band XI
Brauen und Brennen im kurkölnischen Sauerland, Dokumentation – vergriffen –	Band XII
Kinderleben im kurkölnischen Sauerland, Dokumentation	Band XIII
Patrone und Heilige im kurkölnischen Sauerland – vergriffen –	Band XIV
Stunde Null im Sauerland – vergriffen –	Band XV
Menschen, Maschen und Maschinen – Bilderreihe Geschichte der Sauerländer Strümpfe	Band XVI
Bergbau im Sauerland	Band XVII
1618-1648. Der Dreißigjährige Krieg im Herzogtum Westfalen	Band XVIII
Kiepe, Pflug und Schraubstock – Wirtschaftsleben im Sauerland	Band XIX
Vom Waidwerk im Sauerland	Band XX
Die schwarze Kunst im Sauerland	Band XXI
„Ver-*rückte* Welten“ – Heilfürsorge in Westfalen	Band XXII
Schützen im Sauerland – Glaube, Sitte, Heimat	Band XXIII
Marienverehrung im Sauerland	Band XXIV
Schiefer- und Dachdecker	Band XXV
Bauern im südwestfälischen Bergland	Band XXVI

im Großformat (Bildbände)

Burgen, Klöster und Schlösser –vergriffen–	Band I
Eugen Senge-Platten	Band II
Bau- und Kunstdenkmäler der Stadt Schmallenberg – vergriffen –	Band III
Hinrich Grauenhorst	Band IV
Menschen im Sauerland	Band V
25 Jahre Westfälisches Schieferbergbau- und Heimatmuseum Holthausen – Tradition hat Zukunft	Band VI
Bau- u. Kunstdenkmäler der Stadt Schmbg., Kirchen, Kapellen, Wegekreuze, Heiligenhäuschen u. Bildstöcke	BandVII

in der Reihe Beiträge

Die Kunst Schiefer zu bearbeiten – vergriffen –	Band I
Die Holzverkohlung im Sauerland – vergriffen –	Band II
Sauerländer Lesebuch, mit Illustrationen von H. G. Bergenthal	Band III
Vogtei Grafschaft – Gericht Oberkirchen	Band IV
Sauerländer Weihnachtsbuch, mit Illustrationen von Go Schneider	Band V
„Wenn de Deuwel op Stelzen gait...“, von Alfred Vorderwülbecke, mit Illustrationen von Leo Bittner	Band VI
Sterne und Stroh von Ferdinand Tönne	Band VII
Geschichte des Grundsteuer- und Vermessungswesens im Herzogtum Westfalen, von Klemens Wiesemann	Band VIII
Ziegenkathrins Freunde, Feriengeschichten von Ferdinand Tönne, mit Illustrationen von Hinrich Grauenhorst	Band IX
Liebenswertes Schmallenberg; – vergriffen –	Band X
Die Oberkirchener Bauernschaftsregister 1571 – 1828	Band XI
Sauerländer Jagdgeschichten, mit Illustrationen von H. G. Bergenthal	Band XII
Klosterschicksale – Zur Geschichte der säkularisierten Klöster im kurkölnischen Sauerland	Band XIII
Der Querpfeifer – Erzählungen von Karl Siebert	Band XIV
Schieferwelten	Band XV

in Sauerländer Mundart

Van Pastauers, Lehrs un anneren Luien, von Hedwig Jungblut-Bergenthal	Band I
Biellerbauk viär gräute un klaine Kinger, von Christine Koch und Josefa Berens-Totenohl	Band II
Reype Ähren, von Hedwig Jungblut-Bergenthal, mit Illustrationen von H. G. Bergenthal	Band III
Else, gib mir mal das Dingen, von Alfred Vorderwülbecke	Band IV
Bunte Musekanten, von Franz Josef Koch, mit Illustrationen von Leo Bittner	Band V
Wille Räousen, Gedichte in sauerländischer Mundart, von Christine Koch geordnet von Dietmar Rost, mit Illustrationen von Leo Bittner	Band VI

als Kunstmappe erschienen:

1.) Eugen Senge-Platten, Christus und die 12 Apostel – vergriffen –
2.) Ein Sauerländer Kreuzweg
3.) Hinrich Grauenhorst, Gesichter in unserem Lande – vergriffen –
4.) Handschriften aus dem Kloster Grafschaft

EDITION SAUERLAND

Die goldenen Eier, von Josefa Behrens-Totenohl